LA POÉSIE

LA POÉSIE

ALAIN FRONTIER

BELIN
8, rue Férou, 75006 Paris

Du même auteur

Ouvrages pédagogiques

Le Cheval de Troie, Belin, 1972
Cours de langue grecque, livres 1 et 2, Belin, 1976-1977

Ouvrages de fiction et de poésie

Les mortes, P. J. Oswald, 1967
Royauté, P. J. Oswald, 1970
Une marge d'eau claire et de silence, P. J. Oswald, 1972
Chroniques meldeuses, Cheval d'attaque, 1974
Une prison, Cheval d'attaque, 1974
Les grenailles errantes, P. J. Oswald, 1975
Le voyage ordinaire, avec la collaboration photographique de Marie-Hélène Dhénin, Cheval d'attaque, 1976
Manipulation (s), avec la collaboration photographique de Marie-Hélène Dhénin, Yellow Now et Cheval d'attaque, 1978
L'équilibriste, avec des peintures de Philippe Boutibonnes et une photographie de Marie-Hélène Dhénin, Muro Torto, 1982
Portrait d'une Dame, avec la collaboration photographique de Marie-Hélène Dhénin, TXT, 1987
Comment j'ai connu Harry Dickson, avec des illustrations de Arnaud Labelle-Rojoux, Muro Torto, 1988

Adaptations du persan

Désobéir à la peur, par Parviz Khazraï, l'Harmattan, 1989
L'Aube sanglante, par Parviz Khazraï, l'Harmattan, 1992

Participation aux anthologies

L'année poétique 1976, Seghers, 1977
La nouvelle poésie Française, par Bernard Delvaille, Seghers, 1977
Poésie du monde francophone, par Christian Descamps, Le Castor Astral/Le Monde, 1986

Livrets d'opéras

Le mariage de Harry Dickson, musique de Jean-Christophe Frontier, 1991
L'assassiné de la porte, musique de Fabien Tehericsen, 1992

ISBN 2-7011-1344-X ISSN 1240-0831

Avant-propos

On ne peut pas écrire *froidement* sur la poésie, ni mettre tout à fait entre parenthèses ses goûts, ses convictions, voire ses partis pris. Pourtant ce livre n'a pas été écrit pour défendre une conception particulière de la poésie en ignorant ou en dénigrant les autres. Sa seule ambition est de formuler des questions, d'ouvrir ou d'entrouvrir des portes et d'aider le lecteur à effectuer son propre cheminement dans le foisonnement des œuvres et des voix.

Même s'il s'efforce à chaque instant de tenir compte de l'évolution des choses dans le temps, ce livre n'est pas une *histoire des poésies* . Il ne prétend donc à aucune exhaustivité. Il ne doit surtout pas être considéré comme je ne sais quel *palmarès* des bons poètes. Chaque auteur n'est cité que pour les besoins de notre argumentation, aucune omission de doit être interprétée comme une exclusion. Nous remercions notre lecteur de s'en souvenir pendant le temps de sa lecture.

Alain Frontier

1

LE TERRITOIRE DES POÉSIES

ACTUALITÉ DES POÉSIES

Toutes sortes d'œuvres littéraires, parfois très différentes, se sont données et se donnent encore à lire comme *poésies*. Comment faut-il entendre ce label ? Qu'est-ce qu'une *poésie* ? Qu'a-t-elle de particulier qui la distinguerait des autres secteurs de la littérature ? A-t-elle une fonction particulière ? Enfin et surtout comment convient-il de la lire, et de l'entendre ?

Ces questions sont toujours d'actualité. Sans doute, à jeter un coup d'œil sur l'étal des libraires, il semblerait que le roman aujourd'hui ait envahi la presque totalité de l'espace littéraire ; le terme d'*écrivain* tend à se confondre avec celui de *romancier* ; les grands prix littéraires récompensent des romans, les critiques rendent compte de romans, les éditeurs, quand ils s'intéressent à la littérature, publient des romans : il ne viendrait à personne l'idée que l'on puisse jamais assurer sa fortune ou obtenir une réussite sociale en écrivant ou en publiant un recueil de poèmes...

Pourtant les poésies existent. Elles se portent même bien, si l'on en croit ce que Christian Descamps écrivait en 1985 dans le journal *Le Monde* :

> *Il existe, en France seule, plus de six cents revues de poésie. Ces laboratoires d'expériences vivantes, qui tirent à quelques centaines ou quelques milliers d'exemplaires, polémiquent, renaissent, meurent, fabriquent des labyrinthes où il est plaisant de se perdre. Aujourd'hui, la poésie est vivante. Elle circule dans les festivals, des lieux, des rencontres, des émissions de radio. [...] En Italie, des milliers de gens se déplacent pour écouter de la poésie en direct ; aux États-Unis les paroles se mêlent au jazz, au cinéma ; au Maghreb ou en Afrique noire, des foules énormes s'enfièvrent de rythmes langagiers. Depuis quelques années, la France participe à ce mouvement.*

LA MÉSENTENTE

Si l'invention poétique est florissante, il faut bien avouer que les poètes parviennent à maintenir ce mode de pensée au prix d'un effort personnel et d'une dépense individuelle considérables. Le grand public, dit-on – et on a peut-être raison de le dire – boude les poésies. Non qu'elles ne puissent l'intéresser : le succès remporté par certains festivals le prouve. Mais le plus souvent il n'ose les aborder, les considérant avec méfiance, et comme un domaine qui lui serait fermé.

La difficulté ne date pas d'hier. Souvent les sociétés sont en conflit avec leurs poésies. Au cours d'un entretien avec le journaliste Jules Huret (*l'Echo de Paris* du 14 mars 1891) Mallarmé se présente comme « un solitaire », et dit du poète qu'« il est en grève devant la société ». Déjà Baudelaire écrivait dans l'*Art romantique* (1859) :

> *... la France n'est guère poète ; elle éprouve même, pour tout dire, une horreur congéniale [= congénitale] de la poésie. Parmi les écrivains qui se servent du vers, ceux qu'elle préférera toujours sont les plus prosaïques. [...] Ici, chacun veut ressembler à tout le monde, mais à condition que tout le monde lui ressemble. [...] De là, la ruine et l'oppression de tout caractère original. [...] Aimons donc nos poètes secrètement et en cachette.*

Les mécénats

Alexandre Dumas plaisante (*Les trois Mousquetaires,* chapitre XXXIV), lorsqu'il fait dire à Aramis, à propos d'un respectable monceau de pièces d'or : « ... c'est mon libraire qui vient de m'envoyer le prix de ce poème en vers d'une syllabe que j'avais commencé là-bas. » Son ami d'Artagnan a quelque raison de s'étonner (« Eh bien, votre libraire est généreux, mon cher Aramis, voilà tout ce que je puis vous dire. »), et le valet Bazin d'être admiratif à l'égard de son maître (« Comment, monsieur ! s'écria Bazin, un poème se vend si cher ! c'est incroyable ! »).

La situation du poète ressemble plus souvent à celle que décrit V.-L. Saulnier dans sa *Littérature du Siècle classique* :

> ***S****ous Louis XIII, la situation de l'homme de lettres, le* famélique, *est généralement lamentable. Mis à part les riches hommes qui comme Racan ou Conrart peuvent vivre de leurs revenus ; et ceux qui, comme Corneille, Voiture ou La Calprenède, se pourvoient d'un office : le reste est réduit à vendre sa Muse à quelque seigneur qu'il fournit de vers pour sa maîtresse (Tristan), ou bien à mourir de faim. Sans avoir où manger ni coucher, on court les quartiers des libraires (on en compte 67 dans le quartier de la place Maubert, 24 dans la Cité), ou bien l'on enrichit son volume d'une dédicace à quelque opulent personnage qui peut-être vous en aura une reconnaissance monnayable. Mais les mécènes ne courent pas les rues.*

Au XVIe siècle, que deviendrait Ronsard sans la faveur des rois ? Son ami Du Bellay, obligé de suivre son Cardinal en qualité de secrétaire d'ambassade à la cour pontificale de Rome, où il s'ennuie, lui dédie ses *Regrets* :

> ***T****u courtises les rois, et, d'un plus heureux son*
> *Chantant l'heur de Henri, qui son siècle décore,*
> *Tu t'honores toi-même, et celui qui honore*
> *L'honneur que tu lui fais par ta docte chanson.*

Au siècle suivant, Théophile de Viau (1590-1626) se plaint de devoir user son talent

> *À flatter vainement ceux que je n'aime pas.*

L'OBSCURITÉ

On objecte que les poètes ne font pas grand chose pour se faire aimer ; qu'ils ne parlent pas, n'écrivent pas, comme les autres hommes ; qu'ils sont volontiers obscurs, et ne font rien pour être compris. Pétrarque lui-même (1304-1374) déclarait : « Je ne veux pas que mon lecteur comprenne sans effort ce que je n'ai pas sans effort écrit moi-même. » *(Fam. XIII 23)*

Certes rien n'est plus relatif (aux personnes, aux époques) que la difficulté ou que l'obscurité des poésies. Elles peuvent provenir tout simplement de la sottise du lecteur. Proust *(Le Côté de Guermantes)* met en scène une dame de la haute société qui déclare, à propos de certain poème, « que cela donne à lire autant de peine que si c'était écrit en russe ou en chinois, car évidemment c'est tout excepté du français.» Mais le narrateur ajoute : « de ce petit discours je n'avais pas entendu le début. Je finis par comprendre non seulement que le poète incapable de distinguer le beau du laid était Victor Hugo, mais encore que la poésie qui donnait autant de peine à comprendre que du russe ou du chinois était :

> *Lorsque l'enfant paraît, le cercle de famille*
> *Applaudit à grands cris…*

pièce de la première époque du poète et qui est peut-être plus près de Mme Deshoulières que du Victor Hugo de *La Légende des Siècles.* »

Mais l'obscurité peut aussi provenir du poème lui-même, et le poète en être responsable, ce qu'il cherche à obtenir pouvant très bien être tout autre chose que la clarté. Le texte alors n'aurait rien à gagner à être traduit en clair. Gérard de Nerval (1808-1855), à propos de certains de ses sonnets écrits, dit-il, « dans un état de rêverie supernaturaliste », déclare qu'ils « perdraient de leur charme à être expliqués, si la chose était possible». D'où sans doute une réaction comme celle de la petite Alice, le personnage de Lewis Carroll (*Through the looking-glass,* 1871 – *De l'autre côté du miroir,* traduction Jacques Papy, 1961), à qui on vient de donner à lire un poème particulièrement obscur :

> *Ça a l'air joli, dit Alice, quand elle eut fini de lire, mais c'est assez difficile à comprendre ! » (Voyez-vous elle ne voulait pas s'avouer qu'elle n'y comprenait absolument rien.) « Ça me remplit la tête de toutes sortes d'idées, mais... mais je ne sais pas exactement quelles sont ces idées !*

> *('It seems very pretty', she said when she had finished it, 'but it's rather hard to understand !' (You see she didn't like to confess, even to herself, that she couldn't make it out at all.) 'Somehow it seems to fill my head with ideas – only I don't exactly know what they are !)*

Encore faudrait-il s'entendre sur le sens du mot *obscurité*. Est communément appelé obscur tout texte qui ne représente pas la réalité telle qu'elle est, ou telle qu'on croit qu'elle est. Est réputé obscur ce qui n'est pas réaliste. Or on sait ce que pense de l'attitude réaliste un poète comme André Breton (*Manifeste du Surréalisme* de 1924) :

> *Je l'ai en horreur, car elle est faite de médiocrité, de haine et de plate suffisance. C'est elle qui engendre aujourd'hui ces livres ridicules, ces pièces insultantes. Elle se fortifie sans cesse dans les journaux et fait échec à la science, à l'art, en s'appliquant à flatter l'opinion dans ses goûts les plus bas ; la clarté confinant à la sottise, la vie des chiens.*

Antonin Artaud va plus loin encore, et affirme quelque chose de plus grave, lorsqu'il écrit dans *Ci-gît* (1947) :

> *Tout vrai langage*
> *est incompréhensible.*

La lecture

Or ce n'est pas parce qu'un poème est obscur qu'il est illisible. Nous aimerions le montrer au cours de ce livre, et fournir au lecteur, sinon des clés, du moins un *mode d'emploi* des différentes poésies. Qu'on n'attende certes pas de nous une mise en ordre ni une mise à la raison. Les poésies n'ont que faire d'être classées, catégorisées, limitées, parquées. Si les classifications sont rassurantes, les poésies ne sont pas faites pour rassurer. Il y a dans tout acte poétique un peu fort quelque chose d'inouï et d'excessif, qui toujours excède les cadres préétablis.

Notre intention n'est pas non plus de prendre la place du lecteur, mais seulement de l'introduire à sa propre lecture et à sa propre écoute. Nous interrogerons d'abord les mots, et nous nous essaierons au jeu hasardeux des définitions. Puis nous tenterons de démêler, dans les œuvres mêmes, un certain nombre de fils, ou, pour utiliser une autre métaphore, de découvrir et de suivre le plus loin possible certains sentiers, dont chacun, selon un itinéraire différent, pourra bien nous mener au centre de la forêt.

LE MOT POÉSIE

Une chose est sûre au moins : les mots *poésie, poétique, poème* et *poète* sont des mots qui existent dans notre langue. Et comme ils ne sont que la transcription en français de mots grecs, c'est sans doute la langue grecque qu'il convient d'interroger d'abord.

EN GREC

Les mots *poièsis* (ποίησις), *poiètikos* (ποιητικός), *poièma* (ποίημα) et *poiètès* (ποιητής) sont constitués à partir de la racine du verbe *poiein* (ποιεῖν), qui signifie faire, fabriquer, construire, produire, créer, exécuter. Le suffixe *-sis* de *poièsis* sert à former des noms d'action : la poésie, étymologiquement, est donc l'action de fabriquer ; le suffixe *-kos* servant à former des adjectifs, *poétique* signifie donc : qui concerne la fabrication ; le suffixe *-ma* indique le résultat d'une action : le poème, étymologiquement, est donc l'objet qui a été fabriqué ; enfin le suffixe *-tès* servant à former des noms d'agents, le poète est celui dont l'occupation habituelle consiste à fabriquer quelque chose, le fabricant.

Curieusement donc, le mot qui est à l'origine du mot *poésie* ne signifie poésie que tout à fait accessoirement. Le philosophe Aristote (IVe siècle avant J.-C.) distingue la *praxis* (ἡ πρᾶξις) ou action, de la *poièsis* ou création : pour lui, la *poièsis* n'est jamais naturelle, elle est toujours produite par un art, une technique (τέχνη), autrement dit c'est toujours une production artificielle. Hérodote (Ve siècle avant J.-C.) utilise *poièsis* pour parler de la fabrication des vêtements, du parfum, ou du vin ; Thucydide (Ve-IVe siècle avant J.-C.) pour parler de la construction des navires. Le mot désigne aussi toutes les productions possibles de l'esprit, et a tendance, il est vrai, à se spécialiser dans le sens de littérature de fiction, de poésie. Mais, en dehors d'un contexte assez explicite, *poièsis* ne suffit pas à désigner clairement et à lui seul l'idée de poésie, de la même façon qu'en français le mot *composition* ne signifie pas obligatoirement une composition musicale, ni le mot *ouvrage*, un ouvrage littéraire. Aussi le mot *poièsis* n'est-il pour ainsi dire jamais employé seul, mais toujours accompagné d'un complément qui précise de quelle création il s'agit. On dit par exemple la poésie épique, la poésie tragique, la poésie comique, la poésie dithyrambique, la poésie citharédique (chant avec accompagnement de cithare)...

De la même façon *poièma*, qui a donné le français *poème*, désigne en grec n'importe quel objet manufacturé : une charrue, un joug, une hache, une coupe, un casque, une statue, et enfin n'importe quel ouvrage de l'esprit, une fiction, un poème.

Enfin le mot *poiètès* désigne le fabricant de n'importe quel objet, un artisan, un peintre, l'auteur de n'importe quel ouvrage littéraire, en prose ou en vers, ou même l'auteur d'une loi. Avant Pindare ou Hésiode (VIe-Ve siècle avant J.-C.), poète ne se dit pas *poiètès*. Chez Homère l'idée de poète se confond avec celle de chanteur : on dit l'aède (ἀοιδός).

En latin

Le latin adopte parfois les mots grecs *poièsis, poièma* et *poiètès,* sous la forme *poesis, poema* et *poeta,* et il leur donne le sens qu'ont les mots français correspondants. Mais ce ne sont pas les plus couramment employés pour désigner ces notions. On dit plutôt *carmina*, «les vers» (mais le mot signifie également la voix, le son des instruments de musique, les chants) ; *carmen* est formé sur la même racine que le verbe *canere*, « chanter », « faire entendre un son ». Un poète est un « auteur de vers » (ou de chants), *carminum auctor*, ou *scriptor*, ou *conditor*. Le mot *carmen* pouvait aussi signifier une prophétie, la réponse d'un oracle, ou bien encore une parole magique. Paul Valéry (1871-1945) s'est souvenu de cette constellation de sens lorsqu'il a intitulé *Charmes* son recueil de poèmes, et au XVIe siècle le mot *carme*, transcription du latin *carmen*, est couramment employé dans le sens de vers.

En français

En français, curieusement, *poésie* est un mot relativement récent. Si *poème* apparaît pour la première fois en 1213, à propos de poésie latine, et *poète* au XIIe siècle, le mot *poésie*, lui, n'apparaît semble-t-il pour la première fois qu'en 1350. Encore n'a-t-il pas le sens qu'il a aujourd'hui : il désigne plutôt l'art littéraire en général, l'art de la fiction. Le sens actuel daterait du début du XVIe siècle. Auparavant, pas de mot pour désigner de façon spécifique et générale l'activité poétique. La *Chanson de Roland* (XIIe siècle) se termine par ce vers, qui la signe :

> ***C****i falt la geste que Turoldus declinet.*
> [Ici prend fin la geste que Turolde récite.]

Le mot *geste* (du latin *res gestæ*) est à peu près l'équivalent d'histoire, il désigne le récit d'événements historiques.

Quant aux œuvres que récitaient les *jongleurs*, *trouvères* et *ménestrels* dans les châteaux de leurs seigneurs, c'étaient des chansons, qu'on appelait ballades, rondeaux, virelais, ballettes, jeux partis, lais, pastourelles...

Le mot *trouvère* (dans la langue du Moyen Age : *trovere*, quand il est employé comme sujet de la phrase ; *trovëor*, quand il est employé comme complément) est dérivé du verbe *trover* (qui est devenu ensuite *trouver*), qui signifie inventer, composer, faire des chansons. (Le mot viendrait du grec *tropos*, qui en français a donné *trope*, c'est-à-dire figure de rhétorique). L'équivalent se retrouve dans le sud de la France, en langue d'oc, avec le verbe *trobar* (même sens que *trover*) et le nom *trobador*, ou *troubadour*.

Ce que disent les dictionnaires

Laissons à quelque érudit de loisir le soin de répertorier et de classer toutes les définitions qui ont été données du mot *poésie* en français (et peut-être aussi des mots *poesia* en italien, *poetry* en anglais, *Dichtung* en allemand, *költészet* en hongrois, *chaher* en arabe, *shi-ge* en chinois...). Nous nous contenterons d'une promenade, un peu au hasard, dans quelques dictionnaires français du XIXe et du XXe siècle. Elle suffira peut-être pour faire apparaître combien il est difficile de définir une notion comme celle de poésie :

– P.C.V. Boiste, *Dictionnaire universel de la Langue française, avec le latin ; Manuel de grammaire, d'orthographe et de néologie, extrait comparatif, concordance, et supplément des dictionnaires publiés jusqu'à ce jour*..., Paris, 1812 : «Poésie : art de faire des ouvrages en vers ; qualité des bons vers ; feu, images de la poésie ; versification ; art de faire des vers ; art de donner du corps, de la couleur à la pensée, de l'action, de l'âme aux êtres inanimés...»

– M. de Wailly, *Nouveau Vocabulaire français*... , Paris, 1832 : «art de faire des vers. – ce qui constitue les bons vers : *vers sans poésie*. versification. – élévation, chaleur, même en prose.»

– M. P. Poitevin, *Nouveau Dictionnaire universel de la Langue française rédigé d'après les travaux et les mémoires des cinq classes de l'Institut*... (le titre complet comporte une vingtaine de lignes), Paris, 1860 : «Art de faire des ouvrages en vers : *La POÉSIE est le langage des dieux*. [...] Qualités qui caractérisent les bons vers.» Par analogie, poésie peut se dire «d'un ouvrage en prose qui tient de la hardiesse et de l'élévation poétique». C'est pourquoi, toujours selon Poitevin, si un poème est, au sens littéral, un «ouvrage en vers d'une certaine étendue», il peut aussi, par extension, désigner un «ouvrage en prose où l'on trouve les fictions, le style harmonieux et figuré de la poésie : Le Télémaque *de Fénelon est un poème en prose* ». Enfin, «par exagération», poésie peut désigner «ce qu'il y a de noble, d'élevé, de touchant dans une œuvre d'art, dans le caractère ou la beauté d'une personne, et même dans une production naturelle.»

– E. Littré, *Dictionnaire de la Langue française...*, Paris, 1874: «Art de faire des ouvrages en vers.» Mais aussi: «Qualités qui caractérisent les bons vers, et qui peuvent se trouver ailleurs que dans les vers. [...] Poésie du style, richesse, hardiesse, coloris, soit dans les vers, soit dans la prose.» Enfin, au sens figuré, «se dit de tout ce qu'il y a d'élevé, de touchant, dans une œuvre d'art, dans le caractère ou la beauté d'une personne, et même dans une production naturelle.»

– Claude Augé, *Larousse Universel en 2 volumes*, Paris, 1923: «Art de faire des vers. [...] Caractère de ce qui est poétique.» Définition qui invite à se reporter au mot *poétique*: «Qui appartient à la poésie; qui lui est propre. [...] Propre à inspirer les poètes.»

– P. Robert, *Dictionnaire alphabétique et analogique de la Langue française*, Paris, 1962: «Art du langage, généralement associé à la versification, visant à exprimer ou à suggérer quelque chose au moyen de combinaisons verbales où le rythme, l'harmonie et l'image ont autant et parfois plus d'importance que le contenu intelligible lui-même. [...] Propriétés et qualités essentielles à cet art, indépendantes d'une forme particulière, qui peuvent se manifester dans toute œuvre littéraire, et par extension dans toute œuvre d'art. [...] Propriété que l'homme attribue à certaines choses ou certains êtres, en certaines occasions, d'éveiller en lui l'état poétique.» (Quant à cet *état poétique*, il est défini, dans le même dictionnaire, comme un «état affectif particulier, lié à la révélation confuse de certaines "correspondances".» Nous dirons plus loin ce qu'il convient d'entendre par là.)

– *Grand Larousse encyclopédique en dix volumes*, Paris, 1963: «Art des vers, par opposition à la prose; art d'évoquer et de suggérer les sensations, les impressions, les émotions les plus vives par l'union intime des sons, des rythmes, des harmonies...» Au sens figuré: «Caractère de ce qui parle particulièrement à l'imagination, au cœur; de ce qui évoque, suggère, touche, émeut, charme.»

Bref les dictionnaires sont plutôt embarrassés devant ce mot de poésie, et s'empêtrent dans des contradictions. Presque tous s'accordent pour dire qu'il s'agit de vers, mais d'autre chose aussi. Seule en effet l'existence de la versification permet de cerner un sens de façon un peu précise, mais en même temps on se rend compte qu'elle ne fait pas tout, qu'elle n'est pas tout en poésie, et que même elle peut ne pas exister dans un poème. Quant à la musique, à laquelle l'étymologie nous ramenait si souvent, elle semble s'être détachée un peu de l'idée de poésie.

Ce que disent les poètes

Si les définitions des dictionnaires nous semblent insuffisantes ou peu exactes, pourquoi ne pas demander aux poètes eux-mêmes ce qu'est la poésie ? C'est encore bien pire... Tantôt la poésie est un art de peindre, tantôt elle est une hauteur d'âme, tantôt une sensibilité particulière, tantôt une façon élégante de s'exprimer, parfois une musique, parfois autre chose encore... Voici seulement quelques exemples. Leur intérêt est de nous entraîner dans des directions extrêmement diverses, et souvent contradictoires.

– Pour le philosophe grec Aristote (IVe siècle avant J.-C.), la poésie, au même titre d'ailleurs que la musique, la danse, la peinture, la sculpture... est une *mimèsis*, c'est-à-dire une «imitation», ou plutôt un essai de représentation du réel.

– Malherbe (1555-1628), au dire de son contemporain Racan, «comparait la prose au marcher ordinaire, et la poésie à la danse.»

– Voltaire (1694-1778), dans son *Dictionnaire philosophique*, écrit : «la poésie est la musique de l'âme, et surtout des âmes grandes et sensibles.» Mais, dans ses *Lettres philosophiques* : «On sait très bien en quoi consiste l'objet de la poésie ; il consiste à peindre avec force, netteté, délicatesse et harmonie : la poésie est l'éloquence harmonieuse.»

– Jean-Jacques Rousseau (1712-1778), *Confessions*, livre 4 : «J'ai fait de temps en temps de médiocres vers ; c'est un exercice assez bon pour se rompre aux inversions élégantes, et apprendre à mieux écrire en prose.»

– Madame de Staël (1766-1817), dans son livre *De l'Allemagne* : «... la poésie doit être le miroir terrestre de la Divinité, et réfléchir, par les couleurs, les sons et les rythmes, toutes les beautés de l'univers.» Ou bien : «Le poète ne fait, pour ainsi dire, que dégager le sentiment prisonnier au fond de l'âme ; le génie poétique est une disposition intérieure, de la même nature que celle qui rend capable d'un généreux sacrifice...»

– Balzac (1799-1850), *Des artistes* : «Comment faire comprendre à une masse ignorante qu'il y a une poésie indépendante d'une idée, et qui ne gît que dans les mots, dans une musique verbale, dans une succession de consonnes et de voyelles ; puis, qu'il y a aussi une poésie d'idées, qui peut se passer de ce qui constitue la poésie des mots.»

– Alfred de Vigny (1797-1863), *la Maison du Berger* : «Poésie ! ô trésor ! perle de la pensée !»

– Alfred de Musset (1810-1857), dans une lettre à Mme Jaubert du 11 août 1835, revient sur cette image de la perle : «Je vous compare à une perle fine... Il y a bien de vous dans une perle : d'abord elles vivent dans l'eau ; ensuite Heine n'a-t-il pas dit quelque part que la poésie est une maladie de l'homme, comme la perle est une maladie du pauvre animal appelé huître ? Oui, les perles sont des larmes devenues joyaux, vrais symboles de la poésie...» (Voici la phrase du poète allemand H. Heine (1797-1856) à laquelle Musset fait allusion (*die Romantishe Schule*, «l'École romantique») : «Oder ist die Poesie vielleicht eine Krankheit des Menschen, wie die Perle eigentlich nur der Krankheitsstoff ist, warum das arme Austertier leidet ?»)

– Charles Baudelaire (1821-1867), *Notes nouvelles sur Edgar Poe*: «Ainsi le principe de la poésie est, strictement et simplement, l'aspiration humaine vers une Beauté supérieure, et la manifestation de ce principe est dans un enthousiasme, un enlèvement de l'âme ; enthousiasme tout à fait indépendant de la passion, qui est l'ivresse du cœur, et de la vérité, qui est la pâture de la raison.» (Texte repris dans l'*Art Romantique*).

– Isidore Ducasse-Lautréamont (1846-1870) : «La poésie n'est pas la tempête, pas plus que le cyclone. C'est un fleuve majestueux et fertile. [...] La poésie doit avoir pour but la vérité pratique.»

– Pour Paul Valéry (1871-1945) : «... il s'agit de chant et de l'art subtil de la voix porteuse d'idée...» Ou bien : «Les routes de Musique et de Poésie se croisent» (*Rhumbs*). Et : «Le poème – cette hésitation prolongée entre le son et le sens.» Mais il affirme également : «La poésie a pour devoir de faire du langage d'une nation quelques applications parfaites.» Dans *Tel Quel*, il propose cette définition de la poésie, qui ne renonce pas entièrement à l'idée – déjà aristotélicienne – qu'elle est une *représentation* : «Est l'essai de représenter, ou de restituer, par les moyens du langage articulé, *ces choses* ou *cette chose*, que tentent obscurément d'exprimer les cris, les larmes, les caresses, les baisers, les soupirs, etc., et que *semblent vouloir exprimer les objets*, dans ce qu'ils ont d'apparence de vie, ou de dessein supposé.»

– André Gide (1869-1951), *Attendu que...* : «Une bonne définition de la poésie ? Je n'en vois plus d'autre valable, que celle-ci : la poésie consiste à passer à la ligne avant la fin de la phrase.»

– Le poète soviétique Maïakovski (1894-1930) : «la poésie est de la pensée sentie.»

– Pierre Reverdy (1889-1960) : «La poésie n'est ni dans la vie ni dans les choses – c'est ce que vous en faites et ce que vous y ajoutez.» *(le Livre de mon bord)*. «La poésie n'est pas dans la réalité...»

– Le poète américain Cummings (1894-1962) : «Poetry is being, not doing» (la poésie consiste à être, non à faire).

– Christian Prigent enfin (*La Langue et ses Monstres*, 1989) parle de «cette traversée matérielle des langues qu'on peut appeler *poésie*.»

Chacune de ces définitions (et il en existe beaucoup d'autres) est plus qu'une définition, c'est une prise de position, comme si être poète était d'abord choisir et imposer le sens que l'on entend donner au mot poésie. Et peut-être en est-il de même des notions d'art, de littérature, de roman, de peinture.

LES POÉSIES ET L'HISTOIRE

Les mêmes mots peuvent donc désigner des réalités entièrement différentes, selon les auteurs, selon les époques. Le poète Marcelin Pleynet, en 1977 *(Art et Littérature)* va jusqu'à douter qu'il faille garder les mots anciens quand les choses qu'ils désignent deviennent si différentes :

> ***O****n serait sans doute justifié de décréter que le vocabulaire dont nous nous servons pour désigner les plus fortes manifestations culturelles de ce* XXe *siècle est tout à fait inadéquat. Le* Finnegans Wake *de Joyce est-il un roman, un poème ou quoi ? L'ensemble des écrits de Lautréamont, d'Artaud, de Bataille, de Céline, de Pound font-ils Littérature ou quoi ? Les œuvres de Mondrian, Duchamp, Pollock font-elles Art ? N'est-il pas déjà évident que le siècle est travaillé, je dirai non seulement par de nouveaux discours mais par de nouvelles langues ? Il serait sans doute alors légitime d'en finir avec la poésie, avec le roman, avec la Littérature, avec l'Art et d'inventer et de définir un nouveau vocabulaire...*

Les variations de l'histoire pourraient bien expliquer les ambiguïtés et les contradictions relevées dans les définitions. Certaines d'entre elles (en particulier au XVIIIe siècle) voudraient nous faire prendre la poésie pour une manière plus colorée, plus élégante, plus belle, ou plus jolie d'exprimer une pensée que la manière ordinaire ; et nous faire croire qu'elle est en somme une décoration, une amélioration de la prose, et qu'elle consiste à ajouter à celle-ci un certains nombre d'ornements supplémentaires (rythme, harmonie, images, tours de phrases). Or, à considérer les choses historiquement, c'est le chemin inverse qui a été parcouru. Dans le domaine grec par exemple, toute œuvre de fiction a longtemps été composée en vers : l'épopée, la poésie lyrique (qui n'est pas seulement l'expression de sentiments, mais qui peut aussi bien être descriptive, narrative et didactique), le théâtre (comédie et tragédie), etc. Les premières œuvres en prose ont été les écrits qui s'éloignaient de la fiction : l'histoire d'abord (qui est étymologiquement une *enquête*, une *recherche* du réel) ; les discours prononcés par les orateurs, et qui sont des actes de la vie politique ; les ouvrages scientifiques ou philosophiques. De même dans le domaine français. Les premières œuvres littéraires sont des chansons de gestes, en vers, et les premiers *romans* sont écrits en vers. La poésie alors, au lieu de consister en ajouts par rapport à un langage qui serait le langage naturel, serait au contraire un retour aux sources, un retour à un langage dont aucun élément ne serait sacrifié.

Pourtant même une histoire des poésies risquerait de fausser ou d'appauvrir notre lecture. Car elle nous donnerait vite l'illusion d'un parcours linéaire, d'une sorte de progrès continu, régulier et nécessaire, sans retours en arrière, sans bifurcations, sans surprises, une progression dans laquelle chaque génération influencerait la génération suivante après avoir été influencée par la génération précédente. Certes il importe de ne pas confondre les époques, et nous prendrons la précaution, chaque fois que nous citerons une œuvre ou un auteur, de les dater. Mais il importe aussi de ne pas simplifier une réalité complexe et toujours en mouvement. D'où les cinq remarques suivantes.

1. Une histoire des poésies ne saurait être dissociée de l'histoire de la pensée en général, des littératures, et des autres arts. Jakobson fait cette remarque (*Essais de linguistique générale*, 1963) :

> **D***e toute évidence, un bon nombre de procédés qu'étudie la poétique ne se limitent pas à l'art du langage. [...] Les problèmes du baroque, ou de tout autre style historique, débordent le cadre d'un seul art. Celui qui étudierait la métaphore chez les surréalistes pourrait difficilement passer sous silence la peinture de Max Ernst ou les films de Luis Buñuel,* L'Age d'Or *et* Le Chien Andalou.

2. Les historiens de l'art et de la littérature sont amenés à déterminer des époques, à découper des tranches de temps, à distinguer des écoles, des tendances. De tels découpages peuvent avoir leur utilité. Ce sont en quelque sorte des outils qui permettent d'appréhender les événements, mais ils ne doivent pas être pris pour des réalités, – d'autant plus que les découpages et les appellations sont le plus souvent très tardifs par rapport aux événements étudiés. On désigne par exemple par le nom de *maniérisme* une tendance de l'art et de la poésie du XVIe siècle. Or le mot *maniérisme* n'apparaît pour la première fois, selon Robert, qu'en 1806. Encore ne désigne-t-il pas cette école mais un défaut : il est synomyme d'affectation. Il faut attendre le *Supplément* (1970) du Robert, pour trouver cette nouvelle définition :

«Tendance artistique de la seconde partie de la Renaissance (XVIe siècle), en particulier en Italie, dont les caractères principaux sont le raffinement technique et la recherche du rare.» Bref c'est depuis fort peu de temps en somme que les historiens de l'art utilisent le mot de maniérisme. Jamais il n'a été revendiqué par les artistes que ce mot prétend qualifier.

3. Une œuvre peut rester parfaitement inconnue au moment où elle est créée. Ce fut le cas, au XIXe siècle, des poésies de Rimbaud, ou de Lautréamont. On peut fort bien imaginer que certaines œuvres importantes soient, bien que très anciennes, encore parfaitement inconnues. Si on les découvrait un jour, de quand dateraient-elles ?

4. Toute littérature, comme toute histoire, est continuellement réinterprétée par les générations qui se succèdent. Continuellement on redécouvre des poésies qui avaient été oubliées. Ou bien on les lit d'une nouvelle façon, à la lumière d'œuvres plus récentes. Malherbe (1555-1628) n'est plus le même, depuis qu'il a été lu par Francis Ponge (1899-1987). Un grand poète est aussi quelqu'un qui nous réapprend à lire les poètes qui l'ont précédé. Ce n'est donc pas seulement le passé qui explique le présent, mais le présent qui explique le passé : paradoxalement, le temps avance dans les deux sens.

5. Reste aujourd'hui dans la mémoire de notre temps, une vaste bibliothèque, où tous les textes sont présents l'un à côté de l'autre, et continuent à s'influencer, à s'interpeller, à s'interroger mutuellement.

CE QUE DISENT LES LINGUISTES

Qu'il n'y ait pas une poésie mais des poésies n'empêche pas que toutes ont affaire avec la langue, qui en est en quelque sorte le matériau, au même titre que la pierre ou le métal sont le matériau de la sculpture, les couleurs celui de la peinture, les sons celui de la musique. Selon le dictionnaire de Robert, nous l'avons vu, la poésie est un *art du langage*. Et cette dernière définition est aujourd'hui une des plus communément admises. Il est donc peut-être utile de consulter la linguistique, qui est la science du langage.

Toute parole, nous expliquent les linguistes, est un événement complexe, qui ne peut avoir lieu que si un certain nombre de conditions sont réunies. Il faut, pour qu'il y ait parole, que quelqu'un parle, et qu'il adresse un message à un auditeur ; il faut qu'il y ait quelque chose dont on parle et à quoi se réfère le message ; il faut que celui qui parle et celui qui entend la parole connaissent tous deux la langue dans laquelle est exprimé le message ; il faut enfin que le message puisse matériellement parvenir jusqu'aux oreilles de l'auditeur, autrement dit que les deux interlocuteurs soient en contact. Bref toute parole suppose :

– un contexte (ce dont on parle),
– un destinateur (celui qui parle),
– un destinataire (celui à qui l'on parle),
– un code (la langue),
– un contact entre les deux interlocuteurs,
– un message.

D'où les six fonctions du langage que distingue un linguiste comme Jakobson (*Essais de Linguistique générale*) :

1. La *fonction référentielle* est orientée vers ce dont on parle ; cette fonction de la parole consiste à communiquer une information.

2. La *fonction émotive* correspond à l'existence de celui qui parle ; elle se manifeste dans le ton sur lequel la parole est prononcée, et ce ton exprime les sentiments qui animent celui qui parle (l'étonnement, la colère, l'ironie, la joie, etc.) ou qu'il veut feindre auprès de son interlocuteur. Cette fonction est remplie par des mots spéciaux, comme les interjections (« Oh !... Ah !... Tiens, tiens... »), ou simplement par la façon de prononcer la parole (variations de l'intonation, allongement de certaines syllabes, etc. Que l'on songe seulement à toutes les façons possibles de prononcer l'interjection *ah !*).

3. La *fonction conative* est orientée directement vers celui à qui la parole s'adresse. Elle se réalise dans des formes grammaticales particulières comme les vocatifs ou les impératifs, et d'une manière plus générale dans la deuxième personne (tu, vous).

4. La *fonction phatique* correspond à la nécessité du contact entre les interlocuteurs. Elle se manifeste dans des paroles qui n'ont pas pour but de communiquer un message porteur d'une information, mais seulement de vérifier si le contact existe : Allô ! dit-on au téléphone... M'entendez-vous bien ?

5. La *fonction métalinguistique* intervient chaque fois que les interlocuteurs vérifient s'ils utilisent bien le même code, c'est-à-dire s'ils comprennent bien la langue qu'ils utilisent et s'entendent sur le sens des mots qu'ils emploient.

6. Enfin ce que Jakobson appelle la *fonction poétique* concerne la forme même du message. Lorsque nous parlons, nous n'utilisons pas seulement les mots pour ce qu'ils veulent dire, mais aussi pour leur forme même, et pour des raisons de rythme, de sonorités.

Nous reviendrons sur la fonction poétique de la parole dans les chapitres suivants. Il ne faut pourtant pas confondre poésies et fonction poétique du langage. D'abord cette fonction poétique est présente non seulement dans les poésies, mais dans une infinité de discours et de paroles. Le langage de la publicité ou des slogans politiques y a recours abondamment. Ensuite toutes les fonctions du langage sont présentes, à des titres divers et dans des proportions variables, dans les poésies. Il reste qu'ici la forme n'est jamais oubliée au profit de la seule signification, et que la langue y est traitée non seulement comme un moyen de communication, mais comme une matière, de la même façon que la couleur est utilisée par la peinture et les sons par la musique. Enfin nous verrons qu'il y a poésie chaque fois que le phénomène de la communication et de l'expression linguistique fait problème, ne va pas de soi, et que cette difficulté est abordée non seulement théoriquement mais pratiquement.

L'INTROUVABLE DÉFINITION

Les définitions sont dangereuses en ceci qu'elles risquent d'enfermer leur objet, de le figer dans des frontières étroites, rigides, de réduire à l'immobilité ce qui est fait pour bouger et se déplacer continuellement. Toute poésie met en jeu une liberté, et c'est ce contre quoi bute toute approche «scientifique» des poésies. La science, en s'efforçant de ramener la complexité du monde à des lois générales qui permettent d'y voir clair, étudie ce qui est : elle ne nous dicte pas ce qu'il faut faire. De quoi donc parle-t-on quand on parle de poésie ? La seule réponse raisonnable à cette question ne peut être que celle-ci : la poésie est ce que le poète veut qu'elle soit. Toute analyse linguistique des poésies se heurtera toujours à cette question de la libre volonté du poète et de celui qui l'écoute. Ou encore : ce qui définit la poésie est précisément qu'elle demande, *à chaque fois*, d'être redéfinie, redécouverte, réinventée. Peut-être en est-il de même de la peinture, de la sculpture, de la musique, de la littérature, bref de tous les domaines qui mettent en jeu avant tout la liberté du créateur. Et finalement c'est peut-être déjà ce que nous disait le mot grec *poièsis*.

Mais d'un autre côté la peur des définitions entraîne une complaisance dans le flou qui peut être également dangereuse. Paul Valéry remarquait en 1929, dans *Littérature* : «La plupart des hommes ont de la poésie une idée si vague que ce vague même de leur idée est pour eux la définition de la poésie.» Or tout n'est pas poésie, et faire de la poésie un je ne sais quoi d'indéfinissable, d'indicible, n'a aucun sens.

Méthode

Notre méthode, au cours de ce livre, s'appuiera sur ces deux exigences contradictoires – nécessité de définir de quoi on parle, et danger des définitions : elle consistera à tenter de définir les poésies, et en même temps à reculer toujours le moment d'une définition définitive, qui est la chose que je veux à tout prix éviter. Je n'écris pas ce livre pour enclore le territoire de la poésie dans de rassurantes frontières, mais pour pouvoir y circuler.

J'essaierai donc plusieurs hypothèses successives, un peu comme si je me demandais :

– Et si les poésies se définissaient par ce dont elles parlent, autrement dit par leur *contenu* ? (Chapitre 2)

– Et si elles se définissaient par la manière dont elles naissent, autrement dit par ce qu'on appelle *l'inspiration* ? (Chapitre 3)

– Ou par l'utilisation systématique de *l'image* ? (Chapitre 4)

– Ou par leur diction, autrement dit par leur *prosodie* ? (Chapitre 5)

– Ou par l'usage d'une *versification* ? (Chapitres 6 et 7)

– Ou encore par un certain ton, qui serait différent du ton habituel, autrement dit par une certaine *emphase*, ou par la prise en compte d'un caractère musical de la langue, ou par une transformation de la langue habituelle, voire par l'invention d'*une autre langue* ? (Chapitres suivants)

On aura compris que c'est là une feinte : à supposer que mes différentes tentatives pour atteindre une définition de la poésie échouent – et je souhaite qu'il en soit ainsi –, elles m'auront au moins servi à suivre le plus loin possible un certain nombre d'itinéraires, à me faire entrer, d'une manière, puis d'une autre, dans le territoire des poésies, à me les faire considérer sous différents angles, sous différents point de vue, et finalement peut-être elles auront contribué à m'apprendre à les lire et à les écouter.

2

LE CONTENU DES POÉSIES

LE CONTENU ET LA NOTION DE GENRE

DE QUOI PARLENT LES POÉSIES

Ronsard, dans un avis *au lecteur* de 1587, définit les différentes poésies en se référant à leurs *arguments*, c'est-à-dire à leurs *sujets* ou à leur contenu :

> *Tu dois savoir que toute sorte de poésie a l'argument propre et convenable à son sujet : l'héroïque, armes, assauts de villes, batailles, escarmouches, conseils et discours de capitaines ; la satirique, brocards et répréhensions de vices ; la tragique, morts et misérables accidents de princes ; la comique, la licence effrénée de la jeunesse, les ruses des courtisanes, avarice des vieillards, tromperie de valets ; la lyrique, l'amour, le vin, les banquets dissolus, les danses, masques, chevaux victorieux, escrime, joûtes et tournois, et peu souvent quelque argument de philosophie.*

De cela on peut tirer au moins deux conséquence : d'abord il y aurait des *sujets* propres à la poésie, et d'autres qui lui seraient étrangers ; ce dont elles parlent, ce qu'elles disent, le *ton* sur lequel elles le disent, leur style, permettraient de distinguer ce qui relève des poésies de ce qui n'en relève pas ; deuxièmement, les sujets traités par les poètes étant somme toute assez divers, il faudrait pour y voir clair, distinguer plusieurs genres de poésie.

LA DISTINCTION DES GENRES

Traditionnellement en effet la poésie est divisée en genres : épique, dramatique, lyrique, pastorale, didactique... Ce souci très aristotélicien de classer ainsi les œuvres, s'il date en France du début du XVIe siècle, se réclame de l'antiquité grecque et latine.

Il est vrai que dans la Grèce antique la distinction est d'autant plus facile qu'elle s'appuie le plus souvent sur des différences de forme. A chaque genre correspondent une versification particulière, un type de vers particulier, et même un dialecte particulier. Durant tout le Moyen Age également, on distingue le lai de la ballade, le rondeau du virelai, etc. pour des raisons de forme, que nous étudierons au chapitre 7. Mais à partir du XVIe siècle, les différences de forme ne recoupent que rarement les distinctions qui sont faites entre les genres. C'est ainsi qu'un long poème constitué par un nombre indéterminé de vers à rimes plates peut être une œuvre dramatique, tragédie ou comédie, mais aussi une satire, ou bien une épître, ou bien encore un discours, une épopée, une élégie, une églogue, etc. La distinction des genres s'appuie donc principalement sur son contenu, sur son ton, sur son style : le poème est comique ou sérieux, triste ou joyeux, merveilleux ou réaliste ; il exprime des sentiments ou développe une réflexion morale ; il raconte, décrit ou enseigne ; il est simple ou solennel ; il met en scène des bergers ou des princes.

Le classement des poésies selon leur contenu s'affirme encore davantage au XVIIe siècle. Pour les théoriciens du classicisme, chaque genre doit obéir à des lois strictes et spécifiques : le mélange de plusieurs genres est une faute. C'est du moins l'opinion de Boileau (1636-1711). Son *Art poétique* de 1674 fait apparaître clairement non seulement une distinction mais une hiérarchie des genres. Tous ne sont pas égaux en dignité. Le nombre de vers qu'il consacre respectivement aux différents genres est emblématique du rang que chacun d'eux occupe par rapport aux autres : sur les 1100 vers de l'*Art poétique*, 174 vers sont consacrés à l'épopée, 159 à la tragédie, 93 à la comédie, 37 à l'idylle, 23 à l'ode et à la poésie lyrique, 19 à l'élégie.

VARIÉTÉ DES GENRES

Il n'est pas question ici d'entreprendre une histoire des genres. Je me contenterai de passer en revue quelques genres parmi les plus courants et les plus généralement admis, avant de m'étendre plus longtemps sur le genre épique et sur le rapport que les poésies peuvent entretenir avec les savoirs.

LA POÉSIE LYRIQUE

Étymologiquement, le mot est clair. La lyre est un instrument de musique : la poésie lyrique est une poésie destinée à être chantée avec accompagnement instrumental. Mais il serait vain de vouloir définir avec quelque précision aussi bien le contenu que le ton du genre lyrique, puisque tout peut être chanté, et sur tous les tons.

Chanter les choses, ce n'est pas seulement les décrire, les rapporter, les expliquer, c'est traduire l'émotion qu'elles suscitent. Pour Paul Valéry (1871-1945), «Le lyrisme est le développement d'une exclamation.» L'émotion devant les choses entre dans la voix de celui qui écrit, met en mouvement la musique du poème :

> *Le lyrisme est le genre de poésie qui suppose la* voix en action – *la voix directement issue de, ou provoquée par, – les choses que l'on voit ou que l'on sent comme* présentes.

Que le poème soit écrit ou non à la première personne, ce qui y est dit l'est toujours au nom de son auteur. Jamais il ne prétend à l'objectivité. Alors que dans la poésie épique l'auteur disparaît derrière le récit prétendûment objectif des événements qu'il raconte, et que dans la poésie dramatique il s'efface derrière le dialogue de ses personnages, dans la poésie lyrique le poète parle toujours en son nom. C'est donc le chant qui importe, plus que ce qui est chanté, moins les choses que ce qu'elles deviennent dans le poème.

La poésie élégiaque

L'élégie n'est qu'une variété de poésie lyrique, empruntée à la tradition latine (Tibule, Ovide, Properce...). Elle est un poème de deuil ou d'amour. Elle doit être, selon Du Bellay, «pitoyable», c'est-à-dire qu'elle doit émouvoir le lecteur comme une plainte pathétique. Boileau, dans son *Art Poétique* la définit ainsi :

> *La plaintive Élégie, en longs habits de deuil,*
> *Sait, les cheveux épars, gémir sur un cercueil ;*
> *Elle peint des amants la joie et la tristesse ;*
> *Flatte, menace, irrite, apaise une maîtresse.*

La qualité essentielle que Boileau attend de l'élégie est la sincérité des sentiments qui y sont exprimés :

> *Il faut que le cœur seul parle dans l'élégie.*

Par extension l'élégie pourrait désigner toute une tradition poétique qui se donne comme une plainte et comme l'expression des sentiments intimes du poète, et qui a été illustrée au XIXe siècle par le romantisme de Lamartine, Musset, Hugo, ou par une bonne part de la poésie de Verlaine.

La poésie dialoguée

Si la parole est partagée entre plusieurs personnages, la poésie est dramatique. La plupart des pièces de théâtre, depuis les *mystères* et les *farces* du moyen âge jusqu'aux comédies et aux tragédies des siècles classiques et aux drames romantiques, ont été écrites en vers.

Mais ce n'est pas la seule poésie dialoguée. La poésie bucolique, imitée des anciens et qui naît en France au début du XVIe siècle avec Clément Marot, se présente souvent sous une forme dialoguée. Elle met en scène des bergers amoureux, conversant dans une campagne qui existe davantage dans le rêve que dans la réalité. Brunetière dit de ce genre : «Idylle, églogue, pastorale, bucolique, on a d'ailleurs inutilement essayé de distinguer les uns des autres par des nuances plus ou moins arbitrairement choisies, tous ces genres qui n'en font vraiment qu'un. Théocrite a fait des *Idylles*, Virgile des *Bucoliques*, Ronsard des *Églogues*, Racan des *Bergeries*, d'autres encore des *Pastorales* ; et en réalité, sauf la différence du talent que le poète y a pu mettre, tout cela c'est la même chose.» Boileau n'y consacre pas moins de 37 vers dans son *Art poétique* de 1674 :

Son tour, simple et naïf, n'a rien de fastueux,
Et n'aime point l'orgueil d'un vers présomptueux ;
Il faut que sa douceur flatte, chatouille, éveille,
Et, jamais, de grands mots n'épouvante l'oreille.

Mais, ajoute, Boileau, il ne faut pas tomber dans la vulgarité. Aussi condamne-t-il celui qui

... abject en son langage,
Fait parler ses bergers comme on parle au village ;
Ses vers plats et grossiers, dépouillés d'agrément,
Toujours baisent la terre, et rampent tristement.

Le rôle de l'églogue est de

Chanter Flore, les champs, Pomone, les vergers ;
Au combat de la flûte animer deux bergers ;
Des plaisirs de l'amour vanter la douce amorce...

Bref il s'agit de chanter la campagne, mais une campagne plus élégante que réaliste.

Les poésies modernes font encore parfois écho au genre ancien de l'églogue. Mallarmé présente comme une *églogue* son poème l'*Après-midi d'un Faune* (1865) ; et, de nos jours, Christian Prigent appelle également églogue une des parties d'*Œuf-Glotte* (1978), qui effectivement est un dialogue et se réfère aux réalités de la campagne.

LES POÉSIES PARLÉES

Le poète latin Horace appelait *sermones*, c'est-à-dire causeries ou entretiens familiers, ses *satires*. Le mot *satire* lui-même (latin *satura*) désignait primitivement, dit Gaffiot, «un plat de toute espèce de fruits et de légumes, une sorte de macédoine ; ou un ragoût ; un pot-pourri ; ou une farce...» Si le mot *satire* a désigné un poème qui dénonce les vices et les ridicules des hommes, c'est qu'un tel poème se présente traditionnellement sous la forme de propos familiers, comme ceux que l'on peut entendre dans une conversation ou lire dans une lettre. Les premières satires écrites en français sont dues à Clément Marot, qui les appelle *coq-à-l'âne*, parce qu'il y affecte de sauter sans ordre d'un idée à l'autre, exprès pour voiler ses allusions un peu trop irrévérencieuses.

Enfin le genre des satires est peu éloigné de celui des épîtres, qui sont des lettres en vers.

LA POÉSIE ÉPIQUE

LA CHANSON DE GESTE

Les plus anciens textes littéraires que nous pouvons lire sont en général des épopées. Dans la Grèce ancienne, les poèmes homériques, *Iliade et Odyssée*, qui datent vraisemblablement des IXe ou VIIIe siècles avant notre ère, sont antérieures à l'invention de l'écriture.

En France, les *chansons de geste* apparaissent dès le XIe siècle, à l'époque romane, dans une société aristocratique, féodale et religieuse. Avant d'être fixées par écrit, elles se sont d'abord transmises oralement et de façon anonyme, diffusées dans la haute société par les «jongleurs». Dès le Moyen Age, on les groupait, selon leurs sujets, en un certain nombre de cycles, ou gestes : geste du Roi (qui raconte les guerres de Charlemagne et dont fait partie la *Chanson de Roland*, la plus ancienne chanson de geste que nous connaissions), geste de Garin de Monglane, de Doon de Mayence...

Caractères de la poésie épique

On retrouve dans les chansons de geste, comme dans toute littérature épique, un certain nombre de caractères communs qui permettent de définir le genre.

Le poème épique est toujours un poème long. La *Chanson de Roland* comporte un peu plus de 4000 vers ; l'*Iliade*, 15691 vers, répartis en 24 chants ; certaines épopées indiennes ou persanes sont plus longues encore. Il relève de la poésie narrative : c'est toujours le récit d'aventures héroïques, où le merveilleux se mêle au vrai, l'histoire à la légende, et qui célèbre des héros et de hauts faits d'armes. Les événements historiques, qui souvent sont à l'origine de ces récits, y sont grandis jusqu'à prendre des proportions merveilleuses et édifiantes. La bravoure des héros devant le danger et devant la mort, leur force surnaturelle, leur foi dans la divinité, leur fidélité au suzerain et à l'Église, tout est là pour magnifier l'organisation sociale de l'époque et les valeurs sur lesquelles elle se fonde.

Les ambitions du XVIe siècle

A la fin du Moyen Âge, les anciennes chansons de gestes et les romans de chevalerie du XIIIe siècle sont pratiquement oubliés. Le texte original de la *Chanson de Roland* n'a été redécouvert qu'en 1832. Mais la matière de ces récits pleins de hauts faits d'armes et d'aventures amoureuses continue à alimenter un grand nombre de romans plus récents.

Quand les poètes de la Pléiade rêvent de doter la littérature française d'une poésie épique, il s'agit moins pour eux de renouer avec l'ancienne chanson de geste que de rivaliser avec les grandes œuvres d'Homère (l'*Iliade* et l'*Odyssée*), avec l'*Énéide* de Virgile, comme avaient fait avant eux les poètes italiens, l'Arioste par exemple (1474-1533), auteur d'un *Orlando furioso*, et comme fera le poète portugais Luis de Camões (1525-1580) en écrivant ses *Lusiades*. Du Bellay, dans sa *Défense et Illustration de la Langue française* de 1549, consacre un chapitre entier à ce qu'il appelle «le long poème français», c'est-à-dire le poème épique, et Ronsard, quelques années plus tard, se met à l'ouvrage et entreprend, à la demande du roi Charles IX, sa *Franciade*. Dans l'avis au lecteur qui la précède (1572), il insiste sur la différence qui existe entre histoire et poésie : «L'Histoire reçoit seulement la chose comme elle est, ou fut, sans déguisure ni fard». Au contraire, «le Poète qui écrit les choses comme elles sont, ne mérite pas tant que celui qui les feint, et se recule le plus qu'il lui est possible de l'historien ; non toutefois pour feindre une poésie fantastique comme celle de l'Arioste, de laquelle les membres sont aucunement beaux, mais le corps est tellement contrefait et monstrueux qu'il ressemble mieux aux rêveries d'un malade de fièvre continue qu'aux inventions d'un homme bien sain.» Mais des douze chants que devait comporter le poème, il n' écrira que les quatre premiers, puis renoncera.

L'Époque classique

Au siècle suivant, Boileau insiste d'abord sur le style de l'épopée, qui devrait dépasser tous les autres en «grandeur», et qui en particulier se situe un ton au-dessus de celui de la tragédie :

D*'un air plus grand encor la poésie épique,*
Dans le vaste récit d'une longue action,
Se soutient par la fable et vit de fiction.
(*Art Poétique*, v. 160-163)

La fable ou la fiction (c'est-à-dire la légende et le merveilleux) sont celles que fournit l'antiquité grecque et romaine, et qu'on trouve chez Homère et dans l'*Énéide* de Virgile. Elles sont avant tout un «ornement», une manière imagée de dire les choses, destinée à «charmer» le lecteur. Boileau en revanche écarte le merveilleux chrétien – auquel avait recours par exemple le poète italien Le Tasse (1544-1595) dans sa *Jérusalem délivrée*, ou bien le poète français Desmarets (1595-1676) dans son *Clovis ou la France Chrétienne* – car s'en servir dans l'épopée reviendrait à traiter la religion comme une fable.

Du reste Boileau ne semble avoir que mépris pour les essais qui ont été tentés de son temps en matière de poésie épique. Le grand poème que l'on attend, et qui demanderait tant de qualités chez son auteur, n'est pas encore né. Au XVIIIe siècle, certains s'y essaieront encore. Ainsi Voltaire publie en 1728 sa *Henriade*, poème en dix chants qui raconte les débuts du règne de Henri IV.

Permanence du style et de l'inspiration épique

Si aucun poète n'a finalement réussi à être un Virgile ou un Homère français, non seulement le style épique est présent dans de nombreuses poésies, mais ce rêve de composer un immense poème qui traverserait toute notre histoire est resté bien vivant.

La Légende des Siècles de Victor Hugo (1857) ne se présente pas formellement comme un poème épique (long poème continu narrant un événement), mais plutôt comme un recueil de pièces séparées. Elle n'en est pas moins présentée par son auteur comme «l'épopée humaine, âpre, immense...», c'est-à-dire une épopée dont le héros serait l'humanité ; et la préface qui annonce cet ouvrage se réclame des caractères du genre épique :

> *Exprimer l'humanité dans une espèce d'œuvre cyclique [...]. Le genre humain, considéré comme un grand individu collectif accomplissant d'époque en époque une série d'actes sur la terre, a deux aspects, l'aspect historique et l'aspect légendaire. [...] L'auteur, sans diminuer la portée de l'histoire, veut constater la portée de la légende. Hérodote fait l'histoire, Homère fait la légende.*

Il y a dans tout projet épique un rêve encyclopédique, le désir d'enfermer dans un poème la culture tout entière. C'est, dans un certain sens, le projet de Marcelin Pleynet (né en 1933) quand il publie en 1973 les quatre premiers chants de *Stanze*, que lui-même présente comme une «épopée du langage». La *geste* qu'il veut faire entendre n'est plus celle de je ne sais quel héros militaire, mais celle de la langue elle-même et des idées qu'elle véhicule, à travers les siècles, jusqu'à nous – ce que fit autrefois l'italien Dante (1265-1321) en écrivant sa *Divine Comédie* ; ce que fit aussi, plus tard, le poète américain Ezra Pound (1885-1972) en écrivant ses *Cantos*. Il est vrai que Marcelin Pleynet, des neuf chants que devait comporter *Stanze*, n'a encore publié que les quatre premiers, et que l'œuvre risque de rester inachevée, autant que le fut la *Franciade* de Ronsard.

Mais ce que le projet de Marcelin Pleynet nous aide à comprendre, est le rapport qu'entretient l'épopée avec l'histoire et avec la légende. L'histoire qui nourrit l'épopée n'est pas une histoire objective, elle est plutôt la *légende*, c'est-à-dire la mémoire qui fonde l'identité d'une société présente, et le langage qu'elle parle. L'auteur d'une épopée ne s'exprime pas à la première personne. Pourtant rien n'est plus *subjectif* qu'une telle poésie : le passé y est toujours appréhendé à partir d'un *nous*, d'un *ici* et d'un *maintenant* qu'il a pour fonction de fonder et auxquels il donne un sens. Le projet de Pleynet est de prendre conscience de cette accumulation stratifiée d'idées, de croyances, de légendes qui inconsciemment constitue notre langue.

POÉSIE ET SAVOIR

ORIGINES DIDACTIQUES DES POÉSIES

La littérature didactique a pour fonction de communiquer un enseignement, et cette fonction est peut-être la plus ancienne des poésies. Le savoir – généalogies des dieux, prescriptions morales, recueils de lois, recettes techniques – a d'abord été condensé et fixé dans des formules versifiées qu'on pouvait facilement retenir par cœur et se transmettre d'une génération à l'autre. Les oracles antiques étaient rédigés en vers. La versification reste aujourd'hui encore un procédé mnémotechnique, et non seulement les proverbes mais encore les slogans politiques ou publicitaires empruntent la plupart de leurs procédés à ceux de la poésie.

Le poète grec Hésiode (VIIIe ou VIIe siècle avant J.-C.) est l'auteur d'une *Théogonie* (qui est le récit de la naissance des dieux et leur généalogie) en plus de mille vers. Dans un autre poème, les *Travaux et les Jours*, il rassemble en un peu plus de 800 vers des conseils très précis sur la bonne façon d'exploiter un domaine agricole. Même la poésie de fiction, à commencer par l'épopée, assume très souvent une fonction didactique. Les poèmes homériques ne se contentent pas de raconter la guerre de Troie ou les pérégrinations d'Ulysse, ils constituent une encyclopédie religieuse et mythologique, et enseignent non seulement la manière d'offrir un sacrifice aux dieux, mais aussi la meilleure méthode pour construire un bateau, élever des abeilles, couper les blés, élever le bétail ou faire la lessive. Une grande partie des philosophies présocratiques a été transmise en vers. C'est le cas de celles de Xénophane, de Parménide, d'Empédocle, de Pythagore, etc. La littérature latine fait également une grande place à la poésie didactique, avec par exemple le *De Natura Rerum* de Lucrèce, les *Géorgiques* de Virgile, l'*Art poétique* d'Horace ou l'*Art d'aimer* d'Ovide.

Cette tradition subsiste dans les poésies françaises, et pas seulement dans les œuvres qui se présentent ouvertement comme didactiques (les *Fables* de La Fontaine, l'*Art poétique* de Boileau). Ronsard, dans son *Abrégé de l'Art Poétique Français* de 1565, insiste sur l'origine religieuse de la poésie et sur les devoirs que cette origine impose au poète. Car, écrit-il,

> *la Poésie n'était au premier âge qu'une Théologie allégorique, pour faire entrer au cerveau des hommes grossiers, par fables plaisantes et colorées, les secrets qu'ils ne pouvaient comprendre, quand trop ouvertement on découvrait la verité.*

La tâche des poètes n'était que de répandre le savoir que leur communiquaient

> *les Oracles, Prophètes, Devins, Sybilles, Interprètes de songes, [...] car ce que les Oracles disaient en peu de mots, ces gentils personnages l'amplifiaient, coloraient et augmentaient, étant vers le peuple ce que les Sybilles et Devins étaient en leur endroit.*

Cette conception sera encore vivante au XIXe siècle : pour Victor Hugo, le poète est un Mage, et c'est lui qui détient la sagesse.

L'ÉRUDITION

Plus modestement, au lieu de se donner pour mission de diffuser les savoirs, la poésie peut tout simplement s'en servir, et s'en nourrir elle-même. D'où le conseil que donne Du Bellay dans la *Défense et Illustration de la Langue française*, en 1549 :

> *Chante-moi ces odes, inconnues encore de la muse française, d'un luth bien accordé à la lyre grecque et romaine : et qu'il n'y ait vers où n'apparaisse quelque vestige de rare et antique érudition... Sur toute chose prends garde* [= prends soin] *que ce poème soit éloigné du vulgaire, enrichi et illustré de mots propres et épithètes non oisifs, orné de graves sentences et varié de toutes manières de couleurs et ornements poétiques...*

L'érudition, c'est-à-dire notamment la connaissance de l'Antiquité, de l'histoire et de la mythologie anciennes, est un réservoir inépuisable d'images destinées à orner de façon superbe toute production littéraire. C'est en cela que la poésie sera, selon l'expression chère à la Pléiade, une *docte* poésie. Trois siècles plus tard, Apollinaire (1880-1918) se plaira également à puiser dans la culture et dans l'érudition matière à poésie, mais il le fera avec beaucoup plus d'humour. L'érudition lui fournit des exemples rares et pittoresques, qui remplacent l'expression de l'idée générale et abstraite. Or plus l'érudition est poussée, et plus l'allusion devient obscure et demande un lecteur lui-même érudit. Ou bien alors l'image devient opaque, mystérieuse, et ce n'est pas son moindre charme. Ainsi ce passage de « Cortège » (dans *Alcools*) :

> *O Corneille Agrippa l'odeur d'un petit chien m'eût suffi*
> *Pour décrire exactement tes concitoyens de Cologne*
> *Leurs rois-mages et la ribambelle ursuline*
> *Qui t'inspirait l'erreur touchant toutes les femmes.*

Il n'est pas impossible de découvrir qui est cet habitant de Cologne qui avait pour nom Corneille Agrippa. Mais que penser de cette ribambelle ursuline ? Et quelle est l'erreur que le grand homme a commise à propos de toutes les femmes ? Même un spécialiste comme Pascal Pia avoue son ignorance :

> *Nous ne disputerons pas aux épigones d'Agrippa, c'est-à-dire aux occultistes, le soin de déterminer en quelle erreur universelle les onze mille vierges qui escortaient Ursule avaient pu induire leur maître.*

Le poème est pourtant lisible dans la mesure où les allusions à un savoir que nous ne possédons pas peuvent avoir le charme du mystère. Nous sentons que la ville de Cologne est pleine de récits anciens, voire de légendes qui affluent confusément vers nous. Quant à Apollinaire lui-même, il s'amuse sans doute de notre embarras.

Pourtant il suffit de quelques dictionnaires spécialisés pour décrypter ce passage et déjouer le piège que nous tendait le poète. On peut devenir aussi érudit que lui et le texte se lira autrement, car on aura appris :

1. que Heinrich Cornelius Agrippa von Nettesheim, dit Corneille Agrippa, médecin et alchimiste, né à Cologne en 1486, est l'auteur d'un ouvrage intitulé *Declamatio de nobilitate et prœcellentia feminei sexus* («Discours sur la noblesse et l'excellence du sexe féminin»), publié à Anvers en 1529 ; et que c'est bien là, selon Apollinaire une erreur, et une erreur qui touche toutes les femmes... ;

2. que la cathédrale de Cologne est célèbre entre autres choses à cause d'un vitrail qui représente les trois rois mages ;

3. qu'une légende raconte que Sainte Ursule fut martyrisée par les Huns, en l'an 452, en compagnie de onze mille vierges (certains pensent qu'elles n'étaient que onze) ; et que l'attitude exemplaire de ces femmes a dû inspirer, selon Apollinaire, l'éloge exagéré que Corneille Agrippa décerne à toutes les femmes ;

4. que les Ursulines sont les religieuses d'une congrégation fondée en 1537 et consacrée à Sainte Ursule… Peut-être en faisant ces recherches, éprouverons-nous le même plaisir malicieux qu'Apollinaire dut éprouver en découvrant ces détails pittoresques et ignorés du grand nombre.

AU-DELÀ DE LA NOTION DE GENRE

LE MÉLANGE DES GENRES : LA POÉSIE DOIT TOUT DIRE

La question des genres est une de celles sur lesquelles le romantisme du XIXe siècle s'oppose au classicisme. En 1827 Victor Hugo, dans sa Préface à *Cromwell*, imagine, pour aborder la question des genres, une sorte d'histoire mythique de l'humanité qu'il divise en trois âges : l'âge primitif, l'âge antique et l'âge moderne. A chacun de ces trois âges de l'humanité, correspondent, d'après lui, un type de société, et un genre poétique différent.

L'âge primitif est celui du lyrisme. L'homme primitif est en contact direct avec la nature et la divinité :

> *Toutes ses méditations sont des extases, tous ses rêves des visions. Il s'épanche, il chante comme il respire. Sa lyre n'a que trois cordes, Dieu, l'âme, la création.*

Le premier poète est lyrique :

> *La prière est toute sa religion, l'ode est toute sa poésie.*

L'âge antique voit l'humanité s'organiser rituellement et politiquement, autour des rois et des prêtres. Les peuples s'opposent ou se déplacent. C'est l'âge des grandes migrations et des guerres :

> *La poésie reflète ces grands événements [...]. Elle chante les siècles, les peuples, les empires. Elle devient épique.*

L'âge moderne naît avec le christianisme, qui «amène la poésie à la vérité». L'homme découvre sa double nature : «il y a en lui un animal et une intelligence». Il prend conscience de sa condition et commence à comprendre le monde qui l'entoure :

> *La muse purement épique des anciens n'avait étudié la nature que sous une seule face, rejetant sans pitié de l'art presque tout ce qui, dans le monde soumis à son imitation, ne se rapportait pas à un certain type de beau. [...] La muse moderne sentira que dans la création tout n'est pas humainement beau, que le laid y existe à côté du beau, le difforme près du gracieux, le grotesque au revers du sublime, le mal avec le bien, l'ombre avec la lumière.*

Cette poésie complète s'appellera le drame. Dans sa préface de 1826 aux *Odes et Ballades*, Hugo déclare :

> ***O****n entend tous les jours, à propos des productions littéraires, parler de la* dignité *de tel genre, des* convenances *de tel autre, des* limites *de celui-ci, des* latitudes *de celui-là : la* tragédie *interdit ce que le* roman *permet ; la* chanson *tolère ce que l'*ode *défend, etc. L'auteur de ce livre a le malheur de ne rien comprendre à tout cela ; il y cherche des choses et n'y voit que des mots ; il lui semble que ce qui est réellement beau et vrai est beau et vrai partout ; [...] qu'enfin la seule distinction véritable dans les œuvres de l'esprit est celle du bon et du mauvais. La pensée est une terre vierge et féconde dont les productions veulent croître librement, et pour ainsi dire, au hasard, sans se classer, sans s'aligner en plates-bandes, comme les bosquets dans un jardin de Le Nôtre, ou comme les fleurs du langage dans un traité de rhétorique.*

Dans sa première préface des *Orientales* (1829), on peut lire :

> ***A*** *voir les choses d'un peu haut, il n'y a en poésie ni bons ni mauvais sujets, mais de bons et de mauvais poètes. D'ailleurs tout est sujet ; tout relève de l'art ; tout a droit de cité en poésie.*

Ce sujet peut donc être

> *... triste ou gai, horrible ou gracieux, éclatant ou sombre, étrange ou simple.*

La poésie doit tout dire.

LA NOTION DE « POÉSIE PURE »

Mais alors, quelle que soit la définition retenue de la poésie, aucune ne suffirait à rassembler tous les éléments qui constituent les œuvres appelées poésies. Par exemple, un poème didactique est peut-être une œuvre de poésie, mais, outre cela, elle enseigne ; la poésie descriptive, ou narrative, en plus de son appartenance à la poésie, appartient au genre narratif ou descriptif. D'où l'idée qu'on pourrait, faisant abstraction de ces caractères annexes qui se retrouvent ailleurs, atteindre ce qui serait l'essence même de la poésie. C'est l'origine de la notion de « poésie pure », expression qui a été mise à la mode par le livre publié en 1926 par le très mystique abbé Henri Bremond (1865-1933) et qui a précisément pour titre la *Poésie pure*. Le projet de l'abbé Bremond est clair, c'est de tirer la poésie du côté de la prière et de la mystique.

Il n'en était sans doute pas de même chez Mallarmé (1842-1898). Mallarmé constate, dans *Crise de vers*, que Victor Hugo, «rabattit toute la prose, philosophie, éloquence, histoire au vers, et, comme il était le vers personnellement, il confisqua chez qui pense, discourt ou narre, presque le droit de s'énoncer.» Ce qui revient à dire que pour Hugo la notion de poésie se confond avec celle de littérature : «... la forme appelée vers est simplement elle-même la littérature ; [...] vers il y a sitôt que s'accentue la diction, rythme dès que style.» Mallarmé, pour sa part, souhaiterait que tout ne fût pas appelé poésie, mais que son territoire fût plus circonscrit, plus spécifique. La poésie, pour lui, n'a plus pour fonction de «narrer, enseigner, même décrire», – qui est la fonction quotidienne et sociale du langage. Elle n'a pas non plus la fonction d'exprimer les sentiments de son auteur, mais plutôt de mettre en œuvre une sorte d'orchestration des mots. Le *je* du poète, sa respiration individuelle et spontanée s'effacent derrière le seul poème. La poésie telle que la conçoit Mallarmé est une poésie proprement impersonnelle :

> *L'œuvre pure implique la disparition élocutoire du poète, qui cède l'initiative aux mots, par le heurt de leur inégalité mobilisés ; ils s'allument de reflets réciproques comme une virtuelle traînée de feux sur des pierreries, remplaçant la respiration perceptible en l'ancien souffle lyrique ou la diction personnelle enthousiaste de la phrase.*

Cette idée d'une poésie pure, qui serait caractérisée, selon l'expression de Rimbaud, par « l'absence des facultés descriptives ou instructives» (*Une Saison en Enfer*), a beaucoup retenu un poète comme Paul Valéry (1871-1945). Dans *Rhumbs*, il se livre à ce raisonnement un peu fallacieux :

> *Les grands poèmes épiques, quand ils sont beaux, sont beaux quoiqu'ils soient grands, et le sont par fragments.*
> *Démonstration : Un poème de longue durée est un poème qui se peut résumer. Or est poème ce qui ne se peut résumer. On ne résume pas une mélodie.*
> *[...] Qu'il n'y a pas de poètes* purs *au commencement des littératures, pas plus qu'il n'y a de métaux purs pour les praticiens primitifs.*
> *Homère et Lucrèce ne sont pas encore des purs. Les poètes épiques, didactiques, etc., sont impurs.*
> – Impurs *n'est pas un blâme. Ce mot désigne un certain fait.*

On en arrive à une conception de la poésie qui consiste à l'épurer au maximum, donc à la réduire, et peut-être l'appauvrir. Il est vrai que dans *Tel Quel* Paul Valéry ajoute : «Construire un poème qui ne contienne que poésie est impossible.»

Poésie et politique

La théorie de l'art pour l'art

Les poésies pures (ou presque) affichent leur inutilité, et se proclament étrangères à la cité. Tours d'ivoires. Pour Théophile Gautier déjà (1811-1872), la poésie n'avait d'autre fin que la beauté. Elle devait donc être inutile, car : «Il n'y a de vraiment beau que ce qui ne peut servir à rien ; tout ce qui est utile est laid.» (Préface de *Mademoiselle de Maupin* de 1836). Le sonnet liminaire qui sert de préface à son célèbre recueil *Émaux et Camées* proclame le désir de son auteur de se tenir à l'écart des événements qui secouent son siècle :

Sans prendre garde à l'ouragan
Qui fouettait mes vitres fermées,
Moi, j'ai fait Émaux et Camées.

Le poète se consacrera donc à l'art, uniquement, car :

Tout passe. – L'art robuste
Seul a l'éternité,
Le buste
Survit à la cité.

Et Baudelaire, qui dédia ses *Fleurs du Mal* à Gautier, écrivait en 1857 :

> *Une foule de gens se figurent que le but de la poésie est un enseignement quelconque, qu'elle doit tantôt fortifier la conscience, tantôt perfectionner les mœurs, tantôt enfin démontrer quoi que ce soit d'utile... La Poésie [...] n'a d'autre but qu'Elle-même... Ainsi le principe de la poésie est, strictement, l'aspiration humaine vers une Beauté supérieure...*

L'engagement politique

Il peut cependant y avoir quelque chose de choquant dans l'attitude de celui qui, sourd aux horreurs qui se perpètrent autour de lui, s'enferme dans sa chambre pour y peaufiner ses jolies strophes. C'est sans doute le sens du facétieux poème de Jean-François Bory (né en 1938) intitulé *Errata* (et qui se présente en effet comme une liste d'errata telle qu'on peut en voir à la fin de certains livres) :

> ... Au lieu de : *tapait sur la tête des prisonniers avec un manche de baïonnette jusqu'à ce qu'ils deviennent fous*, on doit lire : *tapait sur la tête des prisonniers avec un manche de baïonnette jusqu'à ce qu'ils devinssent fous...*
>
> (*Autres Textes*, Bordeaux, éd. Thierry Agullo, 1979.)

La conception de l'art pour l'art va à l'encontre d'une longue tradition. Les poésies, depuis les temps les plus anciens, se sont donné une fonction politique, pour la raison d'abord que les pouvoirs politiques ont de tout temps éprouvé le besoin de s'entourer d'une poésie qui garantît en quelque sorte les valeurs sur lesquelles ils se fondaient. Nous avons vu que c'est précisément une des fonctions des anciennes poésies épiques. C'est aussi sans doute la raison pour laquelle les pouvoirs politiques exercent un mécénat. Non seulement les talents du poète sont utilisés, conjointement à ceux d'autres artistes, pour réaliser les grandes fêtes de la cour royale ou les grandes cérémonies républicaines, mais encore ils le sont pour défendre et illustrer la politique officielle.

La carrière de Malherbe (1555-1628) illustre bien ce genre de collusion de la politique avec la poésie. En 1605, le duc de Bouillon prépare contre le roi Henri IV un soulèvement armé dans les provinces du Quercy, du Limousin et du Périgord. Le roi, à la tête de son armée, marche sur Limoges et réduit les insurgés. Au moment de partir, il commande à Malherbe, qu'on vient de lui présenter, une ode sur cette expédition militaire. C'est la *Prière pour le Roi allant en Limousin*, qui célèbre les bienfaits de la politique de Henri IV après la période de troubles et de malheurs que le royaume a connue avant lui :

... Tu nous rendras alors nos douces destinées :
Nous ne reverrons plus ces fâcheuses années,
Qui pour les plus heureux n'ont produit que des pleurs :
Toute sorte de biens comblera nos familles,
La moisson de nos champs lassera les faucilles,
Et les fruits passeront la promesse des fleurs...

L'ode plaît au roi, qui aussitôt attache son auteur au service du Grand Écuyer, M. de Bellegarde, avec un traitement de 1000 livres, un valet à son service, la table, le logement, un cheval. Malherbe devient officiellement «poète du Louvre», c'est-à-dire qu'il continuera, jusqu'à la mort de Henri IV, puis sous la régence de Marie de Médicis, puis enfin sous le ministère du Cardinal de Richelieu, à donner une voix et une dimension esthétique à la politique officielle, à la royauté absolue, à l'ordre religieux sur lequel elle entend s'appuyer.

Mais le poète peut aussi bien se dresser contre le pouvoir établi, son engagement politique être un combat, sa poésie une poésie militante. C'est le cas du protestant Agrippa d'Aubigné (1552-1630), pendant les guerres de religion. En 1560, les calvinistes tentent de soustraire le roi François II à l'influence des Guises et de porter au pouvoir le prince de Condé.

Le complot est découvert. Les conjurés sont exécutés à Amboise. D'Aubigné a huit ans lorsque, passant avec son père à Amboise, il voit les têtes coupées («encore reconnaissables sur un bout de potence», écrit-il dans ses *Mémoires*). A seize ans il prend les armes, et ne les déposera qu'à l'avènement de Henri IV. Toute sa vie fut vouée au service du parti protestant, et son long poème les *Tragiques* est avant tout une machine de guerre lancée contre l'Église romaine et le pouvoir catholique :

Baisse donc, Éternel, tes hauts cieux pour descendre,
Frappe les monts cornus, fais-les fumer et fendre ;
Loge le pâle effroi, la damnable terreur
Dans le sein qui te hait et qui loge l'erreur ;
Donne aux faibles agneaux la salutaire crainte,
La crainte, non la peur, rende la peur éteinte.
Pour me faire instrument à ces effets divers
Donne force à ma voix, efficace à mes vers...

Au XIXe siècle, de nombreuses poésies se sont engagées politiquement, parfois avec beaucoup de violence. Les *Châtiments* de Victor Hugo (1853) sont dirigés contre Napoléon III et son coup d'état du 2 décembre.

Au XXe siècle enfin, on peut dire que pendant cinquante ans l'avant-garde poétique s'est confondue avec l'avant-garde politique, comme si les bouleversements que proposaient les poètes dans le domaine du langage étaient indissociables de la révolution qui était projetée dans l'ordre social et politique.

Le surréalisme est plus qu'une école littéraire ou artistique, c'est une révolte contre l'idéologie qui fonde notre société. André Breton (1896-1966), déclare dans le *Second Manifeste du Surréalisme* de 1930 : «Tout est à faire, tous les moyens doivent être bons à employer pour ruiner les idées de *famille*, de *patrie*, de *religion*.» Le surréalisme n'est pas un «passe-temps intellectuel comme un autre», mais se propose réellement de changer le monde : « nous ne pouvons pas éviter de nous poser de la façon la plus brûlante la question du régime social sous lequel nous vivons, je veux dire de l'acceptation ou de la non-acceptation de ce régime.». D'où son adhésion à la doctrine du matérialisme historique de Karl Marx, et son désir d'œuvrer de concert avec le parti communiste – et cela malgré l'extrême méfiance des militants de ce parti. A partir des années 1933, Louis Aragon (1897-1982) devient en quelque sorte le poète officiel du Parti Communiste Français, et met son lyrisme au service d'une cause politique et patriotique :

Mon parti m'a rendu mes yeux et ma mémoire
Je ne savais plus rien de ce qu'un enfant sait
Que mon sang fût si rouge et mon cœur fût français...

Pendant la seconde guerre mondiale, la poésie se mit au service de la Résistance. A partir de 1960, la pratique des écrivains qui se groupent autour de la revue *Tel Quel* (Philippe Sollers, Marcelin Pleynet, Denis Roche, Jean-Louis Houdebine, Pierre Rottenberg, etc.) repose sur une conception marxiste de l'histoire, de telle sorte que les recherches formelles vont de pair avec la lutte politique. Il en est de même des débuts de la revue TXT (1969). Son animateur Christian Prigent (né en 1945) écrivait alors à propos de la littérature :

> *C'est que son enjeu est en dernière instance d'ordre* politique, *qu'il s'agit d'une* lutte *dont l'objet n'est rien d'autre que la destruction (ou non) des idées dominantes, c'est-à-dire, pour citer Marx, des «idées de la classe dominante». C'est aussi (et uniquement) pourquoi elle mérite intérêt.*
>
> (*TXT n° 3/4*, printemps 1971)

La solitude

Quelque vingt ans plus tard on ne pouvait plus que constater l'effondrement des modèles politiques (soviétique, chinois, cubain etc.) qui avaient servi de justification aux recherches formelles. Fallait-il alors renoncer à ces recherches, c'est-à-dire renoncer à l'écriture ? C'est à cette question entre autres que répond en 1989 un livre comme la *Langue et ses Monstres* du même Christian Prigent :

> *La débâcle des idéologies progressistes a aujourd'hui retiré à l'aventure littéraire ces alibis qui justifiaient (mais en même temps annulaient ?) ses excentricités esthétiques.*

Reste la «nécessité d'écrire», qui est toujours celle de

> *... parler une langue qu'aucune autre bouche n'a parlée ; elle part du constat que toutes les langues dont on pourrait disposer sont* étrangères, *et la langue dite maternelle la première ; elle prend acte du fait que les formes stylistiques et les solutions esthétiques vers lesquelles pourrait porter le goût pour la* beauté *sont usées, ne font plus résonner la vivacité d'un accord sensible avec le désir, l'angoisse, l'impartageable sensation d'un monde vivant.*

L'aventure continuera donc, solitaire cette fois-ci, sans alibi politique, à moins qu'on appelle encore *politique* ce projet de «faire trou» dans la langue de l'époque et ses croyances.

Denis Roche écrivait encore en 1980, dans sa préface à *Dépôts de savoir et de technique* : «qu'est-ce que la poésie pourrait bien être d'autre que *militante* ?» La poésie est une «demande incessante de liberté». Elle est la demande incessante d'un supplément : «un supplément de liberté, un supplément de Dieu, comme vous dites, n'est-ce pas ?»

Car c'est bien là que la pratique poétique a affaire avec le politique. Et c'est pourquoi le cinéaste Jean-Luc Godard déclare en 1967, dans son film *Deux ou trois choses que je sais d'elle* :

> *La naissance au monde humain des choses les plus simples, leur prise de possession par l'esprit de l'homme..., un monde nouveau où les hommes et les choses connaîtront des rapports harmonieux. Voilà mon but. Il est finalement autant politique que poétique. Il explique en tout cas, la rage de l'expression. De qui ?... De moi. Écrivain et peintre.*

3

L'INSPIRATION

QUI PARLE ?

Il n'est pas de parole sans quelqu'un qui parle. C'est une évidence. On peut sans doute croire le linguiste Benveniste quand il affirme, dans un article publié en 1958, que «parmi les signes d'une langue, de quelque type, époque ou région qu'elle soit, jamais ne manquent les *pronoms personnels*. Une langue sans expression de la personne ne se conçoit pas.»

Or que signifie *je* ? Selon les circonstances, n'importe qui. A chaque fois pourtant le mot désigne sans ambiguïté celui qui est en train de le prononcer. Les autres pronoms personnels se définissent tous à partir de *je* : *tu* désigne toujours celui à qui *je* s'adresse quand il parle, et *il*, celui dont *je* et *tu* s'entretiennent et qui n'est ni *je* ni *tu*. Les mots qui expriment les relations de temps (présent, passé, futur) ou d'espace (ici, là-bas, près, loin) supposent *je* comme point de repère : *ici* désigne le point que *je* occupe, *ceci*, la chose que *je* montre du doigt, le présent indique le moment où *je* parle. Tout dans la parole s'organise autour de ce sujet et par rapport à lui. Parler est toujours, d'une certaine manière, dire *je*. Dans un poème, qui pourrait donc parler, sinon le poète lui-même ?

Or cette évidence cesse bien souvent d'en être une, et cela de deux manières différentes : ou bien celui qui écrit, comme s'il en était besoin, proteste de sa sincérité, et répète, de façon trop pléonastique pour être honnête, que c'est bien lui, et rien que lui, qui parle dans le poème, et qu'il n'a fait en écrivant que «laisser parler son cœur» ; ou bien au contraire il prétend que ce n'est pas lui qui parle, mais un autre, un dieu peut-être. D'un côté, les poésies se présentent comme la forme la plus sincère et la plus authentique de l'expression d'un sujet ; de l'autre comme une voix venue d'ailleurs (d'où ?), c'est-à-dire comme le produit d'une inspiration.

LA FUREUR POÉTIQUE

LA NOTION D'INSPIRATION

Pour un peu Thomas Sébillet, l'auteur en 1548 d'un *Art Poétique Français*, s'excuserait d'avoir à donner des conseils techniques en matière de poésie. Car la poésie est chose divine, elle ne peut être que «divinement donnée». L'*art*, c'est-à-dire la technique, que Sébillet se propose d'enseigner dans son livre, «n'est rien que la nue écorce de poésie, qui couvre artificiellement sa naturelle sève et son âme naturellement divine». L'idée a été reprise et largement développée par les poètes de la Pléiade. Tous, comme Sébillet, rappellent l'origine religieuse de la poésie biblique comme de la poésie grecque et latine de l'antiquité. Le Moïse de la Bible fut «premier divin prêtre, premier conducteur du divin peuple, et premier divin poète» ; David, l'auteur des *Psaumes*, Salomon, les prophètes furent des poètes. Dans l'antiquité grecque, les oracles des dieux étaient rédigés en vers. On se plaît à rappeler que l'*Iliade* commence par ce vers :

> *Chante, ô déesse, la colère d'Achille fils de Pélée*
> [Μῆνιν ἄειδε, θεά, Πηληϊάδεω Ἀχιλῆος...]

et que les premiers mots de l'*Odyssée* sont :

> *Dis-moi, ô Muse, l'homme aux nombreuses ruses...*
> [Ἄνδρα μοι ἔννεπε, Μοῦσα, πολύτροπον...]

Si Virgile commence son *Énéide* par les mots «Arma virumque cano...» («*Je* chante les armes et le héros...»), il enchaîne, huit vers plus loin par : «Musa, mihi causas memora quo...» («Muse, raconte-moi comment...»). Ce n'est pas le poète qui va parler, mais la déesse, la Muse. C'est elle qui sait, non lui. Et les poètes, dit Ronsard dans son *Abrégé de l'Art Poétique Français* de 1565, étaient autrefois appelés divins «non tant pour leur divin esprit qui les rendait sur tous admirables, que pour la conversation qu'ils avaient avec les Oracles, Prophètes, Devins, Sybilles, Interprètes de songes, desquels ils avaient appris la meilleure part de ce qu'ils savaient.» Un vrai poète est un *inspiré*.

Encore cette notion d'inspiration demande-t-elle quelques explications. Si l'on en croit les dictionnaires, l'inspiration est une «sorte de souffle, émanant d'un être surnaturel, qui apporterait aux hommes des conseils, des révélations...» ; ou bien un «état mystique de l'âme sous cette impulsion surnaturelle» ; et plus spécialement : le «souffle créateur qui anime les écrivains, les artistes, les chercheurs, et qui était autrefois considéré comme un don des dieux.» Plus banalement le mot peut désigner, nous dit-on, une «idée qui nous vient brusquement et spontanément»... Que penser de cette spontanéité ? Que dire de ce «souffle créateur», et quel est-il ?

La théorie platonicienne de l'inspiration

Platon est le premier philosophe (Ve siècle avant J.-C.) à avoir exposé de façon explicite une théorie de l'inspiration. On la trouve dans l'*Apologie de Socrate*, dans *Phèdre*, et surtout dans le dialogue intitulé *Ion*. On peut dire que, pour Platon, les poètes sont bêtes. Ils se trompent s'ils s'imaginent être les auteurs de leurs poèmes : en réalité les poètes ne parlent pas, c'est le dieu qui parle en eux. Voyez Tynnichos de Chalcis : difficile de trouver écrivain plus médiocre. Or il est connu de tous pour avoir composé un poème, un seul, qui est peut-être le plus beau de tous les poèmes lyriques. Cela prouve, dit Socrate, que les beaux poèmes ne sont pas l'œuvre des hommes mais celle des dieux. Si en effet ce poème avait été composé grâce à un art, c'est-à-dire un savoir-faire humain, Tynnichos aurait été capable d'en écrire d'autres. En réalité le poète n'est qu'un intermédiaire entre le dieu et les hommes, il est son interprète, il ne fait que communiquer la parole du dieu. Lorsque le dieu veut parler, il commence par ôter au poète sa raison, et par y faire le vide pour s'y installer lui-même. C'est pourquoi l'on peut dire que le poète est *possédé* par le dieu, ce qui se dit en grec : *enthousiaste*. Bref il en est de la poésie exactement ce qu'il en est des oracles. La Pythie de Delphes, pour prononcer les oracles d'Apollon, entre d'abord en transes. Il faut qu'elle n'ait plus sa raison, pour que le dieu parle en elle. Elle n'est qu'un instrument passif dont il se sert. On comprend pourquoi, dans *Phèdre*, Socrate prétend que le poète qui voudrait remplacer la *mania* (c'est-à-dire la folie) par la *tekhnê* (c'est-à-dire le métier) serait un poète manqué.

La transe dionysiaque

Platon compare donc l'*enthousiasme* des poètes quand ils sont en train de composer leurs poèmes, à la transe dans laquelle entrent les *corybantes*, qui sont les prêtres phrygiens du culte de Dionysos, ou bien au délire de ses prêtresses, les *Bacchantes* :

> ***T**out comme les corybantes lorsqu'ils dansent leur danse sacrée, les poètes n'ont plus leur raison quand ils composent leurs poèmes. Dès qu'ils entrent dans l'harmonie et dans le rythme de leur chant, ils sont pris d'un délire bachique, ils sont possédés par le dieu. Quand elles sont possédées par le dieu et privées de leur raison, les Bacchantes vont puiser dans les rivières du miel et du lait : c'est précisément ce que fait l'âme des poètes. Eux-mêmes nous le disent : c'est dans des sources de miel, dans les jardins et les vallons des Muses qu'ils vont, comme des abeilles, recueillir leurs chants pour nous les apporter. Du reste, ils ont des ailes, comme les abeilles. Le poète est chose légère, ailée, sacrée ; il n'est pas capable de créer avant d'être possédé du dieu et privé de raison. Aussi longtemps qu'il n'est pas dans cet état, aucun être humain n'est capable ni de faire de la poésie, ni de prononcer des oracles.*

[῞Ωσπερ οἱ κορυβαντιῶντες οὐκ ἔμφρονες ὄντες τὰ καλὰ μέλη ταῦτα ποιοῦσιν, ἀλλ᾽ ἐπειδὰν ἐμβῶσιν εἰς τὴν ἁρμονίαν καὶ εἰς τὸν ῥυθμόν, βακχεύουσι καὶ κατεχόμενοι, ὥσπερ αἱ βάκχαι ἀρύονται ἐκ τῶν ποταμῶν μέλι καὶ γάλα κατεχόμεναι, ἔμφρονες δὲ οὖσαι οὔ, καὶ τῶν μελοποιῶν ἡ ψνχὴ τοῦτο ἐργάζεται, ὅπερ αὐτοὶ λέγουσι. Λέγουσι γὰρ δήπουθεν πρὸς ἡμᾶς οἱ ποιηταὶ ὅτι ἀπὸ κρηνῶν μελιρρύτων ἐκ Μουσῶν κήπων τινῶν καὶ ναπῶν δρεπόμενοι τὰ μέλη ἡμῖν φέρουσιν ὥσπερ αἱ μέλιτται, καὶ αὐτοὶ οὕτω πετόμενοι· καὶ ἀληθῆ λέγουσι· κοῦφον γὰρ χρῆμα ποιητής ἐστιν καὶ πνητὸν καὶ ἱερόν, καὶ οὐ πρότερον οἷός τε ποιεῖν πρὶν ἂν ἔνθεός τε γένηται καὶ ἔκφρων καὶ ὁ νοῦς μηκέτι ἐν αὐτῷ ἐνῇ ἕως δ᾽ἂν τουτὶ ἔχῃ τὸ κτῆμα, ἀδύνατος πᾶς ποιεῖν ἄνθρωπός ἐστιν καὶ χρησμῳδεῖν.]

On sait du reste que le culte rendu à Dionysos est à l'origine du *dithyrambe*, forme primitive du théâtre grec.

Cette théorie religieuse de l'inspiration sera reprise par les poètes du XVIe siècle, qui s'efforceront de concilier antiquité grecque et christianisme. Il faut, écrit Ronsard en 1565, respecter les Muses, parce qu'elles sont filles du grand Jupiter, et que Jupiter n'est autre que l'image ancienne de Dieu.

Au siècle suivant, Bossuet repousse tout compromis entre le paganisme grec et ce qui est pour lui la seule «vraie foi». Pourtant il ne renonce pas à la notion d'*enthousiasme* pour expliquer certaine poésie, et finalement il n'est pas très éloigné des idées de Platon sur l'inspiration, quand il déclare :

> *Il n'y a proprement que le peuple de Dieu où la poésie soit venue par enthousiasme.*

Apollon et Dionysos

On comprend qu'Athénée (IIIe siècle après J.-C.), parlant d'*Ion* dans son *Banquet des Sophistes*, reproche au philosophe d'y insulter les poètes. Croire à l'inspiration est leur ôter tout le mérite de la création. Mais les poètes eux-mêmes, qui sont les premiers concernés, ont longtemps emboîté le pas à la théorie de Platon. D'où l'usage fréquent, au XVIe siècle et plus tard, du mot *fureur*, qui désigne cette transe et ce délire des corybantes, cet état d'ivresse et de folie, en quoi consisterait, pour eux, l'inspiration poétique. Ainsi Du Bellay, dans ses *Regrets* :

> *Je suivais d'Apollon la trace non commune,*
> *D'une sainte fureur saintement agité.*

Ou bien encore :

Une fureur d'esprit au ciel me conduisait
D'une aile qui la mort et les siècles évite,
Et le docte troupeau qui sur Parnasse habite,
De son feu plus divin mon ardeur attisait.

D'où également tous les noms de lieux ou de figures mythologiques qui émaillent les poésies du XVIe siècle à nos jours, en France et ailleurs : les neuf Muses, filles de Zeus, qui président à toutes les *musiques* (c'est-à-dire aux diverses activités culturelles et artistiques) : Clio à l'histoire, Euterpe à la musique proprement dite, Thalie à la comédie, Melpomène à la tragédie, Terpsichore à la danse, Érato à l'élégie, Polymnie à la poésie lyrique, Uranie à l'astronomie, Calliope à la poésie épique ; le Parnasse, la montagne de Locride où séjournent les Muses ; l'Hélicon, où se trouvait un temple des Muses et un torrent, le Permesse, dont les eaux, consacrées à ces divinités, étaient censées donner l'inspiration aux poètes...

Mais d'abord les deux grandes divinités qui se partagent le domaine de la poésie : Apollon et Dionysos. Pour le philosophe allemand F. Nietzsche, (*la Naissance de la tragédie grecque*,1872) ils sont fort différents, et symbolisent deux sources antinomiques de l'inspiration : Apollon, dieu solaire, est le dieu de la lumière, de la sculpture, de la belle apparence donnée au monde des rêves ; l'œuvre apollinienne est comme l'apparence d'une beauté qui a été rêvée ; elle relève de l'esprit de mesure, est étrangère aux impulsions brutales ; elle est sagesse, sérénité, bonheur. Dionysos est le dieu de la musique et de l'ivresse ; c'est le «frisson d'effroi qui saisit l'homme lorsqu'il s'aperçoit soudain que les phénomènes l'égarent». C'est le dieu de la transe, par laquelle «l'individu se fond dans le grand Tout». «Nous aurons fait un grand pas en esthétique», écrit Nietzsche, «lorsque nous serons parvenus non seulement à la conviction intellectuelle mais à la certitude intime que l'évolution de l'art est liée au dualisme de l'esprit *apollinien* et de l'esprit *dionysiaque*.» La grande nouveauté qu'apporte selon lui la tragédie grecque du 5e siècle est de les avoir conciliés pour engendrer une même œuvre. Dans la tragédie d'Euripide *les Bacchantes*, Tirésias, le devin d'Apollon, fait cause commune avec les fervents du culte de Dionysos.

Les droits de la raison

Voltaire, dans son *Dictionnaire philosophique* (1764), commet une curieuse erreur sur le sens du mot *enthousiasme* en grec : «Ce mot», écrit-il, «signifie *émotion d'entrailles, agitation intérieure*. Les Grecs inventèrent-ils ce mot pour exprimer les secousses qu'on éprouve dans les nerfs, la dilatation et le resserrement des intestins, les violentes contractions du cœur, le cours précipité de ces esprits de feu qui montent des entrailles au cerveau quand on est vivement affecté ? Ou bien donna-t-on d'abord le nom d'*enthousiasme*, de trouble des entrailles, aux contorsions de cette Pythie, qui, sur le trépied de Delphes, recevait l'esprit d'Apollon ? » Revenant au sens qu'a le mot en français, il poursuit :

> *Qu'entendons-nous par enthousiasme ? que de nuances dans nos affections ! Approbation, sensibilité, émotion, trouble, saisissement, passion, emportement, démence, fureur, rage : voilà tous les états par lesquels peut passer une pauvre âme humaine.*

Voltaire est plein de méfiance à l'égard de l'enthousiasme : crainte de verser dans la folie, en tout cas crainte de s'écarter de la raison, du bon goût, et de la modération qui en est la marque. L'enthousiasme est une ivresse qui nuit à la lucidité, un trouble morbide ; et il est une maladie dangereuse, dans la mesure où elle peut mener au fanatisme :

> *L'esprit de parti dispose merveilleusement à l'enthousiasme ; il n'est point de faction qui n'ait ses énergumènes. Un passionné qui parle avec action a, dans ses yeux, dans sa voix, dans ses gestes, un poison subtil qui est lancé comme un trait dans les gens de sa faction.*

Il faut donc, conclut Voltaire, «joindre la raison avec l'enthousiasme». «L'enthousiasme raisonnable est le partage des grands poètes. Cet enthousiasme raisonnable est la perfection de leur art ; c'est ce qui fit croire autrefois qu'ils étaient inspirés des dieux.» C'est là exposer clairement ce qui était déjà la pensée de Boileau et du classicisme.

Boileau sans doute admet quelque beau désordre dans la poésie lyrique, et quand il s'essaie à composer une *Ode sur la prise de Namur* (1692), il la place sous le signe de l'ivresse :

> *Quelle docte et sainte ivresse*
> *Aujourd'hui me fait la loi ?*

Mais c'est une ivresse tempérée par la science (elle est *docte*) et par la référence qui est faite ici à la culture antique. Parlant de l'ode dans son *Art poétique*, Boileau écrit :

> *Son style impétueux souvent marche au hasard :*
> *Chez elle, un beau désordre est un effet de l'art.*

Cela veut dire que l'art (le travail raisonné) peut produire un *beau désordre*, cela ne veut pas dire que l'art doit être produit par le désordre.

LA SINCÉRITÉ

LA POÉSIE DU CŒUR

Mais si ce n'est pas Dieu qui parle dans les poésies, qui parle donc sinon le *cœur*? Madame de Staël (1766-1817), dans son livre *De l'Allemagne*, donne le ton: la poésie «est l'apothéose du sentiment.» Ou bien: «Le poète ne fait, pour ainsi dire, que dégager le sentiment prisonnier au fond de l'âme.» Il y aurait donc une poésie qui précède le poème: elle serait constituée par les émotions du cœur, qui sont la seule *inspiration*, et «l'inspiration, dans les arts, est une source inépuisable, qui vivifie depuis la première parole jusqu'à la dernière.»

Il ne vient du reste pas un seul instant à l'idée de Madame de Staël que le contenu du cœur ne puisse être intéressant et ne pas avoir de valeur. Cette valeur n'est pas discutée. Ce qui vient du cœur est précieux, pour la raison qu'il est, selon elle, divin.

Cette valeur divine accordée au sentiment intérieur est due elle-même à une insatisfaction fondamentale qu'éprouve le cœur et qui a pour nom la mélancolie: «Ce que l'homme a de plus grand», écrit Madame de Staël, «il le doit au sentiment douloureux de l'incomplet de sa destinée. Les esprits médiocres sont, en général, assez satisfaits de la vie commune; ils arrondissent, pour ainsi dire, leur existence, et suppléent à ce qui peut leur manquer encore par les illusions de la vanité; mais le sublime de l'esprit, des sentiments et des actions, doit son essor au besoin d'échapper aux bornes qui circonscrivent l'imagination.» Et Senancour (1770-1846) déclare:

> *Il y a une distance bien grande du vide de mon cœur à l'amour qu'il a tant désiré; il y a l'infini entre ce que je suis et ce que j'ai besoin d'être.*

C'est précisément cette distance qui donne sa dimension divine à l'âme, et qui fait que Madame de Staël rend au mot *enthousiasme* le sens qu'il avait en grec: «l'enthousiasme signifie *Dieu en nous.*»

Le poète n'a donc plus qu'à se mettre à l'écoute de lui-même et à ouvrir les vannes de son cœur: ce qui en sortira sera de la poésie. C'est en lui-même qu'il doit porter son regard; il doit «considérer l'univers entier comme un symbole des émotions de l'âme.» Seules importent ces émotions.

Mais cela suppose que sentiments et émotions puissent être traduits en mots. Or c'est bien difficile. Non que la langue soit pauvre, ni les ressources de l'art négligeables, mais ce qui se trouve à l'intérieur du cœur est tellement subtil et divin, que le langage humain, malgré tous les efforts de l'écrivain et tout son savoir-faire, est impuissant à le *rendre*. Il faudrait pour cela quelque langage divin. «La grandeur, l'étonnante mélancolie de ce tableau», écrit Chateaubriand essayant de décrire les déserts de l'Amérique du nord, «ne sauraient s'exprimer dans les langues humaines». Et cette impossibilité même de s'exprimer devient elle-même quelque chose de pathétique, donc matière à poésie.

Lorsque le pélican...

Lautréamont-Ducasse (1846-1870) a protesté contre ce qu'il appelle «les gémissements poétiques de ce siècle». C'est qu'à la limite, la poésie se réduirait à cette longue plainte, une interminable élégie, un ressassement de sentiments, tout le reste étant littérature – c'est-à-dire, paradoxalement, ne méritant pas d'être écrit. Pour Alfred de Musset (1810-1857), la poésie est «fille de la douleur», et la douleur est «sainte», puisque c'est elle qui inspire le poète (lui donne l'enthousiasme poétique, en fait un possédé de la divinité). Aussi l'accueille-t-il avec complaisance. Dans la *Nuit de Mai*, il fait dire à la Muse :

Quel que soit le souci que ta jeunesse endure,
Laisse-la s'élargir, cette sainte blessure
Que les noirs Séraphins t'ont faite au fond du cœur ;
Rien ne nous rend si grands qu'une grande douleur.
Mais, pour en être atteint, ne crois pas, ô poète,
Que ta voix ici bas doive rester muette.
Les plus désespérés sont les chants les plus beaux,
Et j'en sais d'immortels qui sont de purs sanglots.

Le poète fait comme le pélican de la légende, quand ses petits sont affamés : «Pour toute nourriture, il apporte son cœur.»

Une poésie humaine, sensible, authentique...

Cette croyance selon laquelle la poésie précèderait le poème, et que pour l'écrire il faudrait, et suffirait, de laisser parler son cœur, n'a pas disparu avec le romantisme du XIXe siècle. Elle fonde encore bien des jugements qui sont portés aujourd'hui sur les poésies. Un manuel de littérature déclare, à propos de la poésie lyrique du Moyen Age : «A défaut de savoir et de vouloir renouveler le contenu de leurs créations, les poètes du XIVe siècle vont faire porter leurs efforts de régénération sur les artifices de la forme. [...] Les poètes des générations suivantes vont amplifier cette tendance. [...] La vivacité de l'émotion risque ainsi d'être sacrifiée au formalisme d'une rhétorique contraignante.» Un autre, à propos de Ronsard : «Les *Amours de Cassandre* (1552) sentent encore l'artifice : le jeune poète s'y livre aux jeux pétrarquisants avec une ingéniosité virtuose.» Un autre encore, à propos de Théophile Gautier : «On regrette que sa sensibilité, par excès de pudeur, ne s'exprime pas davantage.» Même chose du côté des éloges : «Lamartine a trouvé des accents d'une *humanité* si profonde, d'une *sincérité* si poignante que *le Lac* est devenu le poème immortel de l'inquiétude humaine devant le destin, de l'élan vers le bonheur et de l'amour éphémère aspirant à l'éternité.»

Il y a là une grande méfiance à l'égard du travail de la forme. Curieusement on irait jusqu'à reprocher à l'artiste son travail, son habileté, son intelligence, son... art. Le seul critère de jugement qui soit ici retenu est celui de la sincérité. Seule, la *sincérité* permet de distinguer la bonne poésie (celle qui est *vraie*) de la mauvaise (celle qui est *artificielle*). Aussi aurait-on du mal à accepter que l'auteur d'un poème d'amour ne fût pas lui-même amoureux. Et si l'on apprend que le sonnet composé par Ronsard sur la mort de Marie est une œuvre de commande, quel scandale ! Si sa sincérité n'est pas garantie, le poème devient quasiment illisible. On n'en demande pas tant à un romancier ou à un auteur dramatique.

Le poème n'est alors plus que la traduction de quelque chose qui le précède, qui importe plus que lui, et que le lecteur, derrière les mots, devrait pouvoir atteindre tant bien que mal. La lecture n'est plus qu'un effort pour effacer le poème lui-même, dans l'espoir de faire apparaître, derrière lui, le réel qu'il est censé traduire. Elle s'intéresse davantage aux maîtresses de Baudelaire qu'à ses poèmes, et si l'on ne sait rien ni de l'auteur du poème, ni des circonstances qui ont présidé à son écriture, quel embarras ! Voyez les sonnets de Shakespeare.

Enfin, si pour être poète il est nécessaire et suffisant de laisser parler son cœur, rien n'empêche de prendre pour poésie (on ne s'en est du reste pas privé) n'importe quelle émotion, n'importe quel sentiment, fût-il le plus convenu, n'importe quelle sensiblerie. Le sens du mot *poésie* tend à se diluer fâcheusement, et déjà il est devenu, dans le langage courant, désespérément flou. Qu'on se reporte aux *sens figurés* mentionnés dans les dictionnaires : «se dit de tout ce qu'il y a d'élevé, de touchant, dans une œuvre d'art, dans le caractère ou la beauté d'une personne, et même dans une production naturelle.» (Littré, 1874.) Ou bien : «Propriété que l'homme attribue à certaines choses ou certains êtres, en certaines occasions, d'éveiller en lui l'état poétique.» (Robert, 1962.) Ou bien encore : «Caractère de ce qui parle particulièrement à l'imagination, au cœur ; de ce qui évoque, suggère, touche, émeut, charme.» (Larousse, 1963.) La poésie alors signifie ce que l'on considère comme émouvant, le *je ne sais quoi*, voire le *n'importe quoi*.

LE LANGAGE DE L'INCONSCIENT

LE SURRÉALISME OU LA LIBERTÉ RENDUE À L'ESPRIT

Le mouvement Dada, au début du XXe siècle, en contestant joyeusement toutes les règles du jeu social, en dynamitant avec insolence le sérieux des institutions et des croyances sur lesquelles s'appuient l'art et la poésie, a contribué à faire sauter pas mal de verrous. Les surréalistes vont en profiter.

«Le seul mot de liberté est tout ce qui m'exalte encore», écrit André Breton dans son *Manifeste du Surréalisme* de 1924. L'aventure surréaliste repose d'abord sur la haine de tout ce qui entrave la liberté de l'esprit : haine de la vulgarité, qui ravale toute chose aux lois d'un utilitarisme arbitraire ; haine de la morale établie ; haine du bon sens, du rationalisme, de la logique, qui sont une intolérable limitation de l'expérience ; haine du prétendu réalisme littéraire, avec ses descriptions qui ne sont que «superpositions d'images de catalogue», et ses analyses psychologiques qui font rentrer la réalité dans des catégories convenues ; haine de «l'intraitable manie qui consiste à ramener l'inconnu au connu, au classable». Rien ne doit pouvoir nous limiter : «Il ne tient qu'à nous de s'appartenir tout entier, c'est-à-dire de maintenir à l'état anarchique la bande chaque jour plus redoutable de ses désirs.» Voilà, selon André Breton, la tâche de la poésie.

Sans doute, il y a quelque chose de dangereux dans cette entreprise de destruction du consensus sur lequel repose la communauté sociale, et rendre tous ses droits au désir et à l'imagination, c'est courir peut-être le risque de la folie. Tant pis, le risque mérite d'être couru : «Ce n'est pas la crainte de la folie qui nous forcera à laisser en berne le drapeau de l'imagination.» Car «les hallucinations, les illusions, etc., ne sont pas une source de jouissance négligeable.» On oppose généralement rêve et réalité, alors que tous deux font partie de notre être. Exclure le rêve est inadmissible, il faut au contraire tout faire pour le restituer dans son intégralité : «Je crois à la résolution future de ces deux états, en apparence si contradictoires, que sont le rêve et la réalité, en une sorte de réalité absolue, de *surréalité*, si l'on peut ainsi dire.»

Aussi Breton salue-t-il avec enthousiasme les découvertes de Freud (1856-1939) et de la psychanalyse, qui réhabilitent l'imagination et permettent à l'homme de «pousser plus loin ses investigations». Grâce à ces découvertes, nous savons maintenant que notre vie psychique ne se limite pas à ce dont nous sommes conscients. Donc : «Si les profondeurs de notre esprit recèlent d'étranges forces capables d'augmenter celles de la surface, ou de lutter victorieusement contre elles, il y a tout intérêt à les capter d'abord, pour les soumettre ensuite, s'il y a lieu, au contrôle de notre raison.»

L'ÉCRITURE AUTOMATIQUE

La méthode imaginée par les surréalistes pour faire surgir à la surface de la conscience toutes les richesses enfouies au fond de l'inconscient, est connue sous le nom d'écriture automatique. André Breton raconte: «Je résolus d'obtenir de moi [...] un monologue de débit aussi rapide que possible, sur lequel l'esprit critique du sujet ne fasse porter aucun jugement, qui ne s'embarrasse, par suite, d'aucune réticence, et qui soit aussi exactement que possible la *pensée parlée.*» Philippe Soupault et Breton entreprennent, suivant ce principe, «de noircir du papier, avec un louable mépris de tout ce qui pourrait s'en suivre littérairement. Examinant le résultat, Breton constate «l'illusion d'une verve extraordinaire, beaucoup d'émotion, un choix considérable d'images d'une qualité telle que nous n'eussions pas été capables d'en préparer une seule de longue main, un pittoresque très spécial et, de-ci de-là, quelque proposition d'une bouffonnerie aiguë.» Les éléments ainsi obtenus, «poétiquement parlant, se recommandent surtout par un très haut degré d'*absurdité immédiate.*»

Ce «nouveau mode d'expression pure» reçut le nom de surréalisme, dont André Breton rédige la définition comme un article de dictionnaire:

> ***S****URRÉALISME, n. m. Automatisme psychique pur par lequel on se propose d'exprimer, soit verbalement, soit par écrit, soit de toute autre manière, le fonctionnement réel de la pensée. Dictée de la pensée, en dehors de toute préoccupation esthétique ou morale.*
> *ENCYCL. Philos. Le surréalisme repose sur la croyance à la réalité supérieure de certaines formes d'associations négligées jusqu'à lui, à la toute-puissance du rêve, au jeu désintéressé de la pensée. Il tend à ruiner définitivement tous les autres mécanismes psychiques et à se substituer à eux dans la résolution des principaux problèmes de la vie. Ont fait acte de SURRÉALISME ABSOLU MM. Aragon, Baron, Boiffard, Breton, Carrive, Crevel, Delteil, Desnos, Eluard, Gérard, Limbour, Malkine, Morise, Naville, Noll, Péret, Picon, Soupault, Vitrac.*

Selon Breton, le poète surréaliste n'est plus qu'un *appareil enregistreur,* ce en quoi il rejoint – sans le dire – la théorie platonicienne de l'inspiration:

> *... **P**lacez-vous dans l'état le plus passif, ou réceptif, que vous pourrez. Faites abstraction de votre génie, de vos talents et de ceux de tous les autres. [...] Ecrivez vite sans sujet préconçu, assez vite pour ne pas retenir et ne pas être tenté de vous relire. La première phrase viendra toute seule,*

tant il est vrai qu'à chaque seconde il est une phrase étrangère à notre pensée consciente qui ne demande qu'à s'extérioriser. [...] Continuez autant qu'il vous plaira. Fiez-vous au caractère inépuisable du murmure.

Quant au sens, il ne peut venir qu'après : «Je ne me hâte pas de me comprendre (baste ! je me comprendrai toujours.)» Ce langage surréaliste «me prête une extraordinaire lucidité. [...] J'irai jusqu'à prétendre qu'il m'instruit.» Il ajoute : « Cela donnerait à croire qu'on n'apprend pas, qu'on ne fait jamais que réapprendre.»

La nostalgie du borborygme

On a ensuite contesté l'*efficacité* de l'écriture automatique comme méthode. Francis Ponge déclare en 1988 : «Je sais très bien que quand on fait de l'écriture automatique on ne fait que dégorger ce qu'on a lu la veille.» Reste cette nostalgie d'une poésie qui s'écrirait toute seule, sans l'intervention du poète ; d'une poésie qui serait comme les cris inarticulés que poussait la Pythie pour cracher sa vérité ; de paroles qui sortiraient tout armées de la bouche, de l'inconscient, du corps, comme si cette génération spontanée de la parole était un gage de vérité : une parole dont on serait sûr enfin qu'elle ne pourrait mentir. Ce n'est rien d'autre que cette nostalgie de l'inspiration qu'exprime, mais avec humour, Valéry Larbaud (1881-1957) dans le *Prologue* des *Poésies de A. O. Barnabooth* :

Borborygmes ! Borborygmes !...
Grognements sourds de l'estomac et des entrailles,
Plaintes de la chair sans cesse modifiée,
Voix, chuchotements irrépressibles des organes,
Voix, la seule voix humaine qui ne mente pas,
Et qui persiste même quelque temps après la mort physiologique...

Amie, bien souvent nous nous sommes interrompus dans nos caresses
Pour écouter cette chanson de nous-mêmes ;
Qu'elle en disait long, parfois,
Tandis que nous nous efforcions de ne pas rire !
Cela montait du fond de nous,
Ridicule et impérieux,
Plus haut que tous nos serments d'amour,
Plus inattendu, plus irrépressible, plus sérieux –
Oh l'inévitable chanson de l'œsophage !...
[...]
Borborygmes ! Borborygmes !...
Y en a-t-il aussi dans les organes de la pensée,
Qu'on n'entend pas, à travers l'épaisseur de la boîte crânienne ?...

LA BÊTE, LA BÊTISE

Mais ce grognement qui sort du corps est-il porteur de vérité ? Peut-il être entendu comme un oracle ? Existe-t-il un langage et une poésie qui viendraient du corps ?

Toute langue, pour qu'elle soit efficace et permette la communication à l'intérieur du groupe social, repose non seulement sur le classement de l'expérience en catégories (la multiplicité infinie des choses est remplacée par un nombre limité de mots conventionnels que chacun peut comprendre), donc sur son appauvrissement, mais encore sur la domestication du corps et de ses pulsions : on apprend à parler aux enfants (à domestiquer leur babil), en même temps qu'on leur apprend à être propres.

Christian Prigent, relisant Rimbaud, s'interroge : «Rimbaud dit avoir «aimé un porc». Qu'est-ce que ça veut dire ?» La réponse est «que sous la langue bouge la bête» ; ou encore que la langue est «chargée de bêtise et d'animalité» ; que dans JE, il n'y a pas seulement de l'humain, mais de l'animalité. Écrire peut consister à faire surgir ce fond caché, refoulé. D'où la nécessité éprouvée par des poètes comme Antonin Artaud, et plus tard Christian Prigent et la plupart des poètes qui se sont groupés autour de la revue TXT à partir de 1969 (Eric Clémens, Jean-Pierre Verheggen, Pierre Le Pillouër...) de cracher ce quelque chose en nous qui précéderait le symbolisme de la langue, sa logique, ses images, ses significations. La poésie n'est plus, comme chez les romantiques, l'expression à des fins esthétiques ou pathétiques d'une intériorité psychologique (il n'y a pas de langage pour ça : on n'en peut dire que des stéréotypes conventionnels) ; elle n'est pas non plus le chant angélique et aérien d'une belle voix qui dirait la vérité. Elle est plutôt l'expulsion, la mise à jour brutale, cruelle, de ce qu'il y a au fond de bêtise et d'animalité. De nombreux textes de Christian Prigent n'expriment rien d'autre que l'énergie mise en œuvre pour faire déféquer la langue, dans une écriture à la fois rapide et scandée, dans une sorte de babil retrouvé, pornographique, et sale :

– mufflées, momons, sales pâtes !
– drippées, zippées, giclures !
– soufflées d'ocre, cambouis d'pognes !
– jus d'pognon pas touchié !
– madrigaux, gogos d'ogres !
– flux de cons, sangs de fonds !
– bave de glottes, crottes, laves !
– miel des ouïes, chiant du nase !
– mère vineuse, boucs sans glands !

(*Œuf Glotte*, 1978)

Et si un poète comme Jean-Pierre Verheggen ne recule pas devant le calembour grossier, les jeux de mots bêtes, son propos n'est pourtant pas de se faire amuseur public, mais d'exhiber ce que Victor Hugo appelait «la fiente de l'esprit».

IMITATION ET CRÉATION

L'imitation a généralement mauvaise presse. Elle paraît contredire l'idée qu'on peut se faire de la poésie aussi bien comme création originale (qu'on se rappelle le sens étymologique de *poésie*), que comme expression spontanée, sincère, authentique et individuelle du poète. Elle a pourtant fait ouvertement partie du programme de plusieurs écoles poétiques. C'est un paradoxe qui mérite réflexion.

TRADUCTION OU IMITATION ?

Le problème est clairement posé au XVIe siècle, par exemple par Du Bellay dans sa *Défense et Illustration de la Langue française* de 1549.

D'un côté, une admiration sans bornes pour l'antiquité grecque et latine; de l'autre, le désir de faire parler sa propre langue, et de lui donner une poésie qui égale en excellence celle des anciens. Les poètes de la Pléiade connaissaient assez bien le grec et le latin pour être en mesure non seulement de les lire, mais encore de les utiliser pour écrire. Or leur projet est de *défendre* le français, et de l'enrichir (de l'*illustrer*). Faut-il donc se contenter de traduire en français les œuvres des anciens (voire celles des Italiens, ou des Espagnols, ou d'autres encore) ? C'est ce qu'ont tenté certains poètes, et Thomas Sébillet, en 1548, s'en félicitait, car les traductions sont en effet bien utiles à ceux qui ignorent les langues : c'est pourquoi le traducteur, selon lui, mérite «la même gloire que celui qui par son labeur et longue peine tire des entrailles de la terre le trésor caché, pour le faire commun à l'usage de tous les hommes.»

Mais les poésies peuvent-elles être vraiment traduites ? Certains ont essayé de traduire Virgile et Homère et les *canzone* de l'Italien Pétrarque, Marot a même tenté la traduction de quelques Psaumes de la Bible. Ces tentatives, selon Du Bellay, ne pouvaient être que décevantes. Chaque langue possède ses traits qui lui sont propres et qui ne peuvent trouver leur équivalent dans une autre. La traduction d'un texte poétique, si elle veut être fidèle à l'original, ne peut être que «contrainte, froide et de mauvaise grâce» ; d'un autre côté Du Bellay s'en prend violemment aux prétendus traducteurs qui ne font que trahir les originaux et qui en cela trompent le public.

Que faire donc pour égaler les prestigieux modèles ? Précisément ce que les Romains ont fait avec leurs modèles grecs : ils se sont incorporé leur substance, ils se sont en quelque sorte transformés en eux ; ils se sont nourris d'eux, ils les ont dévorés, «et après les avoir bien digérés, les ont convertis en sang et nourriture», chacun du reste choisissant avec soin son modèle «selon son naturel et l'argument qu'il voulait élire». Autrement dit, ils ont greffé sur leur langue le meilleur de ce qu'ils trouvaient dans la langue grecque. C'est précisément ce en quoi consiste l'imitation, qui, on le voit, n'a rien à voir avec la répétition. C'est parce que la traduction est impossible qu'il faut imiter, seule façon de créer une œuvre originale et belle.

Il y a donc à la fois absence de scrupule : c'est pour la bonne cause que l'on pille ; et liberté entière de la part du poète qui imite. Il faut lire à ce propos l'ode de Ronsard *A la forêt de Gastine* :

Couché sous tes ombrages verts,
Gastine, je te chante,
Autant que les Grecs par leurs vers
La forêt d'Erymanthe...

Les Grecs ont chanté la forêt d'Érymanthe, en Arcadie, théâtre des exploits légendaires d'Hercule ; Ronsard chantera la forêt de Gastine, qui est en Vendômois, non loin du lieu où lui-même est né. Les Grecs ont chanté dans leur langue ; il chantera dans la sienne. Entre les deux poésies, celle de la Grèce antique et celle de Ronsard, le mot «autant» indique qu'il s'agit moins de recopier les Anciens que de rivaliser avec eux et d'atteindre à leur excellence. Ainsi la forêt vendômoise se peuple de Satyres, de Sylvains, de Naïades, et surtout du «collège des Muses» ; ainsi naît une poésie nouvelle.

La paraphrase

Paraphraser n'est pas traduire. Littré définit de la sorte le sens du mot : «Développement explicatif, plus long que le texte ou que la simple traduction du texte.» La paraphrase passe le plus souvent ou bien pour une traduction qui manque de précision et d'exactitude, ou bien pour un développement verbeux (trop long), confus et évidemment peu original. Bref, la paraphrase, pas plus que l'imitation, n'a généralement bonne presse.

Ce terme de *paraphrase* a servi pourtant à désigner un genre poétique qui a fleuri à la fin du XVIe et au cours du XVIIe siècle, et qui consiste en une libre imitation des textes de l'Écriture sainte. Malherbe par exemple a écrit plusieurs paraphrases de Psaumes.

Ce qui frappe d'abord à leur lecture, est le peu de ressemblance qui subsiste entre le texte original et son imitation. Ainsi, du Psaume 145 (*«Lauda anima mea Dominum»*), qui énumère les raisons que l'homme a de mettre sa confiance en Dieu, Malherbe extrait un court passage, dont il fera toute la matière de son poème. Voici sa traduction littérale (d'après le texte de la vulgate latine) :

> *Ne mettez pas votre confiance dans les Princes,*
> *et dans les fils des hommes : en eux il n'y a pas de salut.*
> *Leur souffle les quittera et ils retourneront à leur poussière ;*
> *Ce jour-là périront toutes leurs pensées.*

Le poème écrit par Malherbe à partir de ce thème comporte quatre strophes de six vers. Voici l'une d'entre elles :

> *En vain pour satisfaire à nos lâches envies,*
> *Nous passons près des rois tout le temps de nos vies,*
> *A souffrir des mépris et ployer les genoux,*
> *Ce qu'ils peuvent n'est rien : ils sont comme nous sommes*
> *Véritablement hommes,*
> *Et meurent comme nous.*

Si l'on en croit un de ses commentateurs (Antoine Adam, 1971), ce poème, publié en 1627, date des dernières années de la vie du poète. Malherbe «avait maintenant de bonnes raisons d'être déçu par l'indifférence de la Cour. Il avait mesuré l'égoïsme des rois.» Paraphraser le texte sacré permet au poète de se nourrir de sa substance, pour pouvoir en appliquer la leçon aux circonstances qu'il est en train de vivre, et leur donner ainsi une signification religieuse. Elle n'est pas seulement un exercice de poésie, elle est un exercice de piété.

Cette fonction essentiellement religieuse de la paraphrase se retrouve curieusement aujourd'hui dans certaines poésies dont le style est pourtant bien éloigné de celui de Malherbe. Ainsi le texte intitulé *Artaud Rimbur* que publie Jean-Pierre Verheggen en 1989 doit être compris comme une véritable *imitation* du poète Antonin Artaud, je veux dire un effort pour le mieux comprendre, pour méditer sa leçon. En l'écrivant, Verheggen s'installe en quelque sorte dans le texte d'Artaud, entre dans le fonctionnement même de son écriture, vit, en écrivant son poème, une expérience langagière analogue à celle d'Artaud :

> *Artaud, en effet, sent ça lui monter au nez ! Non de l'imbécile colère des zilluminés-zenluminés, mais ça : le ça et ça qui font, indissociablement liés, le ça-ça du Poïé, et viennent lui corroborer qu'c'est bien du côté cagué et, à la fois, crouni-cané, qu'ça s'passe, la langue ! Du côté d'la p'tite ou grand Caque à Camarde, quand elle déflasque ou cajacte, comme on dit, en argonji macaroni de Camora ou en silence Somali !*

Chez Malherbe, la paraphrase a volontiers une dimension politique, mais cela ne modifie en rien son caractère essentiel. Elle continue d'être une méditation, un effort d'actualisation de la leçon biblique, qui donne à la politique royale, au service de laquelle se trouve le poète, une caution religieuse, la référence explicite qui est faite au texte sacré ayant pour fonction de démontrer que cette politique est juste et conforme à la volonté divine.

Certes la paraphrase apparaît parfois si éloignée du texte de départ qu'on pourrait se demander si ce dernier n'est pas un simple prétexte : il ne servirait qu'à fournir un thème que le poète se propose de développer, comme cela se pratique non seulement dans le domaine de la composition musicale, mais encore dans celui de la peinture ou de la sculpture. La Fontaine, dans un tout autre registre, ne fait pas autrement : le texte grec d'Ésope (qui du reste est en prose) ne lui fournit que l'argument de sa poésie, l'idée générale ou le canevas d'une histoire et de sa morale, à partir de quoi il écrit une œuvre toute sienne.

On voit la grande différence qui sépare la paraphrase de la traduction : la traduction est orientée vers le texte original, qu'il s'agit de *rendre*, de la manière la plus fidèle et la plus complète qui soit possible ; la paraphrase est orientée dans la direction inverse : par elle son auteur tire à soi le texte d'autrui. C'est la raison pour laquelle un auteur comme Malherbe, quand il paraphrase l'Ancien Testament, jamais ne cherche à donner à son style une couleur hébraïsante. Il y demeure parfaitement semblable à lui-même, et ne s'éloigne nullement ni de son siècle, ni de sa langue.

La muse polyglotte

La poésie peut aussi refuser de se laisser enfermer dans une langue, et vouloir librement circuler de l'une à l'autre. Le poète américain Ezra Pound (1885-1972) introduit dans ses *Cantos*, outre des passages entiers écrits en d'autres langues que la sienne, de nombreux idéogrammes chinois. Joseph Guglielmi (né en 1929) mêle au français de courts fragments écrits en plusieurs dizaines de langues différentes.

Charles Baudelaire, dans *les Fleurs du mal*, fait dire à l'horloge non seulement : «Souviens-toi !», mais, en anglais : «Remember» et, en latin : «Esto memor» («Mon gosier de métal parle toutes les langues»). Les titres de plusieurs de ses poèmes sont en latin : *Sed non satiata* («mais non rassasiée») ; *De profondis clamavi* («J'ai crié des profondeurs») ; *Duellum* («duel») ; *Semper eadem* («toujours la même») ; *Mœsta et errabunda* («malheureuse et errante») ; ou bien en grec (mais sans doute par l'intermédiaiure du latin de Térence) : *L'Héautontimorouménos* («Celui qui se punit lui-même») ; ou bien encore en anglais : *Spleen* ; *Anywhere out of the World* («N'importe où hors du Monde»). Un des poèmes des *Fleurs du mal*, (n° 60, *Franciscae meae Laudes*) est écrit entièrement en latin. Et ici l'écart est double : écart non seulement par rapport à la langue maternelle : le latin au lieu du français ; mais écart par rapport au latin lui-même : le latin de la décadence au lieu du latin classique (le seul que connaissent les lecteurs de Baudelaire). Quand il a publié ce texte pour la premère fois, en 1857, Baudelaire l'avait accompagné d'une note où il disait notamment :

> *[...] la langue de la dernière décadence latine, – suprême soupir d'une personne robuste déjà transformée et préparée pour la vie spirituelle –, est singulièrement propre à exprimer la passion telle que l'a comprise et sentie le monde poétique moderne. La mysticité est l'autre pôle de cet aimant dont Catulle et sa bande, poètes brutaux et purement épidermiques, n'ont connu que le pôle sensualité. Dans cette merveilleuse langue, le solécisme et le barbarisme me paraissent rendre les négligences forcées d'une passion qui s'oublie et se moque des règles. Les mots, pris dans une acception nouvelle, révèlent la maladresse charmante du barbare du nord agenouillé devant la beauté romaine.*

VÉRITÉ DE LA TRADUCTION

Henri Meschonnic (né en 1932) signe de son nom les textes bibliques qu'il a traduits en français (*les cinq Rouleaux*, 1970, édition revue en 1986). Pourtant le texte hébreu n'est pas pour lui simple prétexte pour faire œuvre personnelle. Le projet de Meschonnic est de le traduire, avec le plus d'exactitude et de fidélité possible. Or, dans un texte poétique, le rythme, la prosodie, et le sens sont un tout indissociable, ou plutôt tout y fait sens. Donc tout (c'est-à-dire le rythme du verset biblique, les parallélismes et les ruptures syntaxiques sur lesquels il repose, les allitérations, les échos, le système des métaphores) demande à être traduit. Mais comment ? «Franciser» le texte pour faire de la traduction ce qu'on appelait autrefois «une belle infidèle», reviendrait à dissocier le sens de la forme, l'esprit et la lettre. D'un autre côté, «singer une langue étrangère», en donnant à la traduction une couleur exotique qui ne saurait être que conventionnelle, serait une mascarade.

La solution mise en œuvre par Meschonnic est tout autre : «Il faut», déclare-t-il, «que ce soit une écriture, non une reproduction. Traduire les textes bibliques signifie inclure au langage poétique moderne ce langage de la Bible que des siècles de rationalisme, en français, avaient travesti.» «Rendre ces textes à leur grammaire, à leur rythme, qui sont une part de leur sens, [...] c'est conquérir au français des poèmes, des poèmes français, et un langage biblique qui soit autre chose que des colifichets en forme de *génitifs hébraïques*, mascarades du calque.» Autrement dit, il convient d'inventer une nouvelle langue, ou plutôt d'ouvrir la langue française à des possibilités nouvelles ; d'inventer aussi une nouvelle métrique qui répartit sur la page les unités de souffle :

Comme tu étais belle   et comme tu étais douce
amour   dans les caresses

Cette taille à toi   ressemblait à un palmier
et tes seins   à des grappes

J'ai dit   je monterai à un palmier
J'attraperai   ses branches
Et ses seins seront oui   pareils
aux grappes de la vigne   et l'odeur de ton
haleine   pareille aux pommes

L'exactitude de la traduction (sa fidélité) s'obtient au prix d'un travail d'*écriture*, et Henri Meschonnic donne ici la preuve éclatante qu'il faut être poète pour traduire la poésie. C'est pour une raison analogue que Francis Ponge (1899-1988) inclut dans son œuvre la traduction qu'il a faite de certains textes de Giuseppe Ungaretti. Et Jacques Demarcq peut déclarer, dans la préface à la superbe traduction qu'il donne en 1983 des *95 Poèmes* du poète américain E.E. Cummings : «J'espère avoir traduit comme un voleur plutôt que comme un serrurier.»

L'INTERTEXTE

La revue que dirige Michel Deguy depuis 1977 a pour titre *Po&sie*. Explication : «Le signe *Po&sie* aimerait dire le *et* qui est à l'intérieur de la poésie». *Et* ne signifie pas seulement la multiplicité *des* poésies qui peuvent se rencontrer dans l'espace d'une revue ; il ne signifie pas seulement la rencontre de plusieurs langues, de plusieurs cultures, telle qu'elle s'opère par exemple dans la traduction ; il signifie aussi la multiplicité des textes qui se rencontrent à l'intérieur d'un même texte. Ronsard, au XVIe siècle, n'avait pas encore inventé le mot *intertexte*, mais déjà il écrivait, s'adressant *à la forêt de Gastine* :

> *Toi qui fais qu'à toutes les fois*
> *Me répondent les Muses,*
> *[...]*
> *Lorsqu'en toi je me perds bien loin*
> *Parlant avec un livre.*

Le poète s'enfonce au cœur de la forêt pour y «trouver l'inspiration» : il prend toutefois la précaution d'y emporter un livre...

Car écrire est aussi parler avec les autres livres, ajouter sa voix au bruissement énorme de la bibliothèque universelle ; confronter son propre texte aux textes déjà existants, et, dans une certaine mesure, à la fois les répéter et les contredire, les questionner et leur répondre. Pour faire son poème, le poète n'utilise pas seulement les mots de sa langue, mais les idées de sa culture.

Roland Barthes (1915-1980) appelle *intertexte* la présence dans le même texte, parfois à l'insu de son auteur, de tous ces apports culturels :

> *Tout texte est un* intertexte ; *d'autres textes sont présents en lui, à des niveaux variables, sous des formes plus ou moins reconnaissables : les textes de la culture antérieure et ceux de la culture environnante ; tout texte est un tissu de citations révolues. Passent dans le texte, redistribués en lui, des morceaux de codes, des formules, des modèles rythmiques, des fragments de langages sociaux, etc., car il y a toujours du langage avant le texte et autour de lui.*

Poésie et citations

Cette présence du texte des autres dans son propre texte, le poète peut n'en pas avoir conscience ; ou vouloir la dissimuler, comme on dissimulerait honteusement ses larcins ; il peut aussi bien vouloir la faire apparaître, la souligner, la montrer. A la limite, rien n'empêche de concevoir un texte qui ne serait constitué que de citations. C'est précisément ce que fait, en 1979, Yak Rivais avec son roman *Les Demoiselles d'A.* : le récit est constitué par la mise bout à bout de 750 phrases extraites des romans de 408 auteurs différents.

De façon sans doute moins systématique, de nombreux poèmes de Bernard Heidsieck (né en 1928) se présentent comme des collages de paroles entendues qu'il se contente de citer :

> *Ne manquez pas de lui dire de me transmettre le fond de sa.../ j'eusse dû le lui.../ ne vous égarez pas !/ tais-toi !/ les téléscripteurs courent/ auriez-vous pensé à le lui dire ?/ coupons là/ n'y manque pas lorsque tu le verras !/ je*

tâcherai d'y penser !/ il en a trop dit !/ nous en reparlerons/ vas-y... accouche !/ que voulez-vous ? / que voulais-tu ? c'est trop ou pas assez !/ que répondre à cela ?/ un mot et je te laisse/ n'en parlons plus/ les téléscripteurs courent/ je lui avais pourtant bien précisé.../ qu'en dis-tu ? que pensez-vous de ... du... ?/...

Le lieu que Bernard Heidsieck reproduit ici est la ville, le bureau (on songe parfois à des bribes de conversations téléphoniques), la rue, la foule, dans laquelle les innombrables messages interfèrent et se superposent dans un tissu inextricable, où les individus, maladroitement, désespérement, tentent de communiquer entre eux et d'échanger de vraies paroles.

Denis Roche (né en 1937) est apparemment plus froid, plus détaché, plus cruel. Le point de départ d'un livre comme *Dépôts de savoir et de technique* (1980) est la multiplicité des écrits qui constituent notre environnement et notre culture : «voyez [...] comme l'écriture n'en finit pas de s'écouler le long des civilisations [...], comme les femmes n'en finissent pas d'écrire aux uns et aux autres, comme les hommes répètent, alignent, entassent.» Les messages s'accumulent, se superposent et forment comme un empilement énorme de strates géologiques. C'est cet empilement que Denis Roche veut transcrire dans son livre. La méthode est empruntée à l'art de la photographie (les pages fonctionnent ici comme des «machines capteuses»). Denis Roche se contente à chaque fois de *cadrer* dans son viseur (l'espace d'une ligne) un fragment de discours, assez long pour que commence à se dessiner un sens, mais trop bref pour que ce sens ait le temps de se fixer avec suffisamment de netteté :

t superbe, une jeune fille gardait des vaches laitières dans
Tandis que vous cheminez dans cette belle plaine du Lot je m
e roule dans mon lit. Ainsi couchée dans la tombe, vous erre
ouvert en 1951 un cimetière de poissons détruit aussitôt apr
ouvert en 1965 d'immenses catacombes d'ibis dont l'explorati
règnes pendt lesquels furent ensevelis les Apis, et les noms...

Tout collage suppose un découpage antérieur. Une entreprise comme celle de Denis Roche n'aurait pas été possible si d'abord on n'avait pas osé, passant outre au respect qu'inspire un texte écrit, le découper, le froisser, le dénaturer, l'éparpiller. Ce geste iconoclaste fut inauguré par exemple par les Américains Brion Gysin (1916-1986) et William Burroughs (né en 1914), inventeurs de la technique du «cut-up», qui consiste à découper un texte et à en redistribuer autrement les fragments sur la page ; et avant eux par des dadaïstes comme Tristan Tzara (1896-1963) ou Marcel Duchamp (1887-1968), le premier écrivant son texte avec les mots qu'il a préalablement découpés et qu'il tire au hasard d'un chapeau ; le second juxtaposant sur la page des textes de provenances diverses.

Le travail du poète

L'ignorance du poète

Que les mots soient choisis au hasard, empruntés à d'autres textes, ou dictés par l'inspiration, quelle part revient donc à celui qui signe le poème ? Raymond Queneau parle-t-il sérieusement (voyez donc son sourire malicieux !...) quand, dans une pièce intitulée *Pour un art poétique* (recueillie dans *l'Instant fatal*, 1948) il fait cette déclaration ?

les mots il suffit qu'on les aime
pour écrire un poème
on sait pas toujours ce qu'on dit
lorsque naît la poésie...

Car le sens du poème, s'il y en a un, n'apparaît qu'ensuite, après son écriture :

faut ensuite rechercher le thème
pour intituler le poème...

Et Queneau de conclure :

ça a toujours kékchose d'extrême
un poème...

A cela on oppose le travail, le savoir-faire et la claire conscience du poète. Pour Paul Valéry (1871-1945) : «Quelle honte d'écrire, sans savoir ce que sont langage, verbe, métaphores, changements d'idées, de ton ; ni concevoir la *structure* de la durée de l'ouvrage, ni les conditions de sa fin ; à peine le pourquoi, et pas du tout le comment ! Rougir d'être la Pythie...» Ou encore : «L'idée d'inspiration contient celles-ci : Ce qui ne coûte rien est ce qui a le plus de valeur. Ce qui a le plus de valeur ne doit rien coûter.» Paul Valéry ne croit ni à l'inspiration, ni au hasard.

Le poète et sa muse

Dans un célèbre sonnet des *Regrets*, Du Bellay se plaint de ne plus avoir son *inspiration* d'autrefois : les Muses l'ont abandonné («Et les Muses de moi, comme étranges, s'enfuient.») :

Où sont ces doux plaisirs qu'au soir, sous la nuit brune,
Les Muses me donnaient, alors qu'en liberté,
Dessus le vert tapis d'un rivage écarté,
Je les menais danser aux rayons de la lune ?

Les Muses donnaient et le poète recevait. Mais c'était pourtant bien le poète, non la Muse, qui avait l'initiative, puisque c'était lui qui les mènait danser : au commencement du poème est la danse, c'est-à-dire le rythme, le corps, celui du poète.

Paul Valéry ne dit pas autre chose :

Tes pas, enfants de mon silence,
Saintement, lentement placés,
Vers le lit de ma vigilance
Procèdent muets et glacés.
(«Les Pas», dans *Charmes*)

D'abord le silence : aucun sens ne précède l'écriture du poème. Puis les «pas», c'est-à-dire la musique, le rythme, comme un cadre encore vide, «muet», dans lequel viendra prendre place le poème. C'est de cette façon que Valéry, selon son propre témoignage, a écrit *Le Cimetière marin* :

> Le Cimetière marin *a commencé en moi par un certain rythme, qui est celui du vers français de dix syllabes, coupé en quatre et six. Je n'avais encore aucune idée qui dût remplir cette forme. Peu à peu des mots flottants s'y fixèrent, déterminèrent de proche en proche le sujet, et le travail (un très long travail) s'imposa.*

Ici la mise en vers est ce qui précède l'inspiration, ou qui la rend possible. Nous verrons, dans notre chapitre sur la versification, quelle peut être la vertu créatrice des contraintes formelles.

Le désir et la peine

Francis Ponge (1899-1988) n'attend pas qu'une Muse lui dicte ses paroles, il travaille. Il l'a prouvé en publiant, en 1977, *Comment une figue de parole et pourquoi*, qui rassemble les états successifs d'un de ses poèmes :

> *J'ai résolu d'exposer, une bonne fois, à longueur de pages, et, cette fois, sans aucune retenue, tout le grand nombre de feuillets qu'il m'avait fallu gâter pour mener à son achèvement (je veux dire à son efficacité), quoi donc ? Quelle espèce d'ouvrage ?*
> *– Eh bien, un texte édité, «ordonné» de pleine puissance et autorité personnelle sans autre cause ni raison que mon Bon Plaisir, et capable pourtant de*

> *gagner quelques suffrages, comme il en advint, justement, à cette FIGUE SÈCHE...*

Et Francis Ponge renvoie son lecteur au célèbre conseil que donne Boileau aux poètes :

> ***H**âtez-vous lentement ; et, sans perdre courage,*
> *Vingt fois sur le métier remettez votre ouvrage ;*
> *Polissez-le sans cesse et le repolissez...*

Mais Marcel Spada, au cours d'un entretien avec le poète en 1979, insiste : « *Que pensez-vous du mot décrié d'inspiration et comment naît chez vous la nécessité ou le besoin d'écrire ?* » Réponse :

> ***A**lors, l'inspiration ? Qu'est-ce qui me fait partir ? Qu'est-ce qui fait que je me mets à écrire, à vouloir absolument m'exprimer ? C'est parce que j'ai éprouvé une sensation ou un ensemble de sensations, un complexe de sensations, qui est une très violente émotion à la rencontre d'un ensemble, disons esthétique, qu'il s'agisse d'une personne, d'un objet, d'un paysage, d'une œuvre picturale, enfin l'ensemble homme, peintre... J'éprouve une émotion très violente à la rencontre aussi bien d'une personne, d'un être ou d'une chose – et c'est ça qui me fait partir. Tout mon travail consiste à aller... à retrouver... et que mon texte rende compte de la force de cette première émotion, de la puissance et de la nécessité... oui, tout ce qui... je sais d'avance... je sais quelle était mon émotion et donc mon texte idéal existe déjà... il faut que je (simplement) que je l'écrive* (coup sur la table)...
>
> (« Une parole à l'état naissant », propos recueillis par Marcel Spada (8-9 avril 1979), in *Magazine littéraire* n° 260, décembre 1988.)

4

L'IMAGE

Les poésies donnent-elles à voir ?

Pour le philosophe grec Aristote la poésie, comme toute œuvre d'art, est une *mimésis* (μίμησις), c'est-à-dire une *imitation*, ou une *représentation* des choses. Ronsard reprend cette idée ancienne lorsqu'il écrit, dans son *Abrégé de l'Art Poétique Français* de 1565 :

> *L'invention n'est autre chose que bon naturel d'une imagination concevant les idées et formes de toutes choses qui se peuvent imaginer, tant célestes que terrestres, animées ou inanimées, pour après les représenter, décrire et imiter ; car tout ainsi que le but de l'orateur est de persuader, ainsi celui du poète est d'imiter, inventer et représenter les choses qui sont, ou qui peuvent être vraisemblables.*

Le cinéaste Jean-Luc Godard, regardant le monde dans lequel nous vivons – enseignes multicolores, panneaux publicitaires, écrans, affiches, inscriptions géantes –, constate que nous sommes environnés d'*images* et de *mots*. En 1967, dans le film intitulé *Deux ou trois choses que je sais d'elle*, il déclare :

> *Il y a de plus en plus interférence de l'image et du langage, et on peut dire à la limite que, vivre en société aujourd'hui, c'est quasiment vivre dans une énorme bande dessinée. Pourtant le langage, en tant que tel, ne suffit pas à déterminer l'image avec précision.*

C'est que la différence est grande entre les arts visuels (peinture, photographie, cinéma) et les poésies. La peinture, la photographie, le cinéma offrent directement à l'œil le spectacle des couleurs et des formes. Les poésies le font indirectement, par l'intermédiaire du langage. Pour Yack Rivais, peintre et écrivain, une image ne saurait être remplacée par des mots. Aussi, dans *Intrigues de Cour* (éditions Deleatur, 1983), le récit est-il constamment interrompu pour laisser place à des dessins, qui n'ont pas pour fonction d'illustrer le texte en s'ajoutant à lui, mais remplacent purement et simplement descriptions et portraits.

Pourtant certaines poésies se préoccupent beaucoup de l'image, soit qu'elles veuillent en dire quelque chose, soit qu'elles aient l'ambition de la faire naître effectivement dans l'esprit du lecteur. Encore faut-il pour y réussir autre chose que simplement nommer l'objet que l'on veut voir, car le nommer, c'est remplacer sa réalité par un mot, c'est-à-dire la dissimuler derrière un signe. Voir et donner à voir la réalité demandent quelques précautions et quelques détours.

COMPARAISON, MÉTAPHORE ET MÉTONYMIE

Les détours auxquels se livre la parole pour représenter les choses consistent en somme à remplacer le terme propre, qui les nommerait directement, par un autre qui *fait image*. Mais toutes les images n'ont pas la même nature ni la même fonction, et on peut ici utiliser la distinction faite par l'ancienne rhétorique entre métaphore et métonymie. L'esprit qui préside à chacune de ces deux figures est tout différent.

Francis Ponge fait une métaphore quand, s'agissant d'une bougie, il écrit :

> *La nuit parfois ravive une plante singulière dont la lueur décompose les chambres meublées en massifs d'ombre.*

Une bougie n'est évidemment pas une plante, mais, pour Francis Ponge, elle lui ressemble.

Charles Cros fait une métonymie quand, évoquant la mort future de Sidonie, il écrit :

> *Aussi, jusqu'à ce qu'on la cloue*
> *Au sapin de l'enterrement,*
> *Qu'on le lui reproche ou l'en loue,*
> *Sidonie aura plus d'un amant.*

Le *sapin*, dans lequel sera clouée Sidonie, n'est autre que son cercueil. Un cercueil ne ressemble pas à un sapin. Mais le nom propre de l'objet a été remplacé par celui de la matière dans laquelle il sera construit : du bois de sapin.

Nous parlerons de *métaphore* quand le remplacement du terme propre par le terme imagé repose sur l'affirmation d'une ressemblance qui existerait entre deux objets différents. Nous parlerons de *métonymie* chaque fois qu'on remplace le nom de l'objet par celui d'un objet qui lui est attaché, ou qui lui appartient : par exemple une des parties dont il se compose, ou bien l'ensemble dont il fait partie, ou bien la matière dont il est fait, ou bien sa cause, ou bien, s'il s'agit d'une personne, les vêtements qu'il porte, etc.

Métaphore et métonymie du reste ne sont pas réservées à la seule parole poétique : elles sont présentes dans notre parole la plus quotidienne. Dire d'une personne intelligente qu'elle est une lumière, d'une personne lente qu'elle est une tortue et d'une personne hargneuse qu'elle est un roquet, c'est faire des métaphores. En revanche *boire du champagne* est une métonymie, qui remplace le mot *vin* par le nom de la région dans laquelle ce vin a été fabriqué ; *boire un verre* est une autre métonymie qui désigne le contenu (la boisson) par le contenant (le verre). S'agit-il de donner un nom à une bête ? On a le choix entre les deux types d'images : cette vache toute blanche s'appelle *Blanchette*, cette autre, dont la robe est rousse, s'appelle *Roussette* : deux métonymies qui nomment les bêtes par leurs couleurs ; et si cette autre s'appelle *Princesse*, c'est que son air plein de noblesse me la fait considérer, par métaphore, comme une dame de haut lignage.

Si le style métaphorique et le style métonymique ne sont sont pas réservés au seul domaine des poésies, ils occupent pourtant dans certaines d'entre elles, une place privilégiée, et il y a tout intérêt à les distinguer l'un de l'autre, parce qu'ils ne sont pas seulement deux figures de style, mais deux manières différentes de regarder les choses et de les faire voir : l'une – c'est la métaphore – nous transporte dans un autre monde, établit des rapports entre deux mondes tout différents ; l'autre – c'est la métonymie – ne s'éloigne pas, ou s'éloigne très peu, de la réalité qui est là, devant nous.

POÉSIE ET MÉTONYMIE

LA MÉTONYMIE POUR MIEUX VOIR

La métonymie ne se contente pas d'une appréhension globale et abstraite du monde, elle veut véritablement *voir* la chose, et la faire voir. Pour cela elle glisse sur elle, sans la quitter, elle tourne autour d'elle, cherche le bon angle, le bon cadrage, comme un photographe qui voudrait en donner une vue inattendue, s'éloigner de la manière convenue de la regarder. C'est ainsi que procède Francis Ponge (1899-1988), désirant dire quelque chose d'une crevette (que sa transparence et la rapidité de ses déplacements dans l'eau rendent si difficile à observer) : au lieu de nommer globalement et directement l'animal, il tourne autour de lui (use de *circonlocutions*), observe son milieu, ses mouvements, sa forme :

> ***P**lusieurs qualités ou circonstances font l'un des objets les plus pudiques au monde et le gibier le plus farouche peut-être pour la contemplation d'un petit animal qu'il importe sans doute moins de nommer d'abord que d'évoquer avec précaution, de laisser s'engager de son mouvement propre (aux fosses, aux galeries) dans le conduit des circonlocutions, d'atteindre enfin par la parole au point dialectique où le situent sa forme, son milieu, sa condition muette et l'exercice de sa profession juste.*

La métonymie ne se contente pas de transmettre une information, en remplaçant la réalité par le mot général qui la désigne habituellement, elle dégage quelques détails précis auxquels le regard puisse en quelque sorte s'accrocher. Ulysse, retenu loin de chez lui auprès de la Nymphe Calypso, songe en pleurant à son île d'Ithaque : il voudrait tant, raconte Homère, «voir la fumée s'élever au-dessus de sa terre» (... ἱέμενος καὶ καπνὸν ἀποθρῴσκοντα νοῆσαι ἧς γαίης...). Ce n'est pourtant pas cette fumée qu'il désire, mais son île, son palais, sa femme Pénélope, son fils Télémaque, sa vie d'autrefois. Mais toute sa nostalgie se concentre dans ce mince détail : la fumée qui monte au-dessus de sa maison, et qui serait la première chose qu'il apercevrait en s'approchant d'Ithaque, le premier indice, la première promesse.

Joachim du Bellay (1522-1560), exilé en Italie et regrettant Liré, le petit village où il est né, s'est souvenu de ce passage de l'*Odyssée* en écrivant ses *Regrets* :

> ***Q**uand reverrai-je, hélas, de mon petit village*
> *Fumer la cheminée, et en quelle saison*
> *Reverrai-je le clos de ma pauvre maison... ?*

Si Malherbe (1555-1628), dans sa *Consolation à Monsieur du Périer*, s'était contenté de dire que tous les hommes, riches ou pauvres, sont mortels, il n'aurait émis qu'une idée générale et abstraite. Mais il écrit :

> ***L**e pauvre en sa cabane où le chaume le couvre*
> *Est sujet à ses lois,*
> *Et la garde qui veille aux barrières du Louvre*
> *N'en défend pas nos rois.*

Le poème de Baudelaire (1821-1867), intitulé *les Phares*, est entièrement construit sur le principe de la métonymie. La plupart de ses strophes commence par le nom d'un peintre ou d'un sculpteur (Rubens, Léonard de Vinci, Rembrandt, Michel-Ange, Puget...), suivi par un certain nombre d'appositions grammaticales à ce nom, qui suggèrent le contenu de leurs œuvres. Chaque artiste est par conséquent remplacé et nommé par les paysages et les personnages qu'il a peints ou sculptés, et l'on a l'impression, à chaque fois, d'ouvrir et de feuilleter un album. Sur la couverture du livre : le nom de l'artiste ; à l'intérieur, les reproductions en couleurs :

> ***R**ubens, fleuve d'oubli, jardin de la paresse,*
> *Oreiller de chair fraîche...*

Léonard de Vinci, miroir profond et sombre,
Où des anges charmants...
... apparaissent à l'ombre
Des glaciers et des pins qui ferment leur pays...

Michel-Ange, lieu vague où l'on voit des Hercules...

Delacroix, lac de sang hanté des mauvais anges,
Ombragé par un bois de sapins toujours vert...

L'épithète de nature et la périphrase

Constamment, dans l'*Iliade* et dans l'*Odyssée* (ainsi que dans les poésies qui s'en inspirent), les noms propres sont accompagnés d'une épithète de nature, c'est-à-dire d'un mot ou d'un groupe de mots qui rappellent un des caractères distinctifs du personnage. On dit, par exemple, *Achille aux pieds rapides*, ou *Nausicaa aux belles boucles*, ou bien encore *les Troyennes à la robe traînante*. A chaque fois le personnage est distingué par un détail caractéristique de sa personne ou de son environnement comme dans une métonymie. Rimbaud (1854-1891) procède de la même manière quand il écrit dans *Enfance IV* (*Illuminations*) :

Je suis le savant au fauteuil sombre.

L'épithète de nature peut même remplacer métonymiquement le nom, et le détail devenir l'emblême d'un ensemble. Chez La Fontaine (1621-1695), «la Dame au nez pointu» désigne la belette (*le Chat, la Belette et le petit Lapin*) ; «sa majesté fourrée» désigne le chat ; «le peuple rimeur», les poètes (*Discours à Madame de la Sablière*).

Du Bellay, dans sa *Défense et Illustration de la Langue française* de 1549, appelle cette figure *antonomasie* (on dit maintenant *antonomase*) et il en recommande l'usage :

La grâce d'elle est quand on désigne le nom de quelque chose par ce qui lui est propre, comme le Père foudroyant, *pour* Jupiter ; *le* Dieu deux fois né, *pour* Bacchus ; *la* Vierge chasseresse, *pour* Diane.

Pour ma part, je préfère de beaucoup le terme, plus courant, de *périphrase*, à cause de son préfixe *-péri* qui signifie *autour de* : il montre bien qu'il faut tourner autour de l'objet pour le mieux voir, pour en mieux saisir le détail significatif, pour en faire jaillir l'émotion, la surprise, la beauté.

La métonymie pour donner sens aux choses

Faire une métonymie, c'est ne pas tout dire, mais seulement l'essentiel ; c'est faire un tri parmi les détails d'une chose, et ne garder que ceux qui révèlent sa signification. La Fontaine (1621-1695), dans sa fable intitulée *le Jardinier et son Seigneur* nous parle d'un jardin :

Là croissaient à plaisir l'oseille et la laitue,
De quoi faire à Margot pour sa fête un bouquet,
Peu de jasmin d'Espagne, et force serpolet.

Il ne nomme pas *toutes* les plantes qui poussent dans ce jardin. Il ne les résume pas non plus sous un vocable général, comme *légumes* ou *herbes*. Il se contente de prélever avec soin quelques échantillons précis, qui pourront suggérer le caractère particulier de ce jardin : non le luxe, mais la simplicité.

Quand Théophile de Viau (1590-1626) évoque la prison où des hommes perfides, écrit-il, «tiennent mes Muses enchaînées», il le fait métonymiquement, en ne retenant de ce lieu que ce qui, en ce moment, le fait particulièrement souffrir : l'obscurité qui y règne, ou le bruit des verroux, qui couvre sa propre voix de poète :

Et le bruit de tant de verroux
me choque la voix, et la brise.
(A son ami Chiron)

Le détail révélé par la métonymie peut être tout à fait inattendu. C'est de ce genre de détails qu'Apollinaire alimente son érudition amusée. Ce quatrain intitulé *La Tortue* (dans *Le Bestiaire*) paraît d'abord bien mystérieux :

Du Thrace magique, ô délire !
Mes doigts sûrs font sonner la lyre.
Les animaux passent aux sons
De ma tortue, de mes chansons.

Le mot *lyre* est remplacé par le mot *tortue*, parce que, dans l'antiquité, la lyre était constituée d'une carapace de tortue sur laquelle on tendait des cordes. C'est donc avec une tortue que le poète va charmer les autres animaux, comme le faisait Orphée, le poète mythique de Thrace, dont le chant magique envoûtait l'univers entier.

La métonymie permet donc d'analyser les choses pour mieux les comprendre. Le chemin inverse peut être parcouru : il arrive qu'un détail serve d'*indice*, et permette de reconstituer l'objet dans son entier. Apollinaire (1880-1918), dans *Cortège*, se fait fort de reconstituer toute une ville à partir d'une seule odeur :

[...] l'odeur d'un petit chien m'eût suffi
Pour décrire exactement tes concitoyens de Cologne.

LA MÉTONYMIE POUR PRENDRE POSSESSION DES CHOSES

Alors, la métonymie permet de prendre possession des choses. Du Bellay (1522-1560), dans un sonnet de *L'Olive*, regarde le soleil qui se lève. Il ne dit pas : à l'est. Le mot est remplacé métonymiquement par le pays fabuleux qui se trouve là-bas, très loin dans la direction de l'est. A la faveur de la métonymie, le poète enrichit son paysage des richesses d'un orient de rêve :

***D**éjà le ciel aux Indes rougissait*
[...]
Le jour honteux d'un double teint colore
Et l'Angevin et l'Indique orient.

Le poème de Baudelaire intitulé *Mœsta et errabunda* commence par une métaphore. L'objet du désir est si éloigné, il semble tellement hors de portée, qu'il ne pouvait être atteint, ni même nommé, qu'indirectement : ce voyage sur la mer qui est évoqué représente un voyage dans le temps, et le pays que l'on cherche à atteindre, que l'on n'atteindra jamais, est – autre métaphore – le «vert paradis des amours enfantines». Mais à force de désirer ce paradis, et de le nommer, des *détails* très concrets en réapparaissent dans la mémoire, détails qui, métonymiquement, le reconstruisent peu à peu et le ressuscitent tout entier :

***M**ais le vert paradis des amours enfantines,*
Les courses, les chansons, les baisers, les bouquets,
Les violons vibrant derrière les collines,
Avec les brocs de vin, le soir, dans les bosquets,
– Mais le vert paradis des amours enfantines...

LA MÉTONYMIE AMOUREUSE

Voilà pourquoi sans doute la métonymie est si fréquente dans la poésie érotique. On peut aimer un regard, une boucle de cheveux, un geste. Les *blasons du corps féminin* que l'on compose au XVIe siècle s'attardent chaque fois sur un détail du corps, sur lequel se concentre l'ensemble du désir. Apollinaire, au milieu des horreurs de la guerre, s'efforce de cette manière de rejoindre par la pensée celle qu'il aime :

La boucle des cheveux noirs de ta nuque est mon trésor
Ma pensée te rejoint et la tienne la croise
(« Fusée », dans *Calligrammes*, 1917)

À force de fixer son émotion sur un détail, le désir peut se reporter de la personne à l'objet qui lui est généralement attaché. Le *pas* que Jacqueline Risset (née en 1936) entend s'approcher, est d'abord l'indice d'une présence aimée. Mais si c'était ce bruit de pas qu'elle aimait, plus que la personne elle-même ? Et si l'attente de la personne qui lui est chère lui était encore plus chère que sa présence ? C'est bien ce qu'elle raconte dans ce poème de *l'Amour de loin* (éd. Flammarion, 1988) :

Ainsi dans la pièce
au soleil à Paris le matin
attente
bonheur d'attente ensoleillée
silence par la fenêtre dans la cour

et tout à coup : secousse
secousse de bonheur dans l'attente
pas vif et léger

Surprise : on peut aimer un pas ?
le pas de ce toi qui s'approche vite
– doucement
qui aime ?
Qui aime qui ?

La métonymie alors, curieusement, au lieu de permettre de s'approcher de l'objet et d'en prendre possession, est ce qui, dans une certaine mesure, l'en éloigne.

L'hypallage ou la contagion

Mais le plus souvent, c'est le contraire qui se produit. La métonymie est un regard qui glisse sur la chose, et de la chose à ce qui l'environne. Alors les objets cessent d'être étrangers les uns aux autres, ils se mêlent, ils se confondent ; et leurs contours s'estompant, ils prennent peu à peu la couleur du paysage qui les environne. C'est la figure appelée *hypallage*, qui consiste à attribuer à un mot ce qui, en toute logique, aurait dû être attribué à un autre.

L'hypallage, d'une certaine façon, est une faute de langage. Il est absurde de dire : *avoir des chaussons dans ses pieds*. Il fallait dire : *avoir ses pieds dans des chaussons*. Mais les poésies savent tirer profit de cette *faute*. Baudelaire qualifie les albatros de «vastes oiseaux des mers». Un oiseau, même de grande taille comme l'est un albatros, ne saurait être *vaste*, épithète qui convient seulement à un espace, ou à la surface d'une terre, d'une mer, ou d'un bâtiment, voire d'une salle. C'est la mer qui est vaste, non l'oiseau. L'épithète a glissé de la mer à l'oiseau qui l'habite, pour montrer à quel point l'albatros fait corps avec le *vaste* espace qu'il sillonne en se jouant des tempêtes.

Charles Cros (1842-1888) intitule un de ses poèmes *L'heure verte* (dans *le Coffret de Santal*). Cette heure verte, c'est l'heure où l'on boit l'absinthe, qui est verte. La métonymie consiste à faire en sorte que cette couleur verte de l'absinthe s'étende à toutes choses, envahisse tout (la vision du paysage est modifiée par l'ivresse) : «l'absinthe pénètre l'air», dit Charles Cros. Alors «cette heure est toute émeraude», et le ciel est «vert-pâle» :

Et l'absinthe pénètre l'air,
Car cette heure est toute émeraude.
[…]
... Vénus
s'allume dans le ciel vert-pâle.

L'hypallage opère une redistribution des éléments de l'univers, elle refuse les classements, les catégories préétablies. La souris se confond avec la mousse, et en prend la couleur, dans ce vers d'Apollinaire (*Fusée*, dans *Calligrammes*) :

La souris verte file parmi la mousse

Et dans ce vers de Rimbaud (*Enfance II*, dans les *Illuminations*), les fleurs se confondent avec les insectes qui y bourdonnent :

Des fleurs magiques bourdonnaient.

Cette solidarité entre les éléments de l'univers, en quoi consiste l'hypallage, n'est pas sans conséquences. Charles Cros, dans son poème *Elle s'est endormie...*, parle d'une femme qui est morte. De son vivant, elle se confondait avec la ville qu'elle embellissait de sa présence. Maintenant qu'elle est morte, c'est la ville qui semble mourir :

La splendeur de Paris s'est éteinte avec elle.

Poésies métaphoriques

La comparaison

Lautréamont (1846-1870), dans *les Chants de Maldoror*, Chant 5, fait cette remarque malicieuse :

> *C'est, généralement parlant, une chose singulière que la tendance attractive qui nous porte à rechercher (pour ensuite les exprimer) les ressemblances et les différences que recèlent dans leurs naturelles propriétés, les objets les plus opposés entre eux, et quelquefois les moins aptes, en apparence, à se prêter à ce genre de combinaisons curieuses.*

Et Lautréamont collectionne dans son texte un grand nombre de *comparaisons*, en soulignant le caractère parfaitement arbitraire du rapprochement qu'elles effectuent chaque fois :

> *Quoiqu'il ne possédât pas un visage humain, il me paraissait beau comme les deux longs filaments tentaculiformes d'un insecte ; ou plutôt, comme une inhumation précipitée ; ou encore, comme la loi de reconstitution des organes mutilés ; et surtout, comme un liquide éminemment putrescible !*
>
> *(Chant 5, strophe 2)*

A noter le *ou encore* qui insiste sur le caractère arbitraire des comparaisons choisies. D'autant plus arbitraire que les réalités auxquelles on a recours pour construire la comparaison sont circonstanciées et extrêmement détaillées :

> *Le grand-duc de Virginie, beau comme un mémoire sur la courbe que décrit un chien en courant après son maître, s'enfonça dans les crevasses d'un couvent en ruines. Le vautour des agneaux, beau comme la loi d'arrêt de développement de la poitrine chez les adultes dont la propension à la croissance n'est pas en rapport avec la quantité de molécules que leur organisme s'assimile, se perdit dans les hautes couches de l'atmosphère. [...] Le scarabée, beau comme le tremblement des mains dans l'alcoolisme, disparaissait à l'horizon.*

Ou bien, chant 6, strophe 4 :

> *... et je me trouve beau ! Beau comme le vice de conformation congénital des organes sexuels de l'homme, consistant dans la brièveté relative du canal de l'urètre et la division ou l'absence de sa paroi inférieure, de telle*

> *sorte que ce canal s'ouvre à une distance variable du gland et au-dessous du pénis ; ou encore, comme la raroncule charnue, de forme conique, sillonnée par des rides transversales assez profondes, qui s'élève sur la base du bec supérieur du dindon ; ou plutôt, comme la vérité qui suit : «Le système des gammes, des modes et de leur enchaînement harmonique ne repose pas sur des lois naturelles invariables, mais il est, au contraire, la conséquence de principes esthétiques qui ont varié avec le développement progressif de l'humanité, et qui varieront encore» ; et surtout, comme une corvette cuirassée à tourelles !*

Ou bien encore, chant 6, strophe 1 :

> *Il est beau comme la rétractibilité des serres des oiseaux rapaces ; ou encore, comme l'incertitude des mouvements musculaires dans les plaies des parties molles de la région cervicale postérieure ; ou plutôt, comme ce piège à rats perpétuel, toujours retendu par l'animal pris, qui peut prendre seul des rongeurs indéfiniment, et fonctionner même caché sous la paille ; et surtout, comme la rencontre fortuite sur une table d'opération d'une machine à coudre et d'un parapluie !*

Or il semble bien qu'une grande partie des poésies repose sur le mot *comme*, et que leur écriture consiste à établir des rapprochements entre des choses différentes. Déjà dans les poèmes homériques, l'*Iliade* aussi bien que l'*Odyssée*, le récit est constamment interrompu par de longues comparaisons : à la faveur du simple mot *comme*, les soldats sont comparés à des abeilles, des mouches, un vol de grues ou d'oies, ou de cygnes au long cou ; l'assemblée des Achéens à une mer dont les vagues se brisent bruyamment contre les falaises ; les vieillards de Troie à des cigales ; Ménélas à un lion, à un serpent ; le fils d'Anthénor à un peuplier, Simoios à un fleuve. De nombreux poèmes du XVIe et du XVIIe siècle sont construits sur une comparaison.

Du reste le mot *comme* peut être gommé (telle dame n'est plus seulement belle comme un astre, elle est un astre) et la comparaison faire place à la *métaphore*. La comparaison maintient l'une à côté de l'autre deux réalités différentes. Le mot *comme* souligne et signale qu'il y a saut d'un monde dans un autre ; il permet par là de prendre conscience de l'opération qui s'effectue dans l'imaginaire ou dans l'écriture. La métaphore, elle, oublie volontairement le premier terme. En supprimant le mot *comme*, elle ne se contente pas de voir une ressemblance entre les choses, elle opère une métamorphose.

La métaphore remplace un objet par un autre

Victor Hugo fait une métaphore lorsque, regardant un coucher de soleil, il prétend distinguer dans le ciel non seulement des *archipels* de nuages, mais *un géant* qui tire *son glaive*, puis *un grand crocodile au dos large et rayé*. En réalité les nuages ne sont pas des îles, le ciel n'est pas la mer, et, malgré la lumière qui colore l'horizon, malgré les formes étranges des nuages, il n'y a là-haut ni géant, ni glaive, ni bête terrifiante. Mais, pour le poète, les nuages *ressemblent* à des îles, ont la forme d'un crocodile ; et le rayon de lumière qui brille entre ces nuages lui fait penser à la lame d'une épée.

L'écriture métaphorique, sous le prétexte d'une ressemblance supposée entre les choses, leur fait subir d'imprévisibles métamorphoses. Ayant le projet de décrire une crevette, Francis Ponge (1899-1988), en quelques lignes, la transforme successivement en *un petit signe d'interrogation*, puis en *un petit doigt connaisseur*, puis en un *flacon*, puis en un *bibelot translucide*, puis en une *capricieuse nef qui tient du capricorne*, puis en un *châssis vitreux gréé d'une antenne hypersensible*, puis en une *chenille*, puis en un *ver agile et lustré*, puis en un *guerrier casqué*... Ce n'est pas seulement la rapidité de ses mouvements dans l'eau qui rend la crevette insaisissable, c'est aussi ses incessantes métamorphoses : «Rien au premier abord ne peut être saisi, sinon cette façon de s'enfuir particulière, qui la rend pareille à quelque hallucination bénigne de la vue...» Elle ne tient pas en place, elle ne se laisse enfermer dans aucune forme définitive.

La métaphore pour s'éloigner

André Breton écrit dans le *Manifeste du Surréalisme* de 1924 : «je demande, pour ma part, à être conduit au cimetière dans une voiture de déménagement.» La formule est à prendre à la lettre, si l'on se rappelle que *métaphore* signifie d'abord en grec *transport* (on voit encore, dans la Grèce d'aujourd'hui, de gros camions sur lesquels ce mot est inscrit en lettres capitales : ce sont des camions de transport, des voitures de déménagement). Pour un poète comme André Breton, la poésie est d'abord la métaphore, et la métaphore opère toujours un déplacement, nous transporte d'un lieu dans un autre, nous fait changer d'univers.

Aussi la métaphore peut-elle être un moyen de fuir une réalité insupportable. Lorsque Guillaume Apollinaire (1880-1918) écrit en 1915 dans *Fusée* (dans *Calligrammes*) :

Tes seins sont les seuls obus que j'aime

ou bien :

> *Ton souvenir est la lanterne de repérage qui nous sert à pointer la nuit,*

il remplace la guerre dans laquelle il est plongé (et que représentent métonymiquement les obus, la lanterne de repérage) par l'image de la femme à laquelle il pense et qu'il aime.

Si la métaphore ne permet pas de fuir la réalité, du moins permet-elle de l'habiller de couleurs plus supportables. On peut le constater dans les derniers poèmes écrits par Ronsard (1524-1585). Ronsard se voit mourir :

> *Je n'ai plus que les os, un squelette je semble,*
> *décharné, dénervé, démusclé, dépoulpé...*

Mais bientôt il détourne son regard («Je n'ose voir mes bras que de peur je ne tremble», dira-t-il un peu plus loin), et remplace le spectacle de sa mort réelle par une image allégorique, celle de l'archer décochant sa flèche («le trait de la mort»), image qui est différente du spectacle réel, image à laquelle on croit moins, et qui est donc moins effrayante.

La métaphore pour penser

C'est parce que la métaphore éloigne de la réalité des choses que Francis Ponge (1899-1988) compose en l'honneur de la boue une ode *inachevée*. Comment parler de la boue sinon métaphoriquement (la boue s'attache à nous comme un lasso, comme un lierre, comme les bras d'un lutteur) ? Mais en parler métaphoriquement, c'est faire comme le sculpteur modelant sa statue, lui donner une forme : or elle n'en a pas. Et le poète, pour laisser la boue telle qu'elle est, renonce finalement à en parler :

> *Assurément, si j'étais poète, je pourrais [...] parler des lassos, du lierre, des lutteurs couchés de la boue. Ainsi sécherait-elle alors, dans mon livre, comme elle sèche sur le chemin, en l'état plastique où le dernier embourbé la laisse...*
>
> *Mais comme je tiens à elle beaucoup plus qu'à mon poème, eh bien, je veux lui laisser sa chance, et ne pas trop la transférer aux mots. Car elle est ennemie des formes et se tient à la frontière du non-plastique. [...] Ainsi soit-il ! Et je ne saurais donc en écrire, qu'au mieux, à sa gloire, à sa honte, une ode diligemment inachevée...*

La métaphore nous en apprend plus sur celui qui l'imagine que sur l'objet qu'elle est censée représenter. Francis Ponge encore prend conscience de cela quand, observant les poissons, leur *gueule béante*, leur *œil exorbité*, l'impression qu'ils donnent d'être gênés par *l'épaisseur de l'air qu'ils ont à respirer*, et concluant que *la plus grosse partie de leur effort* consiste à respirer, s'interrompt pour faire cette remarque :

> *Ici je pense à moi, dont la plus grande partie du temps est occupée à tenter de respirer économiquement : à gagner de l'argent. Il y faut neuf heures par jour... Alors que d'autres respirent si aisément : ils ont pour cela l'argent dans leur poche, cet oxygène... Mais nous, il faut qu'à grand'peine nous extrayions l'argent du travail, des heures, de la fatigue.*

La crevette, elle, ne semble pas éprouver de difficulté à respirer, mais à fuir, «*en raison du caractère encombrant de ses trop nombreux organes de circonspection*». De nouveau le poète interrompt sa description métaphorique pour se tourner vers lui-même :

> *Gêne qui me fait aussi penser à moi : nous en connaissons de semblables, dans une époque privée de foi, de rhétorique, d'unité d'action politique, etc...*

Et, un peu plus loin :

> *Elle est le lustre de la confusion.*
> *Elle est aussi un monstre de circonspection.*
> *(Ainsi, à son instar, dans les époques troublées, le poète.)*

Et la *description* objective du monde tourne à la *leçon*, à la *fable*, comme chez La Fontaine. Car l'écriture métaphorique consiste à projeter sur le paysage extérieur sa propre pensée.

La métaphore pour interpréter

La métaphore est donc moins une description qu'une interprétation de la réalité. Ainsi dans le poème de Baudelaire intitulé *Chant d'Automne* (la 56e pièce des *Fleurs du mal*) : on décharge du bois de chauffage dans une cour d'immeuble ; le bruit que produit cette opération représente métonymiquement la saison tout entière. Mais ce même bruit est immédiatement interprété métaphoriquement : on bâtit un échafaud, on brise une porte de ville à coups de bélier, on cloue un cercueil, si bien que l'hiver qui s'approche devient la métaphore de la mort.

La métaphore repose alors sur la croyance que le monde a un sens caché, qu'il est un livre, et qu'il appartient au poète de le déchiffrer. C'est du moins ce qu'affirme Baudelaire dans le poème des *Fleurs du mal* intitulé *Correspondances* :

> ***La** Nature est un temple où de vivants piliers*
> *Laissent parfois sortir de confuses paroles.*
> *L'homme y passe à travers des forêts de symboles...*

Ou bien encore, dans *Élévation* :

> ***H**eureux celui [...]*
> *Qui plane sur la vie et comprend sans effort*
> *Le langage des fleurs et des choses muettes !*

La poésie *visionnaire* de Victor Hugo repose sur une conception analogue de la métaphore. Pour lui, le monde est une *énigme*. Le poète est celui qui sait la déchiffrer. Une forêt, comme celle qu'il évoque dans son poème *A Albert Dürer* (dans *les Voix Intérieures*, 1837), n'est pas une simple collection d'arbres, elle cache un monde fantastique, et ce monde, il le voit *distinctement*.

> ***D**ans les vieilles forêts où la sève à grands flots*
> *Court du fût noir de l'aulne au tronc blanc des bouleaux,*
> *Bien des fois, n'est-ce pas ? à travers la clairière,*
> *Pâle, effaré, n'osant regarder en arrière,*
> *Tu t'es hâté, tremblant et d'un pas convulsif,*
> *O mon maître Albert Düre, ô vieux peintre pensif !*
> *On devine, devant tes tableaux qu'on vénère,*
> *Que dans les noirs taillis ton œil visionnaire*
> *Voyait distinctement, par l'ombre recouverts,*
> *Le faune aux doigts palmés, le sylvain aux yeux verts,*
> *Pan, qui revêt de fleurs l'antre où tu te recueilles,*
> *Et l'antique dryade aux mains pleines de feuilles.*

L'œil visionnaire – celui du peintre Albert Dürer, celui aussi bien sûr de Victor Hugo lui-même, se trouve brutalement confronté à l'apparition fantastique d'un monde autre et terrifiant. L'homme devant qui apparaît ce monde ne peut être qu'*effaré*, *tremblant*, et *pâle*.

Une telle poésie suppose une conception du poète : le poète n'est pas seulement un arrangeur de mots, c'est un mage, ou un prophète, c'est celui qui voit ce que les autres hommes ne voient pas, et qui entend ce qui pour les autres est muet ; c'est celui qui a communication avec un au-delà.

C'est de cette conception romantique du poète qu'Isidore Ducasse (alias Lautréamont) prend malicieusement le contre-pied quand il déclare : «la poésie doit être faite par tous».

La métaphore prolongée

Il suffit d'un mot mis à la place d'un autre (d'une *impropriété* de vocabulaire, si l'on veut) pour que naisse la métaphore, comme dans cette phrase de Francis Ponge (dans *Pièces*, 1962) :

> *La barque tire sur sa longe, hoche le corps d'un pied sur l'autre, inquiète et têtue comme un jeune cheval.*

Au début de la phrase, c'est une barque ; à la fin, c'est un cheval. Le mot *amarre*, qui convenait pour la barque a été remplacé par le mot *longe* qui ne convient que pour l'animal. La substitution s'est opérée à cause de la ressemblance qui existe entre les deux objets : rien ne les distingue l'un de l'autre, sinon leur usage. Ensuite, la longe évoque (par métonymie) un animal auquel elle est attachée, et tout le reste de la phrase bascule dans la métaphore. Le mouvement de roulis auquel est soumise la barque est assimilé à un *hochement du corps* ; la barque se met à avoir des *pieds*, elle est *inquiète*, *têtue*, bref, elle n'est plus barque, mais cheval, et la métaphore se développe pour elle-même, se prolonge, vit d'une vie qui lui est propre, ce qui permet au poète d'écrire un peu plus loin cette nouvelle phrase, dont le vocabulaire (*montée, file doux, se cabrer...*) convient plutôt à l'évocation d'un cheval qu'à celle d'un bateau :

> *Montée, elle adopte une attitude passive, file doux, est facile à mener. Si elle se cabre, c'est pour les besoins de la cause.*

On appelle parfois *métaphore filée* ou *allégorie* la métaphore qui se prolonge, et rien n'empêche qu'elle puisse se prolonger très longtemps, jusqu'à en faire oublier le premier objet qu'elle était d'abord censée représenter. Le recueil de Verlaine intitulé *Fêtes galantes* (1869) commence par évoquer une «âme» :

> *Votre âme est un paysage choisi*
> *Que vont charmant masques et bergamasques,*
> *Jouant du luth, et dansant, et quasi*
> *Tristes sous leurs déguisements fantasques.*

Mais aussitôt nommée, cette âme se transforme métaphoriquement en un jardin comme ceux que représentent les peintures de Watteau : on ne voit plus que lui, non seulement dans l'ensemble du poème liminaire, mais dans l'ensemble du recueil.

La métaphore pour rassembler ou : le fondu enchaîné

On appelle *fondu enchaîné*, au cinéma, la technique qui consiste à passer progressivement d'un plan à un autre : pendant qu'une première image s'estompe, une deuxième image apparaît peu à peu en surimpression qui insensiblement s'y substitue. La métaphore, qui par définition opère un changement et un déplacement, permet de la même façon de glisser insensiblement d'un univers à l'autre. On peut même obtenir ainsi un mouvement de va et vient entre plusieurs images, entre plusieurs mondes, comme si le paysage ne cessait de se métamorphoser devant les yeux du spectateur.

Apollinaire (1880-1918), dans *les Colchiques* (un des poèmes d'*Alcools*), parle du «colchique couleur de cerne et de lilas» : le mot «cerne» va permettre le va et vient constant dans le poème entre l'image d'un pré où poussent les colchiques et les yeux de la femme aimée. Alors que la comparaison sépare clairement l'objet dont on parle et ce à quoi on le compare, on s'efforce ici au contraire de rendre perméable cette séparation.

Cette indécision, ce glissement insensible et progressif d'une image à l'autre, cette hésitation ou oscillation sytématiques se retrouvent dans de nombreuses poésies *maniéristes* du XVIe siècle.

Ainsi dans ce sonnet de Du Bellay :

Déjà la nuit en son parc amassait
Un grand troupeau d'étoiles vagabondes...

On hésite entre deux paysages : un ciel nocturne avec ses étoiles, un troupeau que l'on rentre au bercail. L'adjectif *vagabonde* convient aux bêtes du troupeau, mais il convient aussi aux astres (le mot *planète* en grec signifie précisément *errant* c'est-à-dire *vagabond*). La suite du poème nous fait assister à de nouvelles métamorphoses :

Déjà le ciel aux Indes rougissait,
Et l'aube encor de ses tresses tant blondes,
Faisant grêler mille perlettes rondes,
De ses trésors les prés enrichissait.

Le soleil se lève («aux Indes», c'est-à-dire à l'est). Le ciel est rouge d'abord, puis blanchit peu à peu (c'est le sens propre du mot *aube*). Voilà un premier paysage. En bas, les prés se couvrent de rosée : c'est un deuxième paysage. Enfin la métaphore permet d'introduire, avec les mots *tresses* et *perlettes*, l'image d'un visage, et d'une coiffure féminine, tresses ornées de petites perles, selon la mode de l'époque.

On trouve maint exemple de *fondu enchaîné* dans la poésie romantique du XIXe siècle. Ainsi dans ces deux strophes de *Tristesse d'Olympio* (dans *les Rayons et les Ombres*, 1840) de Victor Hugo :

Les champs n'étaient point noirs, les cieux n'étaient pas mornes.
Non, le jour rayonnait dans un azur sans bornes
Sur la terre étendu,
L'air était plein d'encens et les prés de verdures
Quand il revit ces lieux où par tant de blessures
Son cœur s'est répandu !

L'automne souriait ; les coteaux vers la plaine
Penchaient leurs bois charmants qui jaunissaient à peine ;
Le ciel était doré ;
Et les oiseaux, tournés vers celui que tout nomme,
Disant peut-être à Dieu quelque chose de l'homme,
Chantaient leur chant sacré !...

A ne considérer que le vocabulaire de ces deux strophes, on voit se dessiner ici trois paysages imbriqués l'un dans l'autre : une campagne par un jour ensoleillé d'automne (des champs, le jour, un azur sans bornes, c'est-à-dire un ciel sans nuages ; la terre couverte d'une végétation qui est en train de passer du vert au jaune ; des coteaux, une plaine, des oiseaux...) ; un paysage tout intérieur, plus mélancolique (la blessure du cœur ; l'*idée*, même si elle est finalement écartée, d'un ciel morne et noir ; et, plus loin dans le même texte, on pourra lire : «Il se sentit le cœur triste comme une tombe») ; enfin un paysage mystique et religieux (avec l'encens, le chant sacré des oiseaux, qui est une prière ; et enfin les deux derniers vers qui font se rencontrer l'homme et la divinité). Mais les contours respectifs de ces trois paysages ne sont pas nets et certains mots, ici et là, font qu'ils communiquent entre eux. Ainsi le mot *doré* qui transforme la couleur jaune du paysage en l'or des objets cultuels ; l'odeur qui se métamorphose en encens (parfum que l'on brûle pour honorer la divinité) ; et enfin le mot *cieux* qui désigne *à la fois* l'atmosphère, le ciel que l'on voit par-dessus les champs, et le ciel mystique où siège la divinité.

Cette hésitation entre plusieurs réalités différentes ne va pas parfois sans quelque mystère. Francis Ponge commence ainsi son poème sur *les Mûres* :

> ***A**ux buissons typographiques constitués par le poème sur une route...*

La raison d'être de l'épithète *typographiques* ne peut être saisie qu'à la fin de l'alinéa, où le jus noir du fruit est comparé à de l'encre. Alors apparaissent les deux réalités entre lesquelles oscille le texte : la réalité typographique (les strophes du poème, l'encre), et le paysage (les buissons, la route, le fruit appelé *mûre*) :

> ***A**ux buissons typographiques constitués par le poème sur une route qui ne mène hors des choses ni à l'esprit, certains fruits sont formés d'une agglomération de sphères qu'une goutte d'encre remplit.*

Une autre vision du monde

Les correspondances

Baudelaire (*l'Art romantique*), après un concert d'œuvres de Wagner, s'efforce de noter avec précision les impressions que, dans son imagination, produit la musique qu'il a entendue :

> *... **B**ientôt j'éprouvai la sensation d'une clarté plus vive, d'une intensité de lumière croissant avec une telle rapidité, que les nuances fournies par le dictionnaire ne suffiraient pas à exprimer ce surcroît toujours renaissant d'ardeur et de blancheur. Alors, je conçus pleinement l'idée d'une âme se mouvant dans un milieu lumineux, d'une extase faite de volupté et de connaissance, et planant au-dessus et bien loin du monde naturel.*

Du reste, rien d'étonnant à cela :

> *... car ce qui serait vraiment surprenant, c'est que le son ne pût pas suggérer la couleur, que les couleurs ne pussent pas donner l'idée d'une mélodie, et que le son et la couleur fussent impropres à traduire des idées ; les choses s'étant toujours exprimées par une analogie réciproque, depuis le jour où Dieu a proféré le monde comme une complexe et indivisible totalité.*

Dans *les Paradis artificiels*, Baudelaire décrit les effets produits par le haschich :

> *C'est alors que commencent les hallucinations. Les objets extérieurs prennent lentement, successivement, des apparences singulières ; ils se déforment et se transforment. Puis arrivent les équivoques, les méprises et les transpositions d'idées. Les sons se revêtent de couleurs, et les couleurs contiennent une musique.*

Mais point n'est besoin d'avoir recours à ce moyen artificiel qu'est le haschich, car :

> *Cela, dira-t-on, n'a rien que de fort naturel, et tout cerveau poétique, dans son état sain et normal, conçoit facilement ces analogies.*

Les conséquences *poétiques* de ces constatations sont considérables, comme il apparaît dans le sonnet des *Fleurs du mal* intitulé *Correspondances*. Il y a, selon Baudelaire, des correspondances entre les différentes sensations :

> *Les parfums, les couleurs et les sons se répondent...*

Certaines sensations olfactives font penser à des sensations visuelles, certaines sensations visuelles évoquent irrésistiblement des sensations auditives :

> *Il est des parfums frais comme des chairs d'enfants,*
> *Doux comme le hautbois, verts comme les prairies...*

Un paysage est perçu par tous les sens réunis. Ainsi dans *la Chevelure* :

> *Un port retentissant où mon âme peut boire*
> *A grands flots le parfum, le son et la couleur...*

Mais aussi les sensations peuvent évoquer non moins irrésistiblement des réalités morales ou spirituelles. Certains parfums sont

> *... corrompus, riches et triomphants,*
> *Ayant l'expansion des choses infinies,*
> *Comme l'ambre, le musc, le benjoin et l'encens...*

Regardant un tableau du peintre Delacroix, Baudelaire n'y voit pas seulement un paysage (lac, ciel, bois de sapins), des couleurs (rouge et vert) ;

il y entend aussi une musique (fanfares étranges, musique de Weber), il y perçoit des sentiments (le chagrin), et un monde surnaturel (des anges) :

> *Delacroix, lac de sang hanté des mauvais anges,*
> *Ombragé par un bois de sapins toujours vert,*
> *Où, sous un ciel chagrin, des fanfares étranges*
> *Passent, comme un soupir étouffé de Weber.*

La mise en œuvre de ces correspondances produit une écriture qui est en même temps métaphorique et métonymique. Elle ressortit de la métaphore, parce qu'elle interprète le monde, et opère un déplacement, un saut d'une réalité à une autre. Les parfums, dit Baudelaire dans le dernier vers de *Correspondonces*,

> *... chantent les transports de l'esprit et des sens.*

Et c'est aussi un *transport* qu'il évoque dans *Élévation* :

> *Au-dessus des étangs, au-dessus des vallées,*
> *Des montagnes, des bois, des nuages, des mers,*
> *Par delà le soleil, par delà les éthers,*
> *Par delà les confins des sphères étoilées...*
> *[...]*
> *Envole-toi bien loin...*
> *[...]*
> *Heureux celui qui peut d'une aile vigoureuse*
> *S'élancer...*

Mais elle peut être aussi métonymique. Ainsi lorsque Jules Laforgue, dans *le Concile Féerique* (1886), parle d'*échos blancs* :

> *O lendemains de noce où nos voix mal éteintes*
> *Chantent aux échos blancs la si grêle complainte...*

Les contours qui séparaient les choses s'estompent, les catégories cessent d'être nettes, les choses empiètent les unes sur les autres pour former, écrit Baudelaire, une «profonde unité» :

> *Comme de longs échos qui de loin se confondent*
> *Dans une ténébreuse et profonde unité,*
> *Vaste comme la nuit et comme la clarté...*

Dans *La Vie antérieure*, la mer ne se distingue plus du ciel, ni les couleurs de la musique, ni le monde d'un au-delà mystique :

Les houles, en roulant les images des cieux,
Mêlaient d'une façon solennelle et mystique
Les tout-puissants accords de leur riche musique
Aux couleurs du couchant reflété par mes yeux.

Les limites entre les choses, imposées par nos habitudes de voir, ont disparu. Le monde, enfin, est perçu autrement.

MÉTAPHORE ET HALLUCINATION

«Je suis maître en fantasmagories», déclare Rimbaud (1854-1891) dans *Une Saison en Enfer.* Dans le même texte il écrit, parlant de Jésus :

La lanterne nous le montra, debout, etc.

Jean-Luc Steinmetz commente cette phrase ainsi : «Il s'agit d'un spectacle de lanterne magique. Ce jouet était courant à l'époque et j'ai montré que les *Illuminations* lui devaient peut-être quelque chose» (Jean-Luc Steinmetz, *«La lanterne magique de Rimbaud»*, *Parade Sauvage*, 1987). Or ce que projette la lanterne magique de Rimbaud n'est pas la représentation qu'on se fait habituellement du monde.

Si, selon son expression, *je est un autre*, c'est que *JE* cesse d'être le même qu'il était avant son aventure poétique : il voit maintenant le monde autrement. Dans une *Lettre à Georges Izambard* du 13 mai 1871, Rimbaud explique :

Je veux être poète, et je travaille à me rendre voyant : *vous ne comprendrez pas du tout, et je ne saurais presque vous expliquer. Il s'agit d'arriver à l'inconnu par le dérèglement* de tous les sens.

La voyance sert à faire apparaître le vrai je derrière le je dicté par les habitudes et les conventions sociales :

Car je est un autre. [...] Cela m'est évident : j'assiste à l'éclosion de ma pensée : je la regarde, je l'écoute : la symphonie fait son remuement dans les profondeurs, ou vient d'un bond sur la scène.
[...]
Je dis qu'il faut être voyant, *se faire* voyant.
Le Poète se fait voyant *par un long, immense et raisonné* dérèglement *de* tous les sens. *Toutes les formes d'amour, de souffrance, de folie. [...] Il devient entre tous le grand malade, le grand criminel, le grand maudit, – et le suprême Savant ! – Car il arrive à l'*inconnu*! [...] Il arrive à l'*inconnu,

> *et quand, affolé, il finirait par perdre l'intelligence de ses visions, il les a vues ! Qu'il crève dans son bondissement par les choses inouïes et innommables : viendront d'autres horribles travailleurs ; ils commenceront par les horizons où l'autre s'est affaissé !*
> *[...]*
> *Il devrait faire sentir, palper, écouter ses inventions ; si ce qu'il rapporte de là-bas a forme, il donne forme ; si c'est informe, il donne de l'informe. Trouver une langue.*
> *[...]*
> *Cette langue sera de l'âme pour l'âme, résumant tout, parfums, sons, couleurs, de la pensée accrochant la pensée et tirant.*
> *[...]*
> *Les inventions d'inconnu réclament des formes nouvelles.*
>
> (*Lettre à Paul Demeny* du 15 mai 1871, dite *la lettre du voyant*)

Que cette nouvelle *vision* soit obtenue par un exercice de *dérèglement des sens*, ou bien par un travail d'écriture, une *alchimie verbale* (ou par les deux à la fois), peu importe en somme, puisque, pour le lecteur de Rimbaud, le résultat est là. La *difficulté* de lecture vient de ce que le paysage n'est pas *reconnaissable*. Mais il ne fallait pas qu'il le fût : c'eût été la preuve que la vision neuve, – l'inconnu – n'était pas encore inventée. Au lecteur donc d'accepter la vision comme on accepterait un paysage qui n'aurait encore été jamais vu, dont on n'aurait jamais encore eu l'idée.

La métaphore et la métonymie, chacune à sa manière, revenaient à expliquer le monde, à en donner une interprétation ; elles affirmaient un sens, une logique des choses et de leur agencement. La poésie de Rimbaud est une manière beaucoup plus risquée, dangereuse, hasardeuse d'utiliser l'image et de traiter les choses (ou leurs représentations). Elle énumère et juxtapose des objets que rien ne semblait devoir rapprocher, comme dans cet autre extrait des *Illuminations*, où l'énumération se poursuit à la faveur d'une anaphore de *il y a* :

> ***I****l y a un oiseau [...]. Il y a une horloge [...]. Il y a une fondrière [...]. Il y a une cathédrale [...]. Il y a une petite voiture abandonnée [...]. Il y a une troupe de petits comédiens [...]. Il y a enfin, quand l'on a faim et soif, quelqu'un qui vous chasse.*

Les objets qui sont énumérés n'ont apparemment aucun rapport. Pourtant ils sont tous là, tous existent, l'un à côté de l'autre, absurdement, et ils existent d'autant plus qu'ils ne s'effacent pas derrière des relations qui les uniraient. Rimbaud refuse de se rassurer, comme le fait tout le monde, en créant des rapports logiques entre les choses, en imaginant un ordre dans l'univers. Les objets qui sont rapprochés demeurent inexpliqués. Tel est sans doute le sens de la pièce intitulée *Ville*. La ville dont parle Rimbaud est ce paysage vu sans passer par aucune grille interprétative préexistante («tout goût connu», «aucun monument de superstition», «la morale», «la langue») :

> *Je suis un éphémère et point trop mécontent citoyen d'une métropole crue moderne parce que tout goût connu a été éludé dans les ameublements et l'extérieur des maisons aussi bien que dans le plan de la ville. Ici vous ne signaleriez les traces d'aucun monument de superstition. La morale et la langue sont réduites à leur plus simple expression, enfin ! Ces millions de gens qui n'ont pas besoin de se connaître [...].*

Il en est de même de ce passage du poème intilulé *Les Ponts* :

> *Des ciels de cristal. Un bizarre dessin de ponts, ceux-ci droits, ceux là bombés, d'autres descendant ou obliquant en angles sur les premiers, et ces figures se renouvelant dans les autres circuits éclairés du canal, mais tous tellement longs et légers que les rives, chargées de dômes, s'abaissent et s'amoindrissent. Quelques-uns de ces ponts sont encore chargés de masures. D'autres soutiennent des mâts, des signaux, de frêles parapets...*

La distance prise avec toute logique organisatrice qui préexisterait au regard permet de porter sur les choses un regard enfin neuf, de les voir vraiment, sans qu'elles soient occultées par aucune interprétation *a priori* ; mais d'autre part elle met aussi l'imagination en liberté : par elle la poésie cesse d'être une *mimésis* (une représentation) pour devenir *poiésis* (une création). Autrement dit, elle permet l'hallucination, telle que Rimbaud la décrit dans *Une Saison en enfer* :

> *Je m'habituai à l'hallucination simple : je voyais très franchement une mosquée à la place d'une usine, une école de tambours faite par des anges, des calèches sur les routes du ciel, un salon au fond d'un lac ; les monstres, les mystères ; un titre de vaudeville dressait des épouvantes devant moi.*
> *Puis j'expliquai mes sophismes magiques avec l'hallucination des mots !*

Ces objets autonomes qui sont donnés à voir en dehors des contextes logiques habituels s'enchaînent pourtant, pour la seule raison qu'ils se succèdent dans un texte. Ils forment alors un tableau, inouï, ou bien un récit, non moins inouï. C'est le cas du texte intitulé *Après le déluge*, au début des *Illuminations*, qui se présente bien apparemment comme un récit : une série de phrases écrites au passé simple. Mais le caractère tout à fait hétéroclite des sujets (un lièvre, les étals, les barques, le sang, les enfants, la porte, Madame***, les caravanes etc.), et des lieux (la campagne, la ville, les Alpes, une maison, une cathédrale, le pôle nord etc.) rend impossible toute liaison vraisemblable entre les événements. C'est bien un récit, mais un récit impossible, qui ne se laisse organiser ni par le temps ni par l'espace, mais par la seule et arbitraire succession dans le texte.

> *Un lièvre s'arrêta dans les sainfoins [...]*
> *Dans la grande rue sale les étals se dressèrent, et l'on tira les barques vers la mer [...]*
> *Le sang coula chez Barbe-Bleue [...]*
> *Dans la grande maison [...] les enfants en deuil regardèrent [...]*
> *Une porte claqua [...]*
> *Madame*** établit un piano dans les Alpes. La messe et les premières communions se célébrèrent aux cent mille autels de la cathédrale.*
> *Les caravanes partirent. Et le Splendide-Hôtel fut bâti dans le chaos de glaces et la nuit du pôle...*

Les paysages cessent d'être des paysages immobiles pour devenir, selon l'expression même de Rimbaud, des «défilés de féeries». Ainsi *Ornières*:

> *Défilé de féeries. En effet: des chars chargés d'animaux de bois doré, de mâts et de toiles bariolées, au grand galop de vingt chevaux de cirque tachetés, et les enfants et les hommes sur leurs bêtes les plus étonnantes; – vingt véhicules, bossés, pavoisés et fleuris comme des carrosses anciens ou de contes, pleins d'enfants attifés pour une pastorale suburbaine. – Même des cercueils sous leur dais de nuit dressant les panaches d'ébènes, filant au trot des grandes juments bleues et noires.*

Peut-être Rimbaud a-t-il vu un manège de chevaux de bois, un cirque, avec parade et cavalcade. Delahaye parle d'un cirque américain qui se serait un jour produit à Charleville, la ville de Rimbaud. D'autre part la fin du texte semble se référer à un cortège funèbre. Mais il est sûr que l'intention de Rimbaud n'est pas de rendre compte clairement ni d'un manège, ni d'un cirque, ni d'un enterrement, et de faire en sorte que le lecteur les reconnaisse clairement, mais bien plutôt de produire dans l'imagination un défilé étrange d'objets inouïs, dans un ordre nouveau, parfaitement inattendu.

Les objets eux-mêmes peuvent se métamorphoser au cours de la phrase, de manière à rendre finalement impossible toute identification univoque. On trouve cette volonté d'indécision dans *Aube*:

> *Je ris au wasserfall blond qui s'échevela à travers les sapins: à la cime argentée je reconnus la déesse.*

Il s'agit bien d'une chute d'eau (qui est le sens du mot allemand *Wasserfall*) dans un paysage de montagne (*à travers les sapins*) ; il s'agit en même temps d'une femme, et d'une déesse (*blond* et le verbe *s'écheveler* évoquent une chevelure).

Le texte intitulé *Fleurs* met en œuvre très peu de noms de fleurs ou de mots se rapportant habituellement aux fleurs (la *digitale*, des *bouquets*, les *roses*). Les autres mots sont ceux qu'on utilise pour parler d'architecture (un *gradin*, des *piliers*, un *dôme*, des *terrasses de marbre*) ou d'ameublement et de décoration intérieure (tissus d'ameublement, ornements de bronze, tapis), ou encore de visages humains (*yeux* et *chevelures*), de telle sorte que l'imagination du lecteur hésite constamment entre ces domaines différents :

> **D'***un gradin d'or, – parmi les cordons de soie, les gazes grises, les velours verts et les disques de cristal qui noircissent comme du bronze au soleil, – je vois la digitale s'ouvrir sur un tapis de filigranes d'argent, d'yeux et de chevelures.*
> *Des pièces d'or jaune scellées sur l'agate, des piliers d'acajou supportant un dôme d'émeraudes, des bouquets de satin blanc et de fines verges de rubis entourent la rose d'eau.*
> *Tels qu'un dieu aux énormes yeux bleus et aux formes de neige, la mer et le ciel attirent aux terrasses de marbre la foule des jeunes et fortes roses.*

Le symbolisme

Essayez donc de mettre des *choses* dans un poème, de disposer sur la page un palais, des arbres, des pierres... Impossible, évidemment ! Rappeler cette évidence, comme le fait Stéphane Mallarmé (1842-1898), c'est insister sur la différence qui existe entre la chose et le mot. Quand le journaliste Jules Huret lui demande en 1891 ce qu'il pense du naturalisme et de la prétention de la littérature à représenter la nature, il répond :

> **L'***enfantillage de la littérature jusqu'ici a été de croire, par exemple, que de choisir un certain nombre de pierres précieuses et en mettre les noms sur le papier, même très bien, c'était* faire *des pierres précieuses.*

C'est pourquoi Mallarmé ne peut pas se contenter de «présenter les objets directement», comme le faisaient les poètes parnassiens :

> **J***e pense qu'il faut au contraire, qu'il n'y ait qu'allusion. La contemplation des objets, l'image s'envolant des rêveries suscitées par eux, sont le chant : les Parnassiens, eux, prennent la chose entièrement et la montrent : par là ils manquent de mystère ; ils retirent aux esprits cette joie délicieuse de*

> *croire qu'ils créent.* Nommer *un objet, c'est supprimer les trois quarts de la jouissance du poème qui est faite de deviner peu à peu : le* suggérer, *voilà le rêve. C'est le parfait usage de ce mystère qui constitue le symbole : évoquer petit à petit un objet et en dégager un état d'âme, par une série de déchiffrements.*

Il est donc vain d'évoquer, par exemple, des pierres précieuses, si elles «ne manifestent pas un état d'âme», si elles ne sont pas traitées comme un *symbole* (dans le sens que Baudelaire donnait à ce mot dans *Correspondances*). Ce n'est pas «le bois intrinsèque et dense des arbres» qui sera inclu dans le poème, mais par exemple «l'horreur de la forêt, ou le tonnerre muet épars au feuillage», dit Mallarmé dans *Crise de vers*. D'où le terme de *symbolisme* qui a été donné à la nouvelle école poétique. Il semble toutefois que Mallarmé lui préfère le terme d'*idéalisme*. Le poème n'est pas fait de choses mais d'idées, et l'*idée*, c'est l'ensemble de toutes les émotions, de toutes les rêveries que suscite un objet chez celui qui le contemple. La simple *description* ne saurait y suffire. Quant à *nommer* les choses, cela est utile dans la vie quotidienne et pratique, comme est utile la monnaie pour les transactions commerciales, à condition que la monnaie, ou le mot, aient la même valeur pour tous. Mais l'*idée* qui intéresse la poésie est toujours unique et subjective, elle offre très peu de ressemblance avec la chose elle-même et avec l'idée conventionnelle admise par tous. C'est pourquoi l'on peut dire par exemple que l'idée de fleur n'existe dans aucun bouquet réel :

> *Je dis : une fleur ! et [...] musicalement se lève, idée même et suave, l'absente de tous bouquets.*

Dans le poème en prose intitulé *Frisson d'hiver*, Mallarmé n'a pas le projet de décrire ni de représenter les objets qui meublent la chambre : pendule, glace de Venise, vieux bahut, fauteuils, rideaux et tapisseries, – mais «la grâce des choses fanées». La vue de chaque objet est indissociable de tous les sentiments qu'elle fait naître, de toutes les questions qu'elle pose à celui qui la regarde :

> *Cette pendule de Saxe, qui retarde et sonne treize heures parmi ses fleurs et ses dieux, à qui a-t-elle été ? Pense qu'elle est venue de Saxe par les longues diligences d'autrefois.*

La pendule elle-même ne se distingue pas des motifs qui la décorent (fleurs et images de dieux), ni même des sonorités du mot *Saxe* qui entraîne la rêverie vers une idée de voyage dans l'espace et dans le temps (les diligences d'autrefois). Au lieu que les objets soient séparés, distingués les uns des autres, rangés dans des catégories, comme s'efforçaient de le faire le positivisme et le scientisme du XIXe siècle, tous les aspects, toutes les émotions, toutes les rêveries suscitées par eux, sont mêlés, se répondent, se réfléchissent les uns les autres pour former ce que Baudelaire appelait une «ténébreuse et profonde unité», et mettre en œuvre une sorte de symphonie verbale et musicale qui constitue le poème. On comprend alors que lire le poème n'est pas chercher à identifier clairement les objets qui ont été vus par le poète, mais être sensible aux échos que se renvoient les mots pour constituer cette symphonie. Dans un texte écrit en 1864, intitulé justement *Symphonie littéraire*, et consacré aux poésies de Théophile Gautier, Charles Baudelaire et Théodore de Banville, Mallarmé donne une idée de ce qu'est pour lui la lecture des poésies :

> *Bientôt une insensible transfiguration s'opère en moi, et la sensation de légèreté se fond peu à peu en une de perfection. Tout mon être spirituel, – le trésor profond des correspondances, l'accord intime des couleurs, le souvenir du rythme antérieur, et la science mystérieuse du Verbe, – est requis, et tout entier s'émeut, sous l'action de la rare poésie que j'invoque, avec un ensemble d'une si merveilleuse justesse que de ses jeux combinés résulte la seule lucidité.*

L'IMAGE EN LIBERTÉ

L'image poétique est alors tout autre chose que le reflet ou la représentation d'une réalité objective, elle devient facteur de liberté. André Breton (1896-1966), dans son *Manifeste du Surréalisme* de 1924, revendique le droit pour les images de s'enchaîner avec la même liberté qu'elles le font dans les rêves, sans que cette liberté soit entravée par aucun souci de logique : «Ce n'est pas la crainte de la folie qui nous forcera à laisser en berne le drapeau de l'imagination.» Car les fous «puisent un grand réconfort dans leur imagination», «ils goûtent assez leur délire pour supporter qu'il ne soit valable que pour eux. Et, de fait, les hallucinations, les illusions, etc., ne sont pas une source de jouissance négligeable.» André Breton demande aux images non la reproduction du monde objectif, mais l'instauration du *merveilleux* : «le merveilleux est toujours beau, n'importe quel merveilleux est beau, il n'y a même que le merveilleux qui soit beau.» Aussi adopte-t-il la définition que Pierre Reverdy (1889-1960) avait donnée dans *Nord-Sud*, en mars 1918 :

> *L'image est une création pure de l'esprit.*
> *Elle ne peut naître d'une comparaison mais du rapprochement de deux réalités plus ou moins éloignées.*

> *Plus les rapports des deux réalités rapprochées seront lointains et justes, plus l'image sera forte – plus elle aura de puissance émotive et de réalité poétique.*

La juxtaposition arbitraire et brutale des images est d'abord obtenue par un lent travail. Mais c'est l'*écriture automatique* qui paraît bientôt aux poètes surréalistes la méthode la plus efficace. Les images ainsi obtenues sont comme les images de l'opium dont parlait Baudelaire. Elles sont involontaires, spontanées, non préméditées :

> ***C****'est du rapprochement en quelque sorte fortuit des deux termes qu'a jailli une lumière particulière,* lumière de l'image, *à laquelle nous nous montrons infiniment sensibles. La valeur de l'image dépend de la beauté de l'étincelle obtenue. […]*
> *Pour moi, la plus forte est celle qui représente le degré d'arbitraire le plus élevé, je ne le cache pas ; celle qu'on met le plus longtemps à traduire en langage pratique, soit qu'elle recèle une dose énorme de contradiction apparente, soit que l'un de ses termes en soit curieusement dérobé, soit que s'annonçant sensationnelle, elle ait l'air de se dénouer faiblement […], soit qu'elle tire d'elle-même une justification* formelle *dérisoire, soit qu'elle soit d'ordre hallucinatoire, soit qu'elle prête très naturellement à l'abstrait le masque du concret, ou inversement, soit qu'elle implique la négation de quelque propriété physique élémentaire, soit qu'elle déchaîne le rire.*

Du reste l'écriture automatique n'est qu'une méthode parmi d'autres : « Tout est bon pour obtenir de certaines associations la soudaineté désirable. » Tout est bon, même le hasard, pour laisser aux images et aux enchaînements inouïs la *chance* d'apparaître :

> ***I****l est même permis d'intituler POÈME ce qu'on obtient par l'assemblage aussi gratuit que possible (observons, si vous voulez, la syntaxe) de titres et de fragments de titres découpés dans les journaux :*
>
> *Un éclat de rire*
> *de saphir dans l'île de Ceylan*
>
> *Les plus belles pailles*
> *ont le teint fané*
> *sous les verrous*
>
> *Une voie carrossable*
> *vous conduit au bord de l'inconnu*
> *Madame,*
> *une paire*
> *de bas de soie*
> *n'est pas*

C'est la technique du collage, déjà employée par les peintres.

5

LA PROSODIE

Qu'est-ce que la prosodie ?

Prosodie (προσῳδία) signifie en grec *chant* (*od-*) *en accord avec* (*pros-*) ; proprement le mot désigne un chant qui accompagne la lyre ; et, par extension, les conditions qui doivent être remplies par le poète pour que ses paroles puissent s'accorder avec la musique. L'adjectif *prosodos* (προσῳδός) signigie *qui s'accorde avec, harmonieux*. Le mot *prosodie* est encore employé aujourd'hui par les musiciens : il désigne l'ensemble des règles que le compositeur doit observer pour mettre en musique des paroles, en tenant compte de leur prononciation et de leur accent.

Nous emploierons, nous, le mot *prosodie* pour désigner tout ce dont on doit tenir compte dans la prononciation pour que les mots puissent entrer dans la mesure du vers, dans sa musique, dans son rythme.

Émettre une parole ne se réduit pas à enchaîner des mots selon certaines règles grammaticales. Toute parole suppose l'énergie d'une voix qui la porte. Cette énergie varie au cours de la phrase, voire au cours du mot : les syllabes qui se suivent n'ont ni la même intensité (elles peuvent être prononcées plus ou moins fort), ni la même intonation (elles peuvent être prononcées sur une note plus ou moins grave, plus ou moins aiguë), ni la même durée. Bref, aucune parole n'est prononcée de façon *monotone*.

La question à laquelle nous essaierons de répondre dans ce chapitre consacré à la prosodie est finalement très simple : comment doit-on prononcer les poésies ? Existe-t-il une prononciation qui leur est propre, et qui serait différente de la prononciation habituelle ? Question que le lecteur ne saurait éluder : même lorsque la lecture en est silencieuse, les poésies sont toujours en quelque sorte l'image d'un processus sonore.

La syllabe

Le compte des syllabes

Ce qui définit un vers, dans la versification française classique, est le nombre des syllabes qui le composent. Il faut donc s'entendre d'abord sur la notion de syllabe, ce qui au premier abord ne semble pas difficile : une syllabe est la plus petite unité prononçable ; elle est constituée d'une seule voyelle, qui peut être précédée ou suivie d'une ou plusieurs consonnes. Ainsi ce vers de Théophile Gautier comporte sans aucun doute possible huit syllabes :

Voici le tableau dans son jour

(Voi / ci / le / ta / bleau / dans / son / jour)
1 2 3 4 5 6 7 8

Il est évident en effet qu'un groupe de plusieurs voyelles peut être une manière de noter par écrit une voyelle unique : ainsi le groupe *eau* note la prononciation de la voyelle *o,* et *bleau* constitue une seule syllabe.

En revanche le décompte des syllabes dans le vers suivant pose plusieurs problèmes :

Le diamant dans sa lumière

Le mot *diamant* a-t-il deux ou trois syllabes ? Doit-t-on le prononcer *dia-mant* ou bien *di-a-mant ?* Le mot *lumière* a-t-il deux *(lu-mière)*, trois *(lu-mi- ère)* ou quatre syllabes *(lu-mi-è-re)* ? Le vers a-t-il 7, 8, 9 ou 10 syllabes ? Comment savoir qu'en réalité il en comporte 8 ? Le décompte des syllabes s'opère en effet de la manière suivante :

Le / di / a / mant / dans / sa / lu / mière(e).
1 2 3 4 5 6 7 8

Les difficultés qui peuvent apparaître dans le décompte des syllabes concernent souvent l'*e* dit muet, l'élision (quand elle n'est pas signalée par la présence d'une apostrophe), la valeur de la lettre *h* (aspiré ou non aspiré), la *diérèse* et la *synérèse.*

Diérèse et synérèse dans la prononciation d'aujourd'hui

Une des grandes difficultés de la prosodie française est la prononciation des voyelles qui se suivent immédiatement dans un même mot. Certes on n'hésite guère pour prononcer des mots comme *goémon* (*go-é-mon,* trois syllabes), ou *pays* (*pè-i,* deux syllabes), ou *réel* (*ré-el,* deux syllabes). La prononciation est loin d'être aussi certaine quand une voyelle est précédée de *i,* de *u,* ou de *ou* : dans des mots comme *lier, persuader, nouer,* faut-il faire la *diérèse,* c'est-à-dire prononcer séparément les deux voyelles (*li-er, per-su-a-der, nou-er*), ou bien faire la *synérèse* (ou *synizèse*), c'est-à-dire les prononcer en une seule syllabe ? La question est délicate et les règles données aujourd'hui par les grammairiens sont souvent discutables.

On pourra retenir que les deux voyelles forment toujours deux syllabes quand elles sont précédées du groupe consonne + *r* ou *l* : *encrier* (*en-cri-yer*), *oublier* (*ou-bli-yer*), *trouer* (*trou-er*), *cruel* (*cru-el*). Dans les autres cas, on peut dire que la tendance la plus générale est de prononcer les deux voyelles en une seule syllabe. Les voyelles *i*, *u*, et *ou* deviennent alors des manières de consonnes (ou *semi-consonnes* ou encore *semi-voyelles*), l'*i* de *lier* se prononçant comme l'*y* de *yole* ou de *paye*, l'*ou* de *mouette* comme le *w* anglais de *week-end*. Mais il est peu exact d'affirmer qu'il en est toujours ainsi. En réalité la langue ici admet des variations, selon les régions, selon les individus qui parlent, et même selon les circonstances où la parole est prononcée ; elle hésite souvent entre diérèse et synérèse, entre *lier* et *li-er*, *per-sua-der* et *per-su-a-der*, *mouette* et *mou-ette*.

Diérèse et synérèse dans le « bon usage » classique

Quand on ouvre le *Dictionnaire de la Langue française* de Littré (1874), les choses paraissent claires, puisque, pour chaque mot, la prononciation et le découpage en syllabes sont indiqués entre parenthèses. Nous apprenons ainsi que *singulier* se prononce *sin-gu-lié*, en trois syllabes, mais que *persuasion* se prononce *pèr-su-a-zi-on*, en cinq syllabes. On permet parfois la synérèse lorsque la diérèse entraînerait de trop grosses difficultés d'élocution, comme dans le mot *négociation* que l'on conseille de prononcer *né-go-si-a-sion*. Mais ce n'est là qu'une tolérance : dans un vers, précise Littré, le mot ne saurait avoir moins de six syllabes : *né-go-si-a-si-on*. Cela ne veut pas dire que la prononciation du XIXe siècle fût si différente de la nôtre. Simplement Littré propose celle qu'il considère comme correcte (relevant du « bon usage »), et par rapport à laquelle les autres prononciations apparaîtront soit comme populaires, soit comme familières ou relâchées. Or la plupart des poésies qui suivent les règles classiques de la versification supposent la prononciation *correcte* indiquée par Littré. Cette prononciation *correcte* est évidemment une prononciation archaïsante. Elle contribue à écarter la langue littéraire de la langue parlée.

Il est difficile de faire entrer tous les cas de prononciation dans le cadre d'une règle simple, et cela pour deux raisons principales. La première est que beaucoup d'exceptions s'opposeront toujours à la règle. La deuxième, qui est sans doute la plus importante, est que la prononciation du français s'est évidemment modifiée depuis le Moyen Age jusqu'à nos jours. On peut toutefois saisir le principe sur lequel repose le «bon usage», en comparant chaque mot français avec le mot latin dont il est issu : une voyelle latine donne naissance en français à une seule syllabe ; deux voyelles latines donnent naissance en français à deux syllabes :

ped(em) ——————► *pied* (*ie* = 1 syllabe)
rem ——————► *rien* (*ien* = 1 syllabe)
nation(em) ——————► *na-ti-on* (*i-on* = 2 syllabes)
fastidiosus ——————► *fas-ti-di-eux* (*i-eu* = 2 syllabes)

Toutefois les exceptions et les variations ne manquent pas. Ainsi *dieu* est depuis longtemps monosyllabique, alors que le mot latin correspondant, *deus*, avait lui deux syllabes ; l'adverbe *hier* se prononce aujourd'hui en deux syllabes et c'est déjà la prononciation conseillée par Littré. Or les voyelles *ie* du mot français correspondent à l'unique voyelle *e* bref du mot latin *heri*. C'est pourquoi *hier*, anciennement, n'a qu'une syllabe. Ainsi dans ce vers de Molière qui en comporte douze :

Hier J'étais chez des gens de vertu singulière
1 2 3 4 5 6 7 8 9 10 11 12

Encore maintenant, *hier* est monosyllabique dans le mot *avant-hier*.

COMMENT LIRE AUJOURD'HUI LES VERS ?

Lire les poésies anciennes oblige donc souvent le lecteur moderne à adopter une prononciation différente de celle qui est *naturellement* la sienne, et cette obligation risque de déplaire à ceux qui s'imaginent que le langage de la poésie est un langage *naturel*. (Comme si seul était beau ce qui est *naturel*, et comme s'il était *naturel* de s'exprimer en vers...)

Ce qui est sûr, c'est que la musique d'un poème ne saurait être dissociée du poème lui-même, et que la diérèse, ou la synérèse, font partie de cette musique. Il serait dommage de ne pas entendre cette musique. Ronsard (1524-1585), évoquant un chevreuil qui gambade sans crainte et librement «hors de son bois», écrit :

***De** rets ne d'arc sa liberté n'a crainte,*
Sinon alors que sa vie est atteinte
D'un trait meurtrier *empourpré de son sang.*

Les vers sont de dix syllabes. Il est donc obligatoire de prononcer *meurtrier* en faisant la synérèse. Le mot *meurtrier* a donc deux syllabes. Or le lecteur, s'il éprouve aujourd'hui quelque difficulté à prononcer quatre consonnes de suite (*r*, *t*, *r*, *y*), peut profiter de cette difficulté même pour mieux comprendre le texte, car elle rend plus sensible à la fois la cruauté et la soudaineté de la mort.

Une diérèse aussi peut ajouter à la beauté du vers. Un mot comme *violon*, dans la prononciation courante d'aujourd'hui, tend à être prononcé en deux syllabes. Mais Verlaine (1844-1896) en juge autrement dans ces vers bien connus :

Les sanglots longs (4 syllabes)
des violons (4 s.)
de l'automne (3 s.)

Blessent mon cœur (4 s.)
d'une langueur (4 s.)
Monotone. (3 s.)

La diérèse n'est pas seulement ici obéissance au «bon usage» (Verlaine sait très bien y désobéir quand il le juge nécessaire), mais a pour fonction d'allonger le plus possible la sonorité du mot et la mélodie qu'elle évoque.

La prononciation actuelle de l'adjectif *violent* hésite et varie entre *vi-o-lent*, en trois syllabes, et *vyo-lent*, en deux syllabes, et l'on peut se demander comment lire ce vers du *Pont Mirabeau* d'Apollinaire (1880-1918) :

Et comme l'espérance est violente

La réponse n'est pas douteuse, puisque toutes les strophes du poème sont construites sur le modèle métrique de sa première strophe :

Sous le pont Mirabeau coule la Seine (10 syllabes)
Et nos amours (4 syllabes)
Faut-il qu'il m'en souvienne (6 syllabes)
La joie venait toujours après la peine (10 syllabes)
[…]
L'amour s'en va comme cette eau courante (10)
L'amour s'en va (4)
Comme la vie est lente (6)
Et comme l'Espérance est violente (10)

Il faut donc prononcer *vi-o-lente* en faisant la diérèse, et cette diérèse est une des beautés du poème ; elle ôte curieusement au mot ce qu'il aurait pu avoir de brutal, en lui donnant une longueur (il comporte autant de syllabes que le mot *Espérance* qui le précède) et une lenteur qui conviennent parfaitement au thème et au ton de l'ensemble du poème : le fleuve coule lentement, mais continûment, rien ne saurait arrêter son cours.

L' E MUET

L' E MUET DANS LA LANGUE PARLÉE D'AUJOURD'HUI

Il existe en français une voyelle dont le statut est tout à fait particulier : c'est l'*e* que l'on appelle communément *e muet*, – mais aussi *e caduc*, ou *e sourd*, ou *e instable*, ou encore *e féminin* (non à cause de son caractère instable, comme ont prétendu quelques mauvaises langues, mais parce qu'il est très souvent la marque du féminin). On le reconnaît à ceci qu'on peut, dans certains cas, ne pas le prononcer : *cheval*, si l'on parle vite, peut se réduire à *ch'val* ; *je prends le train* devient, quand on est pressé : *j'prends l' train*. Il ne se prononce normalement pas à la fin du mot : on écrit *la ville*, mais on prononce *la vil'* ; l'adjectif *bleu* ne change pas de prononciation quand il devient *bleue* au féminin.

Les variations peuvent dépendre des autres sons qui l'accompagnent : *bracelet* se réduit généralement à *brac'let*, mais *bretelle* ne pourrait se prononcer *br'telle* ; elles sont dues également à des différences régionales : l'*e* muet est beaucoup moins muet au sud de la France qu'au nord ; enfin elles sont dues à des différences de niveau de langage : plus le langage est relâché, plus l'*e* a tendance à devenir effectivement muet. Ajoutons que le statut de l'*e* muet a varié avec l'histoire de la langue : jusqu'au début du XXe siècle, dans le langage surveillé, l'*e* s'entend encore à la fin d'un mot, même s'il est prononcé beaucoup moins fort et moins nettement que les autres voyelles.

On comprend l'importance de la question de l'*e* muet dans une versification qui, comme celle du français, repose sur le nombre des syllabes. Les problèmes que pose cette voyelle ne sont du reste pas sans rappeler ceux que posent la diérèse et la synérèse.

L'E MUET DANS LES POÉSIES DU MOYEN AGE ET DU XVIe SIÈCLE

Jusqu'au XVIe siècle, l'*e* muet obéit aux règles suivantes :

1. Sauf quand il est élidé, l'*e* muet se prononce toujours, mais avec une intensité moins grande que les autres voyelles. Voici un extrait d'un poème de Charles d'Orléans (1394-1465), écrit en vers de 8 syllabes :

Car toute la nuit mon cueur lit 1 2 3 4 5 6 7 8	[Toute la nuit mon cœur lit
Ou rommant de Plaisant Penser, 1 2 3 4 5 6 7 8	dans le roman de plaisante pensée
Et me prie de l'escouter ; 1 2 3 4 5 6 7 8	et il me prie de l'écouter
Si ne l'ose desobeir 1 2 3 4 5 6 7 8	et je n'ose pas lui désobéir
Pour doubte de le courroucer : 1 2 3 4 5 6 7 8	de peur de le courroucer :
Ainsi je laisse le dormir. 1 2 3 4 5 6 7 8	c'est pourquoi je perds le sommeil.]

Cet exemple appelle deux remarques :

– Les accents (aigus, graves, circonflexes) n'ayant été inventés qu'au XVIe siècle, l'orthographe ne permet pas encore de distinguer l'*e* muet des voyelles *é*, *è* et *ê*. Ainsi *désobéir* est encore écrit *desobeir* bien qu'il ne comporte aucun *e* muet.

– Contrairement à ce qui se passe en français moderne, l'*e* muet se prononce et compte pour une syllabe même s'il est précédé d'une voyelle, comme c'est le cas dans *prie de l'escouter*. Il en est encore ainsi au XVIe siècle. Cette prononciation, qui peut paraître étrange au lecteur moderne, n'est pas sans beauté, comme on pourra s'en rendre compte dans les exemples suivants.

Du Bellay (1522-1560), dans un poème des *Antiquités*, évoque une déesse qui est :

Couronnée de tours…
1 2 3 4 5 6

Le mot *couronnée* ne s'arrête pas à la dernière voyelle accentuée *é*, comme il le ferait dans la prononciation moderne, mais sa sonorité se prolonge grâce à l'*e* muet et contribue ainsi à donner à cette couronne de tours une ampleur et une importance considérables.

Une ode de Ronsard (1524-1585) commence ainsi :

Quand je suis vingt ou trente mois
Sans retourner en Vendômois,
Plein de pensées vagabondes...

Le troisième vers, comme les précédents, est de 8 syllabes. L'*e* muet de *pensées*, là encore, prolonge la sonorité du mot, si bien que les pensées de Ronsard n'apparaissent pas ici comme des pensées nettes, précises, bien arrêtées, mais plutôt comme une rêverie à laquelle il se laisserait mollement aller, comme du reste le suggère l'adjectif *vagabondes*, qui signifie quelque chose comme *instable*, ou, pour reprendre la définition du dictionnaire de Robert : «qui change sans cesse, n'est pas fixé, tenu par une règle...»

2. L'*e* muet s'élide devant un mot qui commence par une voyelle ou un *h* non aspiré. Cette règle, qui est encore en vigueur aujourd'hui (*l'animal*, *l'homme*), n'offre guère de difficulté quand la voyelle élidée est remplacée par une apostrophe, comme c'est le cas par exemple pour l'article, pour la préposition *de*, pour la conjonction *que*, etc. Ainsi dans ces deux vers de Colin Muset (XIIIe siècle) :

Sorpris sui d'une amorette [je suis surpris d'une amourette
D'une jone pucelette... d'une jeune pucelette]

Mais l'élision n'est pas toujours signalée dans l'écriture. Ainsi ce vers d'Eustache Deschamps (1346-1406) n'a que 8 syllabes (nous mettons entre parenthèses les voyelles élidées) :

Pour c(e) à ceulx qui fill(e) ont diray [aussi dirai-je à ceux qui
1 2 3 4 5 6 7 8 ont une fille]

Toutefois, dans la poésie ancienne, l'élision ne se fait généralement pas devant un mot d'une seule syllabe. Ainsi ce vers de Chrétien de Troyes (1135-1183) est un vers de huit syllabes :

Tant que il vit en trespassant
1 2 3 4 5 6 7 8
[tant qu'il aperçut en passant]

3. En fin de vers, ou devant la coupe, l'e muet est prononcé mais n'est pas compté dans la mesure du vers. Voici quelques vers de la *Chanson de Roland* (début du XIIe siècle) qui se terminent par un *e* muet :

Rollant ad mis l'olifan a sa buche,
1 2 3 4 5 6 7 8 9 10 (0)

[Roland a mis l'olifant à sa bouche,]

Empeint le ben, par grant vertut le sunet.
1 2 3 4 5 6 7 8 9 10 (0)

[l'embouche bien, avec grande force en sonne.]

Halt sunt les pui e la voiz est mult lunge.
1 2 3 4 5 6 7 8 9 10 (0)

[Hauts sont les monts et la voix est très longue.]

Dans un vers de dix syllabes il y a obligatoirement une coupe, c'est-à-dire une très légère pause, après la quatrième syllabe. Le vers est donc divisé en deux sections, l'une de quatre syllabes, l'autre de six. Au Moyen Age, l'*e* muet se comporte à la fin de la première section comme à la fin du vers : il est prononcé (moins fort que les autres voyelles), mais n'est pas compté dans la mesure du vers. Voici quelques exemples tirés encore de la *Chanson de Roland* :

Li empereres / se fait e balz e liez
1 2 3 4 (0) 5 6 7 8 9 10

[l'empereur devient joyeux et de bon humeur]

E li message / descendirent a pied,
1 2 3 4 (0) 5 6 7 8 9 10

[Et les messagers mirent pied à terre]

Sil saluerent / par amur e par bien
1 2 3 4 (0) 5 6 7 8 9 10

[Et le saluèrent affectueusement et bien.]

Cette règle, constante dans la chanson de geste, ne semble plus l'être ensuite (à moins qu'il faille considérer que la coupe puisse être placée après la sixième syllabe au lieu d'être placée après la quatrième). Dans ce vers de dix syllabes de Conon de Béthune, l'*e* muet de *soient* compte pour une syllabe :

Honi soient tot cil qui remanront
1 2 3 4 5 6 7 8 9 10

[Honnis soient tous ceux qui resteront]

L' E MUET DANS LA PROSODIE CLASSIQUE

Les règles concernant l'*e* muet – telles qu'elles sont fixées au XVIIe siècle et encore suivies par un poète comme Paul Valéry (1871-1945) – peuvent se résumer de la manière suivante :

1. A la fin du vers, l'*e* muet ne compte pas :

***O**ui, c'est Agamemnon, c'est ton roi qui t'éveille.*
1 2 3 4 5 6 7 8 9 10 11 12 (0)

(Racine, *Iphigénie*)

On appelle vers *féminin* un vers qui se termine par un *e* muet, et vers *masculin*, un vers qui ne se termine pas par un *e* muet.

2. A l'intérieur du vers, l'*e* muet compte pour une syllabe, sauf quand il est élidé en fin de mot devant un mot commençant par une voyelle ou un *h* non aspiré :

***C**'est vous-même, Seigneur ! Quel important besoin*
1 2 3 4 5 6 7 8 9 10 11 12

Vous a fait devancer l'aurore de si loin ?
1 2 3 4 5 6 7 8 9 10 11 12

À pein(e) un faible jour vous éclair(e) et me guide.
1 2 3 4 5 6 7 8 9 10 11 12 (0)

(Racine, *Iphigénie*)

On voit que ces règles n'ont guère varié depuis la *Chanson de Roland*, sauf en ce qui concerne l'*e* muet devant la coupe : il ne peut figurer en cette position que s'il s'élide devant un mot commençant par une voyelle :

***M**ais tout dort, et l'armé(e) et les vents, et Neptune.*
1 2 3 4 5 6 (0) / 7 8 9 10 11 12 (0)

(Racine, *Iphigénie*)

La versification classique admet du reste quelques *licences* pour certains mots grammaticaux d'usage courant :

encore peut s'écrire (et se prononcer) *encor*, sans *e* final ;
avec peut être remplacé par *avecque* ;
jusque peut s'écrire avec un s : *jusques*.

3. A l'intérieur du mot, l'*e* ne compte pas quand il est immédiatement précédé d'une voyelle : *crie-ra* (deux syllabes), *sa-cri-fie-ra* (quatre syllabes), *dé-voue-ment* (trois syllabes).

De sérieuses difficultés peuvent apparaître lorsqu'un mot se termine par voyelle + *e* muet (*joue*, *joues*, *jouent*, etc.), s'il ne se trouve pas en fin du vers. Une voyelle suivie immédiatement d'un *e* muet ne peut régulièrement prendre place à l'intérieur d'un vers que si l'*e* muet est élidé, et l'*e* muet ne peut être élidé que devant une voyelle. Or c'est évidemment impossible si l'*e* est suivi, par exemple, des désinences -*s* ou -*nt*, pourtant si fréquentes en français. «Les mots qui ont», écrit le grammairien Pierre Restaut en 1732, «une voyelle avant l'*e* muet final, tels que sont *vie*, *envie*, *partie*, *vue*, *proie*, *joie*, *sacrée*, etc. ne peuvent entrer avec grâce dans le corps du vers, à moins qu'ils ne soient suivis d'un mot qui commence par une voyelle avec laquelle l'*e* muet se mange» (c'est-à-dire devant laquelle l'*e* peut s'élider). Le pluriel de *joue* ou la troisième personne du pluriel du présent du verbe *jouer* sont purement et simplement exclus de la versification. Un vers comme celui-ci : «Plein de pensées vagabondes» (huit syllabes), était encore possible à l'époque de Ronsard, mais ne l'est plus à partir de Malherbe (1555-1628). Et c'est peut-être la raison pour laquelle le mot *pensées* est si souvent remplacé, dans les poésies, par l'infinitif substantivé *pensers*...

Pourtant même les puristes ont admis dans leurs vers les troisièmes personnes en -*aient* et en -*raient* (orthographiées -*oient* et -*roient* jusqu'au XVIIIe siècle) de l'imparfait et du conditionnel, ainsi que les subjonctifs *soient* et *aient* :

Malherbe, *Prière pour le Roi allant en Limousin* :

***A** ceux qui l'oppressai(ent), il ôtera l'audace*
1 2 3 4 5 6 7 8 9 10 11 12 (0)

Malherbe, *Sonnet au feu Roi* :

***P**uisqu'ils avai(ent) l'honneur d'être sortis de vous*
1 2 3 4 5 6 7 8 9 10 11 12

Boileau, *Art Poétique*, 1, vers 41-42 :

***I**ls croierai(ent) s'abaisser, dans leurs vers monstrueux,*
1 2 3 4 5 6 7 8 9 10 11 12

S'ils pensai(ent) ce qu'un autre a pu penser comme eux.
1 1 1 1 1 1 1 1 1 10 1 1

Boileau, *Art Poétique*, 1, vers 187 :

***Q**u'ils soi(ent) de vos écrits les confidents sincères*
1 2 3 4 5 6 7 8 9 10 11 12 (0)

Cette tolérance s'est encore élargie au XIXe siècle, jusqu'à s'étendre parfois aux autres formes verbales se terminant par *-ent*, ou même par *-es* : A. de Musset (1810-1857) :

> ***E****n second lieu nos mœurs, qui se croi(ent) plus sévères*
> 1 2 3 4 5 6 7 8 9 10 11 12 (0)

J.-M. de Heredia (1842-1905) :

> ***I****ls fui(ent), ivres de meurtre et de rébellion*
> 1 2 3 4 5 6 7 8 9 10 11 12

Victor Hugo (1802-1885) :

> ***P****as un qu'avec des pleurs tu n'ai(es) bal bu ti é*
> 1 2 3 4 5 6 7 8 9 10 11 12

Enfin Paul Valéry (1871-1945), dont pourtant la versification est on ne peut plus classique :

> ***N****e voi(ent) plus que le sang qui dore les pau pières.*
> 1 2 3 4 5 6 7 8 9 10 11 12 (0)

Mais cela reste exceptionnel. Aussi longtemps qu'elles se plieront à la versification classique et qu'elles continueront à compter les syllabes du vers, les poésies continueront à se plier, en ce qui concerne l'*e* muet, aux règles classiques de la prosodie, et longtemps elles hésiteront à faire entrer dans le vers des mots se terminant pas voyelle + *es*, ou voyelle + *ent*.

L'E MUET TOUJOURS VIVANT

Avec l'apparition du *vers libre*, à partir de la fin du XIXe siècle, les règles traditionnelles de la versification cessent d'être obligatoires, et de nombreuses poésies s'en affranchissent. Il s'en faut pourtant de beaucoup que les rythmes traditionnels soient aussitôt oubliés : non seulement certains poètes restent fidèles à l'ancienne versification, mais beaucoup de poèmes écrits apparemment en vers libres hésitent continuellement entre le vers libre et le vers traditionnel. Que devient l'*e* muet dans ces conditions ?

Quand les syllabes du vers continuent à être comptées, très longtemps l'*e* muet est encore traité comme il l'était dans la poésie classique. Les vers suivants sont d'Yves Bonnefoy (né en 1923) ; ils ont été publiés en 1958. Malherbe n'y aurait rien trouvé à redire :

Pour toi j'élèverai le feu sans lieu ni heure,
Un vent cherchant le feu, les cimes du bois mort,
L'horizon d'une voix où les étoiles tombent
Et la lune mêlée au désordre des morts.

Simplement la règle a parfois perdu de son intransigeance. Et d'abord les mots se terminant par voyelle + *e* muet peuvent entrer dans le vers même devant consonne. Déjà Jules Laforgue (1860-1887), dans une série de vers de 12 syllabes, se permet d'écrire :

Chère perdu(e), comment votre esprit éclairé...
1 2 3 4 5 6 7 8 9 10 11 12

Apollinaire (1880-1918), lui non plus, ne tient plus compte de l'*e* muet dans cette position, même lorsque ses vers sont strictement mesurés :

La joi(e) venait toujours après la peine.
1 2 3 4 5 6 7 8 9 10 (0)

(*le Pont Mirabeau*)

Les statu(es) suant les scurriles les agnelles
1 2 3 4 5 6 7 8 9 10 11 12 (0)

(*le Larron*)

Les alcanci (es) pleines de cendre ou bien de fleurs
1 2 3 4 5 6 7 8 9 10 11 12

(*le Larron*)

Rien de plus traditionnel, bien souvent, que la prosodie et la versification de Paul Éluard (1895-1952). Ainsi le début de *Poésie ininterrompue* (1946), qui est constitué d'une longue liste d'adjectifs féminins, est écrit en vers de huit syllabes, strictement mesurés. Toutes les règles classiques concernant l'*e* muet y sont rigoureusement observées, sauf précisément pour les mots se terminant par voyelle + *e* muet :

Nue effacée ensommeillée
Choisie sublime solitaire
Profonde oblique matinale
Fraîche nacrée ébouriffée
Ravivée première régnante
Coquette vive passionnée
Orangée rose bleuissante
Jolie mignonne délurée
Naturelle couchée debout

La deuxième tolérance qui tend à se généraliser concerne l'*e* muet devant la coupe. Dans un autre endroit du même poème, Éluard fait une série de vers de dix syllabes parfaitement traditionnels. Ils comportent, comme le veut la versification classique, une coupe après la quatrième syllabe. La seule licence qu'il se permet consiste à ne pas tenir compte de l'*e* muet devant la coupe, ce qui aurait été impossible dans la versification classique, mais était courant dans la poésie du Moyen Age :

Le poids des murs / ferme toutes les portes
Le poids des arbr(es) / épaissit la forêt
Va sur la plui(e) / vers le ciel vertical

Ces exceptions ne font en somme que confirmer la règle : l'*e* muet continue à être compté.

L'E MUET EN LIBERTÉ

Il faut attendre la généralisation du vers libre (dont les syllabes cessent d'être comptées rigoureusement) pour que la prosodie se libère des règles anciennes qui concernent l'*e* muet. La prosodie alors cesse de s'éloigner de la prononciation courante, et l'*e* muet y est soumis aux mêmes variations, quasiment imprévisibles.

Pourtant même si le vers se libère des contraintes de la versification classique, les rythmes traditionnels (en particulier les rythmes de 6, 8, 10 et 12 syllabes) sont à ce point inscrits dans notre culture et dans nos habitudes de lecture, qu'ils peuvent très bien se maintenir, et le vers n'être qu'apparemment libre. Ainsi les vers suivants de Raymond Queneau (1903-1976) sont indiscutablement des vers de dix syllabes, avec coupe après la cinquième syllabe :

Un petit bateau / va mettre les voiles
[...]
et la lune plonge / au fond de la suie
Il pleut sur la mer / au cœur de la nuit
(le Chien à la mandoline)

Dans ce contexte, le vers suivant aura tendance à se plier à ce même rythme 5 + 5 :

les nuages courant chassent les étoiles

ce qui oblige à négliger l'*e* muet de *nuages*, et à garder celui de *chassent* :

les nuag(e)s courant / chassent les étoiles.

Même les amples versets de Saint-John Perse (1887-1975) sont loin d'avoir oublié les rythmes traditionnels :

O vous que rafraîchit l'orage... Fraîcheur et gage de fraîcheur... Le Narrateur monte aux remparts. Et le Vent avec lui. Comme un Shaman sous ses bracelets de fer :
Vêtu pour l'aspersion du sang nouveau – la lourde robe bleu de nuit, rubans de faille cramoisie, et la mante à longs plis à bout de doigts pesée.

Un pareil texte appelle sans doute une tout autre lecture que la prose. Il fait entendre une suite de vers, à condition de tenir compte des *e* muets. Des vers de huit syllabes :

O vous que rafraîchit l'orage...
Fraîcheur et gage de fraîcheur...
Le Narrateur monte aux remparts...
la lourde robe bleu de nuit...
rubans de faille cramoisie...

Un vers de six syllabes :

Et le vent avec lui...

Mais aussi un vers de douze syllabes, coupé 6 + 6 :

et la mante à longs plis / à bout de doigts pesée

Enfin deux vers de dix syllabes. L'un est coupé 6 + 4 :

vêtu pour l'aspersion / du sang nouveau

L'autre est coupé 4 + 6, comme le veut l'usage classique. Toutefois il est nécessaire cette fois-ci de prononcer *bracelets* sans tenir compte de l'*e* muet :

Comme un Shaman / sous ses brac(e)lets de fer.

Mais sans doute il ne convient pas de tenir compte du seul nombre des syllabes, et la répartition, régulière ou non, des *temps forts* (dont nous parlerons plus bas) est évidemment de la plus grande importance ici. La question de l'*e* muet se posera donc même lorsque le rythme des vers traditionnels sera tout à fait oublié.

Quoi qu'il en soit, la question de l'*e* est d'une grande conséquence sur le caractère et le ton du poème : plus l'*e* muet a tendance à être négligé, plus le ton se rapproche de celui de la prose et du parler quotidien ; plus on en tient compte, plus le ton devient emphatique et plus l'écart se creuse avec la langue commune. A moins que le poète lui-même lise son texte ou l'enregistre sur bande magnétique, il appartient au lecteur d'*interpréter* le poème du point de vue prosodique, comme l'exécutant interprète la partition qu'il a sous les yeux, soit qu'il fasse entendre l'*e* muet, soit qu'il l'escamote, soit qu'il en suggère seulement la présence.

L'apostrophe ou non

Toute différente est la pratique qui consiste à supprimer la lettre et à la remplacer par une apostrophe (en dehors des cas permis par l'usage comme *c'est*, *qu'il*, *l'air*, etc.). Ici, le poète indique clairement comment il entend que son vers soit prononcé. Mais aussi, en modifiant l'orthographe du mot, il montre qu'il a bien conscience de *désobéir* à la règle. Or il faut bien que la règle existe si l'on veut avoir le plaisir de lui désobéir.

Ainsi ce poème de Paul Verlaine, publié en 1868 et intitulé *l'Ami de la nature* :

J'crach' pas sur Paris, c'est rien chouett' !
Mais comm' j'ai une âm' de poèt',
Tous les dimanch's j'sors de ma boît'
Et j'm'en vais avec ma compagne.

Cette prosodie tire résolument la poésie du côté de la chanson populaire, comme on peut le constater dans ce poème de Charles Cros (1842-1888) :

En attendant qu'on m'enterre,
Aujourd'hui, j'veux êtr' très gai.
Flon, flon flon, lariradondaire,
Gai, gai, gai, lariradondé.
Je n'fais pas beaucoup d'affaires ;
L'verr' cassé n'est pas d'mandé.
Flon, flon, etc.

L'élision des *e* muets n'est pas ici une facilité, une commodité que le poète s'accorderait, mais a pour fonction de produire une prosodie délibérément différente de la prosodie attendue. Le poète ici se démarque du niveau de langage qui est traditionnelement celui de la poésie. C'est une pratique *insolente* de la poésie.

Dans un registre un peu différent, Raymond Queneau (1903-1976) supprime l'*e* muet mais omet de signaler par l'apostrophe sa disparition, ce qui lui permet de collectionner les cocasseries orthographiques :

Pour achter du pain, du vin et un œuf...

(le Chien à la mandoline)

nous payer du caviar et des ptits ortolans...
... l' un aimm ci, l' autre aimm ça...
la serveuse sans fards parfume toutt la salle...
avec une huile qui fut huile dparaffine...
... concentricment...
échappra-z-aux méfaits dla putréfiantt femelle...

Je mdemandd squ'on fait icigo...

(l'Instant fatal)

L'intention est donc autre. Queneau prend joyeusement conscience de l'écart qui sépare la prosodie classique de la prononciation courante, la langue littéraire de la langue vivante, et nous fait partager son étonnement et son amusement. Vous croyez peut-être que vous dites *quelque chose* ? Pas du tout !... C'est *kékchose* que vous dites ! Et cette prise de conscience de la réalité de la langue manifeste à la fois son amour pour elle et la distance qu'il établit par rapport à elle.

LA QUESTION DE L'HIATUS

DÉFINITION DE L'HIATUS

On appelle *hiatus* la rencontre de deux voyelles. Le mot signifie en latin *ouverture*. Faire un hiatus serait proprement : garder la bouche ouverte. Le cas peut se produire à l'intérieur du mot (*goémon*, *pays*, *réel*) et nous avons vu plus haut que, dans certaines circonstances, l'hiatus pouvait disparaître et les deux voyelles se prononcer en une seule syllabe, si l'on faisait la *synérèse*. Mais l'hiatus apparaît surtout dans le passage d'un mot à un autre (la phrase *il a aussi aimé Amélie* en comporte trois). On sait que l'*e* muet en fin de mot s'élide devant voyelle ou *h* non aspiré (*l'animal*, *l'homme*, *belle Amélie*...) ; il en est de même de l'*a* de l'article féminin (*l'ombre*). Mais les cas où l'élision est impossible sont les plus nombreux, si bien que dans la langue courante l'hiatus est extrêmement courant, d'autant plus que certaines consonnes, bien qu'elles soient écrites, ne se prononcent pas et par conséquent n'empêchent pas le choc de deux voyelles : ainsi le *t* de la conjonction *et* est purement orthographique et n'empêche pas l'hiatus dans un groupe de mots comme *et Amélie*.

RÈGLES CLASSIQUES CONCERNANT L'HIATUS

Jusqu'au milieu du XVIe siècle, l'hiatus semble ne pas faire problème dans les poésies. Il faut attendre Ronsard pour qu'il commence à être considéré comme un défaut. Dans son *Abrégé de l'Art poétique français* de 1565, il donne le conseil de les éviter :

> *Tu éviteras, autant que la contrainte de ton vers le permettra, les rencontres des voyelles et diphtongues qui ne se mangent point* [= qui ne s'élident point] *; car telles concurrences de voyelles font des vers merveilleusement* [= extraordinairement] *rudes en notre langue, bien que les Grecs soient coutumiers de ce faire, comme par élégance. Exemple :* Votre beauté a envoyé amour. *Ce vers ici te servira de patron pour te garder de ne tomber en telle âpreté, qui écrase plutôt l'oreille qu'elle ne lui donne plaisir. Tu dois aussi noter que rien n'est si plaisant qu'un carme* [= un vers] *bien façonné, bien tourné, non entrouvert ni béant.*

C'est déjà presque la doctrine classique, telle qu'elle sera mise en œuvre par Malherbe (1555-1628) et formulée par Boileau, dans son *Art poétique* de 1669 :

Gardez qu'une voyelle, à courir trop hâtée,
Ne soit d'une voyelle en son chemin heurtée.
Il est un heureux choix de mots harmonieux.
Fuyez des mauvais sons le concours odieux :
Le vers le mieux rempli, la plus noble pensée
Ne peut plaire à l'esprit quand l'oreille est blessée.

Dès lors l'hiatus n'est plus seulement déconseillé, il est interdit. Des suites de mots aussi courantes que *tu es, à elle, où allez-vous ?* ne peuvent plus figurer dans un vers.

L'hiatus à l'intérieur du mot est évidemment accepté. *Tu as* ne peut pas prendre place dans un vers, mais *il tua* le peut. Car s'il n'appartient pas au poète de modifier la forme des mots – il n'en a pas le droit –, en revanche il est entièrement responsable de leur succession dans la phrase et de leur enchaînement sonore.

Toutefois on considère qu'il n'y a pas hiatus dans les cas suivants :

– lorsqu'il y a élision d'un *e* muet devant voyelle :

Ah ! que de la patrie il *soit s'il veut le père.*
(Racine, *Britannicus*)

– lorsque les deux voyelles sont séparées par une consonne, fût-elle à peine prononcée (il suffit qu'on la devine, ou seulement qu'on y pense) : c'est ainsi que les infinitifs en *-er* peuvent précéder un mot qui commence par une voyelle :

Ne l'osez-vous laisser un *moment sur sa foi ?*
(Racine, *Britannicus*)

En revanche la conjonction *et*, malgré la présence de la consonne *t* dans l'écriture, sera toujours considérée comme une voyelle et ne pourra par conséquent jamais précéder un mot commençant par une voyelle.

– lorsque les deux voyelles sont séparées par un *h* dit aspiré :

Et moi je suis montée au haut de la muraille.
(Racine, cité par W. Th. Elwert)

Bien des poètes protesteront contre la rigueur de la règle, et déjà Mathurin Régnier (1573-1613), dans une de ses *Satires*, s'en prend à Malherbe et à ses disciples :

Cependant leur savoir ne s'étend seulement
Qu'à regratter un mot douteux au jugement,
Prendre garde qu'un qui ne heurte une diphtongue,
Épier si des vers la rime est brève ou longue,
Ou bien si la voyelle à l'autre s'unissant,
Ne rend point à l'oreille un son trop languissant,
Et laissent sur le vert le noble de l'ouvrage.

Mais rien n'y fait. A part quelques accomodements tolérés dans la comédie et la poésie légère, la règle tiendra bon, et, jusqu'au XIXe siècle, les poètes n'oseront l'enfreindre. Ce qui fera bien rire Queneau : comme il le fait avec les autres contraintes de la prosodie classique, il s'amuse en effet de la règle en poussant malicieusement jusqu'à l'absurde la nécessité d'éviter l'hiatus :

Elle allait elle à l'école
Moi z à la mienn – ségrégation
(le Chien à la mandoline)

Pourquoi proscrire l'hiatus ?

En quoi l'hiatus, pour reprendre le mot de Boileau, blesse-t-il l'oreille ? En quoi a-t-on pu considérer qu'il nuisait à l'harmonie du vers ? J'y vois pour ma part deux raisons, qui sont du reste complémentaires.

1. La parole consiste en un enchaînement de voyelles et de consonnes. Prononcer une voyelle, c'est laisser passer l'air librement ; prononcer une consonne, c'est en fermer le passsage (*p*, *b*, *t*, *d*, *k*, *g*), ou du moins le rétrécir considérablement (*f*, *v*, *s*, *z*, etc.). Toute parole est donc une succession ininterrompue d'ouvertures et de fermetures, et c'est cette alternance qui constitue la musique de la phrase, son rythme. Ce qui est considéré par le goût classique comme le plus «agréable à l'oreille» (c'est-à-dire ce qui demande en quelque sorte le moins d'effort musculaire) est une alternance régulière de voyelles et de consonnes, d'ouvertures et de fermetures. Sont considérées comme «désagréables», voire cacophoniques, tout ce qui pourrait troubler la régularité de cette alternance, c'est-à-dire aussi bien le choc de plusieurs consonnes que la rencontre de plusieurs voyelles.

2. Il y a une deuxième raison, qui est que l'hiatus nuit à la *clarté* de l'élocution, en produisant une syllabation floue, – ce qui est particulièrement gênant dans une versification qui repose précisément sur le nombre exact des syllabes : le passage immédiat d'une voyelle à une autre risque de donner

naissance, par *synérèse* (comme cela peut se produire à l'intérieur du mot), à une syllabe unique qui changerait de timbre au cours de son émission, autrement dit à une diphtongue. Diderot (1713-1784) semble avoir admirablement compris la chose quand, dans son Addition à *La Lettre sur les Aveugles*, il fait dire à une aveugle de naissance :

> ***D**ans les langues parlées, mieux on prononce, plus on articule ses syllabes ; au lieu que, dans la langue musicale, les sons les plus éloignés du grave à l'aigu et de l'aigu au grave, sont filés et se suivent imperceptiblement ; c'est pour ainsi dire une seule et longue syllabe, qui à chaque instant varie d'inflexion et d'expression.*

L'HIATUS SAUVÉ

Or il existe deux façons de prononcer l'hiatus, comme il existe en musique deux façons de faire entendre deux notes qui se suivent immédiatement : ou bien les deux notes sont *liées*, et l'on passe de manière continue de l'une à l'autre, de telle sorte que, si les deux notes sont identiques, on n'en entend plus qu'une seule, dont la durée égale celle des deux notes primitives; ou bien l'on *attaque* la deuxième note, de manière à les faire entendre toutes les deux distinctement. Dans la parole, l'attaque de la voyelle est le plus souvent constituée par une consonne : si je prononce la syllabe *pa*, le passage de l'air est dans un premier temps interrompu, puis, brusquement de nouveau ouvert lorsque la voyelle est prononcée. Mais si je prononce deux fois de suite la même voyelle *a*, je serai obligé pour faire entendre non pas un seul *a* mais bien deux, d'arrêter un très court instant le passsage de l'air après le premier *a*, et de l'ouvrir de nouveau pour faire entendre le deuxième. La fermeture du passage de l'air est effectuée, sans qu'on en soit bien conscient, au fond de la gorge, par la *glotte*.

On peut donc prononcer l'hiatus ou bien d'une façon molle, relâchée et qui tend vers la synérèse ; ou bien d'une façon nette, vigoureuse, et qui consiste en l'*attaque* de la deuxième voyelle. C'est assurément cette deuxième façon de prononcer qu'il faut adopter quand l'hiatus est maintenu par le poète contre la règle, surtout si l'hiatus fait se rencontrer deux fois la même voyelle. L'hiatus devient alors non seulement possible, mais intéressant du point de vue musical. C'est sans aucun doute la raison pour laquelle un poète si attentif à la perfection formelle que l'est Théophile Gautier (1811-1872) écrit :

> ***D**onna Anna pleurait...*

Une telle séquence appelle une prononciation qui ne soit pas relâchée, mais nettement articulée, et qui fasse entendre distinctement deux fois la voyelle *a*, dont la tonalité, sentie comme *exotique*, est évidemment ce qui retient l'oreille du poète.

L'ACCENT, LE TON ET LA DURÉE

LE TON ET L'ACCENT

On se rappelle peut-être cette *Lettre de mon Moulin* où Alphonse Daudet met en scène un enfant en train de lire :

> *... on entendait le tic-tac d'une grosse horloge et une voix d'enfant, mais d'enfant à l'école, qui lisait en s'arrêtant à chaque syllabe : A...LORS... SAINT... I... RÉ... NÉE... S'É... CRI... A... JE... SUIS... LE... FRO... MENT... DU... SEIGNEUR...*

Seul le mot *Seigneur* est lu convenablement, car il est sans doute le seul à avoir été reconnu par l'enfant. Pour le reste les syllabes, détachées les unes des autres, et prononcées toutes de façon égale, sur le même ton, et avec la même intensité, ne sont pas encore constituées en mots. Encore l'orthographe adoptée par Alphonse Daudet aide-t-elle le lecteur à s'y retrouver et à reconnaître les mots *Irénée*, *froment*, etc. Mais si l'orthographe avait été purement phonétique, les syllabes ânonnées par l'enfant n'auraient pas été porteuses de plus de sens que le tic-tac de la pendule.

Une pure succession de syllabes n'a aucun sens. Pour qu'une parole soit comprise, pour que les éléments qui la composent soient reconnaissables, il faut que les syllabes se groupent en mots et en groupes de mots. Cela n'est possible que si la parole, au cours de son déroulement, varie en vitesse, en intensité, en intonation, c'est-à-dire si les syllabes sont prononcées plus ou moins vite, plus ou moins fort, et sur un ton plus ou moins aigu, plus ou moins grave.

Pour simplifier, nous dirons que chaque mot comporte en principe un *accent*, ou bien qu'une de ses syllabes est *accentuée*. C'est vrai sans doute pour toutes les langues. Ceux qui apprennnent une langue étrangère savent qu'il ne suffit pas, pour se faire comprendre, de prononcer correctement chacune des syllabes dont se compose un mot : encore faut-il savoir quelle est celle de ces syllabes qui porte l'accent. La prononciation du mot *populo* (le peuple), pour être comprise d'un Italien, demande quelque précaution. Si la première syllabe n'est pas prononcée plus fort que les autres, et sur une note plus aiguë, le mot risque tout simplement de ne pas être reconnu. L'accentuation est sans doute moins perceptible en français que dans certaines langues comme l'italien, l'espagnol, l'anglais, l'allemand. Mais elle existe. La syllabe accentuée est à la fois prononcée un peu plus fort que les autres, et plus longtemps. Un mot risque de devenir méconnaissable si l'accent n'est pas à sa place.

L'accent, en latin, n'était pas un accent d'intensité mais un accent de hauteur : la syllabe accentuée était prononcée sur une note plus aiguë que les autres. Puis, la langue évoluant, cet accent est devenu un accent d'intensité, ce qu'il est resté en français. Mais on peut constater que, tout en changeant de nature, l'accent a gardé la même place tandis que le mot latin se transformait en mot français. Le mot latin *insula* était accentué sur l'*i* ; les voyelles suivantes, prononcées moins fort, ont peu à peu disparu ; seul est restée en français la voyelle *i*, et *insula* est devenu en français *île*, accentué sur *i*.

Quant à l'intonation, en français, elle affecte moins le mot que la phrase tout entière. On peut en prendre conscience en écoutant ces deux énoncés pourtant presque semblables : 1° *Tu as ton carnet ?* 2° *Où est ton carnet ?* Dans les deux énoncés, la syllabe finale de *carnet* est accentuée (elle est prononcée légèrement plus fort que les autres) ; mais dans le premier, elle est prononcée sur une note nettement plus aiguë que les autres, et, dans le deuxième, sur une note nettement plus grave.

Règles concernant la place de l'accent en français

Il est possible de dégager quelques règles simples qui déterminent la place de l'accent en français :

1. L'accent porte normalement sur la dernière syllabe du mot : *maison*, *prenons*, *grammatical*.

2. Toutefois un *e muet* n'est jamais accentué. Si la dernière voyelle est un *e* muet, l'accent porte sur la voyelle qui le précède : *bibliothèque*, *livre*.

3. Certains mots ne sont pas accentués. Ainsi le groupe de mots : «*il le lui a dit*» ne comporte qu'un seul accent, qui est celui du dernier mot. Les mots qui le précèdent, et qui sont des mots purement grammaticaux (les pronom personnels *il*, *le*, *lui*, et l'auxiliaire de conjugaison *a*), n'en comportent pas. Un article n'est normalement pas accentué : *un zèbre*, *le zèbre*. Si un adjectif ou un adverbe précèdent le mot principal, ils ne porteront normalement pas d'accent : *je suis très fatigué*, *une belle maison*. Si bien que, dans la pratique, ce sont moins les mots que les groupes de mots qui comportent chacun un accent.

Variations de la place de l'accent

Mais ces règles sont un peu simplificatrices. Il faut bien avouer que, dans la réalité de la parole, le détail de ces phénomènes est d'autant plus complexe qu'il existe une certaine liberté et une certaine souplesse dans leur application.

D'abord tous les accents, dans une même phrase, n'ont pas la même intensité. La phrase : «*je suis arrivé hier*» comporte deux syllabes accentuées, mais la syllabe *vé* est sans doute moins accentuée que la syllabe finale de *hier*. L'intensité de l'accentuation peut varier selon l'intention de celui qui parle et qui peut vouloir insister sur un mot ou sur un autre. Si je dis : *c'est lundi que je suis arrivé , non dimanche*, j'accentuerai davantage les syllabes *di* et *man*, parce que ce sont les mots *dimanche* et *lundi* qui portent l'essentiel du sens.

Mais surtout la place elle-même de l'accent peut se modifier sous l'effet de l'émotion : *c'est lundi que je suis arrivé , pas dimanche !* La phrase : *c'est incroyable* peut être prononcée de deux façons ; une façon calme, froide : *c'est incroyable*, et une façon beaucoup plus exclamative : *c'est INcroyable !* qui non seulement accentuera la première syllabe de l'adjectif au lieu de la dernière, mais encore l'allongera considérablement. A quoi s'ajoutent encore des modifications dans l'intonation de la phrase, c'est-à-dire dans sa mélodie.

Or ces variations, si importantes pour donner vie à la phrase, ne sont pas marquées dans l'écriture (sinon parfois, mais de façon insuffisante, par la ponctuation). Tout écrit demande donc à son lecteur une interprétation prosodique.

Les temps forts du vers

Les conséquences en matière de poésies sont considérables. Un vers français se définit par le seul nombre de ses syllabes. Mais ce n'est là que la trame rythmique, somme toute assez grossière et assez pauvre, par-dessus laquelle tous les autres éléments de la prosodie – hauteur respective des sons, durées, intensités – vont dessiner leurs arabesques. Etre sensible à la musique du poème, c'est *écouter* tout cela. Sinon, quelle monotonie !

Les syllabes accentuées des mots ou des groupes de mots constituent les *temps forts* du vers ; c'est sur ces temps forts que repose en grande partie le rythme. Or le nombre des temps forts peut varier d'un vers à l'autre, alors que le nombre des syllabes demeure le même. Ainsi dans cette ode de Ronsard :

M*ignonne, allons voir si la rose*	(3 temps forts)
Qui ce matin avait déclose	(2)
Sa robe de pourpre au soleil	(3)
A point perdu cette vêprée	(2)
Les plis de sa robe pourprée	(3)
Et son teint au vôtre pareil.	(3)

Nous verrons plus loin, dans le chapitre consacré à la versification, que l'alexandrin, ou vers de douze syllabes, comporte le plus souvent quatre temps forts, et que la répartition de ces temps forts dans la durée du vers est un des facteurs musicaux les plus remarquables.

L'attaque du vers

A cause de la place de l'accent en français – à la fin du mot ou du groupe de mots – il est relativement rare qu'un vers commence par un temps fort. Le cas peut toutefois se produire. Il suffit pour cela que le premier mot du vers soit un monosyllabe dont le sens est suffisamment fort pour être accentué, ou bien encore un mot de deux syllabes se terminant par un *e* muet. La plupart des mots grammaticaux, l'article *le*, *la*, *les*, les pronoms sujets *je*, *tu*, *il*, etc., les conjonctions (sauf si elles sont suivies d'une ponctuation), ne peuvent remplir cet office. Un vers qui commence par un temps fort est par conséquent toujours remarquable : non seulement son *attaque* est plus vigoureuse, mais encore le mot par quoi il commence acquiert, grâce à cette position, un poids, une importance qu'il n'aurait pas ailleurs. Voici un exemple extrait d'un poème de Charles Cros (1842-1888) :

> ***J****'ai cherché mes trésors. Tous volés ou brisés !*
> Tous, *jusqu'au souvenir de nos premiers baisers.*
> («Lento», dans *Le Coffret de santal*)

Le mot *tous*, au début du second vers, a une force qu'il n'avait pas dans le vers précédent.

Plusieurs fois, dans le même poème, Charles Cros fait suivre, contrairement à l'usage, le mot *mais* d'une virgule : cela suffit pour transformer cette syllabe atone en syllabe accentuée, et pour restituer à ce mot si banal, si usé, toute sa vigueur :

> **M**ais, *elle m'a livré sa poitrine de femme,*
> *[...]*
> Mais, *il ne faut pas croire à l'âme des contours,*
> *[...]*
> Mais, *je n'ai plus trouvé personne dans sa forme.*

Lorsque le même mot n'est pas suivi d'une virgule, il redevient un simple mot de liaison :

> ***M****ais quelquefois, brisée, à des marchands divers...,*
> *(Diamant enfumé)*
> *Mais quand mauvaise est la saison...*
> *(Excuse)*

De nombreux vers de *Paraboles sur la fin de la sentimentalité* du Dadaïste belge Clément Pansaers (1885-1922) sont ainsi *attaqués* par un monosyllabe atone qui, à cause de cette place qu'il occupe, devient accentué. Cela donne non seulement à ce monosyllabe, mais encore à l'ensemble du vers et même du poème, un caractère à la fois pathétique et violent :

> ***je*** *sonne*
> je, *cloche du pendentif de ma coupole.*
> *[...]*
> je, *cloche, du pendentif de ma coupole dégringole :*
> *[...]*
> je, *cloche en éclats, cacochyme...*
> *[...]*
> je, *arlequin aux incrustations cubiques,...*
> *[...]*
> Tu, *petite annonce...*
> *[...]*
> je, *prisme –*
> *[...]*
> Tu, *petite annonce, étalée au dos du sofa...*

Les variations du tempo

Cet emploi des monosyllabes importe d'autant plus à la musique du vers qu'il en modifie la *durée*.

La multiplication des temps forts allonge cette durée, parce que la voix, au lieu de se laisser entraîner par le mouvement du vers, a tendance à s'arrêter, à s'attarder sur les syllabes accentuées, comme on peut s'en rendre compte en lisant cet extrait d'un poème de Charles Cros. Ce poème fait se succéder des octosyllabes, assez rapides, jusqu'au moment où une série de monosyllabes oblige le tempo à ralentir :

> ***M****ais quand mauvaise est la saison,*
> *L'arbre perd fleurs et frondaison.*
> *Son bois seul reste, noir et grêle.*
>
> («Excuse», dans *le Coffret de Santal*)

Si, dans ce dernier vers, on accentue les mots qui sont porteurs de sens, *bois*, *seul*, *reste*, *noir*, *grêle*, (soit cinq des huit syllabes que comporte le vers), si donc on s'attarde sur chacun de ces mots, l'image de l'arbre dépouillé de ses feuilles, dont la silhouette se dessine très exactement sur le ciel pâle, a le temps d'apparaître sous le regard mental du lecteur.

Du reste il semble que de tels vers soient fréquents dans l'œuvre de Charles Cros, et ce ne doit pas être un hasard. Ce goût pour les monosyllabes correspond bien au caractère de sa poésie qui volontiers se plaît à considérer des objets épars et disparates (comme un désordre de bibelots contenu dans un coffret de santal) devant chacun desquels son esprit s'attarde comme s'il devait lui révéler un important secret, mais qu'il ne parviendrait pas à ordonner dans une unité rassurante. Pour cela le tempo de la diction doit être *lent*, comme l'annonce le titre lui-même d'un de ses poèmes que nous citions plus haut : *Lento*.

Toute syllabe qui porte un temps fort a naturellement tendance à être allongée. Cet allongement est particulièrement sensible quand cette syllabe est isolée par une ponctuation ou par sa place dans le vers. Qu'on écoute par exemple ce passage de la tragédie *Britannicus* (1669) de Racine. L'empereur Néron raconte l'enlèvement de Junie :

> ... ***E****xcité d'un désir curieux,*
> *Cette nuit, je l'ai vue arriver en ces lieux,*
> Triste, *levant au ciel ses yeux mouillés de larmes,*
> *Qui brillaient au travers des flambeaux et des armes :*

Belle, *sans ornements, dans le simple appareil*
D'une beauté qu'on vient d'arracher au sommeil...
(Acte II, scène II, vers 385 à 390)

Les deux adjectifs *triste* et *belle* se trouvent à une place tout à fait remarquable : tous deux sont en début de vers, ce qui permet d'*attaquer* vigoureusement ce vers par un temps fort ; la voyelle accentuée est allongée, et la sonorité du mot se prolonge encore dans l'*e* muet qui la suit, jusqu'à la virgule. La diction ne peut que s'attarder sur ces deux mots *triste* et *belle*. Et il arrive alors ceci que non seulement ces deux mots acquièrent une force considérable, mais aussi que, grâce à la même place qu'ils occupent respectivement dans les deux vers, ils deviennent en quelque sorte équivalents : aux yeux de Néron, non seulement Junie est *triste*, et *belle*, mais sa beauté est d'autant plus grande que sa tristesse est plus visible. Le reste du texte confirme cette idée. Ce qui charme Néron dans le spectacle qu'il a devant lui, ce sont les larmes, qui brillent comme des perles, et l'éclat des flambeaux et des armes que porte la soldatesque. Junie lui paraît d'autant plus belle qu'elle est victime de sa violence.

D'une manière plus générale, on peut dire que tout élément isolé, placé à côté d'un élément plus long, a tendance à être allongé dans la diction. C'est ce qui se produit chaque fois qu'un vers court apparaît après une série de vers plus longs, comme dans cette *Ode* de Ronsard :

***A**ntres, et vous fontaines*
De ces roches hautaines
Dévalant contre-bas
    D'un glissant pas,

Et vous forêts et ondes
Par ces prés vagabondes,
Et vous, rives et bois,
    Oyez ma voix.

Chaque fois, le vers de quatre syllabes a tendance à occuper la durée de chacun des vers précédents, ce qui a pour conséquence d'allonger les syllabes et de ralentir le débit à chaque fin de strophe.

La poésie romantique du XIXe siècle a souvent recours à ce procédé. Ainsi cette strophe de *Tristesse d'Olympio* de Victor Hugo, dans laquelle les deux vers courts sont évidemment dits plus lentement que les autres, ce qui a pour conséquence d'élargir considérablement le paysage :

L'automne souriait ; les coteaux vers la plaine
Penchaient leurs bois charmants qui jaunissaient à peine ;
Le ciel était doré ;
Et les oiseaux, tournés vers celui que tout nomme,
Disant peut-être à Dieu quelque chose de l'homme,
Chantaient leur chant sacré !

Silences et ponctuation

La perception d'un rythme suppose une certaine continuité dans la sucession des syllabes. Elle est compromise chaque fois que cette continuité se relâche ou s'interrompt. C'est ce qui arrive quand les ponctuations se multiplient. La trame sonore est alors bousculée, trouée par l'irruption d'une autre respiration, et d'une autre énergie. C'est bien ce qui caractérise la poésie à la fois tourmentée, violente et clownesque d'un Tristan Corbière (1845-1875). Dans ce poème intitulé *A la douce amie*, il est souvent nécessaire de compter les syllabes sur ses doigts pour savoir que chaque vers en comporte huit. Sans doute la cadence régulière du vers n'est pas oubliée, mais elle a du mal à contenir les jeux tumultueux auxquels se livrent les amants…

Çà : badinons – J'ai ma cravache –
Prends ce mors, bijou d'acier gris ;
– Tiens : ta dent joueuse le mâche…
En serrant un peu : tu souris…

– Han !… C'est pour te faire la bouche…
– V'lant !… C'est pour chasser une mouche…
Veux-tu sentir te chatouiller
L'éperon, honneur de ma botte ?…
– Et la Folle-du-logis *trotte… –*
Jouons à l'amour-cavalier !

Porte-beau ta tête altière,
Laisse mes doigts dans ta crinière…
J'aime voir ton beau col ployer !…
Demain : je te donne un collier.

– Pourquoi regarder en arrière ?…
Ce n'est rien : c'est une étrivière…
Une étrivière… et – je te tiens !
……………………………………………
Et tu m'as aimé… – rosse, tiens !

À partir du début du XXe siècle, la plupart des poésies renoncent à noter la ponctuation. Cette absence demande à être interprétée pour chaque poésie et, dans une certaine mesure laisse au lecteur sa liberté. Nous y reviendrons quand nous parlerons du vers libre.

LA TRANSGRESSION

Dans les exemples précédents, les temps forts du vers coïncident avec l'accentuation en quelque sorte *naturelle* des mots et des groupes. Il n'en est pas toujours ainsi : les règles qui régissent la langue peuvent être volontairement et systématiquement transgressées. Autrement dit, il existe des dictions et des prosodies *monstrueuses*.

Celle par exemple du *poète sonore* François Dufrêne (1930-1982) vociférant son *Tombeau de Pierre Larousse*. On peut reconstituer le *travail* de son écriture en y distinguant les quatre moments suivants :

1. Soit par exemple la série : *Bizet*, *basane*, *César*, *Brésil*, *résine*, *Suzanne*, *seize*, *ciseaux*, *biseau*..., etc. – série arbitraire du point de vue du sens, non du point de vue phonétique puisque chaque mot fait entendre le son *Z*, et d'autre part comporte au moins un des sons contenus dans le mot précédent (*basane* fait écho au *b* de *Bizet* ; *César* reprend l'*a* de *basane*, etc.)

2. Les mots n'étant utilisés que pour leur sonorité, non pour leur sens, l'orthographe peut être abandonnée au profit d'une écriture purement phonétique, et la série devient : *bizè - bazann - sézar - brézil - rézinn - suzann - sèz - sizô - bizô*...

3. Les syllabes, n'ayant plus de fonction sémantique, n'ont plus besoin de se grouper en mots. La série de mots devient une pure série de syllabes : *bi -zè - ba - zann - sé - zar - bré - zil - ré - zinn - su - zann - sèz - si - zô*, etc.

4. Enfin les syllabes se groupent de nouveau en mots, mais en mots purement phonétiques, selon un autre découpage que celui qui existait au départ, et avec une autre répartition des temps forts. Et cela donne, en écrivant en majuscules les syllabes accentuées : *BIzéba - zannSÉ - zarBRÉ - zilRÉ - zinnSU - zannSÉ - siZO - biZO*, etc. Ce sont très exactement les mêmes syllabes, mais la nouvelle prosodie a rendu les mots parfaitement méconnaissables jusqu'à transformer les sons de la langue en pure musique.

Nous verrons plus loin que la lecture publique, telle qu'elle est pratiquée aujourd'hui par les *poètes sonores* (Henri Chopin, Bernard Heidsieck, Michèle Métail, Julien Blaine, etc.), mais aussi par d'autres poètes comme Christian Prigent, Jean-Luc Lavrille, Pierre Le Pillouër, Éric Clémens, est le lieu d'expérimentation de toutes sortes d'écarts en matière de prosodie.

Cette violence faite à la langue pourtant n'est pas nouvelle. Il suffit d'écouter n'importe quel chant pour se rendre compte à quel point sa prosodie s'éloigne de la prosodie naturelle. A supposer même que la musique s'efforce de ne pas la contrarier, c'est-à-dire de faire coïncider ses temps forts avec ceux des paroles, sa mélodie avec celle de la phrase, elle la transforme toujours : certaines syllabes sont allongées, chantées sur plusieurs notes, d'autres se précipitent dans un mouvement rapide et pressé, des mots sont répétés, empiètent l'un sur l'autre, la phrase parfois s'interrompt pour laisser place à l'accompagnement instrumental, et surtout la voix elle-même est tout autre que la voix *naturelle.* Or si de nombreuses poésies ont été écrites dans l'idée qu'elles devaient être chantées – c'est le cas de la plupart des poésies du Moyen Age et du XVIe siècle –, il est évident qu'elles supposent, avant même d'être mises en musique, une prosodie qui les éloigne considérablement de ce qu'est la parole quotidienne.

6

LA VERSIFICATION

Le vers

La notion de rythme

On appelle communément *rythme* le retour périodique, c'est-à-dire à intervalle régulier, d'un même événement sonore. Si l'on en croit cette définition, le rythme serait la force principale d'un défilé militaire : une, deux !... une, deux !... Le pas cadencé, la mécanique, la discipline... Il n'est pas sûr que les poésies s'en contentent.

Rythme est la transcription en français (mais aussi dans beaucoup d'autres langues) du grec *rhythmos* (ῥυθμός). Or, comme l'a montré Émile Benveniste (*Problèmes de linguistique générale*, 1966), *rhythmos* ne signifie pas *rythme*, mais *forme*... Le mot désigne à l'origine ce par quoi un objet se distingue d'un autre objet, la disposition caractéristique de ses parties, donc en effet sa forme. Hérodote l'emploie pour désigner la forme des lettres de l'alphabet. La lettre A, par exemple, diffère par sa forme (*rhythmos)* de la lettre N : toutes deux sont constituées de la lettre Λ à laquelle s'ajoute un troisième jambage, mais ce dernier est disposé horizontalement entre les deux premiers dans la lettre A (= Λ + –), alors qu'il s'ajoute verticalement à droite des deux premiers dans la lettre N (= Λ + I). Bref la *disposition de leurs parties* est différente. Démocrite (Ve-IVe siècle avant J.-C.) emploie le mot *rhythmos* pour désigner la forme des atomes et leur disposition particulière dans chaque objet.

Toutefois le mot *rhythmos* ne désigne pas la forme immuable d'un objet donné une fois pour toutes, mais plutôt une forme modifiable, ou qui peut être choisie arbitrairement à un moment ou à un autre, la forme que peut prendre un objet mouvant (un fluide, par exemple), la disposition que peuvent adopter à un moment donné les différentes parties d'un tout.

Aussi a-t-on sans doute raison, comme on le fait généralement, de rapprocher *rhythmos* de la racine du verbe *rhéô* (ῥέω) qui signifie *couler.* «On peut alors comprendre», écrit Benveniste, «que ῥυθμός, signifiant littéralement *manière particulière de fluer*, ait été le terme le plus propre à décrire des *dispositions* ou des *configurations* sans fixité ni nécessité naturelle résultant d'un arrangement toujours sujet à changer.» Ce n'est pas un hasard si le mot se rencontre d'abord chez les philosophes pré-socratiques, pour qui le monde est essentiellement une réalité mouvante et changeante.

Enfin chez Platon, pour la première fois semble-t-il, la notion de *rhythmos* est appliquée à la musique. L'art de la musique comporte deux parties : l'*harmonie* d'une part, qui est produite par l'alternance des sons graves et des sons aigus ; le *rythme* d'autre part, qui est produit par l'alternance du lent et du rapide, et qui est lié à la notion de *mesure*, c'est-à-dire de *nombre*. Ce sens du mot *rythme* sera repris par Cicéron (*Orator*, 20) :

> *Quidquid est enim quod sub aurium mensuram aliquam cadit, etiamsi abest a versu, numerus dicitur, qui graece* ῥυθμός *dicitur.*
> [Tout ce dont la mesure peut être appréciée par l'oreille, vers ou non, s'appelle nombre – en grec : rythme.]

Or ce qui tombe sous l'appréciation de l'oreille, ce qu'elle peut mesurer et apprécier, n'est pas seulement une éventuelle régularité de la cadence, mais la manière dont sont disposés les uns par rapport aux autres tous les phénomènes sonores qui se succèdent dans la durée du discours poétique, la manière dont *s'écoule* cette durée. C'est la raison pour laquelle le rythme n'intéresse pas seulement le vers mais aussi la prose. Il y a des poèmes en prose. Parler de rythme, c'est considérer que les différents phénomènes sonores ne se succèdent pas au hasard, mais d'une manière particulière qui importe à l'oreille, à la lecture, et qui est voulue par celui qui en est l'auteur. Entrent donc dans le domaine du rythme tous les phénomènes que nous avons passés en revue dans le chapitre consacré à la prosodie, et tous ceux qui seront étudiés dans le chapitre consacré à la paronomase. Le rythme n'est autre que la forme sensible du poème. Le retour à intervalle régulier du même événement sonore ne constitue qu'un des modes possibles du rythme.

Le rythme et la mesure

Raymond Queneau, non sans humour, écrivait en 1964 :

> *Le poète, même le plus réfractaire aux mathématiques, est bien obligé de compter jusqu'à douze pour composer un alexandrin.*

La métrique en effet est un système de mesure ; la versification est affaire de règle et de nombre. Pour le linguiste Hopkins, un vers est « un discours répétant totalement ou partiellement la même figure phonique. » Pour W. Theodor Elwert (*Traité de Versification française*, 1965) le vers est « une entité linguistique telle que sa structure peut être imitée, c'est-à-dire répétée, et que les répétitions peuvent être perçues par l'auditeur comme identiques ».

Au cours d'une séance de lecture publique en février 1980, le poète autrichien Gerhard Rhüm (né en 1930) commence par poser sur sa table un métronome, qui déterminera très exactement la cadence et le tempo de sa diction. Avec une virtuosité étonnante, il lit une série de quatorze sonnets composés exclusivement d'extraits d'articles de journaux : la prose journalistique est coulée dans le moule de la métrique la plus classique et la plus exacte. Il y parvient sans effectuer aucune coupure dans le texte, mais en doublant ou en triplant, s'il le faut, certaines syllabes pour obtenir le nombre requis par le vers. L'effet produit est du plus haut comique (une sorte de bégaiement bien cadencé), mais il est en même temps la démonstration de ce qu'est une métrique : une cadence artificielle, mécanique et régulière imposée au rythme de la langue.

Paul Claudel (1868-1955) a lui aussi une manière plaisante d'entendre et de faire entendre cette répétition du même en quoi consiste d'une certaine manière toute métrique. Voici comment, dans ses *Réflexions et Propositions sur le vers français* de 1925, il cite certains vers de Victor Hugo :

Tarara tatata – tarara tatata
Tarara tatata – tarara tatata
Tarara tatata – déshonoré, brisé,
Diane de Poitiers, Comtesse de Brezé !

Dans le vers français traditionnel, la métrique règle en effet le nombre des syllabes. Ici les mots se succèdent de manière à constituer des groupes qui comportent chacun douze syllabes réparties en deux groupes de six.

Mais la métrique à elle seule ne suffit pas à faire un poème. Elle est au poème ce que la *mesure* est à la partition musicale. Elle ne constitue que la trame invariable sur laquelle vont se développer les arabesques du rythme : répartition des temps forts et des temps faibles, alternance des sons vocaliques et consonantiques, timbres, durées, organisation des phénomènes phonétiques, répétition des mêmes sons, oppositions, symétries, etc. Denis Roche (né en 1937) croyait même devoir étendre cette notion de rythme à tous les caractères sensibles du poème :

> *... déroulement de l'écriture, rythme d'arrivée des enchaînements métaphoriques et des ellipses, rythme de déroulement de la lecture, rythme des thèmes, de leur apparition et de leur destruction, rythme des structures du discours, de leur arrivée et de leur disparition, rythme de disposition, d'étalement, d'enserrement, d'écoulement des textes imprimés, rythme de succession des pages et de leur imbrication possible...*
>
> (*Éros Énergumène*, 1968)

Le projet de Denis Roche était alors de *détruire la métrique*, en inventant une nouvelle *scansion* :

> *Celle-ci ne serait plus l'art d'évaluer la mesure des vers, dans leurs quantités (latines) ou dans leurs syllabes (françaises), mais la science par tous les moyens des modes d'alternance pulsionnels (la pulsion pouvant désigner* l'unité d'énergie poétique).

Déjà dans la versification traditionnelle, la notion de rythme s'oppose tout à fait à celle de métrique : la métrique est une structure invariable, le rythme constitue une *manière de fluer*, de s'écouler, et les variations en quoi consiste ce rythme se perçoivent par rapport à la structure immobile et toujours semblable à elle-même de la métrique. Il faut bien que quelque chose demeure immobile, si l'on veut avoir la sensation du mouvement.

Contrainte et liberté

Les règles de la versification peuvent être ressenties comme quelque chose d'extrêmement contraignant. En particulier l'obligation de la rime (deux vers qui se suivent doivent se terminer par le même son) passe souvent pour quelque chose de difficile. On parle volontiers à son propos de virtuosité. « Trouver la rime » semble parfois relever du tour de force, voire du casse-tête... C'est le sujet que Boileau traite avec humour dans sa deuxième *Satire* (1664) :

> *Dans ce rude métier où mon esprit se tue,*
> *En vain, pour la trouver, je travaille et je sue ;*
> *Souvent j'ai beau rêver du matin jusqu'au soir,*
> *Quand je veux dire blanc, la quinteuse dit noir...*

On voit bien où se trouve la difficulté. Pour Boileau, le sens (ce qui est à dire) précède l'écrit. La rime apparaît donc comme une contrainte extérieure, qui s'impose après coup, et qui ne peut que gêner la liberté de l'expression.

Pourtant non seulement les règles traditionnelles de la versification se sont longtemps maintenues, mais encore certains poètes ont eu à cœur d'y obéir strictement, voire d'ajouter encore à leur difficulté. C'est le cas par exemple des poètes du XVe siècle que l'on appelle traditionnellement les *Grands Rhétoriqueurs*, ou de leurs héritiers actuels, les *Oulipiens*.

L'*Oulipo* (c'est-à-dire *OUvroir de LIttérature POtentielle*) a été fondé en 1960 par François Le Lionnais, Raymond Queneau et quelques autres écrivains. Raymond Queneau définit ainsi le programme de cet *ouvroir* (c'est-à-dire de cet atelier) :

> *Proposer aux écrivains de nouvelles structures de nature mathématique, ou bien encore inventer de nouveaux procédés artificiels ou mécaniques, contribuant à l'activité littéraire : des soutiens de l'inspiration, pour ainsi dire, ou bien encore, en quelque sorte, une aide à la créativité.*

Or ces procédés, destinés à remplacer l'inspiration telle que l'entendait Platon, se présentent essentiellement sous l'espèce de *contraintes formelles*. Georges Perec s'astreint par exemple à écrire un roman de 300 pages (*La Disparition*, 1969) sans employer une seule fois la lettre *e*. L'écriture est comprise pour ce qu'elle est : un jeu, fût-il grave. Or aucun jeu n'est possible sans règles du jeu. Ce sont elles dont s'occupe l'Oulipo. Rien donc de bien nouveau, déclarent avec modestie les Oulipiens eux-mêmes ; et François Le Lionnais nous rappelle qu'il n'est pas de littérature sans contraintes formelles :

> *Toute œuvre littéraire se construit à partir d'une inspiration (c'est du moins ce que son auteur laisse entendre) qui est tenue de s'accomoder tant bien que mal d'une série de contraintes et de procédures qui rentrent les unes dans les autres comme des poupées russes. Contraintes du vocabulaire et de la grammaire, contraintes des règles du roman (division en chapitres, etc.) ou de la tragédie (règle des trois unités), contraintes de le versification générale, contrainte des formes fixes (comme dans le cas du rondeau ou du sonnet), etc.*
>
> (Oulipo, *La Littérature potentielle, créations, re-créations, récréations*, Gallimard, 1973)

L'humour du reste se mêle ici au sérieux, et Paul Braffort déclarait, lors d'une conférence donnée à Noisiel en 1987, que les nouveaux procédés offerts aux écrivains par l'Oulipo pouvaient leur permettre, *pour peu qu'ils eussent quelque talent*, de composer tous les chefs-d'œuvres qu'ils voudraient...

Les contraintes formelles cessent en tout cas d'être senties comme une gêne. Bien loin d'être un frein ou un obstacle à la libre création, elles deviennent un outil, elles sont créatrices. C'est que l'écriture, au lieu d'être destinée à communiquer un sens et une idée que l'auteur aurait en lui avant d'avoir écrit, consiste à laisser parler la langue elle-même, ou la règle, pour produire quelque chose d'inattendu et de nouveau. Laisser parler son cœur est une illusion : on se borne, sans s'en rendre compte, à répéter ce qui a été dit, senti et pensé auparavant. Se plier à des contraintes formelles, qui sont du reste choisies arbitrairement, permet au contraire de penser librement.

Les travaux de l'Oulipo nous auront au moins aidé à comprendre la fonction poétique de ce système de contraintes formelles que constitue la versification.

La versification quantitative

La versification française est fort éloignée de la versification latine, dont elle est pourtant issue. C'est que les systèmes phoniques des deux langues sont très différents.

Le système phonique du latin, comme celui du grec ancien, reposait sur une distinction très nettement perçue entre syllabes longues et syllabes brèves. Le rythme d'un énoncé reposait donc essentiellement sur la répartition de ces deux sortes de syllabes. (Nous avons vu que pour Platon le *rythme* est produit par «l'alternance du lent et du rapide».) Une succession de syllabes longues ralentit le débit de la phrase, une succession de voyelles brèves l'accélère, une alternance de longues et de brèves donne une impression de régularité et d'équilibre, etc.

Aussi la versification ne règle-t-elle pas, comme en français, le nombre des syllabes mais l'alternance des syllabes longues et brèves. La versification est quantitative et non syllabique. Chaque vers comporte un nombre fixe non de syllabes mais de *pieds*, et chaque pied comporte un nombre déterminé de syllabes longues ou brèves. Le pied métrique est donc analogue à ce que, dans nos musiques, on appelle une *mesure*.

Voici quelques pieds d'usage courant dans la versification latine. Les syllabes longues sont figurées par le signe –, et les syllabes brèves par le signe u. Tout comme les mesures musicales, un pied comporte un temps fort et un temps faible. Le temps fort sera figuré par un accent (–́) :

l'*iambe*	u –́
l'*anapeste*	u u –́
le *trochée*	–́ u
le *spondée*	–́ –
le *dactyle*	–́ u u

On peut considérer que la syllabe longue a la même durée que deux brèves. Ainsi la durée du dactyle (–́ u u) équivaut à celle du spondée (–́ –), et l'on peut remplacer l'un par l'autre sans que la durée du vers en soit modifiée.

Un des types de vers les plus couramment employés est l'*hexamètre* (vers de six *mètres*, c'est-à-dire de six mesures, ou de six pieds) *dactylique* (c'est-à-dire dont chaque pied est un *dactyle*, ou bien son équivalent en durée : le spondée). Les quatre premiers pieds sont, au choix du poète, des dactyles (–́ u u) ou des spondées (–́ –) ; le cinquième est obligatoirement un dactyle, et le sixième un spondée ; enfin une coupe (/), (c'est-à-dire un léger arrêt de la voix), intervient après le troisième temps fort. Ainsi ce vers de Virgile :

> ´– – ´– u u ´– – ´– – ´– u u ´– –
> *Majoresque cadunt / altis de montibus umbræ*
> [Et les ombres s'allongent et tombent du haut des monts]

Le vers a ici 14 syllabes, mais il aurait pu tout aussi bien en avoir 13 (s'il avait commencé par quatre spondées) ou 17 (s'il avait commencé par quatre dactyles), ou 15, ou 16. On remarque du reste que le découpage de l'énoncé en pieds métriques ne coïncide pas avec son découpage en mots, et cela à deux exceptions près : la coupe et la fin du vers doivent obligatoirement intervenir après un mot. Le travail du versificateur consiste donc à faire se succéder les mots dans un ordre qui permette de faire se succéder les syllabes brèves et longues selon le modèle obligé.

Chaque mot latin ou grec comportait en outre une syllabe accentuée. Il ne s'agissait pas d'un accent d'intensité (une syllabe prononcée plus fort que les autres), mais d'un accent tonique, ou de hauteur (une syllabe prononcée sur une note plus aiguë que les autres). L'écrivain latin Varron (IIe-Ier siècle avant J.-C.) décrit cet accent de la manière suivante :

Natura vero prosodiæ in eo est, quod aut sursum est aut deorsum ; nam in vocis altitudine omnino spectatur, adeo ut, si omnes syllabæ pari fastigio vocis enuntientur, prosodia sit nulla.

[La nature de l'accent consiste en ceci que la voix monte ou descend ; car l'accent se perçoit grâce à la hauteur de la voix, de telle sorte que si toutes les syllabes étaient à une même hauteur, il n'y aurait pas d'accent.]

Et Cicéron :

Ipsa enim natura, quasi modularetur hominum orationem, in omni verbo posuit acutam vocem.

[La nature elle-même, comme si elle voulait nuancer la parole humaine, a placé dans chaque mot une syllabe aiguë.]

Or cet accent propre à chaque mot ne joue aucun rôle dans la versification latine, si bien que, à de très rares exceptions près, ils ne coïncident nullement avec les temps forts du vers.

LE « VERS MESURÉ » DU XVIe SIÈCLE

La versification quantitative des poésies latine ou grecque ne pouvait s'appliquer aux poésies françaises, pour la raison bien simple que la quantité brève ou longue des syllabes n'est plus perceptible en français. La seul accent que puisse faire entendre un vers français est, comme nous l'avons vu dans le chapitre consacré à la prosodie, l'accent d'intensité propre à chaque mot ou groupe de mots.

Pourtant l'admiration qu'ils avaient pour l'antiquité poussa plus d'un poète du XVIe siècle à tenter de mesurer les vers à la manière des Grecs et des Latins. On pouvait en effet imaginer une scansion reposant sur la répartition des accents d'intensité, ces accents étant distribués dans le vers de la même manière que les accents métriques étaient distribués dans les vers latins ou grecs. Chaque *pied* serait alors constitué d'une syllabe accentuée et d'une ou deux syllabes non accentuées.

En réalité, quand on examine les «vers mesurés» du XVIe siècle, on s'aperçoit vite que la place des accents français peut rarement correspondre à celle qu'occupent les temps forts du vers latin ou grec correspondant.

Agrippa d'Aubigné (1552-1630) par exemple utilise, dans sa *Paraphrase du Psaume 88*, la strophe saphique (celle qui fut si bellement illustrée par Sappho, dans l'île de Lesbos, au VIe siècle avant J.-C.) ; elle comporte d'abord trois vers identiques dont voici le schéma :

–́ u –́ – –́ u u –́ u –́ u ;

et se termine par un dactyle suivi d'un spondée :

–́ u u –́ –.

Si nous indiquons, au-dessus de chaque vers, le modèle métrique ancien, et si nous soulignons les syllabes acentuées du français, on se rendra facilement compte du décalage qui existe entre les deux prosodies :

–́ u –́ – –́ u u –́ u –́ u
Sau<u>veur</u> Eter<u>nel</u>, nuict et <u>jour</u> devant <u>toi</u>

–́ u –́ – –́ u u –́ u –́ u
Mes sou<u>pirs</u> s'en <u>vont</u> rele<u>vés</u> de leur <u>foi</u>.

–́ u –́ – –́ u u –́ u –́ u
<u>Sus</u>, sou<u>pirs</u>, mon<u>tez</u> de ce <u>creux</u> et bas <u>lieu</u>

–́ u u –́ –
<u>Jus</u>ques à mon <u>Dieu</u> !

Rien dans la langue ne permet d'entendre par exemple dans le mot *nuit* une syllabe brève, comme le voudrait le schéma métrique de Sappho, et dans le mot *jour* une syllabe longue. Quant à la répartition des accents dans le vers, non seulement elle ne correspond pas à celle des temps forts dans le vers saphique, mais elle varie d'un vers à l'autre. Du reste apparemment cette métrique n'a pas semblé à d'Aubigné suffisamment marquée, puisqu'il y ajoute des rimes (toutes masculines) qui n'existaient pas dans la versification de l'antiquité.

Ce décalage entre le shéma métrique annoncé et sa réalisation peut s'interpréter de deux manières. Ou bien le poète fait sciemment et volontairement violence à la langue en la faisant entrer de force dans une prosodie qui ne lui est pas naturelle ; ou bien la référence au schéma grec ou latin n'est là que pour mémoire, et le résultat est un vers français tel que jamais encore on n'en avait entendu. Ronsard (1524-1585), qui avait également composé de cette manière plusieurs *Odes saphiques*, jugeait lui-même leur cadence point assez marquée, et peut-être trop peu éloignée du rythme de la prose. Il déclare dans son *Avertissement au lecteur* :

> *Les vers saphiques ne sont, ni ne furent, ni ne seront jamais agréables, s'ils ne sont chantés de vive voix, ou pour le moins accordés aux instruments, qui sont la vie et l'âme de la poésie.*

Et il rappelle que Sappho elle-même chantait ses vers en s'accompagnant d'un instrument, les cheveux en désordre et «avec un contour d'yeux languissants et putaciers» qui était plein de charme…

Ce qui fait l'intérêt d'une telle entreprise, c'est précisément son caractère artificiel. Car elle est loin d'être gratuite. Agrippa d'Aubigné par exemple tente ici, sinon une synthèse (impossible), du moins une rencontre de trois cultures : la culture hébraïque et biblique (il s'agit de la paraphrase d'un psaume de la Bible), la culture grecque (par la référence à sa métrique), et la culture française (non seulement la langue, mais la rime, qui appartient en propre à sa métrique).

Dans sa *Paraphrase du Psaume Troisième*, d'Aubigné parvient toutefois à imiter d'assez près le distique élégiaque des Anciens. Chaque distique est composé d'un *hexamètre* suivi d'un *pentamètre* (vers de 5 pieds, qui équivaut à deux fois la première partie de l'hexamètre). Les accents se répartissent selon le schéma grec et latin, sauf évidemment en ce qui concerne la fin de l'hexamètre, puisque là encore d'Aubigné ne peut éviter de terminer son vers par une syllabe accentuée. La question de la coupe est résolue de façon fort ingénieuse : les deux hémistiches de chaque vers riment entre eux :

–́ u u –́ u u –́ / u u –́ – –́ u u –́ –
Dieu quel amas hérissé / de mutins, quel peuple ramassé !

–́ u u –́ u u –́ / –́ u u –́ u u –́
O que de folles rumeurs, / et que de vaines fureurs !

La coupe du vers ne correspond parfois pas à la coupe selon le sens. C'est le cas du premier vers. Mais la rime montre bien que c'est après le mot *hérissé* que l'auteur l'entend. On dira donc que «de mutins» est en rejet de coupe.

Dans les langues germaniques, dont la versification repose essentiellement sur la distinction entre syllabes accentuées et non accentuées, il est au contraire tout à fait possible d'adopter les modèles métriques de l'antiquité. Les *Grandes Élégies* de Hölderlin (1770-1843) par exemple suivent fidèlement le modèle du distique élégiaque de l'antiquité (un hexamètre suivi d'un pentamètre) : chaque syllabe normalement accentuée de l'allemand occupe dans le vers la place que doit occuper chaque temps fort du vers latin :

> ´– – ´– u u ´– / – ´– – ´– u u ´– –
> *Tâglich geh' ich heraus / und such' ein Anderes immer,*
> [Tous les jours je m'en vais, et cherche toujours un ailleurs,]
>
> ´– – ´– u u ´– / ´– u u ´– – ´–
> *Habe längst sie befragt, / alle die Pfade des Lands...*
> [Je les ai depuis longtemps interrogés, tous les chemins du pays...]

La poésie latine du Moyen Âge

A partir du IIIe siècle après J.-C., le latin subit une transformation importante : peu à peu, on cesse d'être sensible à la quantité (longue ou brève) des syllabes, et l'accent tonique (qui faisait prononcer une syllabe sur une note plus aiguë) est peu à peu remplacé par un accent d'intensité. Un grammairien du Ve siècle définit ainsi ce nouvel accent :

> ***illa** syllaba plus sonat in toto verbo, quæ accentum habet.*
> [la syllabe qui porte l'accent résonne avec plus de force que le reste du mot.]

Cette modification de la langue va bouleverser la versification. D'abord, il n'est plus possible de remplacer comme autrefois une syllabe longue par deux brèves, ou deux brèves par une longue. Il est par exemple impossible de substituer un spondée (– –) à un dactyle (– uu), ou un dactyle à un spondée. La conséquence est que chaque vers a désormais un nombre invariable de *syllabes*.

Ensuite, on ne perçoit plus les temps forts métriques (ceux par exemple qui frappaient la première syllabe des dactyles : ´– uu ; ou des spondées : ´– –). Seul est perçu désormais l'accent d'intensité de chaque mot. Le nombre et la place des accents dans le vers est donc variable, sauf devant la coupe et à la fin du vers. Voici par exemple trois vers extraits d'un hymne chrétien du Xe siècle (les temps forts, qui sont, rappelons-le, des accents d'intensité, sont imprimés en caractères romains) :

O pater sancte / mitis atque pie	[O père saint, bon et pieux,
O Jesu Christe / fili venerande	O Jésus Christ, fils vénérable,
Paraclitusque / spiritus o alme.	Et Intercesseur, ô bienfaisant esprit.]

On remarquera que :

1. tous les vers ont un nombre égal de syllabes : 11 (5 + 6) ;
2. le nombre des accents est variable d'un vers à l'autre :
premier vers : 5 (2 + 3) ; deuxième vers : 4 (2 + 2) ; troisième vers : 3 (1 + 2) ;
3. l'accent occupe toujours la même place (l'avant-dernière) devant la coupe, et à la fin du vers.

Pourtant le nombre égal des syllabes et la place fixe occupée par deux accents seulement ont dû paraître insuffisants pour caractériser la mesure du vers et pour distinguer son rythme de celui de la prose. C'est sans doute la raison pour laquelle apparaît la *rime*, dont la fonction est de signaler clairement la fin du vers. La répétition à intervalle régulier du même son donne au rythme du poème une cadence plus perceptible. Il en est ainsi de nombreux *hymnes* conservés dans la liturgie de l'Eglise chrétienne :

S*tabat mater dolorosa*	[Debout, la Mère des douleurs se tenait
Juxta crucem lacrimosa	en larmes près de la Croix
*Dum pendebat fi*lius.	où son fils était suspendu.
*Cujus animam gemen*tem	Son âme gémissante,
*Contristatam et do*lentem	affligée et accablée de douleur
*Pertransivit gla*dius…	fut transpercée par un glaive…]

Les deux premiers vers de chaque strophe riment ensemble, le troisième vers rime avec le troisième vers de la strophe suivante. On remarque du reste que ce n'est pas seulement la dernière syllabe du vers qui porte la rime, mais également celle qui la précède immédiatement.

Dans cette autre *Séquence*, qui date du XIIe siècle, et qui était chantée au cours de la messe des morts, les vers riment trois par trois.

D*ies iræ, dies* illa,	[Jour de colère que ce jour-là,
*Solvet sæclum in fa*villa :	qui réduira le monde en cendres,
*Teste David et Sib*ylla.	selon David et la Sibylle.
*Quantus tremor est fu*turus,	Quelle terreur,
*Quando judex est ven*turus,	quand le juge viendra,
*Cuncta stricte discus*surus…	pour tout juger avec rigueur…]

C'est tout à fait sur ce modèle (strophes de huit syllabes construites chacune sur une seule rime) que Charles Baudelaire, au XIXe siècle, écrit ses *Franciscæ meæ Laudes* («Louanges à ma Françoise») :

*... **Q**uum vitiorum tempestas*	[quand la tempête des péchés
Turbabat omnes semitas,	brouillait toutes mes routes,
Apparuisti, Deitas,	tu es apparue, Déité,
Velut stella salutaris	comme une étoile salutaire
In naufragiis amaris...	dans l'amertume des naufrages...
Suspendam cor tuis aris !	Je suspendrai mon cœur à tes autels !
Piscina plena virtutis,	Bassin plein de vertus,
Fons æternæ juventutis,	Source de jeunesse éternelle,
Labris vocem redde mutis !...	Rends la parole à mes lèvres muettes !...]

Ce nouveau système de versification a été appelé versification *rythmique*, pour la distinguer de la versification latine classique, fondée sur la quantité longue ou brève des syllabes, et appelée versification *métrique*.

C'est vraisemblablement à partir de cette poésie *rythmique* que l'usage de la rime s'est répandu dans les langues romanes (c'est-à-dire les langues issues du latin), et d'abord sans doute dans la poésie lyrique provençale. On la trouve déjà chez le plus ancien troubadour connu, Guillaume de Poitiers (1071-1127) :

***P**os de chantar m'es pres talenz*	[Puisque j'ai désir de chanter,
Farai un vers, don sui dolenz...	Je ferai un chant de ma peine...]

(*Trad.* André Berry)

Puis dans la poésie lyrique en langue d'oïl, où elle a remplacé les *laisses* uniquement assonancées des chansons de gestes. Elle s'est enfin répandue en Italie, en Espagne, et même, plus tard dans les langues germaniques (allemand, anglais), où elle n'a toutefois jamais eu le caratère obligatoire qu'elle avait en français.

PRINCIPES DE LA VERSIFICATION FRANÇAISE

Désormais, le système de la versification française est en place, et pour longtemps. On peut dire en effet que depuis le XIe ou XIIe siècle jusqu'à la naissance du vers libre au début du XXe siècle, les règles, à quelques rares exceptions près concernant la coupe, en sont restées les mêmes. Les seules modifications qui apparaissent avec le temps, et qui touchent par exemple l'*e* muet, la diérèse et la synérèse, etc., sont des modifications qui affectent la prosodie de la langue, non sa versification.

Avant d'examiner à loisir les différents types de vers ainsi que les problèmes posés par la rime, la strophe et le poème, on peut dès maintenant résumer ainsi les principes sur lesquels repose le vers français :

1. Le vers est caractérisé par le nombre des syllabes qui le composent. Dans le cours du vers, toutes les syllabes sont comptées, sauf l'*e* muet à la fin du vers ou quand il s'élide.

2. Le nombre des syllabes doit être immédiatement sensible à l'oreille, c'est-à-dire qu'on ne doit pas avoir besoin de compter sur ses doigts pour reconnaître le nombre des syllabes dont se compose un vers. Or cela n'est pratiquement pas possible au-delà de 8 syllabes. C'est la raison pour laquelle, au-delà de ce chiffre, une coupe est nécessaire.

La coupe ne marque pas forcément un arrêt effectif de la voix. Elle n'a pas tant pour fonction de faire entendre un silence, si bref soit-il, que de permettre le compte des syllabes quand leur nombre est trop grand pour être saisi immédiatement, c'est-à-dire au-delà de huit. De la même façon, la vue ne peut saisir un nombre trop grand d'objets, à moins de diviser, au moins idéalement, ce nombre en groupes plus petits.

On appelle *hémistiche* (du grec *hémi-* qui signifie *demi*, et *stiche*, στιχός, qui signifie *ligne* ou *vers*) chacune des deux parties du vers de part et d'autre de la coupe.

3. Le nombre et la répartition des accents, ou temps forts, est libre à deux exceptions près : la dernière syllabe du vers est obligatoirement accentuée, ainsi que, pour les vers de plus de huit syllabes, la syllabe placée immédiatement devant la coupe. Ainsi dans cette strophe de Malherbe :

M*ais elle était du* mond*(e), / où les plus belles* chos*(es)*
*Ont le pire des*tin *:*
*Et rose elle a v*écu */ ce que vivent les* ros*(es),*
L'espace d'un matin.

(Consolation à Monsieur du Périer)

Les vers de 12 syllabes comportent un temps fort obligatoire sur la sixième et sur la douzième syllabe ; le vers de 8 syllabes comporte un temps fort obligatoire sur sa huitième syllabe.

4. Enfin, comme on le voit encore dans cet exemple, les vers sont *rimés*, c'est-à-dire qu'ils se terminent deux à deux par le même son.

5. Le modèle rythmique sera d'autant mieux reconnu, et la cadence du vers d'autant plus sensible, que les coupes et les fins de vers coïncideront avec les articulations de la phrase et du sens, ce qui est le cas de la strophe de Malherbe qui vient d'être citée. Il n'en est pas toujours ainsi. Dans la première scène d'*Hernani* (1830), Victor Hugo fait dire à Doña Josefa :

> *Serait-ce déjà lui ? C'est bien à* l'escalier
> Dérobé. *Vite, ouvrons. Bonjour, beau cavalier.*

L'adjectif *dérobé*, qui du point de vue du sens est indissociable du substantif *escalier*, a été rejeté sans façon au début du vers suivant. On dit que ce mot est *en rejet* de vers, ou bien qu'il y a un *enjambement* du premier vers sur le second. Cet enjambement est d'autant plus sensible ici que par ailleurs les ponctuations syntaxiques (*déjà lui ? – ouvrons : – cavalier.*) coïncident exactement avec les coupes ou la fin du vers. Nous reviendrons plus tard sur les rapports qui existent dans les poésies entre le rythme du vers et celui de la phrase.

LES DIFFÉRENTS TYPES DE VERS

LES VERS COURTS

Jusqu'à huit syllabes, le vers n'a pas besoin de comporter une coupe pour pouvoir être mesuré et reconnu immédiatement. Le vers court est donc soumis à une seule règle : sa dernière syllabe doit être accentuée.

LE VERS LE PLUS COURT DU MONDE

Le vers le plus court n'aurait qu'une syllabe. Dans *Les trois Mousquetaires*, Alexandre Dumas (1802-1870) fait dire à Aramis :

> *J'ai commencé un poème en vers d'une syllabe ; c'est assez difficile, mais le mérite en toutes choses est dans la difficulté. La matière est galante, je vous lirai le premier chant, il a quatre cents vers et dure une minute.*

Alexandre Dumas plaisante. Cela n'empêche que plus d'un poète se soit essayé à composer des vers monosyllabiques, non certes de quoi nourrir un poème de plusieurs centaines de vers, mais du moins de quoi faire par exemple un sonnet, comme celui, souvent cité, que Jules de Rességuier (1788-1862) écrivit *sur la Mort d'une Jeune Fille* :

Fort
Belle,
Elle
Dort,

Sort
Frêle !
Quelle
Mort !

Rose
Close,
La

Brise
L'a
Prise.

Le plus souvent le vers d'une seule syllabe est mélangé à d'autres vers, comme dans ce poème qu'on peut lire dans *Les Minutes de sable mémorial* d'Alfred Jarry (1873-1907) :

Pris
dans l'eau calme de granit gris,
nous voguons sur la lagune dolente.
Notre gondole et ses feux d'or
dort
lente.
[…]
Nef
dont l'avant tombe à pic et bref,
abats tes mâts, tes voiles, noires trames ;
glisse sur les flots marcescents
sans
rames…

En somme le vers d'une syllabe est exceptionnel, et toujours senti comme tel.

Les vers à chanter

Les vers courts sont quasiment de règle dans les chansons, ainsi que dans tout poème qui veut s'en donner les allures. La raison en est facile à comprendre : on chante en général plus lentement qu'on ne parle. A partir d'un certain nombre de syllabes, le vers aurait trop de durée pour qu'on fût sensible à sa cadence. D'autre part, plus le vers est court, plus la rime revient vite et mieux elle est perçue ; plus le vers est court, plus son caractère proprement musical est sensible. «Or se chante» (*ici l'on chante*), lit-on dans *Aucassin et Nicolette* (début XIIIe siècle), quand le récit en prose s'interrompt pour laisser place aux heptasyllabes (vers de 7 syllabes) :

***A**ucassins li biaus, li blons,*	[Aucassin le beau, le blond,
li gentils, li amorous,	le gentil et amoureux,
est issus del gaut parfont,	sort de la forêt profonde,
entre ses bras ses amors	tient dans ses bras son amour
devant lui sor son arçon ;	devant lui sur sa monture,
les ieus li baise et le front,	lui baise les yeux, le front,
et la bouche et le menton...	et la bouche et le menton...]

Et dans le manuscrit les vers sont accompagnés de la musique sur laquelle ils doivent se chanter.

Les vers mélangés

Dans la poésie lyrique, et cela dès le XIIe siècle, les vers de différentes mesures sont volontiers mélangés, ce qui permet de moduler la vitesse de débit du discours poétique. Nous avons vu, dans le chapitre consacré aux problèmes prosodiques, que plus le vers est court, plus la durée de chaque syllabe tend à s'allonger. On peut en faire l'expérience en lisant le poème de Victor Hugo intitulé «Les Djinns» (dans *Les Orientales*, 1829), dont les vers ont un nombre de syllabes qui va en augmentant de strophe en strophe jusqu'à la huitième, puis en décroissant jusqu'à la fin. Les vers dissyllabiques de la première strophe ne peuvent se lire qu'avec une grande lenteur : la ville, encore plongée dans le sommeil, est immobile :

***M**urs, ville,*
Et port,
Asile
De mort,
Mer grise
Où brise
La brise ;
Tout dort.

Le mouvement s'accélère avec les vers trisyllabiques de la deuxième strophe :

***D**ans la plaine*
Naît un bruit...

Et ainsi de suite de strophe en strophe :

La voix plus haute [...]	(tétrasyllabes : 4 syllabes)
La rumeur approche [...]	(pentasyllabes : 5 syllabes)
Dieux ! la voix sépulcrale ! [...]	(hexasyllabes : 6 syllabes)
C'est l'essaim des Djinns qui passe [...]	(heptasyllabes : 7 syllabes)
Ils sont tout près ! – Tenons fermée	(octosyllabes : 8 syllabes)
Cette salle où nous les narguons ! [...]	
Cris de l'enfer ! voix qui hurle et qui pleure !	(décasyllabes : 10 syllabes)

L'octosyllabe

L'octosyllabe, ou vers de 8 syllabes, occupe une place tout a fait particulière dans la versification française. Il est sans doute le vers le plus courant. («Cette espèce est fort usitée», déclare Thomas Sébillet dans son *Art Poétique Français* de 1548). On ne le trouve pas seulement dans la poésie lyrique. Les longs romans en vers du Moyen Age sont écrits en octosyllabes.

***L**ors s'eslaisse parmi le bois*	[Alors s'en va parmi le bois
Tant com cele trace li dure,	tant qu'il peut suivre cette trace,
tant que il voit par aventure	si bien qu'il voit par aventure
Une pucele soz un chaisne,	une pucelle sous un chêne,
Qui pleure et crie et se desraisne	qui pleure, crie et se désole
Comme chaitive dolerouse.	comme une pauvre malheureuse.
«Lasse ! fait el, maleürouse !	«Hélas! fait-elle, malheur à moi !
Con de pute heure je fui nee...»	Quel mauvais destin que le mien...]

(Chrétien de Troyes, *Le Roman de Perceval,* vers 4606-4613)

La mesure de huit syllabes est sans doute la mesure à laquelle se plie avec le plus de facilité la prosodie naturelle de la langue. C'est elle qui peut accueillir les mots ou groupes de mots les plus longs (les vers plus longs ont en effet une coupe après la 4e ou la 6e syllabe). Aussi son caractère a-t-il quelque chose de simple, de non apprêté. Elle est à la fois reconnaissable, chantante, et proche du rythme naturel de la langue. On trouve beaucoup d'octosyllabes chez Apollinaire, et, encore aujourd'hui, les vers libres se laissent volontiers entraîner dans sa cadence familière.

Les vers de 9 et de 11 syllabes

Verlaine déclarait préférer le vers impair :

***D**e la musique avant toute chose,*
Et pour cela préfère l'Impair

Plus vague et plus soluble dans l'air,
Sans rien en lui qui pèse et qui pose.
(*Jadis et Naguère,* 1884)

Arrêts éventuels de la voix, répartition des temps forts, rien ne peut en effet partager le vers en deux parties égales. C'est sans doute ce qui donne à son rythme une cadence moins marquée, moins insistante, et aussi moins équilibrée, moins figée et immobile, et par conséquent plus chantante qu'emphatique. Et Verlaine en effet use volontiers du vers impair, non seulement de 5 ou de 7 syllabes, mais aussi de 9, comme ici, et même de 11 syllabes, ce qui est tout à fait exceptionnel dans les poésies françaises.

L'ennéasyllabe

Le vers de 9 syllabes pose des problèmes tout à fait particuliers. Thomas Sébillet, en 1548, n'en fait pas mention. Et André Chénier (1762-1794), dans son poème sur les *Principes des Arts*, dit de ce vers :

***D**ans la forme des vers, neuf syllabes rangées*
Font des lignes en prose et de rimes chargées.

Aucune coupe régulière ne peut en effet être perçue dans ces ennéasyllabes de Verlaine (*Epigrammes*, 1894) :

***I**l ne me faut plus qu'un air de flûte,*
Très lointain en des couchants éteints.
Je suis si fatigué de la lutte
Qu'il ne me faut plus qu'un air de flûte
Très éteint en des couchants lointains.

Ah, plus le clairon fou de l'aurore !
Le courage est las d'aller plus loin.
Il veut et ne peut marcher encore
Au son du clairon fou de l'aurore :
C'est d'un chant berceur qu'il a besoin...

Le vers est trop long pour que son nombre puisse être perçu directement et facilement ; il est trop court pour comporter une coupe qui permettrait de mieux le compter. La musique qu'il produit a quelque chose de flou, et en effet «sans rien en lui qui pèse ou qui pose»

Pourtant rien n'empêchait que ce vers fût régulièrement coupé, ce qui lui donnerait une tout autre physionomie. Et en effet, lorsqu'il est employé aux siècles précédents, l'ennéasyllabe comporte toujours une coupe après la troisième syllabe, comme on peut l'entendre dans ces vers de Voltaire (1664-1778) :

Des destins / la chaîne redoutable
Nous entraîne / à d'éternels malheurs ;
Mais l'Espoir / à jamais secourable,
De ses mains / viendra sécher nos pleurs.

La musique particulière de ce vers est due alors à l'alternance d'un rythme impair (3 syllabes) et d'un rythme pair (6 syllabes).

Malherbe lui-même (1555-1628) a écrit une *chanson* dont chaque strophe est composée de deux vers de 9 syllabes suivis de deux décasyllabes. Tous les ennéasyllabes sont coupés 3 + 6, ce qui semble bien être la règle pour la poésie classique :

Sus debout / la merveille des belles,
Allons voir / sur les herbes nouvelles...
[...]
L'air est plein / d'une haleine de roses,
Tous les vents / tiennent leurs bouches closes...
[...]
On dirait / à lui voir sur la tête
Ses rayons / comme un chapeau de fête...
[...]
Toute chose / aux délices conspire
Mettez-vous / en votre humeur de rire...
[...]
Il fait chaud / mais un feuillage sombre
Loin du bruit, / nous fournira quelque ombre...
[...]
Près de nous / sur les branches voisines,
Des genêts, / des houx et des épines...
[...]
Et peut-être / à travers des fougères
Verrons-nous / de bergers à bergères...
[...]
C'est chez eux / qu'amour est à son aise
Il y saute, / il y danse, il y baise...
[...]
O qu'un jour / mon âme aurait de gloire
D'obtenir / cette heureuse victoire...
[...]
Votre honneur / le plus vain des idoles,
Vous remplit / de mensonges frivoles...

L'hendécasyllabe

Nous avons vu (page 140) qu'au XVIe siècle Ronsard, s'autorisant de la strophe saphique des Anciens, a composé des vers de 11 syllabes. Or ces hendécasyllabes, si l'on oublie le schéma métrique ancien, sont coupés très régulièrement 5 + 6 ; cette dissymétrie, soulignée par la coupe et par les rimes, produit une musique subtile, qui tient sans doute au léger déséquilibre qui existe entre les deux hémistiches et au mélange du rythme impair avec le rythme pair :

Pourquoy dans mon cœur / as-tu fait ton sejour ?
Je languis la nuict, / je soupire le jour,
Le sang tout gelé / se ramasse à l'entour
O fascheux Amour !

Le vers de 5 syllabes qui termine chaque strophe n'est rien d'autre qu'un hendécasyllabe dont il manquerait le second hémistiche, de telle sorte que l'unité rythmique de la strophe n'est pas rompue.

Lorsque Verlaine adopte l'hendécasyllabe, il semble parfois tenté par cette mesure 5 + 6, comme il apparaît dans ce quatrain des *Epigrammes* (1894), à partir de son deuxième vers :

Un pont plie et fuit / sur un lac lilial,
Un insecte vole, / une fleur vient d'éclore,
Le tout fait d'un trait / unique et génial.
Vivent ces aspects / que l'esprit seul colore !

Mais c'est exceptionnel. Le plus souvent, l'absence de coupe régulière donne aux hendécasyllabes de Verlaine une allure délibérément *boiteuse*, par exemple dans *Jadis et Naguère* (1884) :

Ce soir je m'étais penché sur ton sommeil.
Tout ton corps dormait chaste sur l'humble lit,
Et j'ai vu, comme un qui s'applique et qui lit,
Ah ! j'ai vu que tout est vain sous le soleil !

Qu'on vive, ô quelle délicate merveille,
Tant notre appareil est une fleur qui plie !
O pensée aboutissant à la folie !
Va, pauvre, dors ! moi, l'effroi pour toi m'éveille.

Arthur Rimbaud, dans *Larme* (1872), traite de la même façon l'hendécasyllabe :

Loin des oiseaux, des troupeaux, des villageoises,
Je buvais, accroupi dans quelque bruyère

Entouré de tendres bois de noisetiers,
Par un brouillard d'après-midi tiède et vert...

Le caractère incertain du rythme est encore aggravé lorsque l'hendécasyllabe est mélangé à d'autres mètres, par exemple à l'octosyllabe, comme dans cette *Epigramme* de Verlaine :

***Q**uand nous irons, si je dois encor la voir,*
Dans l'obscurité du bois noir...

ou bien au vers de 5 syllabes, comme dans *La Rivière de Cassis* (1872) de Rimbaud :

***L**a Rivière de Cassis roule ignorée*
En des vaux étranges :
La voix de cent corbeaux l'accompagne, vraie
Et bonne voix d'anges :
Avec les grands mouvements des sapinaies
Quand plusieurs vents plongent.

LE DÉCASYLLABE OU VERS DE 10 SYLLABES

LE DÉCASYLLABE RETROUVÉ

Le Cimetière marin de Paul Valéry (1971-1945) est écrit en décasyllabes :

***C**e toit tranquille, où marchent des colombes,*
Entre les pins palpite, entre les tombes ;
Midi le juste y compose de feux
La mer, la mer, toujours recommencée !
O récompense après une pensée
Qu'un long regard sur le calme des dieux !

Chaque vers comporte un temps fort obligatoire sur sa quatrième syllabe, autrement dit comporte une coupe qui partage le vers en 4 + 6. Le second vers de cette première strophe pourrait tout aussi bien être coupé 6 + 4 :

***E**ntre les* pins palpite, */ entre les tombes.*

Mais cette interprétation doit être repoussée : la coupe est bien placée après la quatrième syllabe, et le verbe *palpite* est un enjambement de coupe, ce qui le souligne de façon remarquable dans la diction :

***E**ntre les* pins / palpite, *entre les tombes.*

Valéry lui-même commente ainsi le choix qu'il a fait du décasyllabe :

> *Je me suis étonné, un matin, de trouver dans ma tête des vers décasyllabiques. Ce type a été assez peu cultivé par les poètes français du XIXe siècle. Il n'a point d'application chez les Parnassiens et leurs successeurs, ou, du moins, il en a fort peu. C'est un vers difficile à manier à cause de sa facilité même.*

L'ANCIENNE SPLENDEUR DU DÉCASYLLABE

Si le décasyllabe peut être considéré comme une rareté au temps de Valéry, il était loin d'en être de même autrefois. C'est le vers qui est utilisé dans la *Chanson de Roland* et dans presque toutes les chansons de geste du XIe et du XIIe siècle, et il continue de l'être, concurremment aux autres mètres, dans la poésie lyrique du Moyen Age. Il est déjà presque toujours coupé 4 + 6, encore qu'il ne soit pas rare de trouver des exemples où la place de la coupe est moins nette. C'est ainsi que Jean Meschinot (1420-1491) peut écrire :

> ***P**uisque doncques aysément est possible [...]*
> *Pour ton âme, tes jours finiz, lui rendre...*

Il faudrait, pour maintenir la coupe après la quatrième syllabe, accentuer l'*e* muet qui termine *doncques* et *âme*, ce qui n'est pas possible. Mais de tels vers sont l'exception.

Au XVIe siècle, le décasyllabe est sans doute le vers le plus fréquemment utilisé. Ronsard l'appelle le «vers commun» (par opposition au «vers alexandrin» qui a douze syllabes), et Sébillet déclare dans son *Art Poétique Français* de 1548 : «Cette espèce est encore plus fréquente que la précédente [= le vers de 8 syllabes], comme trouveras revolvant [=comme tu t'en rendras compte en feuilletant] les bons poètes. Et à vrai dire ces deux dernières espèces sont les premières, principales et plus usitées». Les 4490 vers de la *Délie* de Maurice Scève (1501-1560) sont des décasyllabes. Pernette du Guillet (1520-1545) lui répond sur le même mètre. Les *Antiquités de Rome* de Joachim Du Bellay (1522-1560) font alterner régulièrement les alexandrins et les décasyllabes. Il faudra attendre le XVIIe siècle pour le voir détrôné au profit du vers de 12 syllabes.

L'ENDECASIL(L)ABO ITALIEN ET ESPAGNOL

Non seulement le décasyllabe avait pour lui l'ancienneté de la tradition, mais encore sa place était confortée par celle qu'occupait l'*endecasil(l)abo* (le vers de 11 syllabes) dans la poésie espagnole et surtout italienne, dont s'est souvent nourrie la poésie française du XVIe siècle.

Dans l'*endecasil(l)abo* de l'italien ou de l'espagnol, le dernier temps fort se trouve toujours sur la dixième syllabe du vers, cette dernière syllabe accentuée pouvant être suivie d'une ou de deux syllabes non accentuées. Ainsi ce vers de la *Divine Comédie* de Dante (1265-1321) :

> ***P****er me si va ne la città dolente*
> 1 2 3 4 5 6 7 8 9 10 11
> [Par moi on va dans la cité dolente]

L'*endecasil(l)abo* en somme se compte comme un décasyllabe français qui se terminerait par *e* muet : au Moyen Age, cet *e* muet final se prononçait mais n'était pas compté :

> ***D****'une chanson bien fait(e) et avenante*
> 1 2 3 4 5 6 7 8 9 10 11

Dans ces conditions l'*endecasil(l)abo*, malgré son nom, peut tout aussi bien n'avoir que dix syllabes, s'il se termine par un mot accentué sur sa dernière syllabe ; ou bien 12 syllabes, si le dernier mot est accentué sur son avant-dernière syllabe (ce qui est impossible en français mais possible en italien et en espagnol). Le rythme du vers sera le même.

Les variations du décasyllabe

Il serait pourtant faux de dire que le décasyllabe a été entièrement oublié par les poètes du XIXe siècle. Charles Cros (1842-1888) par exemple l'utilise assez souvent. Mais il l'interprète d'une manière telle que Paul Valéry a pu avoir quelque peine à le reconnaître :

> *Une salle avec du feu, des bougies,*
> *Des soupers toujours servis, des guitares,*
> *Des fleurets, des fleurs, tous les tabacs rares,*
> *Où l'on causerait pourtant sans orgies.*
> («La Vie idéale», dans *Le Coffret de Santal*, 1873)

Si l'on veut entendre une coupe régulière (c'est-à-dire à la même place dans tous les vers), cette coupe ne peut être placée qu'après la cinquième syllabe, et partager ainsi chaque vers en deux parties égales. Les deux premiers vers, il est vrai, semblent plutôt avoir une coupe qui se confondrait avec la virgule et qui partagerait le vers en 7 + 3 syllabes. Mais on peut tout aussi bien, si l'on maintient la coupe après la 5e syllabe, considérer que *du feu* et *servis* constituent un enjambement de la coupe.

Du reste il semble bien que la coupe 5 + 5 soit celle dont use habituellement Charles Cros. Dans le poème *Croquis d'hospitalité* (*Le Coffret de Santal*), les décasyllabes, coupés de cette manière, alternent avec des pentasyllabes, de telle sorte que seules les rimes empêchent d'avoir ici une série ininterrompue de vers de cinq syllabes :

Des parfums, des fleurs, des schalls, des colliers
Dans un château vaste.
Des amants heureux sur tous les paliers,
Gens de haute caste.
Des jambons jaunis, séchant sous l'auvent
De la cheminée...

Il arrive pourtant à Charles Cros de se réconcilier avec la cadence ancienne. Ainsi la première et la dernière des *Trois ballades* de *Drame* (toujours dans *Le Coffret de Santal*) sont composées de décasyllabes régulièrement coupés 4 + 6 :

Feuilles, tombez sous la fureur du vent
Et sous la pluie atroce de novembre...

Il semble en tout cas qu'il s'efforce de ne jamais mélanger le rythme impair 5 + 5 avec le rythme pair.

Enfin le décasyllabe peut se libérer de chacun de ces deux rythmes, et devenir quelque chose de très souple et d'imprévisible, comme ces deux vers d'Arthur Rimbaud (dans un poème publié en 1886), dont le premier n'admet plus aucune coupe, alors que le second, coupé 6 + 4, est presque classique :

Plates-bandes d'amarantes jusqu'à
L'agréable palais de Jupiter...

L'ALEXANDRIN OU VERS DE DOUZE SYLLABES

Le vers de douze syllabes, ou alexandrin, comporte obligatoirement un temps fort sur sa sixième syllabe. Autrement dit il comporte une coupe qui le partage de manière égale en deux hémistiches. Il est donc à la fois plus long que les autres vers, et parfaitement équilibré.

NAISSANCE DE L'ALEXANDRIN

Traditionnellement les vers de douze syllabes sont appelés *alexandrins*, «pour ce qu'on tient», dit Thomas Sébillet en 1548, «que l'histoire d'Alexandre le Grand a été premièrement écrite en semblables vers.»

Ce *Roman d'Alexandre le Grand* a lui-même une longue histoire. Les aventures fabuleuses d'Alexandre, roi de Macédoine au IVe siècle avant J.-C., furent d'abord racontées par un romancier grec aux environs du IIe siècle après J.-C. Le roman fut traduit en latin au IVe siècle, et un résumé de cette traduction circula à l'époque mérovingienne. A la fin du XIe siècle, Albéric de Briançon l'adapta en dialecte dauphinois et en fit un poème narratif en octosyllabes. A la fin du XIIe et au début du XIIIe siècle, plusieurs poètes (on cite les noms de Lambert de Tort, Alexandre de Bernay, Pierre de Saint-Cloud) amplifièrent cette ancienne version, en utilisant cette fois-ci le vers de douze syllabes. Tel est l'acte de naissance, sinon officiel, du moins légendaire du vers alexandrin.

Car il n'est pas vrai que le *Roman d'Alexandre* soit la toute première œuvre française écrite en vers de douze syllabes. C'est déjà dans ce vers qu'est écrit le *Pélerinage de Charlemagne*, chanson de geste de la fin du XIe siècle :

> *Li reis tint sa charru (e) / por son jorn espleitier,*
> *E vint i Charlemagn(e) / tot un antif sentier...*
> [Le roi tenait sa charrue pour accomplir sa journée de travail,
> et Charlemangne vint à lui par un antique sentier...]

C'est déjà l'alexandrin classique, avec sa coupe après la sixième syllabe. Le traitement de l'*e* muet (il ne se compte pas devant la coupe) est le traitement normal de l'époque, tel que nous l'avons exposé dans le chapitre consacré à la prosodie.

Mais l'usage de l'alexandrin est ici exceptionnel. Il est extrêmement rare au Moyen Age et, au XVIe siècle encore, il est loin d'avoir pris l'extension considérable qu'il aura bientôt. Du Bellay, qui pourtant l'utilise dans ses poésies à égalité avec le décasyllabe, n'en souffle mot dans sa *Défense et Illustration de la Langue française* de 1549. Un an plus tôt, l'*Art poétique français* de Thomas Sébillet signalait son existence, sans manifester à son endroit un enthousiasme exagéré :

> *Cette espèce est moins fréquente que les autres deux précédentes* [les vers de 8 et de 10 syllabes], *et ne se peut proprement appliquer qu'à choses graves, comme aussi au poids de l'oreille se trouve pesante. Si* [pourtant] *en a usé Marot parfois en épigrammes et épitaphes...*

En réalité Clément Marot (1496-1544) n'a écrit en tout et pour tout, si je compte bien, pas plus de 36 alexandrins, répartis en quatre *Épigrammes* (n° 9, 15, 41 et 54). Encore prend-il soin d'ajouter, sous le titre de chacune d'elle, la mention «vers alexandrins», preuve que pour lui et pour son époque l'usage de ce mètre était une excentricité qui méritait d'être signalée.

Ronsard au contraire a tout fait pour installer l'alexandrin dans la poésie française, parce qu'il a considéré que c'était le vers qui était le plus apte à tenir la place qu'occupait, dans la versification latine et grecque, l'hexamètre dactylique. L'hexamètre dactylique est le mètre utilisé dans les poèmes homériques et dans l'*Énéide* de Virgile. L'alexandrin deviendra donc le *vers héroïque* français. Aussi l'intention première de Ronsard était-elle d'écrire sa *Franciade* en vers de douze syllabes, et s'il s'en est finalement tenu au *vers commun*, c'est-à-dire au décasyllabe, c'est que telle fut la volonté du Roi, son commanditaire :

> *Si je n'ai commencé ma Franciade en vers Alexandrins, lesquels j'ai mis (comme tu sais) en vogue et en honneur, il s'en faut prendre à ceux qui ont puissance de me commander et non à ma volonté, car cela est fait contre mon gré, espérant un jour la faire marcher à la cadence Alexandrine ; mais pour cette fois il faut obéir.*

Voici en effet ce qu'il déclarait en 1565 dans son *Abrégé de l'Art Poétique Français* :

> *Les alexandrins tiennent la place en notre langue, telle que les vers héroïques entre les Grecs et Latins [...] et ont leur repos [=* leur coupe*] sur la sixième syllabe [...]. La composition des Alexandrins doit être grave, hautaine, et, si faut ainsi parler, altiloque [=* emphatique*], d'autant qu'ils sont plus longs que les autres, et sentiraient la prose, si n'étaient composés de mots élus [=* choisis*], graves et résonnants [=* sonores*], et d'une rime assez riche, afin que telle richesse empêche le style de la prose, et qu'elle se garde toujours dans les oreilles, jusques à la fin de l'autre vers qui est long.*

Que Ronsard craigne que son alexandrin ne sente la prose, cela prouve qu'au XVIe siècle l'oreille n'est pas encore habituée à cette mesure nouvelle et qu'elle n'est pas encore inscrite dans la mémoire culturelle comme elle le sera au siècle suivant. Car au XVIIe siècle, c'est peu de dire que l'alexandrin est adopté et largement répandu : il est devenu *le* vers français par excellence.

La répartition des temps forts dans l'alexandrin

Un vers de douze syllabes, dans la tradition classique, comporte généralement quatre temps forts. Mais la répartition de ces temps est variable d'un vers à l'autre, comme on peut l'entendre en écoutant ces deux vers de Racine :

Quoi qu'il vous reste à peine une faible lumière,
1 2 3 4, 1 2, 1 2 3, 1 2 3,

Mon âme chez les morts descendra la première.
1 2, 1 2 3 4, 1 2 3, 1 2 3.

(*Phèdre*)

Chacun de ces deux vers est constitué de quatre groupes rythmiques (on pourrait dire, comme en musique, de quatre *mesures*), dont chacune comporte un nombre de syllabes variant de deux à quatre. Certains vers peuvent être d'une extrême régularité :

Que ces vains ornements, que ces voiles me pèsent !
1 2 3, 1 2 3, 1 2 3, 1 2 3.

Tout m'afflige et me nuit, et conspire à me nuire.
1 2 3, 1 2 3, 1 2 3, 1 2 3.

(*Phèdre*)

Le rythme de ce dernier vers est d'autant plus sensible que les quatre temps forts frappent la même voyelle *i*.

Enfin surtout cette distribution des temps forts dans le vers est presque toujours sujette à interprétation de la part du lecteur. Ce vers de Corneille (*Polyeucte*, acte II, scène 2) peut se lire de plusieurs façons dont la première fait entendre les quatre temps forts de l'alexandrin classique :

Un je ne sais quel charme encor vers vous m'emporte.
1 2 3 4

Mais le nombre des temps forts peut se réduire à trois si l'on donne à l'expression *un je ne sais quel* la valeur d'un simple adjectif indéfini (= *un certain charme*) ; l'intérêt d'une telle lecture serait double : elle donnerait au mot *charme* un poids considérable en le faisant précéder et attendre par cinq syllabes non accentuées ; elle ferait se succéder dans le vers trois groupes rythmiques dont le nombre des syllabes irait décroissant régulièrement (6, 4, 2) :

Un je ne sais quel charme encor vers vous m'emporte.
1 2 3

Enfin on peut lire le vers beaucoup plus lentement, et d'une manière presque hésitante, comme si le personnage découvrait, au fur et à mesure qu'il parle, le sentiment qu'il éprouve et qui était caché au fond de lui-même :

Un je ne sais quel charme encor vers vous m'emporte.
1 2 3 4 5

La vieillesse d'Alexandre

En 1978, le poète Jacques Roubaud (né en 1939) écrit un «essai sur quelques états récents du vers français», auquel il donne plaisamment le titre de *La Vieillesse d'Alexandre*, montrant par là que tous les bouleversements que la versification traditionnelle a connus à partir de la fin du XIXe siècle sont dus d'abord à une usure de l'alexandrin, en somme à sa vieillesse.

La *crise de vers* dont parle Mallarmé en 1895, n'est autre que la crise de l'alexandrin. Le bouleversement, bien qu'il ait été déjà préparé par Verlaine, date de la fin du règne de Victor Hugo (mort en 1885) :

> *Hugo, dans sa tâche mystérieuse, rabattit toute la prose, philosophie, éloquence, histoire au vers, et, comme il était le vers personnellement, il confisqua chez qui pense, discourt ou narre, presque le droit de s'énoncer.*

Non seulement la poésie, mais la langue elle-même, et par conséquent la pensée ont été introduites de force dans un moule rythmique préétabli, celui de l'alexandrin hugolien, qui n'est plus, dit Mallarmé, qu'un «vieux moule fatigué». Le rythme en est usé à force d'avoir été répété, jusqu'à «montrer la trame».

Car ce n'est pas seulement un modèle métrique qui est répété avec l'alexandrin, mais un modèle de phrase, donc un modèle de pensée. La phrase s'est à ce point coulée dans le modèle rythmique qu'il l'épouse entièrement, et qu'on ne peut plus écrire de vers sans rester enfermé dans sa rhétorique. A la mort de Hugo, le moule éclate, la langue se libère de cette métrique pour retrouver, dit Mallarmé, «ses coupes vitales». Manière élégante de dire que l'alexandrin était devenue la tarte à la crème de la pensée.

Le résultat de cette vieillesse est qu'il est difficile aujourd'hui d'écrire un alexandrin sans qu'il donne l'impression d'être un pastiche de la poésie traditionnelle. Après avoir été considéré comme le vers héroïque, puis comme le vers français par excellence, l'alexandrin est devenu un vers *drôle*. On ne peut plus en rencontrer un sans rire... Et il sera d'autant plus drôle que son contenu de sens sera plus prosaïque. Car sa cadence est devenue indissociable d'une certaine emphase qui ne convient évidemment pas à toutes les situations de la vie quotidienne.

C'est ce que montre avec beaucoup d'humour le poète Alain Borer (né en 1949). Lisant et relisant les poètes du siècle précédent, il collectionne des perles. Ainsi, de Victor Hugo lui-même (qui, selon Borer, «reste toujours parmi les géants») ce vers que l'on peut lire dans «Le Parti du Crime» (*Les Châtiments*, livre 6) :

> *Le Crédit mobilier et le Crédit foncier.*

Mais surtout, pour prouver, dit-il, «que notre tradition littéraire n'est pas perdue», et que «l'alexandrin envahit même la prose», il note et publie les alexandrins *oraux, fortuits et privés* qui échappent à ses amis au cours de la conversation :

> *«Mon principal mobile était l'appât du gain...»*
>
> (Valère Novarina, 4.10.75, 21 h)

«J'aurais aimé descendre à Strasbourg-Saint-Denis »
(Alain Anseeuw, apercevant des filles sur le quai du métro, 28.10.76,18 h 45)

«D'après ce qu'on m'a dit vous manquez de sandwiches»
(Dominique Bedou, 21.4.78, 21 h)

«Sade ne voulait pas que son corps soit brûlé»
(Jean-Luc Steinmetz, 24.4.78, 23 h 45)

«Venez boire un whisky avec Alain Borer»
(Théodore Kœnig, 14.1.79, 19 h)

Les variations de l'alexandrin

Pourtant, si l'on suit l'histoire de l'alexandrin depuis le XVIIe siècle, on s'aperçoit que maints poètes avaient tout fait pour que cet instrument fût traité de manière *subtile*, et de façon que la prosodie ne fût pas figée dans un moule métrique immuable.

Ce qui caractérise le modèle rythmique de l'alexandrin est l'équilibre exact qui existe entre les deux parties qui le composent. Ce modèle convient parfaitement à l'expression formulaire d'une pensée reposant sur la symétrie, le parallélisme, l'antithèse. Il fait merveille dans certains vers de Corneille :

Pour grands que soient les rois, ils sont ce que nous sommes...

ou bien de Victor Hugo :

Nos destins ténébreux vont sous des lois immenses...

Mais si l'on n'y prend garde, toute expression poétique risque de se figer dans cette cadence, et d'en être prisonnière. D'où un certain nombre de variations qui touchent notamment la répartition des temps forts et l'interprétation de la coupe.

Ce vers de Rimbaud (*Qu'est-ce pour nous, mon cœur...*, poème publié pour la première fois en 1886) semble devoir être lu comme un *trimètre*, c'est-à-dire comporter deux coupes qui le partagent en trois segments rythmiques de quatre syllabes, coupes d'autant plus évidentes qu'elles coïncident avec les ponctuations du sens et de la syntaxe :

Tout à la gu<u>er</u>re, / à la ven<u>gean</u>ce, / à la ter<u>reur</u>.

Mais rien n'oblige d'oublier tout à fait la scansion classique et d'interpréter le passage de l'article *la* au substantif *vengeance* comme un enjambement de coupe. Il y aurait alors, avant la prononciation du mot *vengeance*, comme un instant d'hésitation, après lequel il n'apparaîtrait qu'avec plus de violence et de poids :

> *Tout à la guerre, à la /* vengeance, *à la terreur.*

Du reste il ne faut pas attendre Rimbaud (1854-1891) pour voir apparaître l'enjambement de la coupe. Ainsi Corneille (1606-1684), dans sa tragédie *Suréna* (vers 267-268) osait déjà écrire :

> *Je veux, sans que la mort ose me secourir,*
> *Toujours aimer, toujours /* souffrir, *toujours mourir.*

Et un peu plus loin (vers 347-348) :

> *... Où dois-je recourir,*
> *O ciel ! s'il faut toujours /* aimer, *souffrir, mourir ?*

Il n'en est pas moins vrai que la coupe à l'hémistiche est gravement menacée par de tels enjambements, et qu'elle tend alors à être remplacée par une double coupe partageant le vers en trois segments au lieu de deux.

Les alexandrins *ternaires* sont fréquents chez Victor Hugo. Toutefois toujours la sixième syllabe du vers correspond à la fin d'un mot, ce qui rend possible, au moins théoriquement, la coupe à cette place :

> *... Sans rien voir au dehors, sans entendre aucun bruit,*
> *Seul, inconnu, le dos /* courbé, *les mains croisées...*
> (*Les Contemplations*, 1856)

Le premier des deux vers est si nettement coupé à l'hémistiche, que le vers suivant, entraîné dans la même cadence, peut très bien faire sentir un léger ralentissement dans la prononciation du mot *dos*, comme si l'on attendait que le vers fût coupé ici. Le mot *courbé*, qui vient ensuite comme s'il débordait du premier hémistiche, et qui est placé devant la virgule, n'en acquiert que plus de poids. C'est le mot dans lequel vient s'engouffrer tout le sens du poème.

Les transformations de l'alexandrin

En revanche, dans le poème de Rimbaud cité plus haut (*Qu'est-ce pour nous, mon cœur...*), on trouve plus d'un alexandrin qui ne peuvent être lus que comme des trimètres, car si l'on voulait maintenir la coupe classique elle couperait un mot en deux, ce qui est impossible :

> *Qui remuerait / les tourbillons / de feu furieux...*

Il ne s'agit plus ici d'une simple variation de l'alexandrin, mais de l'invention d'un vers nouveau.

Certains alexandrins de Charles Cros (1842-1888) sont des alexandrins *presque* classiques :

> *Et dispersez ce qu'il y reste de parfums.*
> («Lento», dans *Le Coffret de Santal, 1873)*

La coupe régulière séparerait *il* de *y*, ce qui ne serait guère satisfaisant ni pour le sens, ni pour la musique. La répartition régulière des temps forts toutes les quatre syllabes fait entendre un rythme ternaire :

> *Et dispersez / ce qu'il y res/te de parfums.*
> 1 2 3 4 1 2 3 4 1 2 3 4

Or la deuxième coupe interviendrait au milieu du mot *reste*, ce qui est incompatible avec la définition classique de la coupe. La seule coupe possible tombe après *dispersez*, et partage le vers en deux segments, le premier de 4 syllabes, le deuxième de 8. C'est une coupe qui, pour n'être pas classique, n'éloigne pourtant pas le vers des cadences traditionnelles, les rythmes 4 et 8 étant courants : manière en somme de sauver la versification classique tout en la modifiant.

Apollinaire (1880-1918), dans son poème *Le Larron* (recueilli dans *Alcools*), passe volontiers de l'alexandrin classique, coupé 6 / 6, à l'alexandrin coupé 4/8 (ou 8/4), et inversement. Le rythme classique n'est pas encore trop bousculé :

> *Issu de l'écume des mers / comme Aphrodite.*

Toutefois il ne s'en tient pas là, et le vers suivant est coupé 9 / 3 :

> *Sois docile puisque tu es beau / Naufragé*

On peut pousser plus loin encore le mépris de la règle... Certains alexandrins de Louis Aragon n'admettent aucune coupe et doivent se lire de façon tout à fait continue. Ainsi le dernier de ces trois vers :

> *Les beaux habits du soir un à un que l'on quitte*
> *Tombent indolemment sur l'aube des planchers*
> *On dirait que notre fantôme les habite*
> *(le Roman inachevé)*

Ou bien encore ce vers dont il faut assurément compter les syllabes pour le reconnaître :

Il dit une fois de plus qu'il était trop tard
(ibidem)

De tels vers existent déjà chez Apollinaire :

Et des amandes de pomme de pin jonchaient
(«Le Larron», dans *Alcools*, 1913)

La seule coupe théoriquement possible partagerait le vers en 10/2, mais cette coupe n'arrangerait rien, puisque le décasyllabe que constituerait la première partie du vers (*Et des amandes de pomme de pin*) ne serait lui-même pas coupé, ce qu'interdit la versification classique... En réalité il n'y a pas de coupe, la diction du vers est parfaitement continue, et sa musique très particulière repose uniquement sur la répartition, du reste irrégulière, des temps forts.

L'alexandrin éclaté

Là, on ne reconnaît plus la cadence classique de l'alexandrin faute de coupe, et à cause d'une lecture continue qui l'entraîne d'un bout à l'autre. Ailleurs, c'est le contraire qui se produit : le nombre des coupes se multiplie, sans qu'aucune d'elle s'impose plus que les autres. Ce vers de Rimbaud ne comporte pas moins de six temps forts, qui le partagent en autant de groupes de deux syllabes chacun :

A noir, E blanc, I rouge, U vert, O bleu, voyelles...

L'alexandrin tend à se disloquer. Ainsi dans ce poème de Jules Laforgue (1860-1887), intitulé *Prélude autobiographique* :

En voulant mettre un peu d'ordre dans ce tiroir,
Je me suis perdu par mes grands vingt ans, ce soir
De Noël gras.
Ah ! dérisoire créature !
Fleuve à reflets, où les deuils d'Unique ne durent...

La coupe classique interviendrait après une syllabe atone («un / peu» ; «par / mes» ; «les / deuils»), en l'occurrence après un article ou une préposition ; ou bien même au milieu d'un mot («dé/risoire»).

Le même texte pourtant comporte des alexandrins réguliers. Malgré toutes les libertés métriques que prend Laforgue, et malgré le flou rythmique qui en résulte, on peut dire que le rythme classique de l'alexandrin n'est pas oublié : on l'entend en quelque sorte en sourdine, sous le texte, et le rythme de Laforgue se fait entendre par rapport à lui, et en quelque sorte contre lui.

C'est ce qui se passe également dans le poème de Rimbaud déjà cité, (*Qu'est-ce pour nous, mon cœur...*). Le rythme classique, une fois indiqué par le premier vers, est immédiatement et violemment brisé. Voici les deux premières strophes :

Qu'est-ce pour nous, mon cœur, que les nappes de sang
Et de braise, et mille meurtres, et les longs cris
De rage, sanglots de tout enfer renversant
Tout ordre ; et l'Aquilon encor sur les débris

Et toute vengeance ? Rien !... – Mais si, toute encor,
Nous la voulons ! Industriels, princes, sénats,
Périssez ! puissance, justice, histoire, à bas !
Ça nous est dû. Le sang ! le sang ! la flamme d'or !
[...]

Les coupes cessent d'être une contrainte de la versification pour devenir un outil stylistique. Ainsi dans ce vers, du même poème, dont le mouvement est emporté par un crescendo saisissant :

Europe , /	*Asie* , /	*Amérique* , /	*disparaissez*
2 syll.	2 syll.	3 s. + e muet	4 syll.

On ne retrouve quasiment plus rien du rythme de l'alexandrin dans les dodécasyllabes de *Mémoire*, où Rimbaud, au fur et à mesure qu'affluent les images et les souvenirs, invente un rythme imprévisible :

L'eau claire ; comme le sel des larmes d'enfance,
L'assaut au soleil des blancheurs des corps de femmes ;
La soie, en foule et de lys pur, des oriflammes
Sous les ors dont quelque pucelle eut la défence ;

L'ébat des anges ; – Non... le courant d'or en marche
Meut ses bras, noirs, et lourds, et frais surtout, d'herbe. Elle
Sombre, ayant le Ciel bleu pour ciel-de-lit, appelle
Pour rideau l'ombre de la colline et de l'arche...

Le deuxième vers de la deuxième strophe est particulièrement remarquable. Au lieu que les mots soient emportés par le mouvement du vers, ils arrivent un à un, entrecoupés de silence, au fur et à mesure qu'ils s'imposent à la conscience.

Les vers de plus de 12 syllabes

La versification traditionnelle ne prévoit pas de vers de plus de douze syllabes. Dépasser cette limite, c'est donc inventer une nouvelle métrique, de nouvelles règles. Sans règles, le vers ne pourrait être perçu comme un vers. Si en effet le nombre de syllabes est trop grand pour être compté, il devient indifférent que les vers aient ou non un nombre égal de syllabes. D'où la nécessité d'une coupe, qui divise le vers long en unités plus courtes qui, elles, peuvent être mesurées sans difficulté parce qu'elles renvoient à des modèles rythmiques connus. Voici quelques exemples.

Vers de 13 syllabes

Verlaine intitule «Sonnet boiteux» un des poèmes de *Jadis et naguère* (1885) qui n'est composé que de vers de 13 syllabes. Pourquoi «boiteux» ? Peut-être pour l'une de ces trois raisons.

Ou bien le vers de 13 syllabes est senti comme un alexandrin qui aurait un pied de trop :

Tout l'affreux passé saute, piaule, miaule et glapit

Si l'on négligeait l'*e* muet final de *saute*, on aurait un alexandrin coupé régulièrement à l'hémistiche, donc parfaitement reconnaissable.

Ou bien il est coupé après la cinquième syllabe, et s'entend alors comme un pentasyllabe suivi d'un octosyllabe, et son caractère boiteux provient du mélange du rythme impair avec le rythme pair ; c'est le cas le plus fréquent dans ce poème :

Ah ! vraiment c'est triste, / ah ! vraiment ça finit trop mal.
Il n'est pas permis / d'être à ce point infortuné.
Ah ! vraiment c'est trop / la mort du naïf animal
Qui voit tout son sang / couler sous son regard fané.

Ou enfin aucune coupe n'est reconnue de façon claire, et le rythme devient en quelque sorte flottant. On ne perçoit plus exactement le nombre des syllabes, on sent seulement que la durée des vers est *à peu près* équivalente :

Et les maisons dans leur ratatinement terrible
Epouvantent comme un sénat de petites vieilles.

Verlaine obtient le même rythme flottant et somnambulique dans deux poèmes de *Liturgies intimes* (1892), intitulés *Sanctus* et *Agnus Dei*, et dont chaque strophe comporte un vers de 9 syllabes, un de 11 et un de 13 :

L'agneau cherche l'amère bruyère,
C'est le sel et non le sucre qu'il préfère,
Son pas fait le bruit d'une averse sur la poussière.

Vers de 14 syllabes

Verlaine encore, dans *Odes en son honneur* (1893) écrit un poème dont chaque strophe est composée de trois alexandrins (point toujours très réguliers) et d'un vers de 14 syllabes. Les vers de 14 syllabes sont tous coupés 6 + 8 :

En hâchis et ragoûts / comme on n'en trouve pas chez Dieu...
Et puis je sais si bien / que la nuit j'en profiterai...

sauf le dernier, qui est coupé 8 + 6 :

Avec moi, présage gentil / d'un choc bien plus charmant.

Jules Supervielle (1884-1960) aussi a écrit des vers de 14 syllabes. Ils sont toujours coupés 7 + 7. Ainsi dans «Le Gaucho» (*Débarcadères*, 1922) :

Un cavalier occupait / la pampa dans son milieu
Comme un morceau d'avenir / assiégé de toutes parts ;
Ses regards au loin roulaient / sur cette plaine de chair
Raboteuse comme après / quelque tremblement de terre...

A cela s'ajoutent d'autres règles (que le poète s'est données à lui-même). Par exemple l'e muet n'est pas compté devant la coupe :

Innombrables dans la plain(e) / creusée d'âpres mouvements,
Et tous les poils se brouillèr(ent) / sous le hâtif crépuscule.

Enfin il peut y avoir enjambement de coupe :

Les chiens fauves du soleil / couchant *harcelaient les vaches.*

On retrouve cette scansion dans d'autres textes du même auteur, par exemple dans « Apparition » (*Gravitations*, 1925) :

Qui est là ? Quel est cet homme / qui s'assied à notre table
Avec cet air de sortir / comme un trois-mâts du brouillard,
Ce front qui balance un feu, / ces mains d'écume marine,
Et couverts les vêtements / par un morceau de ciel noir ?...

Souvent même on le rencontre, avec la même scansion, au milieu de textes écrits en vers libres, ce qui prouve que ce modèle rythmique était bien inscrit dans sa mémoire poétique.

Vers de 16 syllabes

Le vers de 16 syllabes est très fréquent dans *Le Roman inachevé* (1956) de Louis Aragon (1897-1982). Il peut parfois être perçu comme la réunion de deux octosyllabes :

Tu m'as trouvé comme un caillou / que l'on ramasse sur la plage
Comme un bizarre objet perdu / dont nul ne peut dire l'usage
Comme l'algue sur un sextant / qu'échoue à terre la marée
Comme à la fenêtre un brouillard / qui ne demande qu'à entrer

Mais le plus souvent, pas de coupe régulière. Il semble que le souci du poète soit seulement d'obtenir un vers long, porté par une ample et lente respiration :

Celui qui croit pouvoir mesurer le temps avec les saisons
Est un vieillard déjà qui ne sait regarder qu'en arrière
On se perd à ces changements comme la roue et la poussière
Le feuillage à chaque printemps revient nous cacher l'horizon

Précisément un de ses poèmes en vers de 16 syllabes est intitulé *Une respiration profonde* :

Je change ici de mètre pour dissiper en moi l'amertume
Les choses sont comme elles sont le détail n'est pas l'important
L'homme apprendra c'est sûr à faire à jamais régner le beau temps
Mais ne suis-je pas le maître de mes mots Qu'est-ce que j'attends
Pour en chasser ce qui n'est pas cet immense bonheur posthume

Vers de 17 syllabes

L'*Epigramme* III de Verlaine est construite en vers de 11 syllabes mais se termine inopinément par un vers de 17 syllabes :

Je prendrais l'oiseau léger, laissant le lourd crapaud dans sa piscine.

Le poème qui suit immédiatement celui-là commente l'événement :

J'ai fait un vers de dix-sept pieds !
Moréas, ne triomphez pas...

Mais il ajoute :

Mon vers n'est pas de dix-sept pieds,
Il est de deux vers bien divers,
Un de sept, un de dix. Riez
Du distinguo : c'est bon, rire. Et c'est meilleur encore, aimer vos vers !

Cela tendrait à montrer que l'invention de nouveaux mètres a des limites : la nécessité d'une coupe fait des vers les plus longs des assemblages de vers traditionnels.

Vers de 20 syllabes

Louis Aragon ignore superbement ces limites quand il écrit en 1960 (cité par Pierre Seghers dans *le Livre d'Or de la Poésie française*, 1969) un long poème en vers de 20 syllabes :

Cette vie aura passé comme un grand château triste que tous les vents traversent
Les courants d'air claquent les portes et pourtant aucune chambre n'est fermée
Il s'y assied des inconnus pauvres et las qui sait pourquoi certains sont armés
Les herbes ont poussé dans les fossés si bien qu'on n'en peut plus baisser la herse...

(*Les Poètes*, 1960)

Impossible d'apprécier le nombre des syllabes, si on ne les compte pas, puisqu'aucune coupe régulière ne partage la durée du vers en groupes reconnaissables. Que le poète ajoute ou retranche une syllabe, qui s'en apercevrait ? Est-ce que ce sont encore des vers ? Des vers libres peut-être… Eh bien non ! Vous pouvez vérifier : le compte y est toujours. Pas un *e* muet qui manque à l'appel ! Et pour mieux marquer qu'il s'agit de vers et non de lignes un peu longues, le poème est divisé en strophes, construites chacune sur deux rimes embrassées, comme dans la poésie la plus classique. Aragon semble nous dire : Changez votre oreille !... apprenez à compter jusqu'à vingt !…

La rime

Rime et versification

Deux vers (ou deux mots) riment ensemble quand ils se terminent par le même son. La rime est devenue, notamment en français, un élément constitutif – voire obligatoire – de la versification traditionnelle, à tel point que le verbe *rimer*, par métonymie, signifie couramment *faire des vers*. Pour le Parnassien Théodore de Banville (1823-1891) la rime «est l'unique harmonie du vers et elle est tout le vers.»

L'étymologie qui fait du mot *rime* un mot de la même famille que *rythme* est sans doute inexacte. Les deux mots pourtant se sont longtemps confondus, voire orthographiquement. Car la rime a affaire avec le rythme, et nous avons vu qu'elle s'était imposée dans la poésie latine du Moyen Age parce que le seul nombre des syllabes avait paru insuffisant pour distinguer le rythme du vers de celui de la prose.

On trouve pourtant, au XVIe siècle, quelques poésies non rimées, par exemple le sonnet 94 de *L'Olive* de Du Bellay, ou bien encore cette ode de Ronsard (*Sur la Naissance de François, Dauphin de France, Fils du Roi Henri II*) :

...Je crierai des vers non sonnés
Du grec ni du latin Poète,
Plus hautement que sur le mont
Le prêtre thracien n'entonne
Le chœur à Bacchus dédié,
Ayant la poitrine remplie
D'une trop vineuse fureur.
Il me semble déjà que j'erre
Seul par les antres, et qu'au fond
D'une solitaire vallée
Je chante les divins honneurs
Du grand-père et du père ensemble...

Mais c'est exceptionnel, et jusqu'à la fin du XIXe siècle, la rime a semblé indispensable.

L'ASSONANCE

Pourtant les premiers textes français que nous connaissions ne sont pas à proprement parler rimés : les chansons de geste des XIe et XIIe siècle sont divisées en *laisses* comportant chacune un nombre variable de vers terminés par la même assonance, et l'assonance consiste seulement en la répétition de la dernière voyelle accentuée, les consonnes qui la précèdent ou qui la suivent étant indifférentes.

Toutefois un mot qui se termine par un *e* muet n'assone pas avec un mot qui ne se termine pas par un *e* muet. Il y a donc ce que l'on pourrait appeler des laisses masculines (dont chaque vers se termine par une syllabe accentuée), et des laisses féminines (dont les vers se terminent par un *e* muet). Voici deux exemples tirés de *La Chanson de Roland* :

– laisse masculine :

D'*altre part est l'arcevesques Turpin.*	[D'une autre part est l'archevêque Turpin ;
Sun cheval broche e muntet un lariz ;	éperonne son cheval et monte sur un tertre ;
Franceis apelet, un sermun lur ad dit :	appelle les Français et leur fait un sermon :
Seignurs baruns, Carles nus laissat ci ;	Seigneurs barons, Charles nous a laissés ici ;
Pur nostre rei devum nus ben murir...	pour notre roi nous devons bien mourir...]

(*Chanson de Roland*, laisse 89)

– laisse féminine :

R*ollant est proz e Oliver est sage.*	[Roland est preux et Olivier est sage.
Ambedui unt merveillus vasselage :	Tous deux ont merveilleux courage :
Puis que il sunt as chevals e as armes,	Quand ils sont à cheval et en armes,
Ja pur murir n'eschiverunt bataille.	Jamais, peur de mourir, n'éviteront bataille.
Bon sunt li cunte e lur paroles haltes.	Bons sont les comtes et leurs paroles hautes.
Felun paien par grant irur chevalchent...	Félons païens furieusement chevauchent.]

(*Chanson de Roland*, laisse 87)

Au XIXe siècle, on se souviendra de l'assonance médiévale. Verlaine, dans *Chair* (1896), intitule certains de ses poèmes : *Assonances galantes*, ou bien : *Vers en assonances*, ou bien encore : *Vers sans rimes* : *fredaine* y assone avec *troisième* ; *manège* avec *fraîche* ; *monde* avec *rond* ; *reprend* avec *rendre*.

Mais cela aussi reste exceptionnel. La versification a mis longtemps pour se libérer de la rime.

Le sexe des rimes

La rime est dite *féminine* lorsque la dernière voyelle accentuée est suivie d'un *e* muet : des mots tels que *homme*, *âge*, *double*, fournissent des rimes féminines.

La rime est dite *masculine* lorsque la dernière voyelle accentuée n'est pas suivie d'un *e* muet : des mots tels que *maison*, *félicité*, *mort*, *couvert* fournissent des rimes masculines.

Un mot à terminaison féminine ne peut pas rimer avec un mot à terminaison masculine : *couvert* ne peut pas rimer avec *sévère*. C'est la seule règle observée à ce sujet jusqu'au XVIe siècle : un même poème, ou une même strophe, peut très bien ne comporter que des rimes fémines, ou que des rimes masculines, ou bien encore un mélange imprévisible de rimes masculines et féminines.

L'alternance régulière des rimes masculines et féminines, si elle n'est pas encore obligatoire, tend pourtant à s'imposer dès le Moyen Age.

À partir du XVIe siècle, elle va vite devenir obligatoire. Ronsard, dans son *Abrégé de l'Art Poétique Français* de 1565, la recommande pour que les vers soient «plus propres à la musique et accord des instruments, en faveur desquels il semble que la poésie soit née» :

> *Si de fortune tu as composé les deux premiers vers masculins, tu feras les deux autres feminins, et parachèveras de même mesure le reste de ton Élegie ou Chanson, afin que les musiciens les puissent plus facilement accorder.*

A partir du XVIIe siècle, sauf quelques rares exceptions, l'alternance est devenue tout à fait obligatoire :

Dans un mois, dans un an, comment souffrirons-nous, (rime masculine)
Seigneur, que tant de mers me séparent de vous ?
Que le jour recommence, et que le jour finisse, (rime féminine)
Sans que jamais Titus puisse voir Bérénice,
Sans que de tout le jour je puisse voir Titus ? (rime masculine)
Mais, quelle est mon erreur, et que de soins perdus !
L'ingrat, de mon départ consolé par avance, (rime féminine)
Daignera-t-il compter les jours de mon absence ?...
(Racine, *Bérénice*, acte IV, scène 5)

La rime pour l'oreille

La rime est faite en principe pour l'oreille plus que pour l'œil. Deux mots peuvent rimer malgré leur peu de ressemblance orthographique : *taire*, *terre* ; *fasse*, *face* ; *presbyte*, *subite* ; *verso*, *ciseau*, etc.

En revanche les rimes suivantes de Verlaine sont de fausses rimes, parce qu'elles mettent sur le même plan des voyelles de timbres différents :

... en ce café
... que tu me fais. — é fermé et è ouvert.

... sale rosse,
... que tu opposes. — o ouvert et o fermé .
(*Chair*, 1896)

La présence à la fin du mot d'une consonne qui ne se prononce pas (*tout*, *beaucoup*, *accord*, *flanc*, etc.) ne devrait donc pas être prise en compte. Pourtant les règles classiques les plus strictes tiennent compte de leur prononciation dans leur *liaison* éventuelle avec un mot suivant qui commencerait par une voyelle : le *p* final de *beaucoup* se prononce dans *il y a beaucoup à dire* ; de même le *t* final de *tout* dans *tout arrive* : aussi le mot *beaucoup* ne peut-il rimer avec *tout*. D'une manière générale, une labiale (*p*, *b*) ne peut rimer qu'avec une autre labiale ; une dentale (*d*, *t*) avec une dentale ; une palatale (*g*, *c*) avec une palatale. Cette règle il est vrai s'est considérablement relâchée au XIXe siècle.

En revanche, la règle qui veut qu'un mot se terminant par une sifflante (*s*, *z*, *x*) ne puisse rimer qu'avec un mot se terminant aussi par une sifflante s'est maintenue très longtemps. Il en est de même de l'impossibilité de faire rimer un mot à terminaison féminine avec un mot à terminaison masculine.

La désobéissance à ces deux règles ne commence vraiment à apparaître qu'à la fin du XIXe siècle, avec des poètes comme Jules Laforgue (1860-1887) :

Et nous vivons ainsi, subtils et transis, presque
Dans la simplicité des gens peints sur les fresques.
[...]
O lendemains de noce où nos voix mal étreintes
Chantent aux échos blancs la si grêle complainte...

Il arrive tout à fait rarement à Verlaine de faire rimer des mots en -s avec des mots sans s, et par la même occasion, des terminaisons féminines avec des terminaisons masculines :

Quant à souffrir, quant à mourir, c'est nos affaires
Ou plutôt celles des toc-tocs et des tic-tacs
De la pendule en garni dont la voix sévère
Voudrait persévérer et nous donner le trac...

Que vient faire l'hypocrisie
Avec tout son dépit amer
Pour nuire au cœur vraiment choisi,
A l'âme exquisement sincère...

Les deux poèmes où figurent ces vers sont intitulés *Vers en assonances* et *Vers sans rimes* : c'est là une manière de défendre la rime contre les attaques que lui font subir déjà les vers-libristes, et d'affirmer qu'on ne saurait appeler rime ce qui ne rime que pour l'oreille. Si Verlaine affecte, dans son *Art Poétique* (*Jadis et Naguère*, 1885), de mépriser un peu la rime, «ce bijou d'un sou», il n'est pourtant pas près de s'en débarrasser.

Rime normande, rime pour l'œil

Beaucoup de poètes ont préféré que la rime fût sensible à l'œil autant qu'à l'oreille, à ce point même qu'il arrive que la graphie l'emporte sur la prononciation réelle. Dans le texte de Racine cité plus haut, *Titus* rime avec *perdus*, et je ne suis pas sûr que l's final des noms latins ne fût pas prononcé à cette époque. Ce qui est sûr, c'est qu'Arthur Rimbaud n'en fait qu'à sa tête avec le nom de *Vénus*, qu'il fait rimer avec le participe *venus* dans *Soleil et Chair* (vers 1870) et *anus* dans *Vénus Anadyomène*.

Malherbe (1555-1628), Corneille (1606-1684), et d'autres poètes du début du XVIIe siècle font rimer l'infinitif des verbes du premier groupe (du type *chanter*) avec des mots en *-er*, ou en *-air*, dont l'*r* final se prononce. Malherbe par exemple fait rimer *pécher* avec *chair* ; *consumer* avec *mer* ; *lâcher* et *chercher* avec *cher* ; *aveugler* avec *clair* (écrit *cler*) ; *quitter* avec *Jupiter*, etc.

Cette rime est condamnée par le grammairien Vaugelas (1585-1650), qui lui donne le nom de *rime normande*, peut-être seulement parce que Malherbe et Corneille étaient eux-mêmes originaires de Normandie. En réalité, jusqu'au XVIe siècle, *er* à la fin d'un mot se prononçait comme *air* aussi bien dans un mot comme *mer*, *fer*, ou *enfer* que dans les infinitifs du type *chanter*. La *rime normande* par conséquent repose sur une prononciation ancienne, et elle est devenue une simple *rime pour l'œil*. Permise en quelque sorte par une longue et vénérable tradition, elle a continué à être utilisée jusqu'au XIXe siècle (et peut-être même au-delà). Victor Hugo écrit encore en 1846 :

Qu'une âme ainsi frappée à se plaindre est sujette,
Que j'ai pu blasphé<u>mer</u>,
Et vous jeter mes cris comme un enfant qui jette
Une pierre à la <u>mer</u> !

En revanche quand Baudelaire, dans *Correspondances*, fait rimer *sens* avec *encens* (comme Malherbe le faisait rimer avec *accents*, ou *innocents*), il est tout simplement fidèle à la prononciation de son temps : pour Littré, l's final de *sens* est muet, sauf quand il se lie (*un sens actif* doit, selon lui, se prononcer *un sen-z-actif*).

Richesse ou pauvreté de la rime

Une rime est plus ou moins riche, selon le nombre des sons répétés. On distingue traditionnellement les degrés suivants :

La rime pauvre, ou faible est la rime qui se contente de répéter la dernière voyelle accentuée (*moi*, *loi*), ou bien la dernière voyelle accentuée suivie d'un *e* muet (*voie*, *joie*). La rime pauvre est plus qu'une simple assonance, puisque c'est le dernier son du vers qu'elle répète. Ce serait une assonance si cette dernière voyelle était suivie d'une consonne qui ne serait pas la même (*soif*, *voir* ; ou *toile*, *foire*).

La rime suffisante est la rime qui répète également la consonne qui suit la voyelle (*valoir*, *avoir* ; ou bien *boire, gloire*).

La rime riche, selon la tradition classique, répète la voyelle et sa consonne d'appui, c'est-à-dire la consonne qui la précède immédiatement (*roi*, *paroi* ; ou bien *voie*, *Savoie*).
Pour les *Parnassiens* du XIXe siècle, une telle rime ne serait considérée que comme suffisante, et il faudrait, pour avoir une rime riche, répéter au moins deux consonnes en plus de la voyelle, ou bien deux voyelles se suivant immédiatement (sans compter l'éventuel *e* muet) :

– consonne + voyelle + consonne :
amical, *chacal* (sons répétés : *c* + *a* + *l*)
armoire, *mémoire* (sons répétés : *m* + *oi* + *re*)

– 2 consonnes + voyelle :
pré, *empourpré* (sons répétés : *p* + *r* + *é*)
charmée, *fermée* (sons répétes : *r* + *m* + *ée*)

– voyelle + 2 consonnes :
tarte, *parte* (sons répétés : *a* + *r* + *te*)

– 2 voyelles se suivant immédiatement :
inouï, *oui* (sons répétés : *ou* +*i*)

La rime double. La rime est double quand elle porte sur deux syllabes (à condition que les deux voyelles répétées soient séparées par la même consonne) :

vouloir, *couloir* (sons répétés : *ou* + *l* + *oi* + *r*)

La rime double est riche si la première des deux voyelles répétées est elle-même précédée de la même consonne :

aridité, *édité* (sons répétés : *d* + *i* + *t* + *é*)

La rime triple. La rime est triple quand elle porte sur trois syllabes : *nationalité*, *alité* (syllabes répétées : *a* + *li* + *té*).

La rime équivoquée. La rime peut être à ce point riche qu'elle rapproche deux mots ou deux groupes de mots qui sont entièrement constitués des mêmes sons, mais dont le sens est différent. Autrement dit la rime devient un calembour. C'est ce que les Grands Rhétoriqueurs du XVe siècle appelaient la rime équivoquée. Cette rime, dit Sébillet, «comme elle est la plus difficile, aussi est-elle moins usitée : et ne laisse pourtant à être la plus élégante». Et de citer la *Petite Epître au Roi* de Clément Marot (1496-1544), où toutes les rimes sont fournies par le mot *rime* lui-même et ses dérivés :

> ... *Bref, c'est pitié d'entre nous* rimailleurs,
> *Car vous trouvez assez de* rime ailleurs
> *Et quand vous plaît, mieux que moi* rimassez :
> *Des biens avez et de la* rime assez...

L'holorime. Le comble de la rime serait l'holorime, qui consisterait à répéter *toutes* les syllabes du vers. Les traités de versification citent à peu près toujours le même exemple :

> *Gal, amant de la reine, alla, tour magnanime,*
> *Galamment de l'arène à la tour Magne, à Nîmes.*

Ces deux vers passent pour être de Victor Hugo, mais je n'en crois rien : jamais un poète respectueux des règles ne se serait permis de faire rimer *Nîmes*, qui se termine par un *s*, avec *magnanime*, qui n'en comporte pas... En revanche ces deux vers de Marc Monnier (1829-1885), cités par Th. Elwert, sont irréprochables :

> *Laurent Pichat virant (coup hardi) bat Empis ;*
> *Lors Empis chavirant, couard dit : Bah ! Tant pis !*

Tour de force ? Assurément non : il suffisait pour y parvenir d'inventer le nom propre Empis...

Rime facile et rime difficile

Les rimes de ce poème de Théophile Gautier (1811-1872) sont remarquables non seulement par leur richesse, mais par ceci qu'elles rapprochent des mots qui d'une part n'ont bien sûr aucun rapport étymologique entre eux, et qui d'autre part appartiennent toujours à des catégories grammaticales différentes (un nom rime avec un adjectif, un verbe avec un nom, etc.) :

Je veille, unique sentinelle
De ce grand palais dévasté,
Dans la solitude éternelle,
En face de l'immensité.
[...]
Au-dessus de la terre nue,
Le ciel, autre désert d'azur,
Où jamais ne flotte une nue,
S'étale implacablement pur.

Le Nil, dont l'eau morte s'étame
D'une pellicule de plomb,
Luit, ridé par l'hippopotame,
Sous un jour mat tombant d'aplomb...
(*Émaux et Camées*)

La rime rare fait découvrir une homophonie inattendue, elle rapproche des mots que rien ne semblait devoir rapprocher. C'est en cela qu'elle constitue une véritable invention.

Il est facile au contraire, mais peu intéressant, de faire rimer deux mots qui se terminent par la même désinence (*chantaient* avec *dansaient*, *sera* avec *ira*) ou par le même suffixe (*abnégation* avec *abomination*, *verticalité* avec *horizontalité*, *brillamment* avec *bruyamment*), et à plus forte raison deux mots qui sont formés sur le même radical (*expiration* avec *inspiration*, *fait* avec *tout à fait*, voire *feuille* avec *portefeuille*). Il n'y a aucune invention dans les homophonies que tout le monde connaît, et qui existent déjà dans la langue, bien avant l'intervention du poète. Autant faire rimer un mot avec lui-même, dans une sorte de pléonasme sonore, comme on en trouve parfois dans les romans du Moyen Age :

... Si qu'il ne puet avant aler.	[tant qu'il ne peut aller de l'avant.
Atant vit aval l'eve aler	Alors il vit aller au fil de l'eau
Une nef...	Un bateau...]

(Chrétien de Troyes, *le Roman de Perceval*, vers 2997 et suiv.)

Un petit poème de Charles Cros (1842-1888), intitulé «Coin de tableau, sensation de haschisch» (dans *Le Coffret de santal*), comporte trois quatrains dont tous les vers se terminent soit par le mot *chatte*, soit par le mot *sein*, disposés comme dans un sytème de rimes embrassées :

Tiède et blanc était le sein.
Toute blanche était la chatte.
Le sein soulevait la chatte.
La chatte griffait le sein.

Mais cette exceptionnelle pauvreté est ici volontaire. Elle se double du reste d'une pauvreté générale du vocabulaire et de la syntaxe. Charles Cros a voulu faire une sorte de poème minimum : c'est l'art de créer quelque chose avec le moins de matière possible.

L'AGENCEMENT DES RIMES ET LA STROPHE

Certaines chansons de geste, comme *La Chanson de Raoul de Cambrai* (fin XIIe siècle) sont composées de *laisses* qui ne sont pas simplement assonancées, mais rimées. La même rime par conséquent se répète sur un assez grand nombre de vers :

Ernauz escrie, peor ot de morir :	[Ernaud s'écrie, il a peur de mourir :
Seignor, dist-il, bien me devez garir	«Seigneurs, dit-il, vous me devez garder
Envers Raol qui ne me vueut guerpir.	Contre Raoul qui ne me veut lâcher.
De nos parenz nos a fait tanz morir !	Il a tué tant de parents à nous !
Ce m'a tolu dont deüsse garir,	Il m'a ravi ce qui m'eût protégé :
Mon poing senestre a mon escu tenir ;	mon poing gauche qui tenait mon écu ;
Or me menace de la teste tolir.	Or me menace de me couper la tête.»
Iberz l'oï, del sens cuida oissir.	Ibert l'entend, pense en perdre le sens.]

(Laisse 12)

Nous verrons plus loin que dans certaines formes fixes de poèmes, les rimes peuvent être également répétées d'une manière ou d'une autre. Mais le plus souvent, les vers sont rimés deux à deux. On distingue alors trois dispositions possibles : les rimes sont plates, croisées ou embrassées.

Rimes plates. Les rimes sont plates lorsque les vers qui riment se suivent immédiatement (selon le schéma a-a, b-b...). C'est le cas des romans en octosyllabes du XIIe et du XIIIe siècle et, d'une manière générale, de presque tous les poèmes longs qui ne sont pas divisés en strophes :

Que le soleil est haut ! Déjà de ces collines
L'ombre ne s'étend plus dans les plaines voisines ;
Déjà les laboureurs, lassés de leurs travaux,
Tout suants et poudreux, emmènent leurs chevaux....

(Racan, 1589-1670, *Les Bergeries*)

Rimes croisées. Les rimes sont croisées lorsqu'un premier vers rime avec le troisième vers et le deuxième avec le quatrième (selon le schéma a-b-a-b) :

> *Pour moi, je cède aux ans ; et ma tête chenue*
> *M'apprend qu'il faut quitter les hommes et le jour.*
> *Mon sang se refroidit. Ma force diminue ;*
> *Et je serais sans feu, si j'étais sans amour.*
>
> (Maynard, 1582-1646, *La belle Vieille)*

Rimes embrassées. Les rimes sont embrassées lorsqu'un premier vers rime avec le quatrième, et le deuxième avec le troisième (selon le schéma a-b-b-a) :

> *Tantôt la plus claire du monde,*
> *Elle semble un miroir flottant,*
> *Et nous représente à l'instant*
> *Encore d'autres cieux sous l'onde...*
>
> (Saint-Amant, 1594-1661, *La Solitude)*

La strophe

Le poème est souvent divisé en strophes (ou stances), qui sont des groupes de vers dont la structure se répète. Une strophe est caractérisée

– par le nombre des vers qui la composent :

le *distique* : deux vers ;	le *quintil :* cinq vers ;	le *huitain :* huit vers ;
le *tercet :* trois vers ;	le *sixain :* six vers ;	le *dizain :* dix vers ;
le *quatrain :* quatre vers ;	le *septain :* sept vers ;	le *douzain :* douze vers, etc.

– par les types de vers utilisés : une strophe peut comporter des vers égaux ou bien un mélange de vers de différentes mesures ;

– enfin par la disposition des rimes. Les dispositions croisée et embrassée constituent par elles-mêmes des quatrains. Le dizain de l'ode classique offre l'avantage de mettre en œuvre les trois dispositions possibles : plates, croisées et embrassées. Ainsi cette strophe de Malherbe (1555-1628) :

Peuples, à qui la tempête	a	rimes croisées
A fait faire tant de vœux,	b	
Quelles fleurs à cette fête	a	
Couronneront vos cheveux ?	b	
Quelle victime assez grande	c	rimes plates
Donnerez-vous pour offrande ?	c	

Et quel indique séjour d
Une perle fera naître e — rimes embrassées
D'assez de lustre, pour être e
La marque d'un si beau jour ? d

Les débordements de la rime

La rime est parfois sytématiquement reprise en écho à l'intérieur du vers. Les Grands Rhétoriqueurs du XVe siècle, et encore Clément Marot au début du siècle suivant, aiment ces joyeux débordements de la rime, que les traités de l'époque classent sous plusieurs rubriques dûment répertoriées.

La rime batelée. La rime normale est reprise à la fin de l'hémistiche du vers suivant. Ainsi ce passage de Jean Molinet (1435-1507) :

> ***O****n trouve aux champs pastoureaux sans brebis,*
> *Clercs sans habits, prêtres sans bréviaire,*
> *Châteaux sans tours, granges sans fouragis ,*
> *Bourgs sans logis , étables sans seulis,*
> *Chambres sans lits, hôtels sans luminaire,*
> *Murs sans parfaire, églises sans refaire,*
> *Villes sans maire et cloître sans nonettes :*
> *Guerre commet plusieurs faits déshonnêtes.*

La rime enchaînée (ou annexée, ou fratrisée). La rime normale est reprise en écho au début du vers suivant. La rime est dite *annexée* quand elle consiste en la répétition de la même syllabe *(soupire / pire)* ; *fratrisée* quand elle consiste en la répétition d'un mot entier ; *enchaînée* quand elle affecte deux mots de même racine *(déconfort / fort)*. Paul Zumthor, dans son *Anthologie des Grands Rhétoriqueurs* (1978) cite cet exemple anonyme tiré d'un *Traité de l'Art de Rhétorique* du XVe siècle :

> **T***rop durement mon cœur* soupire *;*
> Pire *mal sent que* déconfort *;*
> Confort *le fait : plus n'a nul* fort.
> Fort *se plaint…*

Clément Marot utilise également la rime enchaînée dans sa première *Chanson* :

> ***P****laisir n'ai plus, mais vis en* déconfort,
> Fortune *m'a remis en grand* douleur.
> L'heur *que j'avais est tourné en* malheur,
> Malheureux *est qui n'a aucun* confort…

La rime couronnée. La rime apparaît deux fois de suite à la fin de chaque vers. Ainsi dans le deuxième couplet de la troisième *Chanson* de Clément Marot :

> **L***a blanche colom*belle belle
> *Souvent je vais pri*ant criant :
> *Mais dessous la cor*delle d'elle
> *Me jette un œil f*riant, riant,
> *En me con*sommant *et* sommant
> *A douleur qui ma* face *ef*face :
> *Dont suis le réc*lamant amant,
> *Qui pour l'outre*passe *tré*passe.

La rime renforcée. Ce ne sont plus seulement les vers qui riment entre eux, mais leurs premiers hémistiches. Th. Elwert cite un exemple de Saint-Gelais (1491-1558) :

> **D***e cœur par*fait *chassez toute dou*leur ;
> *Soyez soigneux, n'usez de nulle f*einte ;
> *Sans vilain* fait *entretenez douceur* ;
> *Vaillant et* **p**reux, *abandonnez la crainte*...

La rime répétée

Quand une strophe comporte un nombre impair de vers, il est inévitable qu'une des rimes soit entendue plus de deux fois, et qu'ainsi une sonorité, répétée plus souvent que les autres, soit privilégiée par rapport à elles.

Dans cette strophe de 5 vers (*Odes*, IV, 38), Ronsard compare l'existence d'une rose à celle d'un homme :

> **T***out ainsi qu'elle* défleurit
> Fanie *en une matinée,*
> *Ainsi notre âge se* flétrit,
> *Las ! et en moins d'une journée*
> *Le printemps d'un homme* périt.

La rime en *rit* se fait entendre trois fois. Notre attention est attirée par cette sonorité et par les mots qui la véhiculent – *défleurit, flétrit* et *périt* – et qui marquent les trois étapes successives d'une disparition. Si l'on remarque aussi, au début du deuxième vers, que le mot *fanie,* qui veut dire *fanée*, se termine également par le son *i*, on a même une étape intermédiaire entre la première et la deuxième : la rose d'abord défleurit, puis se fane, se flétrit et enfin disparaît.

Les rimes consonantiques ou allitératives

Dans *La Rivière de Cassis* (1872) d'Arthur Rimbaud on peut lire d'étranges rimes :

> ... **E***t bonne voix* d'anges *:*
> *[...]*
> *Quand plusieurs vents* plongent.

Ce n'est plus la voyelle qui est répétée, ce sont les consonnes. Dans *L'Éternité* (1872), Rimbaud fait alterner les rimes consonantiques avec les rimes vocaliques, parfois aussi avec de simples assonances :

> **A***me senti*nelle,
> *Murmurons l'aveu*
> *De la nuit si* nulle
> *Et du jour en feu.*
>
> *Des humains suffrages,*
> *Des communs é*lans
> *Là tu te dégages*
> *Et voles* selon.
>
> *Puisque de vous* seules,
> *Braises de satin,*
> *Le Devoir s'*exhale
> *Sans qu'on dise : enfin...*

Verlaine (*Chair*, 1896), fait rimer *autres* avec *outre* :

> **E***t je t'attends en ce café,*
> *Comme je le fis en tant d'*autres,
> *Comme je le ferais, en* outre,
> *Pour tout le bien que tu me fais.*

Cette rime consonantique est devenue courante dans les poésies d'aujourd'hui. Ainsi Christian Prigent, dans *Peep-Show* (1984) :

> **E***lle a zippé son* strass
> *il* stresse...

Les violences de la rime

Ronsard demande, dans son *Art Poétique* de 1565, qu'on soit «plus soigneux de la belle invention et des mots, que de la rime, laquelle vient assez aisément d'elle-même après quelque peu d'exercice et labeur.» Boileau veut en 1674 qu'elle s'accorde avec le *bon sens*, qu'elle n'ait pour fonction que de *servir* et *enrichir* la raison, c'est-à-dire le sens :

La rime est une esclave, et ne doit qu'obéir.

Les poésies classiques se méfient de la rime : peur qu'elle n'entraîne la pensée, et la langue. Et si les paroles du poème, au lieu de venir de la tête ou du cœur, ou d'être dictées par une Muse, ne naissaient que d'un jeu futile de mots et de sonorités ?... Quelle honte à se l'avouer !

Certains pourtant en ont assumé le risque, joyeusement. Pour eux la rime est un outil à bousculer la langue, à lui faire violence, peut-être à faire vaciller les certitudes de la pensée et à les mettre en doute, au lieu de simplement les orner. La rime en effet, pour peu qu'on la manie d'une certaine façon, agit sur la prosodie de la langue, voire sur la langue elle-même.

Rime constituée par un mot normalement atone

On se rappelle que le vers français se définit par la nécessité de se terminer par une voyelle accentuée (ou temps fort), et c'est cette voyelle qui porte la rime. Il y a donc certains mots à qui leur nature même interdit de figurer à la fin d'un vers : ainsi les articles (*le*, *la*, *les*, *un*, *une*, *des*) ; les pronoms personnels (*je*, *tu*, *il*...) ; les prépositions (*en*, *par*, *pour*, *avec*...) et les conjonctions (*et*, *mais*, *quand*, *si*...) quand elles ne sont pas suivies immédiatement d'une virgule ; les adjectifs placés devant un nom (*sa chaste robe*...). On trouve pourtant, en particulier chez Rimbaud et Verlaine, ces mots naturellement atones placés à la rime. Voici quelques exemples :

Arthur Rimbaud, *Michel et Christine* (1872) :

Mais moi, Seigneur ! voici que mon esprit vole,
Après les cieux glacés de rouge, sous les
Nuages *célestes qui courent et volent*
Sur cent Solognes longues comme un railway.

Verlaine, *A l'Ancienne* (dans *Invectives*, 1896) :

Et par les monts et par les ondes
Et les naufrages d'au-delà,

Honte et pitié sur l'homme et la
Femme *de ces retours immondes...*

Verlaine, *Fêtes galantes* (1869) :

*– **M**a flamme... – Do, mi, sol, la, si.*
L'abbé, ta noirceur se dévoile.
– Que je meure, mesdames, si
Je ne *vous décroche une étoile.*

Verlaine, *Poëmes Saturniens* (1866) :

***T**out suffocant*
Et blême quand
Sonne *l'heure,*
Je me souviens
Des jours anciens
Et je pleure ;

Et je m'en vais
Au vent mauvais
Qui m'emporte
Deçà, delà,
Pareil à la
Feuille *morte.*

Verlaine, *Romances sans paroles* (1874) :

***L**e train glisse sans un murmure,*
Chaque wagon est un salon
Où l'on cause bas et d'où l'on
Aime *à loisir cette nature*
Faite à souhait pour Fénelon.

Arthur Rimbaud, *le Châtiment de Tartuffe* (vers 1870) :

***T**isonnant, tisonnant son cœur amoureux* sous
Sa chaste robe *noire, heureux, la main gantée,*
Un jour qu'il s'en allait, effroyablement doux...

Verlaine, *Bergerades* :

***A** l'instar des bergers de Virgile*
Et même de ceux de Florian,
Nous aimons les belles, tout en
Craignant *moult pour notre cœur fragile...*

Verlaine, *Money* (dans *Chair*, 1896) :

***I**ls n'auront jamais la fortune*
Ni l'honneur de mourir d'amour
Et de verser tout leur sang pour
L'amour *seul de toi, blonde ou brune !*

Verlaine, *A Monsieur et Madame Tarlé* (1893) :

> **M***ais l'atroce, c'est quand une famille unie,*
> *Belle, se trouve encore embellie et bénie*
> *D'un frais enfant, fleur de printemps éclose* dans
>
> Les soucis, *désormais ! consolés de l'automne,*
> *Et que l'autre, avec son hideux rictus atone,*
> *Vient désoler l'automne et tuer le printemps.*

La place qu'occupe la préposition *dans* est d'autant plus remarquable que le nom qu'elle introduit se trouve dans la strophe qui suit.

Verlaine, *Dédicaces* (1890) :

> **C***e n'est pas un bonjour tout sec,*
> *Mon cher Guy, vicomte Lautrec,*
> *Que je vous donne, c'est,* avec
> Un vœu *qui ne part que du bec...*

La généralisation de la rime en *ec* emporte naturellement avec elle la préposition *avec* : le poème tout entier semble être produit par le nom même du dédicataire, dont Verlaine n'entend que la syllabe finale, la plus caractéristique...

Les exemples sont nombreux dans certaines poésies d'aujourd'hui. Ainsi Christian Prigent, *Peep-Show* (1984) :

> **T***ous ses membres coupa*
> *bleus sont tassés sous* sa
> grande aile *chauve*

Mais on en trouve parfois aussi dans les poésies anciennes. Ainsi au début des *Tragiques* d'Agrippa d'Aubigné (1552-1630) :

> **P***uisqu'il faut s'attaquer aux légions de Rome,*
> *Aux monstres d'Italie, il faudra faire* comme
> Hannibal, *qui par feux d'aigre humeur arrosés*
> *Se fendit un passage aux Alpes embrasés.*

Reste au lecteur à interpréter ces *enjambements* d'un vers sur l'autre. Comment les *lire* ? Ou bien il restera fidèle à la prosodie de la langue et prononcera «sous les nu*a*ges», «quand sonne l'*heure*», «où l'on *ai*me», «tout en craig*nant*», «dans les sou*cis*»..., et il lira de la prose. Ou bien il accentuera le mot à la rime, acceptant ainsi que le rythme du vers se substitue au rythme de la phrase.

Rime portant sur un e muet

Mais il y a mieux encore : le vers peut se terminer par un monosyllabe en *e* muet (l'article *le*, la négation *ne*, le démonstratif *ce*) et fournir, en élidant cet *e*, une rime féminine :

Verlaine, *Invectives* :

... J'opine
Pour ta mort... ou la mienne, ou bien
Pour les deux en même temps... Ni ne
Dis mot, ni surtout ne te tais !...

Alfred Jarry, *Minutes de sable mémorial* (1894) :

***M**ais il ne veut pas*
Que l'on s'évertue
En d'oisifs combats ;
Que l'on prostitue
L'amour éprouvé
A l'âme banale
Qui n'a même pas le
Chic du réprouvé...

Verlaine, *Dédicaces* (1890) :

***N**e peuvent rien qu'user leur dent*
Et leur bave, n'est-ce pas, presse
Littéraire en général ? Qu'est-ce
Que cet indicible imprudent...

Seule la rime parvient ici à maintenir de façon reconnaissable le rythme de l'octosyllabe. Sa fonction est bien de tailler dans de flux de la parole l'artifice d'un rythme. C'est peut-être le sens de l'injonction de Verlaine dans son *Art Poétique* (dans *Jadis et Naguère*, 1885) : «Prends l'éloquence et tords-lui le cou !» La rime (et avec elle le rythme) n'a plus la fonction de ponctuer et de souligner le rythme de la syntaxe, mais de le contrarier.

Ou bien l'*e* est prononcé comme le serait n'importe quelle autre voyelle, et rien n'empêche de faire rimer deux *e* normalement muets, et qui cessent de l'être pour peu que le rythme du vers soit maintenu, ce que fait Verlaine dans ses *Assonances galantes* (*Chair*, 1896) :

***J**e l'aurais quand même tu* me
La refuserais, puisque je
L'ai là, dans mon cœur, nom de Dieu !

Rime et trait d'union

Parfois l'orthographe unit deux mots par un trait d'union. C'est une manière de marquer que la langue les relie si étroitement du point de vue prosodique, qu'il est impossible de les dissocier. Belle occasion pour y placer la rime !
Verlaine, *Chansons pour elle* (1891) :

> **P***ratique mon bon conseil et reste amusante.*
> *S'il se peut, sois-le plus encore et* représente-
> Toi *bien que c'est ta loi d'être pour nous charmer...*

Tmèse

La rime ainsi comprise peut aller jusqu'à entraîner une *tmèse*, c'est-à-dire à couper un mot en deux :

Tristan Corbière (1845-1875), dans un poème burlesque intitulé *la Balancelle* :

> **V***ous allez voir comm' quoi dix-huit mat'lots et* l'of-
> Ficier *qui commandait pétèr'nt leur dernier* loff.

Le poème est constitué de huit strophes qui sont toutes construites sur ce modèle, ce qui contribue à imposer le principe de la tmèse.

Verlaine, *A Eugénie* :

> **O** *toi, sachant me plaire encor mieux, et séduire*
> *Encore plus mon âme et mes sens par* préci-
> Sément *ton âme et la grâce qui s'en va luire,*
>
> *La grâce de tes sens aimés, – et par ainsi*
> *Notre amour s'ennoblit d'une grâce meilleure*
> *Par quoi voici joyeux mon cœur jadis transi...*

Verlaine, *Assonances galantes* (*Chair*, 1896), poème qui, comme l'indique son titre, n'est pas rimé mais assonancé :

> ... *et zut aux bergères*
>
> *Autres que toi que je vais* sac-
> Cager *de si belles manières...*

La tmèse permet ici de dégager du mot *saccager* un autre mot : *cager*, qu'on peut entendre comme *mettre en cage*...

Dès le *Prologue* de *Chair*, on pouvait lire :

***I**l va rôdant comme un loup*
Autour du cœur de beaucoup
Et s'élance tout à coup

Poussant un sombre hou-hou !
Soudain le voilà roucou-
Lant *ramier gonflant son cou.*

Là encore la tmèse produit un calembour (*lent ramier*).

Raymond Queneau, *l'Instant fatal* (1948) :

***Q**uand les poètes s'ennuient alors il leur* ar-
Rive *de prendre une plume et d'écrire un* po-
Ème *on comprend dans ces conditions que ça* bar-
Be *un peu quelque fois la poésie la* po-
Ésie

Christian Prigent use fréquemment du procédé dans *Peep-Show* (1984) :

***A**rticule qu'ell dit* arti
cule l'arti
ste *!*

ou bien : ***E**lle lui dit*
[...]
qu'il représente tout de façon vulgaire
outrancière
primaire
et ceter'
ah *!*

A la faveur de cette tmèse, le mot change de sens en cours de route (le mot *etc.* se métamorphose en une exclamation).

La tmèse ne comporte pas nécessairement une intention burlesque : Alfred Jarry, *les Minutes de sable mémorial* (1894) :

La
gondole spectre que hala
la mort sous les ponts de pierre en ogive,
illuminant son bord brodé
dé-
rive.

Enfin la rime peut conduire jusqu'au barbarisme volontaire : la forme même du mot et sa prononciation sont changées pour pouvoir mieux se plier à la rime. Cette violence faite aux mots est fréquente chez Christian Prigent, par exemple dans *Peep-Show* : *tout* se transforme en *tu* :

... et même les Cinq Vertus
de Wu Chang, et turlututu
et pilier pointu :
rien du tu.

ou bien *doigt* devient *doixe :*

avec son petit doixe
ili agace l'axe...

philosopheuse au lieu de *philosophique* :

***M**ais ma photo d'une belle*
nageuse
le plonge dans une rêverie philosopheuse...

canapon au lieu de *canapé :*

***E**n nippé nippon*
elle pique un napperon
sur le canapon

Dans un autre poème, la rime en *u* entraîne l'ensemble du texte, dont chaque vers, à la faveur d'une tmèse (*su-jet* ; *fu-mée*) ou d'un barbarisme (*le pensu* au lieu de *le pensé* ; *s'évanu* au lieu de *s'évanouit*) ou d'une faute d'orthographe volontaire (*poilu* au lieu de *poilue*), se plie à cette voyelle devenue tyrannique :

***M**a chère cousine au front je sue*
bien seul aussi j'acquis Lulu
la photo ci-jointe vous dira à son su
jet *plus*
qu'un long discours : la tête expressive et poilu
fumant sa pipe montre bien que le pensu
est ailleurs : elle rêve et son rêve s'évanu
à la fu
mée *de la pipe...*

LE VERS LIBRE

LE VERS LIBRE DES CLASSIQUES

Il y a des vers libres au XVIIe et au XVIIIe siècle, mais leur liberté est toute relative, et consiste seulement en la possibilité de varier la disposition des rimes et de faire alterner, dans le même poème et de façon irrégulière, des vers de mètres différents.

Voici en effet la définition qu'en donne Pierre Restaut dans son *Abrégé des Règles de la Versification française* de 1732 :

> *On appelle vers libres ceux qui n'ont aucune uniformité ni pour le nombre des syllabes ni pour le mélange des rimes, et qui ne sont point partagés en stances, c'est-à-dire que dans les pièces en vers libres, un auteur peut entre mêler les rimes à son choix, et donner à chaque vers tel nombre de syllabes qu'il juge à propos, sans suivre d'autres règles que les règles générales de la versification.*
>
> *On met ordinairement en vers libres les sujets qui ne demandent qu'un style simple et familier, comme les fables, les contes, et même quelquefois les comédies, ou les poèmes destinés à être chantés, comme les opéras et les cantates.*

C'est dans ce sens que les *Fables* de La Fontaine (1621-1695) sont écrites en vers libres :

Ami, reprit le coq, je ne pouvais jamais
Apprendre une plus douce et meilleure nouvelle,
Que celle
De cette paix :
Et ce m'est une double joie
De le tenir de toi. Je vois deux lévriers,
Qui, je m'assure, sont courriers
Que pour ce sujet on envoie :
Ils vont vite, et seront dans un moment à nous.
Je descends : nous pourrons nous entre-baiser tous.

(*Le Coq et le Renard*)

La seule liberté que se donne ici La Fontaine est de mélanger alexandrins, octosyllabes, vers de quatre ou de deux syllabes, et de varier de manière imprévisible la disposition des rimes. Aucun rapport avec la liberté que va acquérir la versification à partir de la fin du XIXe siècle.

La naissance du nouveau vers libre

On a vu que le premier vers à subir d'importants bouleversements fut l'alexandrin. Mallarmé, dans *Crise de vers* (1895) veut *desserrer* le mécanisme du vers, ou bien ne plus employer l'ancien rythme qu'exceptionnellement au cours du poème, ou le faire seulement de manière approchée :

> *... l'oreille, affranchie d'un compteur factice, connaît une jouissance à discerner, seule, toutes les combinaisons possibles, entre eux, de douze timbres.*

Les douze *timbres*, non les douze *syllabes*. Le nombre des syllabes cesse d'être l'unique condition de l'existence du vers. Les autres paramètres phoniques ont une égale importance pour constituer l'*orchestration verbale*, c'est-à-dire la musique du vers. Aussi le nouveau *vers libre* repose-t-il d'abord sur «la dissolution du nombre officiel». Sa musique se libère du modèle collectif pour devenir individuelle :

> *Le remarquable est que, pour la première fois, au cours de l'histoire littéraire d'aucun peuple, concurremment aux grandes orgues générales et séculaires, où s'exalte, d'après un latent clavier, l'orthodoxie, quiconque avec son jeu et son ouïe individuels se peut composer un instrument, dès qu'il souffle, le frôle ou frappe avec science ; en user à part et le dédier aussi à la Langue.*

Gustave Kahn (1859-1936) publie en 1887 *les Palais nomades*, qui est son premier recueil de vers libres. La rime n'y est plus obligatoire ; les vers n'ont plus un nombre égal de syllabes ; enfin surtout on n'y reconnaît plus que difficilement et de façon très approximative les moules rythmiques dans lesquels se coulait autrefois le vers :

> *Choses vindicatrices, passés cruels, ombres passées,*
> *sur le maintenant peureux vous vous vengez*
> *et détruisez en sa fleur pâle le bonheur triste...*
> *[...]*
> *Ombre, vous vous levez et dites : c'est encore moi,*
> *le même moi tant caressé et dans mes tresses les mêmes émois...*

Les derniers poèmes de Jules Laforgue (1860-1887) déjà sont écrits en vers très irréguliers. Ils n'ont pas renoncé à la rime (même si elle n'est point toujours très orthodoxe), mais le nombre des syllabes y varie de 2 à 19 selon les vers :

Blocus sentimental ! Messageries du Levant !...
Oh, tombée de la pluie ! Oh, tombée de la nuit !
Oh, le vent !...
La Toussaint, la Noël, et la Nouvelle Année,
Oh, dans les bruines, toutes les cheminées !...
D'usines...

Les premiers vers libres des Symbolistes montrent moins le souci de rompre avec la musique ancienne que le désir de ne pas s'y limiter. Francis Viélé-Griffin (1863-1937), dans sa préface à *Joies* (1889), oppose le libre arbitre du poète à toutes les règles de versification telles qu'elles ont pu être énoncées par exemple, en 1872, dans le célèbre *Petit Traité de Versification française* de Théodore de Banville (1823-1891) :

> *Le vers est libre ;*
> *– ce qui ne veut nullement dire que le «vieil» alexandrin à «césure» unique ou multiple, avec ou sans «rejet» ou «enjambement», soit aboli ou instauré ; mais – plus largement – que nulle forme fixe n'est plus considérée comme le moule nécessaire à l'expression de toute pensée poétique ; que désormais comme toujours, mais consciemment libre cette fois, le Poète obéira au rythme personnel auquel il doit d'être, sans que M. de Banville ou tout autre «législateur du Parnasse» aient à intervenir...*

Aujourd'hui Michel Deguy (né en 1930) considère le vers libre comme un «ramasse tout», c'est-à-dire comme une façon d'écrire qui fait entrer dans son rythme toutes les composantes de la langue et de sa prosodie, mais il le définit aussi (*Action Poétique n° 116*, 1989) par cette jolie formule : les vers libres sont des «fagots inégaux, ou égaux plus ou moins, hantés par un *nombre* rôdeur...».

Aussi longtemps que le poème se présentera typographiquement sur la page comme une suite de lignes inégales, même si la rime est abandonnée, même si le nombre des syllabes varie d'une ligne à l'autre, même si ce nombre de syllabes cesse d'être seulement compté, l'idée de vers subsistera et quelque chose dans son rythme le distinguera du rythme de la prose.

UNE DURÉE APPROXIMATIVE

Quand on demande à Joseph Guglielmi (né en 1929) d'expliquer les principes de sa métrique (*Action Poétique n° 116*, 1989), il commence par donner un exemple :

tchoupéré tchoupéri tchoupé
ritchoupèri tchoupéré

«Comme on peut voir», ajoute-t-il, «ces deux *vers* sont respectivement un heptasyllabe et un octosyllabe, des mètres que j'ai systématiquement utilisés dans des ouvrages comme *Fins de vers*, *Lunes d'été*, *Das*, *La Mort...*» Ses poèmes sont moins un mélange d'heptasyllabes et d'octosyllabes qu'une perpétuelle hésitation entre ces deux mètres, entre un mètre senti comme *juste*, qui est le vers de 8 syllabes, et «l'heptasyllabe, le faux octosyllabe, mon favori !»

Autrement dit, le vers libre peut être le *vers faux*, auquel Mallarmé trouvait un «charme certain». Le vers faux, c'est-à-dire un vers qui reste encore soumis à un *nombre*, mais à un nombre approximatif, qui rappelle ici et là, de façon plus ou moins sûre, les principaux modèles rythmiques de la versification traditionnelle que sont principalement l'octosyllabe et l'alexadrin. Blaise Cendrars (1887-1961) par exemple, dans *Les Pâques à New York* (1912) utilise un alexandrin *plus ou moins juste* :

Seigneur, c'est aujourd'hui le jour de votre Nom,
J'ai lu dans un vieux livre la geste de votre Passion,

Et votre angoisse et vos efforts et vos bonnes paroles
Qui pleurent dans le livre, doucement monotones.

Un moine d'un vieux temps me parle de votre mort.
Il traçait votre histoire avec des lettres d'or

Dans un missel, posé sur ses genoux.
Il travaillait pieusement en s'inspirant de Vous...

Certains vers (le premier, le sixième) sont des alexandrins irréprochables. D'autres ont souvent un peu plus, parfois un peu moins que douze syllabes. Mais on sent toujours la présence discrète d'une cadence, c'est-à-dire la reproduction au moins approximative d'un modèle rythmique. Les vers de ce poème sont *à peu près* des alexandrins. Simplement Cendrars s'abstient d'en compter rigoureusement les syllabes. D'autre part les vers sont rimés.

En revanche il n'y a plus de rimes dans ce poème de 1924 :

Tu m'as dit si tu m'écris
Ne tape pas tout à la machine
Ajoute une ligne de ta main
Un mot un rien oh pas grand'chose
Oui oui oui oui oui oui oui oui

Ma Remington est belle pourtant
Je l'aime beaucoup et travaille bien
Mon écriture est nette et claire
On voit très bien que c'est moi qui l'ai tapée...

L'hésitation entre l'heptasyllabe (*Tu m'as dit si tu m'écris*) et l'octosyllabe (*Un mot un rien oh pas grand'chose*) est agravée par l'indécision touchant l'*e* muet (*«Ajoute une ligne de ta main»* a 7, 8 ou 9 syllabes, selon que l'*e* muet est ou non compté). En réalité le modèle métrique existe : c'est celui de l'octosyllabe, puisque dans le quatrième vers le mot *oui* est répété huit fois. Même versification que chez Guglielmi ; l'heptasyllabe est senti comme un *faux* octosyllabe. Seul le dernier vers cité se libère franchement du modèle, alors que ses 4 premières syllabes pouvaient laisser prévoir un octosyllabe (par exemple : *on voit très bien qu'elle est de moi*).

Même si les vers sont faux du point de vue des règles traditionnelles, ils ont encore pour fonction, comme dans l'ancienne versification, de découper le texte en unités de durée équivalente.

On trouve aujourd'hui ce souci d'une régularité approximative, instinctive en quelque sorte et non plus garantie par un comptage exact, dans la poésie d'André Roy (né en 1944) :

> ***M**on nom extérieur avec ceux que j'ai idéalisés,*
> *il confirme que je regarde le mien*
> *comme une chose antique et générale,*
> *comme un phénomène technique*
> *que la science n'aurait pas encore expliqué.*
> *La vie est difficile, la vie continue sans nous croire.*
> *Ciel, opéra exact pour la chute des étoiles,*
> *le ciel est une photographie gaspillée dans ma tête.*
>
> (*Les amoureux n'existent que sur la terre,* 1989)

La coupure ou le passage à la ligne

La généralisation du *vers libre* inspire à André Gide (1869-1951) cette boutade : «Une bonne définition de la poésie ? Je n'en vois plus d'autre valable, que celle-ci : la poésie consiste à passer à la ligne avant la fin de la phrase.» Derrière la plaisanterie, on peut entendre une question sérieuse : quelle est la fonction du passage à la ligne, quand elle n'est plus de souligner une cadence et un nombre et de découper le texte en un certain nombre d'unités rythmiques reconnaissables ?

Une dizaine d'années avant la naissance officielle du vers libre, on trouve dans les *Illuminations* d'Arthur Rimbaud (1854-1891) deux textes, *Mouvement* et *Marine*, qui ne sont pas à proprement parler de la prose, puisque les lignes sont de longueur inégale ; et qui ne sont pas non plus des vers traditionnels, puisqu'ils ne comportent pas de rimes, et qu'on n'y observe pas le retour régulier d'un nombre égal de syllabes. *Marine* suggère une réponse à la question de Gide :

> *Les chars d'argent et de cuivre –*
> *Les proues d'acier et d'argent –*
> *Battent l'écume, –*
> *Soulèvent les souches des ronces.*
> *Les courants de la lande,*
> *Et les ornières immenses du reflux,*
> *Filent circulairement vers l'est, –*
> *Vers les piliers de la forêt, –*
> *Vers les fûts de la jetée,*
> *Dont l'angle est heurté par les tourbillons de lumière.*

Non seulement la plupart des passages à la ligne y coïncident avec une ponctuation, virgule ou point, mais encore ils sont le plus souvent soulignés par un tiret, dont la fonction ne peut être que d'arrêter la phrase, d'interrompre le flux des paroles, d'y introduire un blanc, un silence. La forme poétique ne se distingue plus de la prose par la mise en œuvre d'une cadence et d'un nombre, mais par cette interruption de la phrase, et par le découpage du texte en fragments isolés, sur lesquels à chaque fois s'attarde la lecture.

C'est ce que Michel Deguy (né en 1930) déclare entendre dans tout *poème rythmique* (par opposition au poème en prose) : «Toujours le poème rythmique est de *césures* [...]», c'est-à-dire de coupures ; «d'alinéas pour enjamber», – et en effet, le texte de *Marine* a beau être fragmenté, la phrase se poursuit d'un fragment à l'autre ; «de *blanc* qui *généralise* la ponctuation et la scansion.» L'importance du blanc en poésie avait déjà été soulignée par Paul Claudel (1868-1955) dans ses *Réflexions sur le vers français* (1925) :

> *On ne pense pas de manière continue, pas davantage qu'on ne sent d'une manière continue ou qu'on ne vit d'une manière continue. Il y a des coupures, il y a intervention du néant. [...] Il est impossible de donner une image exacte des allures de la pensée si l'on ne tient pas compte du blanc et de l'intermittence.*
> *Tel est le vers essentiel et primordial, l'élément premier du langage, antérieur aux mots eux-mêmes : une idée isolée par du blanc.*

Denis Roche, dans son *vers énergumène* (pour reprendre l'expression de Jacques Roubaud) exhibe cette coupure, pour en étaler la violence essentielle. Le vers repose sur la coupure (ce que Michel Deguy appelle la césure) opérée dans le «bloc gris» du texte. C'est par cette volonté de coupure, matérialisée par l'alinéa, que le vers n'est pas de la prose.

La longueur du vers

Rien ne limite plus, dans un sens ou dans un autre, la longueur du vers : il peut ne plus comporter qu'un seul mot, une seule syllabe ; il peut tout aussi bien se prolonger sur plusieurs lignes et constituer des *versets*. Traditionnellement on appelle verset chacun des alinéas qui divisent les textes bibliques. Il a été adopté notamment par Paul Claudel (1868-1955), pour donner au poème sa très ample respiration :

Voici l'Ode, voici que cette grande Ode nouvelle vous est présente,
Non point comme une chose qui commence, mais peu à peu comme la mer qui était là,
La mer de toutes les paroles humaines avec la surface en divers endroits
Reconnue par un souffle sous le brouillard et par l'œil de la matrone Lune !
Or, maintenant, près d'un palais couleur de souci dans les arbres aux toits nombreux ombrageant un trône pourri,
J'habite d'un vieux empire le décombre principal...

(*Cinq Grandes Odes*)

Saint-John Perse (1887-1975) à son tour s'empara du verset claudélien, qui convenait si bien à la superbe emphase de sa poésie et au souffle qui la portait :

... Innombrable l'image, et le mètre, prodigue. Mais l'heure vient aussi de ramener le Chœur au circuit de la strophe.
Gratitude du Chœur au pas de l'Ode souveraine. Et la récitation reprise en l'honneur de la Mer.
Le Récitant fait face encore à l'étendue des Eaux. Il voit, immensément, la Mer aux mille fronces
Comme la tunique infiniment plissée du dieu aux mains des filles de sanctuaires,
Ou, sur les pentes d'herbe pauvre, aux mains des filles de pêcheurs, l'ample filet de mer de la communauté.

(*Amers*)

Sa possibilité d'être découpé en vers de longueurs très inégales donne au poème une physionomie très nouvelle. Qu'on en juge par cet extrait de *Les Armes miraculeuses* (1946) d'Aimé Césaire (né en 1913) :

fontaine irrésistible, ombelle,
ma hourde
lourde
écrase
la
vase
avance
et
monte !
Ah ! cime ! demain flexible,
virgule d'eau, ma hourde lourde, sans chamulque, à contre-flot
écrase la cime fine qui s'amenuise.

La longueur du vers ou sa brièveté agissent directement sur la vitesse de la lecture. Plus la ligne est courte, plus le débit ralentit. Le moindre article ou la moindre conjonction (*la*, *et*) acquièrent alors une importance inattendue d'être ainsi isolés, détachés du flux normal de la phrase, presque arrêtés. Cette modulation de la vitesse apporte au discours poétique une ponctuation d'un type nouveau, qui empêche le texte d'être *emporté* dans un mouvement uniforme et régulier.

L'enjambement

Paradoxalement, un des avantages du vers est la possibilité de faire des enjambements. Le vers libre a gardé au moins cela de la versification traditionnelle. Cela prouve que, même si les syllabes ne sont plus comptées, même si la longueur des lignes est devenue non seulement variable mais imprévisible, l'idée de vers (et sans doute le souvenir du vers traditionnel) est encore bien vivante. Dans cet extrait des *Poésies de A. O. Barnabooth* de Valéry Larbaud (1881-1957) un passage à la ligne sépare plusieurs fois des mots qui, syntaxiquement, ne devraient pas l'être (*et / vos...* ; *aux mouvements / aisés...*) :

... prêtez-moi
Vos miraculeux bruits sourds et
vos vibrantes voix de chanterelle ;
Prêtez-moi la respiration légère et facile
Des locomotives hautes et minces, aux mouvements
si aisés...

L'enjambement peut se généraliser. Alors le rythme bascule tout à fait et l'on obtient une versification d'un genre nouveau. Traditionnellement, c'est la fin du vers, soulignée par la rime, qui scandait le discours poétique ; ici au contraire, c'est son attaque. René Ghil (1862-1925) entendait le rythme du vers libre de cette manière :

> *Entre les Bâtiments et la Maison, devant*
> *l'aire sous le hangar où métallique sourde*
> *sourdonne la Batteuse vite-roulant, dur*
> *qui gicle l'averse du grain nu : le gars sur*
> *le Manège hâte d'aiguillon l'une et lourde*
> *allure des Bovins moteurs en un mouvant*
> *vertige de soleil…*

LA POÉSIE BLANCHE

Toute différente sans doute est cette poésie qui distribue parcimonieusement, dans l'espace de la page, des mots isolés, des fragments de phrases inachevées, et comme des bribes d'un discours interrompu sans cesse, presque inaudible. Ainsi ce texte de Jean-Paul Séguin (né en 1939), publié en 1979 :

> *(nous n'avions plus la force*
> *de tenir durant des siècles*
> *contre l'adversité,   sauf*
> *de toutes misères du corps,*
>
> *et*
>
> *comme on lui troue*
> *de la pensée, du secours*
>
> *),*
>
> *c'est aussi*
>
> *que tout autre soleil,*
>
> *ibis, petite,*
>
> *et mondes*
>
> *sommes envolés,*

La seule scansion perceptible est celle des blancs qui trouent la page. Nous parlerons plus loin de cette poésie qui a définitivement renoncé à la notion de vers, et dont le rythme organise moins une durée qu'un espace.

Le poème en prose

Une autre façon de renoncer au vers est d'écrire le poème en prose, comme fait Baudelaire (1821-1867) avec *Spleen de Paris*, à partir de 1857. Dans sa lettre dédicatoire à Arsène Houssaye, il définit ainsi son projet :

> **Q***uel est celui de nous qui n'a pas, dans ses jours d'ambition, rêvé le miracle d'une prose poétique, musicale sans rythme et sans rime, assez souple et assez heurtée pour s'adapter aux mouvements lyriques de l'âme, aux ondulations de la rêverie, aux soubresauts de la conscience ?*

Écrire en prose n'est pas renoncer à la musique du vers, c'est au contraire accéder à une musique plus riche, plus complexe, et plus souple.

Baudelaire du reste n'est pas le premier pour qui la poésie peut exister sans le support d'une versification. Lui-même se réclame d'Aloÿsius Bertrand (1807-1841) :

> **J'***ai une confession à vous faire. C'est en feuilletant, pour la vingtième fois au moins, le fameux* Gaspard de la Nuit, *d'Aloysius Bertrand (un livre connu de vous, de moi et de quelques-uns de nos amis, n'a-t-il pas tous les droits à être appelé* fameux *?) que l'idée m'est venue de tenter quelque chose d'analogue, et d'appliquer à la description de la vie moderne, ou plutôt d'une vie moderne et plus abstraite, le procédé qu'il avait appliqué à la peinture de la vie ancienne, si étrangement pittoresque.*

Avant *Gaspard de la Nuit*, toute poésie étrangère traduite en prose française pouvait donner déjà l'idée du poème en prose, et, au siècle précédent, l'abbé Jean-Baptiste Dubos (1670-1742) déclarait dans ses *Réflexions critiques sur la Poésie et la peinture* (1719) :

> **I***l est de beaux tableaux sans riches coloris ; il est de beaux poèmes sans vers.*

Montaigne (1533-1592) était déjà de cet avis :

> **M***ille poètes traînent et languissent à la prosaïque ; mais la meilleure prose ancienne [...] reluit partout de la vigueur et hardiesse poétique, et représente l'air de sa fureur...*
>
> *(Essais, III, 9)*

Enfin le terme même de *poème en prose* est employé par Boileau (1636-1711). Dans une lettre à Charles Perrault, il écrit, en 1701 :

> *Je montrerais qu'il y a des genres de poésie où non seulement les Latins ne nous ont point surpassés, mais qu'ils n'ont pas même connus : comme, par exemple, ces poèmes en prose que nous appelons* romans, *et dont nous avons chez nous des modèles qu'on ne saurait trop estimer, à la morale près, qui y est fort vicieuse et qui en rend la lecture dangereuse aux jeunes personnes.*

Témoignage intéressant en ceci que le sens du mot *poème* s'y confond déjà avec celui du mot *fiction*, et qu'il en vient à désigner toute œuvre dont la seule fonction n'est pas de transmettre des informations ou des connaissances, mais qui utilise le langage à des fins esthétiques. Dans un entretien qu'il a en 1979 avec Marcel Spada, Francis Ponge dira :

> *Et quant à la prose et à la poésie, il ne m'intéresse absolument pas de distinguer les deux genres… Je cite très souvent un texte de Montesquieu… J'ai été récemment interrogé sur mon idée de la poésie au* XVIIIe *siècle et j'ai dit que les deux grands poètes au* XVIIIe *siècle étaient Buffon et Montesquieu.*
>
> («Une parole à l'état naissant», propos recueillis par Marcel Spada, publié dans *Le Magazine littéraire* n° 260, décembre 1988)

Voilà pourquoi aussi les deux Anthologies que Jean-Paul Séguin a publiées aux éditions Seghers en 1974 et 1975 comportent presque autant de textes en prose que de textes en vers.

7

LA FORME DU POÈME

L'art de faire des *acrostiches* (du grec *akros*, «extrémité», et *stikhos*, «vers») remonte à l'antiquité. Un acrostiche est un poème écrit de telle sorte que les lettres initiales des vers, lues verticalement, forment un mot, (par exemple le nom de l'auteur, ou de la personne à qui le poème est destiné, ou bien encore son sujet). Ici, le poème naît d'un mot, que l'on fait en quelque sorte parler ; et sa forme, du moins sa dimension, est prévue à l'avance : tout devra être dit dans cet espace ainsi limité, de la même façon que l'œuvre du peintre est, avant même d'exister, limitée par les dimensions de la toile. C'est en somme dans cet esprit que sont écrits tous les poèmes à forme fixe – rondeaux, ballades, triolets, ou sonnets.

A cette forme essentiellement brève, s'oppose le poème long, celui dont l'auteur n'a pas à *compter* ses vers. Le poème est alors constitué par un nombre indéterminé de vers, qui se suivent sans se plier à une organisation métrique d'ensemble, ni à aucune contrainte formelle autre que les règles générales de la versification.

La question de savoir *quand le poème s'arrête*, et si le poème est long ou bref n'est pas indifférente. Il y a là deux conceptions tout à fait opposées de l'écriture poétique : d'une part, pour reprendre un titre de Paul Éluard (1946), la «poésie ininterrompue» ; et d'autre part l' inscription comme dans la pierre d'une pensée poétique condensée à l'extrême, qui donne raison au mot allemand *Dichtung*, lequel signifie à la fois la poésie, et la condensation, la fermeture. Deux types de lecture donc : ou bien le lecteur, sans avoir à tourner la page, a devant lui l'ensemble du poème, qu'il embrasse d'un seul regard comme un tableau ; ou bien il s'installe et s'enfonce dans sa durée, comme s'il écoutait une œuvre musicale.

LE POÈME LONG

LE POÈME LONG DU MOYEN ÂGE

Le poème dont aucune règle ne limite *a priori* la longueur, existe dès les origines. Les chansons de geste du Moyen Age sont composées de vers groupés en *laisses*, dont chacune comporte un nombre variable de décasyllabes (ou, plus rarement, d'alexandrins) sur une seule assonance (plus tard sur une seule rime). Le nombre des laisses est lui-même indéterminé : le poème prend fin quand l'histoire est racontée. Alors que la poésie lyrique a une structure métrique beaucoup plus variée et, comme nous le verrons plus loin, obéit souvent à des règles plus contraignantes, toute la poésie narrative écrite après les chansons de geste à partir de la fin du XIIe siècle – romans de la Table Ronde, romans courtois, Roman de la Rose, Roman de Renard, fabliaux, lais, etc. –, ainsi que la poésie didactique ou dramatique, est généralement faite d'un nombre non limité (pourvu évidemment qu'il soit un nombre pair) d'octosyllabes à rimes plates. La musique du texte, donnée dès le premier vers, n'a plus qu'à se poursuivre, selon le même modèle, et à porter le récit ou le discours jusqu'à son achèvement.

Le poème long classique

A partir du XVIe siècle, le décasyllabe puis l'alexandrin tendent à remplacer l'octosyllabe dans le poème long à rimes plates. C'est ainsi que sont écrits les épîtres, élégies, blasons, églogues, épopées, hymnes, discours etc., et d'une manière générale toutes les formes qui se réclament des poèmes antiques écrits en hexamètres dactyliques. Lorsque le poème est très long, comme c'est le cas de l'épopée, il est divisé en chants, comme l'étaient les longs poèmes de l'antiquité. Cette forme se maintiendra jusqu'au XXe siècle. Elle est encore utilisée par Paul Valéry dans *la jeune Parque* (1917), par Jacques Audiberti (1899-1965) dans certains de ses poèmes, et même, mais avec humour, par Raymond Queneau dans sa *Petite Cosmogonie portative* (1950).

Le poème dialogué

La versification de certaines œuvres dramatiques du Moyen Age comme *Adam*, ou *Saint Nicolas*, ou encore *le Jeu de la Feuillée* varie selon les scènes. Mais le plus souvent elles sont écrites en octosyllabes à rimes plates. A partir du XVIe siècle, une œuvre dramatique, tragédie ou comédie (et plus tard drame) est régulièrement écrite en alexandrins à rimes plates.

Il est du reste intéressant de noter que, dans la poésie dramatique, un vers peut toujours rimer avec le premier vers de la réplique suivante, voire de la scène suivante, et qu'il peut aussi bien être partagé entre plusieurs personnages : la structure métrique ne coïncide donc pas obligatoirement avec la structure dramatique, chacune obéissant à sa propre logique, à ce point même qu'un vers commencé dans une scène peut s'achever dans la scène suivante. Ainsi, dans l'*Iphigénie* de Racine (1674) :

SCÈNE II

IPHIGÉNIE

Me sera-t-il permis de me joindre à vos vœux ?
Verra-t-on à l'autel votre heureuse famille ?

AGAMEMNON

Hélas !

IPHIGÉNIE

Vous vous taisez ?

AGAMEMNON

Vous y serez, ma fille.

Adieu.

SCÈNE III

IPHIGÉNIE

De cet accueil que dois-je soupçonner ?

LE POÈME À NOMBRE INDÉTERMINÉ DE STROPHES

A partir du début du XVIIe siècle, de nombreux poèmes sont intitulés, ou sous-titrés, *Stances* : leur seule caractéristique métrique est d'être constitués d'un certains nombre de strophes (ou stances) semblables.

A partir de cette époque et jusqu'au XIXe siècle, si le mot n'est plus guère employé que comme un archaïsme (ainsi par Moréas en 1899), la chose reste très vivante, et on peut dire que presque tout poème qui n'obéit pas aux règles d'une forme fixe peut prendre deux formes : la série non limitée de vers à rimes plates, et la série non limitée de strophes construites sur le même modèle.

De longs poèmes sont écrits sous cette forme à partir du XVIIe siècle. Le poème de Malherbe intitulé *les Larmes de Saint Pierre* (1587) s'étend sur 396 vers divisés en 66 sixains (les rimes sont disposées selon le schéma a -a - b -c - c - b). Beaucoup de poèmes romantiques également se présentent comme de longues séries *ouvertes* de strophes, aucune nécessité métrique n'empêchant d'ajouter une strophe à une autre et de poursuivre le poème à l'infini, sinon que la voix, à un certain moment, fasse défaut, – ce qui semble ne pas devoir arriver facilement quand l'auteur du poème s'appelle Charles Péguy (1873-1914) : l'œuvre qui s'intitule simplement *Quatrains* compte effectivement 1112 quatrains de vers de six et quatre syllabes alternés à rimes croisées. C'est peu à côté d'*Eve*, qui comporte 1911 quatrains d'alexandrins à rimes embrassées ou croisées, le dernier vers toutefois n'ayant que six syllabes et marquant ainsi la fin du poème :

Fut dispersée aux vents.

Mais après cela Péguy entreprit d'écrire une *Suite d'Eve*, qu'il n'a pas eu le temps de terminer, mais qui comporte tout de même 1062 quatrains pour la plupart achevés.

Le poème long en vers libres ou en versets

La longueur du poème peut aussi bien être produite par l'extrême liberté de la forme : longue suite de vers libres, ou de versets, irrégulièrement découpée en strophes ou en paragraphes de longueur variable. Ici on tend à ne plus obéir à aucun modèle préexistant au texte : la forme du texte s'invente au fur et à mesure qu'il s'écrit. D'où l'extrême variété formelle (non seulement prosodique mais typographique) que présentent certains textes de la modernité comme ceux de Maurice Roche (*Compact*, 1966), Marcelin Pleynet (*Stanze*, 1973), ou Christian Prigent (*L'Main*, 1975).

A la limite, la poésie redécouvre la prose, qui apparaît alors comme un achèvement du vers. Les poèmes en prose de Baudelaire étaient relativement brefs, les plus longs d'entre eux ne dépassant guère trois ou quatre pages. Les proses de Lautréamont (*les Chants de Maldoror*, 1868), de Philippe Sollers (*Paradis*, 1981), ou de Christian Prigent (*Commencement*, 1988) atteignent les dimensions d'un livre entier.

Strophes ou types de vers mélangés

Un changement dans le nombre des syllabes et dans la disposition des rimes peut intervenir dans le cours de la versification la moins libre. Dans l'*Iphigénie* de Racine (1674), qui, comme toute tragédie classique, est écrite en alexandrins à rimes plates, le texte de l'oracle est cité par Agamemnon sous la forme d'un sixain d'alexandrins et d'octosyllabes mêlés, comportant un système de rimes croisées suivi d'un distique à rimes plates :

Vous armez contre Troie une puissance vaine,
Si dans un sacrifice auguste et solennel
        Une fille du sang d'Hélène
De Diane en ces lieux n'ensanglante l'autel.
Pour obtenir les vents que le ciel vous dénie,
        Sacrifiez Iphigénie.

Le changement de mètre offre un double intérêt. Non seulement il signale (comme le font les guillemets sur la page écrite) le texte de l'oracle comme une citation, qui fait trou dans le discours d'Agamemnon, mais encore il souligne de façon dramatique les deux points essentiels du message : la descendance d'Hélène et le sacrifice d'Iphigénie.

Le procédé se retrouve assez souvent dans la poésie romantique du XIXe siècle. La strophe du *Lac* de Lamartine (1820) est de trois alexandrins suivis d'un hexasyllabe ; mais cette disposition change dans les quatre strophes qui citent les paroles mêmes prononcées par *ELLE* :

> *Tout à coup des accents inconnus à la terre*
> *Du rivage charmé frappèrent les échos ;*
> *Le flot fut attentif, et la voix qui m'est chère*
> *Laissa tomber ces mots :*
>
> *« O temps, suspends ton vol ! et vous, heures propices,*
> *Suspendez notre cours !*
> *Laissez-nous savourer les rapides délices*
> *Des plus beaux de nos jours ! »*

D'une manière plus générale, les changements de mètre scandent la structure d'ensemble des longs poèmes de Victor Hugo. L'ensemble des 817 vers de *Magnitudo Parvi* (dans *les Contemplations*, 1856) est divisé en quatre grandes parties, qui sont comme les mouvements successifs d'une symphonie. Le premier est constitué de sixains :

> *Le jour mourait ; j'étais près des mers, sur la grève.*
> *Je tenais par la main ma fille, enfant qui rêve,*
> *Jeune esprit qui se tait.*
> *La terre, s'inclinant comme un vaisseau qui sombre,*
> *En tournant dans l'espace allait plongeant dans l'ombre ;*
> *La pâle nuit montait.*

Le second fait alterner des douzains d'octosyllabes avec des strophes de sept alexandrins, dans un savant mélange de rimes croisées, plates et embrassées ; la troisième, sur un rythme plus rapide, est une suite de 117 quatrains octosyllabiques à rimes croisées ; et la fin du poème revient à la strophe qui était utilisée au début.

Rien de plus ordonné, en somme, que ce recours à des formes différentes au cours du même poème, et Pierre Restaut n'aurait pas songé à parler ici de *vers libres*. Si l'on veut trouver un exemple de liberté formelle, c'est au XVIIe siècle, chez La Fontaine, plutôt que chez Victor Hugo, qu'il faut aller le chercher. Ici, comme on peut le constater dans l'exemple que nous citons page 191, les changements apportés à la longueur des vers ou à la disposition des rimes, au lieu d'obéir à un modèle préétabli, interviennent toujours de façon d'autant moins prévisible qu'ils ne coïncident pas obligatoirement avec les articulations de la phrase ou du récit, mais ajoutent à leur débit des variations de tempo et de rythme.

QUELQUES FORMES DU LYRISME MÉDIÉVAL

LES CHANSONS

Les poésies lyriques qui s'épanouissent dans les pays d'oc (c'est-à-dire dans la France du sud) dès le XIIe siècle, et ensuite dans les pays d'oïl, sont d'abord des chansons, et leur forme n'est guère dissociable de la musique qui devait porter leurs paroles.

Elles sont le plus souvent divisées en couplets semblables ou alternés, qui peuvent être de structures très diverses selon les poèmes, mais, dans une même chanson, utilisent généralement les mêmes rimes, disposées de la même façon. Ainsi cette *pastourelle* de Thibaut de Champagne, roi de Navarre (1201-1257) dont chaque couplet est un douzain de vers de 4, 6 et 7 syllabes (nous indiquons entre parenthèses le nombre de syllabes de chaque vers) :

***J**'aloie l'autrier errant*	(7)	[J'allais avant-hier errant
Sans conpaignon	(4)	sans compagnon
Sur mon palefroi, pensant	(7)	sur mon cheval, pensant
A fere une chançon,	(6)	faire une chanson,
Quant j'oï, ne sai comment,	(7)	quand j'entendis, je ne sais comment,
Lez un buisson	(4)	près d'un buisson
La voiz du plus bel enfant	(7)	la voix de la plus belle enfant
Qu'onques veïst nus hom ;	(6)	que jamais on ne vît ;
Et n'estoit pas enfes si	(7)	Et n'était pas à ce point enfant
N'eüst quinze anz et demi,	(7)	qu'elle n'eût quinze ans et demie,
N'onques nule riens ne vi	(7)	et jamais je ne vis rien
De si gente façon.	(6)	de si agréable façon.]

Les chansons comportent souvent un refrain d'un ou plusieurs vers, qui se répète à différentes places du poème. Voici par exemple les deux premiers couplets d'une *chanson de toile* du XIIe siècle (on appelait ainsi les chansons que chantaient les femmes pendant qu'elles tissaient la toile) :

***L**e samedi al soir faut la semaine :*
Gaiete et Orior, serors germaines,
Main a main vont baignier a la fontaine.
Vente l'ore et li raim crollent :
Qui s'entraimment soef dorment !

L'enfes Gerarz revient de la quintaine,
S'a choisie Gaiete sour la fontaine :

Entre ses braz l'a prise, soef l'a streinte.
Vente l'ore et li raim crollent :
Qui s'entraimment soef dorment !

[Le samedi soir finit la semaine :
Gayette et Oriour, sœurs germaines,
main dans la main vont se baigner à la fontaine.
Le vent souffle et les branches bougent :
que ceux qui s'aiment dorment doucement !

Le jeune Gérard revient de l'exercice,
il voit Gayette à la fontaine :
il l'a prise entre ses bras et embrassée tendrement.
Le vent, etc.]

Rien n'est plus facile que de se perdre dans le maquis des formes et des appellations : chansons, lais, virelais, motets, complaintes, pastourelles... Nous retiendrons principalement, et à titre d'exemple, le rondeau et la ballade, dont on peut, malgré les variations auxquelles leur forme est sujette, esquisser une description un peu précise.

Rondeaux et triolets

Le rondeau et le triolet sont de brèves chansons, construites sur deux rimes (qui se combinent selon plusieurs modèles déterminés), et dont le premier vers, ou les deux premiers vers, servent de refrain et sont répétés au milieu et à la fin du poème. L'étymologie n'en est pas sûre. Il est possible que *triolet* soit une altération de *kyrielle*, mot lui-même tiré de la prière appelée *Kyrie*, laquelle est effectivement caractérisée par la répétition trois fois de la même formule. Quant à *rondeau*, il désignerait primitivement le chant destiné à accompagner une *ronde*.

Dans son *Art poétique* de 1548, Thomas Sébillet distingue trois espèces différentes de rondeaux : le triolet, de 8 vers ; le rondeau simple, de 12 vers ; le rondeau double, de 15 vers ; et le rondeau redoublé, qui est dit rondeau parfait, de 25 vers.

Le triolet, dit Thomas Sébillet, est volontiers facétieux, et il en donne cet exemple anonyme (nous soulignons les vers qui sont répétés et constituent le refrain) :

Votre cul vert couvert de vert
A métier d'autre couverture : [*métier* = besoin]
S'on le véoit à découvert, [si on le voyait...]
Votre cul vert couvert de vert,

Celui qui le verrait ouvert
Pourrait bien dire à l'aventure :
Votre cul vert couvert de vert
A métier d'autre couverture.

On trouve chez Charles d'Orléans (1391-1465) une assez grande variété de rondeaux. Voici d'abord un exemple de ce que Sébillet appellera *rondeau simple*, en 12 vers :

Tant sont les yeulx de mon cuer endormis
En Nonchaloir, qu'ouvrir ne les pourroye :
Pource, parler de Beaulté n'ozeroye,
Pour le présent, comme j'ay fait jadis.

Par cuer retiens ce que j'en ay apris,
Car plus ne sçai lire ou Livre de Joye,
Tant sont les yeulx de mon cuer endormis !

Chacun diroit qu'entre les rassotiz,
Com avugle des couleurs jugeroye ;
Taire m'en vueil, rien n'y voy, Dieu y voye !
Plaisans regars n'ont plus en moy logis,
Tant sont les yeulx de mon cuer endormis.

[Tant sont endormis les yeux de mon cœur
en la nonchalance, que je ne pourrais les ouvrir :
aussi n'oserais-je parler de beauté
présentement, comme je l'ai fait jadis.

Je retiens par cœur ce que j'en ai appris,
car je ne sais plus lire au Livre de Joie,
tant sont endormis les yeux de mon cœur !

On dirait que je suis devenu hébété et que
je jugerais des couleurs comme un aveugle ;
je veux m'en taire, je n'y vois rien, puisse
Dieu y voir quelque chose !
Plaisants regards n'ont plus de place en moi,
tant sont endormis les yeux de mon cœur.]

Au lieu de répéter le seul premier vers, on peut répéter les deux premiers. Le rondeau alors, toujours construit sur deux rimes, a 14 vers :

Je ne suis pas de cez gens la
A qui Fortune plaist et rit,
De reconfort trop m'escondit,
Veu que tant de mal donné m'a.

S'on demande comment me va,
Il est ainsi comme j'ay dit :

[Je ne suis pas de ces gens-là
à qui Fortune plaît et rit,
elle me refuse trop le réconfort,
vu qu'elle m'a tant donné de mal.

Si on demande comment je vais,
je vais ainsi que je l'ai dit :

Je ne suis pas de cez gens la	Je ne suis pas de ces gens-là
A qui Fortune plaist et rit.	à qui Fortune plaît et rit.
Quand je dy que bontemps vendra,	Quand je dis que bon temps viendra,
Mon cueur me respont par despit :	mon cœur me répond par dépit :
Voire, s'Espoir ne vous mentit,	Oui, si l'Espoir ne vous mentit pas.
Plusieurs deçoit et decevra.	Il en déçoit et décevra plusieurs.
Je ne suis pas de cez gens la	Je ne suis pas de ces gens-là
A qui Fortune plaist et rit.	à qui Fortune plaît et rit.]

Ou encore ce sont les deux premiers vers, puis le premier vers seulement qui sont répétés :

Les en voulez vous garder	[Voulez-vous empêcher
Ces rivieres de courir	ces rivières de courir,
Et grues prendre et tenir	voulez-vous prendre et retenir les grues
Quant hault les veez voler ?	quand vous les voyez voler en haut ?
A telles choses muser	A perdre leur temps à de telles choses
Voit on folz souvent servir :	On voit souvent les fous s'appliquer :
Les en voulez vous garder	Voulez-vous empêcher
Ces rivieres de courir ?	ces rivières de courir ?
Laissez le temps tel passer	Laissez le temps passer tel
Que Fortune veult souffrir,	que la Fortune le permet,
Et les choses avenir	et laissez advenir les choses
Que l'en ne scet destourber.	que l'on ne peut éloigner.
Les en voulez vous garder ?	Voulez-vous les en empêcher ?]

Le rondeau, tel que le pratique Clément Marot (1496-1544) diffère de celui de Charles d'Orléans en ceci qu'au lieu de répéter, au milieu et à la fin du poème, le premier vers en son entier, voire les deux premiers vers, il se contente en général de répéter le premier hémistiche ou les premières syllabes. Voici un exemple de rondeau double :

Toutes les nuits *je ne pense qu'en elle,*	
Qui a le corps plus gent qu'une pucelle	
De quatorze ans, sur le point d'enrager :	
Et au dedans un cœur, pour abréger,	
Autant joyeux, qu'eut oncques Damoiselle.	[qu'eut jamais demoiselle]
Elle a beau teint, un parler de bon zèle,	
Et le tétin rond comme une groizelle :	[*groizelle* = groseille]
N'ai-je donc pas bien cause de songer	
Toutes les nuits ?	
Touchant son cœur, je l'ai en ma cordelle,	[en mon pouvoir]
Et son mari n'a sinon le corps d'elle :	

Mais toutefois, quand il voudra changer,
Prenne le cœur : et pour le soulager
J'aurai pour moi le gent corps de la belle
Toutes les nuits.

Un rondeau parfait est divisé en six quatrains sur deux rimes croisées ; chacun des vers de la première strophe est répété, le premier à la fin du deuxième quatrain, le deuxième à la fin du troisième quatrain, et ainsi de suite ; enfin le premier hémistiche du premier vers est répété, en supplément, après le dernier quatrain, comme on peut le voir dans cet exemple de Marot :

En liberté maintenant me pourmaine,
Mais en prison pourtant je fuz cloué :
Voyla comment fortune me demaine.
C'est bien, et mal. Dieu soit du tout loué !

Les envieux ont dit que de Noué [*Noué* = Noël]
N'en sortiroys : que la mort les emmaine !
Maugré leurs dens le neu est desnoué :
En liberté maintenant me pourmaine.

Pourtant, si j'ay fasché la Court Rommaine,
Entre meschans ne fuz onc alloué :
De bien famez j'ay hanté de dommaine :
Mais en prison pourtant je fuz cloué.

Car aussi tost que fuz desadvoué
De celle là, qui me fut tant humaine,
Bien tost apres à Saint Pris fuz voué :
Voyla comment fortune me demaine.

J'euz à Paris prison fort inhumaine :
A Chartres fuz doulcement encloué :
Maintenant voys, où mon plaisir me maine.
C'est bien, et mal. Dieu soit du tout loué !

Au fort, Amys, c'est à vous bien joué,
Quand vostre main hors du per me ramaine.
Escript, et faict d'un cueur bien enjoué,
Le premier jour de la verte Semaine,
En liberté.

Ballade et chant royal

Le mot *ballade* vient du provençal *ballada*, dérivé lui-même du verbe *ballar*, danser. Le mot semble donc désigner à l'origine une chanson à danser et la danse qu'elle accompagnait. A partir de Guillaume de Machaut (mort en 1377), elle est devenue une forme poétique qui obéit à des règles assez précises, et qui comporte des couplets, un envoi et un refrain.

Les *couplets* sont au nombre de trois, et leur structure est identique : même nombre de vers, mêmes rimes, disposées de la même façon. Les couplets sont du reste de longueur variable selon les ballades, mais le plus souvent de 7 à 12 vers. Les vers les plus employés sont les octosyllabes et les décasyllabes. Toutefois, au XVe siècle, on donne volontiers autant de syllabes que le couplet a de vers ; on a alors des strophes «carrées» : huitains d'octosyllabes ou dizains de décasyllabes. Mais le couplet, chez des auteurs comme Machaut ou Eustache Deschamps (1346-1406), peut aussi bien être constitué par la combinaison de vers inégaux.

La ballade se termine normalement par un quatrain appelé *envoi*, et qui avait traditionnellement pour fonction de dédier le poème à quelqu'un. Le mot désigne en quelque sorte, par métonymie, la dédicace jointe au poème qui est *envoyé* à celui à qui il est destiné. La plupart des envois des ballades médiévales commence par le mot *Prince*, parce qu'à l'origine c'était à un *prince* qu'elles étaient adressées. (Aujourd'hui, on appelle *envoi* l'hommage que l'auteur écrit de sa main sur un exemplaire de son livre qu'il offre à quelqu'un. Les puristes réservent le mot *dédicace* à l'hommage qui est imprimé sur tous les exemplaires.)

L'envoi comporte toujours un nombre de vers inférieur à chacun des couplets. Thomas Sébillet donne même à ce sujet des règles très précises : si le couplet est de 8 vers, l'envoi est un quatrain ; s'il est de 10 vers, l'envoi est de 5 vers, et parfois de 7 ; si c'est un onzain, l'envoi est de 6 vers, ou de 7 ; si c'est un douzain, l'envoi est de 7 vers.

L'envoi est construit sur les mêmes rimes, disposées de la même façon, que la fin de chaque couplet.

Enfin la ballade comporte un *refrain*, le même vers se répétant à la fin de chaque couplet et à la fin de l'envoi.

C'est ainsi que se présente la célèbre *Ballade des Pendus* de François Villon (milieu de XVe siècle). En voici le premier couplet et l'envoi :

Frères humains qui après nous vivez,
N'aiez les cuers contre nous endurcis ;
Car se pitié de nous povres avez,
Dieu en aura plus tost de vous mercis.
Vous nous voiez cy attacez, cinq, sis ;
Quant de la chair, que trop avons nourrie,
Elle est pieça devoree e pourrie,
Et nous les os devenons cendre et poudre.
De notre mal personne ne s'en rie,
Mais priez Dieu que tous nous vueille absoudre.

Envoi

Prince Jesus, qui sur tous as maistrie,
Garde qu'enfer n'ait de nous seigneurie :
A luy n'avons que faire ne que souldre.
Hommes, icy n'a point de moquerie,
Mais priez Dieu que tous nous vueille absoudre.

[Frères humains qui après nous vivez,
N'ayez les cœurs endurcis contre nous ;
Car si vous avez pitié de nous, pauvres,
Dieu en aura plus tôt pitié de vous.
Vous nous voyez attachés ici, 5 ou 6 ;
Et la chair, que nous avons trop nourrie,
Et nous, les os, devenons cendre et poussière.
Que personne ne rie de notre mal,
Mais priez Dieu qu'il veuille nous absoudre tous.

Prince Jésus qui as maîtrise sur tous,
Fais que l'Enfer ne soit pas notre maître :
Nous n'avons rien à faire avec lui et rien à lui payer.
Hommes, il n'y a pas lieu ici de se moquer,
Mais priez Dieu qu'il veuille tous nous absoudre.]

Le **chant royal** n'est autre qu'une ballade de cinq couplets au lieu de trois. Pour le reste (rimes, refrain, envoi), les règles sont les mêmes, à ceci près que, normalement, les couplets sont des onzains de décasyllabes.

Oubli et survivance des formes anciennes

Au XIXe siècle, à peu près au moment où l'architecte Viollet-le-Duc (1814-1879) entreprend la restauration de la Sainte-Chapelle, de la basilique de Vézelay et de Notre-Dame de Paris, les poètes *parnassiens* tentent de restaurer les formes poétiques du Moyen Age. Eux-mêmes s'essaient à écrire triolets et ballades, et Théodore de Banville, dans son *Petit Traité de poésie française*, publié en 1872, s'attache à en donner très exactement les règles.

Ainsi Charles Cros place dans *Le Coffret de Santal* (1873) un poème intitulé *Triolets fantaisistes*. Il est constitué de cinq strophes dont chacune est un triolet :

Sidonie a plus d'un amant,
C'est une chose bien connue
Qu'elle avoue, elle, fièrement.
Sidonie a plus d'un amant
Parce que, pour elle, être nue
Est son plus charmant vêtement.

C'est une chose bien connue,
Sidonie a plus d'un amant.

En 1873, Théodore de Banville publie *Trente-six Ballades joyeuses*, et on peut lire la même année, toujours dans *Le Coffret de santal* de Charles Cros, une *Ballade du dernier amour*, et un *Drame en trois ballades*. Enfin la ballade qu'Edmond Rostand a introduite dans son drame *Cyrano de Bergerac* (1897) est fort célèbre («... A la fin de l'envoi, je touche !»)

C'est dans un tout autre sens que Victor Hugo entend le mot *ballade* dans son recueil de 1826. Ce sont, écrit-il dans sa préface «des esquisses d'un genre capricieux ; tableaux, rêves, scènes, récits ; légendes superstitieuses, traditions populaires. L'auteur, en les composant, a essayé de donner quelque idée de ce que pouvaient être les poèmes des premiers troubadours du Moyen Age, de ces rapsodes chrétiens qui n'avaient au monde que leur épée et leur guitare, et s'en allaient de château en château, payant l'hospitalité avec des chants. S'il n'y avait beaucoup trop de pompe dans ces expressions, l'auteur dirait, pour compléter son idée, qu'il a mis plus de son âme dans les *Odes,* plus de son imagination dans les *Ballades.*» Du point de vue de la forme, chacune d'entre elles se présente comme une série ouverte de strophes ou de stances (voire de couplets) de structure analogue. La ballade n'est donc plus une forme métrique particulière, mais plutôt un genre : elle se définit par son style, son contenu, son «inspiration», pour reprendre le mot de Hugo. Elle prend le relai d'une tradition née au XVIIIe siècle dans les poésies allemande et anglaise et qui a produit les Ballades de Bürger, de Schiller ou de Goethe, et celles de Wordsworth ou de Coleridge. Enfin plus récemment, en France, le terme a été adopté par Paul Fort (1872-1960) dont la production poétique est réunie en quarante volumes sous le titre général de *Ballades françaises*, dont l'édition définitive a été publiée de 1922 à 1951. Elles sont écrites en vers plus ou moins libres, présentés comme de la prose sans aller à la ligne, et groupées en strophes.

Quant aux formes métriques du Moyen Age, elles ne sont plus guère utilisées à partir du début du XVIe siècle, et les poètes de la Pléiade ont sérieusement contribué à leur abandon. Du Bellay, dans sa *Défense et Illustration de la Langue française* de 1549, donne ce conseil aux nouveaux poètes :

> **L***is donc et relis premièrement, ô poète futur, feuillette de main nocturne et journelle les exemplaires grecs et latins, puis me laisse toutes ces vieilles poésies françaises aux Jeux Floraux de Toulouse et au Puy de Rouan, comme rondeaux, ballades, virelais, chants royaux, chansons, et autres telles épiceries, qui corrompent le goût de notre langue et ne servent sinon à porter témoignage de notre ignorance.*

LES NOUVELLES FORMES DU LYRISME

L'ODE

La première édition des *Odes* de Ronsard date de 1550. Dans l'avertissement au lecteur qui la précède, Ronsard déclare hautement que c'est lui qui le premier a introduit et le mot et la chose dans la littérature française : «... et osai, le premier des nôtres, enrichir ma langue de ce nom, Ode...» Ce que confirme Jacques Peletier du Mans dans son *Art poétique* de 1555 : «Ce nom d'*Ode* a été introduit de notre temps par Pierre de Ronsard.» Mais la chose est-elle bien nouvelle ? Du seul point de vue de la métrique, rien n'empêche d'appeler ode tout poème lyrique divisé en strophes de même structure, et le mot *ode* fait alors double emploi avec le mot *stances* dont nous parlions plus haut, voire avec le mot chanson. Pierre Restaut écrira en 1732 : «On donne souvent le nom d'ode à une suite de stances sur un même sujet.» Plus qu'une forme, l'ode est sans doute un genre, qui se définit par son style et son contenu. C'est sans doute ce qui explique que certaines pièces du recueil de Ronsard sont curieusement constituées d'une série d'alexandrins à rimes plates.

Reste qu'avoir recours à ce mot, c'est se référer de manière implicite à l'ode latine ou grecque, dont la forme métrique est on ne peut plus spécifique. *Ode* est la transcription du mot grec ᾠδή, qui signifie proprement *chant* (chant de joie ou de deuil, chant de mariage, chant accompagné de la cithare, chant lyrique, chant magique, incantation, bref toutes sortes de chants). Il est de la même famille que le verbe *adô* (ᾄδω), qui signifier chanter, et de *aoidos* (ἀοιδός), le chanteur, que nous avons gardé sous la forme d'*aède*. Pour les poètes de la Pléiade, l'ode sera donc une chanson. Mais une chanson d'un genre élevé, et qui se voudra éloignée des ouvrages qui sont, écrit Du Bellay, «mieux dignes d'être nommés chansons vulgaires qu'odes lyriques.»

L'ode comme une chanson. Les poésies grecques de Sappho et d'Alcée (VIe siècle avant J.-C.), celles qui sont attribuées à Anacréon, ainsi que les *Carmina* du poète latin Horace (Ier siècle avant J.-C.), se présentent sous la forme de vers relativement courts, groupés en courtes strophes (souvent de quatre vers). La plupart des odes de Ronsard qui s'en réclament sont également constituées d'une série de strophes, de structure identique pour chaque poème. La strophe du reste varie librement d'une ode à l'autre, aussi bien par le nombre des vers que par la disposition des rimes (plates, redoublées, croisées, embrassées) : «l'ode peut courir par toutes manières de vers librement», déclare Du Bellay, «voire en inventer à plaisir...» Les vers sont généralement des vers courts (très souvent 8 syllabes, mais également 7, 6, 5 ou 4, et parfois 10). Une même strophe peut combiner des vers de longueurs différentes. Enfin certaines odes font alterner deux strophes de structure différente. Leur forme métrique a toujours contribué à mettre en valeur leur musicalité. Du reste, comme beaucoup de poésies du XVIe siècle, elles sont destinées à être mises en musique.

Somme toute, rien ne ressemble plus à ce qu'on appelait auparavant *chanson* qu'une ode de Ronsard. A deux différences près toutefois : contrairement à beaucoup de poèmes lyriques du Moyen Age, les mêmes rimes ne se reproduisent pas dans toutes les strophes, et le refrain est abandonné. Cette différence est importante et contribue à donner à l'ode un style musical tout à fait différent, qui l'éloigne de la ritournelle et de la chanson populaire.

L'ode pindarique. Toutes différentes, de ton et de formes, sont les odes «pindariques». Les vainqueurs des grands jeux panhelléniques (ceux de Némée, ceux de l'Isthme de Corinthe, ceux de Delphes, et surtout ceux d'Olympie), parmi les honneurs qui leur étaient réservés, avaient le droit de se faire célébrer par un poète qui, pour l'occasion, composait et faisait jouer par un chœur le texte, la musique et la chorégraphie d'un grand chant de victoire, ou *épinicie*. Certaines de celles qui ont été composées par Simonide, Bacchylide et surtout Pindare (VIe -Ve avant J.-C.) ont été conservées. Une *épinicie* se compose normalement d'un nombre indéterminé de *triades*. Chaque triade comporte une *strophe*, une *antistrophe* et une *épode*. Le chœur évoluait d'abord en se déplaçant sur la scène et en chantant une première partie appelée *strophe* ; puis il exécutait un demi-tour (le mot grec *strophe* est formé sur une racine qui signifie précisément «se tourner») et évoluait en chantant, sur le même schéma rythmique, une deuxième strophe appelée *antistrophe* ; enfin, immobile au milieu de la scène, il chantait la troisième strophe, appelée *épode*, selon un schéma rythmique différent. Chacune des trois parties de la triade reposait sur un schéma rythmique que le poète inventait pour l'occasion, exactement comme procède un compositeur de musique. La seule règle était que strophes et antistrophes fussent construites selon le même schéma métrique.

C'est le modèle que s'est proposé Ronsard dans les quinze premières odes de son recueil de 1550. Ainsi la première ode est divisée en 8 triades comportant chacune une strophe et une antistrophe de 18 vers chacune et une épode de 14 vers, soit un total de 400 vers. La dixième ode (*A Michel de l'Hospital*) n'a pas moins de 24 triades comportant chacune une strophe et une antistrophe de 12 vers et une épode de 10 vers, soit un total de 816 vers !

La structure métrique de chaque triade varie selon les odes, aussi bien en ce qui concerne le nombre de syllabes de chaque vers que la disposition des rimes. Voici par exemple ce qu'il en est de la première ode.
Chaque strophe ou antistrophe comporte 18 octosyllabes, soit :

un distique à rime plate,
un quatrain à rimes embrassées,
un quatrain à rimes croisées,
un quatrain à rimes plates,
un quatrain à rimes embrassées.

Chaque épode comporte 14 heptasyllabes répartis ainsi :

deux quatrains à rimes croisées,
un distique à rime plate,
un quatrain à rimes embrassées.

On voit donc que Ronsard s'est attaché à utiliser dans une même strophe les trois dispositions possibles des rimes : plates, embrassées et croisées, ce qui donne à la strophe sa physionomie propre, tout en lui assurant une grande variété, selon que les échos produits par la rime sont plus ou moins rapprochés ou éloignés. La strophe classique de Malherbe et de ses successeurs confirmera cette manière de faire.

La grande ode pindarique, à quelques exceptions près que je mentionnerai plus bas (Chénier, Hugo, Claudel) semble avoir été abandonnée aussi vite qu'elle a été adoptée. C'est pourtant de cette ode «pindarique», qu'est né l'esprit de la grande ode classique, telle qu'elle sera fixée le siècle suivant par Malherbe (1555-1628).

La grande ode classique. A de rares exceptions près, on peut dire que Malherbe appelle ode une pièce d'une vingtaine de dizains de 7 ou de 8 syllabes, dont les rimes sont d'abord croisées, puis plates et enfin embrassées (plus rarement : embrassées, plates et croisées). Les pièces divisées en strophes qui ne répondent pas à ce schéma ont en général une autre appellation : le plus souvent stances, parfois chansons. Avec Malherbe donc, l'ode, autant qu'un genre (elle est toujours adressée nommément à un Grand et son sujet est politique), est devenue une forme. Voici par exemple la dernière strophe de l'*Ode à la reine Marie de Médicis sur les heureux succès de sa régence* :

Apollon à portes ouvertes
Laisse indifféremment cueillir
Les belles feuilles toujours vertes
Qui gardent les noms de vieillir ;
Mais l'art d'en faire des couronnes

N'est point su de toutes personnes ;
Et trois ou quatre seulement
Au nombre desquels on me range,
Peuvent donner une louange
Qui demeure éternellement !

La ponctuation de la phrase, on le voit, souligne parfaitement la structure métrique de la strophe. Ce qui caractérise en effet cette forme est la coïncidence parfaite qui existe entre la structure syntaxique et la structure métrique, la seule fonction de la versification semblant être de mieux scander la phrase, et de la mieux porter.

L'ode après Malherbe. Le dizain de Malherbe sert désormais de modèle à la grande ode classique, et c'est à ce modèle que se conforment très exactement Boileau (1636-1711) pour son *Ode sur la prise de Namur* (écrite en vers de 7 syllabes) ; Voltaire (1694-1778) pour son *Ode sur le vrai Dieu* ou son *Ode sur la construction de l'Autel de Notre-Dame* (en vers de 8 syllabes) ; Casimir Delavigne (1793-1843) pour son *Ode à Naïs* (en vers de 8 syllabes).

Victor Hugo, dans les cinq livres de ses *Odes* (1822-1826), à côté d'autres types de strophes, y a très généralement recours. Souvent encore, comme chez Malherbe, il utilise l'octosyllabe, mais comme s'il se sentait peu à l'aise dans ce mètre trop étroit pour son souffle, il s'est forgé une strophe qui, tout en respectant scrupuleusement la disposition des rimes de Malherbe, mêle octosyllabes et alexandrins selon un modèle sinon immuable, du moins privilégié. Enfin, sans employer les termes de strophe, antistrophe et épode, il a parfois recours encore à des triades pindariques. Ainsi l'ode 11e du premier livre (*Buonaparte*) dont la structure métrique est la suivante : deux dizains d'alexandrins et d'octosyllabes mélangés, suivis d'un dizain d'octosyllabes, et ainsi de suite, division qui du reste ne correspond pas à la division du sens, puisque le poème est divisé en 5 parties dont le découpage ne tient pas compte de ces triades.

Les odes d'André Chénier (publiées pour la première fois en 1791) ressemblent métriquement davantage à celles de Ronsard. C'est que Chénier, comme Ronsard, se réclame plus directement du lyrisme grec. Son ode intitulée *le Jeu de Paume* est une suite de 22 grandes strophes indépendantes, dont chacune est de 19 vers, alexandrins et octosyllabes mêlés selon un modèle fixe, avec une disposition des rimes à la fois savante et variée. La quatrième ode est même composée, comme une ode de Pindare, de deux *triades*, avec l'indication des mots *strophe*, *antistrophe* et *épode*. Elle est écrite en alexandrins et octosyllabes mélangés. Les strophes et antistrophes ont 13 vers, avec la combinaison suivante des rimes : croisées, plates, plates, embrassées, et la rime du dernier vers répétant celle des dixième et onzième vers (a-b-a-b-c-c d-d-e-f-f-e-f) ; les épodes ont 9 vers, avec les rimes suivantes : croisées au début, embrassées à la fin, la deuxième rime redoublée au milieu (a-b-a-b-b-c-d-d-c).

Quant aux *Cinq grandes Odes* de Paul Claudel (1868-1955), elles méritent leur appellation d'odes plutôt à cause de leur contenu, de leur dimension et de leur style, que pour des raisons de forme : chacune est une longue série de versets amples, divisée en longues strophes irrégulières. Toutefois, pour l'une d'entre elles, intitulée *la Muse et la Grâce*, les différents paragraphes comportent alternativement les indications *strophe* et *antistrophe*, et le dernier celle d'*épode*. C'est là évidemment une allusion explicite à l'ode pindarique, et une façon de souligner ce qu'on appellera, quelque cinquante ans plus tard, l'*intertexte*.

Le sonnet

Le sonnet est un poème de 14 vers. Il comporte deux quatrains et deux tercets. Il est normalement construit sur cinq rimes, dont la disposition obéit à des règles assez strictes, mais qui, comme nous le verrons, ont varié assez considérablement. Cette forme a occupé une telle place dans les poésies occidentales qu'il convient de s'y arrêter un peu.

Origines italiennes du sonnet. Le mot lui-même est un décalque de l'italien *sonneto*, qui viendrait lui-même de l'ancien provençal *sonet*, qui signifiait chanson, chansonnette. Le mot *sonet*, diminutif de *son*, signifie poème. Du Bellay, dans sa *Défense et Illustration de la Langue française*, dit du sonnet qu'il est «conforme de nom à l'ode, et différente d'elle». Étymologiquement en effet, les deux mots signifient chant ou chanson.

Il ne fait guère de doute que le sonnet soit d'origine italienne. Le poète français Vauquelin de la Fresnaye (1536-1606), dans son *Art poétique francais*, le reconnaît, tout en en attribuant la première idée aux anciens trouvères et troubadours. C'est que jusque vers le milieu du XIIIe siècle, la poésie lyrique est en langue d'oc. Les troubadours circulent en Italie, et les poètes italiens écrivent leurs œuvres en langue d'oc. Vers 1230, cette poésie d'oc commence à être adaptée en langue italienne, en Sicile.

Le sonnet est né vraisemblablement en Sicile au XIIIe siècle. «Le premier à avoir transposé la poésie courtoise en italien», écrit Christian Bec dans son *Précis de littérature italienne* (Paris, P.U.F., 1982), «est Jacopo da Lentini, que Dante saluait comme un chef de file, et qui passe pour avoir inventé le sonnet.» Quoi qu'il en soit, le sonnet, tel à peu près qu'il a été introduit en France au XVIe siècle, est celui de l'Italie du XIIIe siècle, c'est le sonnet de Dante (*la Vita nuova*, 1290), et surtout de Pétrarque (Francesco Petrarca, né à Arezzo en 1304 et mort à Padoue en 1374), qui en a écrit quelque 320.

Dans les sonnets de Pétrarque, les deux quatrains sont, à de rares exceptions près, toujours construits sur deux rimes embrassées (a-b-b-a). En revanche la plus grande diversité règne en ce qui concerne les tercets. Voici un exemple où les rimes des tercets sont c-d-e / d-c-e :

Quella fenestra ove l'un sol si vede,
quando o lui piace, et l'altro in su la nona ;
et quella dove l'aere freddo suona
ne' brevi giorni, quando borrea 'l fiede ;

e 'l sasso, ove a' gran dí pensosa siede
madonna, et sola seco si ragiona,
con quanti luoghi sua bella persona
coprí mai d'ombra, o disegnò col piede ;

e 'l fiero passo ove m'agiunse Amore ;
e lla nova stagion che d'anno in anno
mi rinfresca in quel dí l'antiche piaghe ;

e 'l volto, et le parole che mi stanno
altamente confitte in mezzo 'l core,
fanno le luci mie di pianger vaghe.

(Canzoniere, 100)

[Cette fenêtre où des deux soleils l'un paraît
quand il lui plaît, et l'autre vers l'heure de none ;
et cette autre où l'air froid chante
dans les jours brefs, sous les coups de borée ;

et la pierre où songeuse dans les longs jours s'assied
ma Dame, et seule avec elle-même s'entretient,
et chaque endroit que sa belle personne
couvrit jamais de son ombre ou marqua de son pied ;

et le lieu cruel où me blessa Amour ;
et la saison nouvelle qui chaque année
ravive en moi les anciennes blessures ;

et le visage et les paroles qui me sont
profondément inscrits au fond du cœur,
donnent désir à mes yeux de pleurer.]

Mais les tercets peuvent présenter d'autres combinaisons, par exemple : c-d-e / c-d-e ; ou encore être construits sur deux rimes seulement : c-d-c / d-c-d ; ou bien c-d-d / d-c-c ; etc.

Naissance du sonnet en France. Le premier sonnet français semble être celui qu'écrivit Clément Marot en 1529, en l'honneur du gouverneur de Lyon, et qui a été publié pour la première fois en 1538, dans son recueil d'*Épigrammes* :

> ***A****u ciel n'y a ni planète ni signe*
> *Qui si a point sût gouverner l'année,*
> *Comme est Lyon la cité gouvernée*
> *Par toi, Rivulse, homme clerc et insigne...*

En 1544, pour la première fois semble-t-il, Mellin de Saint-Gelais intitula *Sonnet* un de ses poèmes. Mellin de Saint-Gelais (1491-1558), né à Angoulême, est originaire de l'ancien pays des troubadours, et il fit ses études en Italie, à Bologne et à Padoue. Clément Marot (1496-1544) est au service de la cour pendant les guerres d'Italie. C'est en tout cas à l'Italie qu'ils ont emprunté la forme du sonnet. Thomas Sébillet, en 1548, est le premier à lui consacrer un chapitre entier. Mais c'est sans doute l'action des poètes de la Pléiade qui assurèrent sa diffusion. Du Bellay le recommande dans sa *Défense et Illustration de la Langue française* de 1549 : «Sonne-moi ces beaux sonnets, non moins docte que plaisante invention italienne...» Ce qu'il a fait lui-même, puisque une grande partie de son œuvre est constituée de sonnets (*l'Olive*, en 1549 ; les *Antiquités de Rome* et les *Regrets*, en 1558) ; ce que fait aussi Ronsard, avec les *Amours de Cassandre* (1552), *Continuation des Amours* (1556), *les Amours d'Hélène* (1578) ; mais aussi Louise Labé, qui a laissé 23 sonnets d'une grande beauté ; Étienne de la Boétie ; Étienne Jodelle ; Philippe Desportes ; Jean de Sponde ; D'Aubigné avec les cent sonnets de l'*Hécatombe à Diane*.

Il continue à faire merveille durant tout le XVIIe siècle, et Boileau fait son éloge dans son *Art Poétique* :

> ***O****n dit, à ce propos, qu'un jour, ce dieu bizarre,*
> *Voulant pousser à bout tous les rimeurs françois,*
> *Inventa du* Sonnet *les rigoureuses lois [...].*
> *Du reste, il l'enrichit d'une beauté suprême :*
> *Un sonnet sans défaut vaut seul un long poème...*

S'il est un peu oublié pendant le XVIIIe siècle, il réapparaît, au milieu du siècle suivant, avec Théophile Gautier (1811-1872), Baudelaire (1812-1867), Tristan Corbière, et avec les poètes parnassiens. Les *Trophées* de José Maria de Heredia (1842-1905) sont un recueil de sonnets très réguliers. Verlaine, Mallarmé et les symbolistes s'emparèrent de cette forme, quitte à en modifier souvent les règles, et on peut dire qu'aujourd'hui le sonnet n'est pas encore mort, témoins les quatorze fois quatorze sonnets composés par Jean-Luc Lavrille (né en 1952) et rassemblés dans *Carbone Quatorze*, ou les 96 apparemment très classiques sonnets du recueil *Whâââh* de Thieri Foulc (né en 1943).

Diffusion du sonnet en Europe. Or ce n'est pas en Italie et en France seulement que le sonnet s'est répandu, mais dans une grande partie de l'Europe. Dès le XVIe siècle, il se répand en Angleterre. Shakespeare écrit ses 154 sonnets au cours des années 1593, 1594 : ils seront rassemblés pour la première fois et publiés en 1609. Leur structure métrique est assez différente de celle qui a été finalement adoptée en France : le sonnet de Shakespeare comporte en effet trois quatrains à rimes croisées, suivis d'un distique à rimes plates. Il est donc construit sur sept rimes différentes. Chaque strophe se termine par une ponctuation forte. Ponctuation et disposition des rimes se confortent donc. Voici les fins de vers de quelques-uns de ces sonnets :

1.	2.	3.	4.	96.
increase,	*brown,*	*viewest,*	*spend*	*wantonness ;*
die,	*field,*	*another ;*	*legacy ?*	*sport ;*
decease,	*now,*	*renewest,*	*lend,*	*less :*
memory ;	*held.*	*mother.*	*free.*	*ressort.*
eyes,	*lies,*	*womb*	*abuse*	*queen*
fuel,	*days,*	*husbandry ?*	*give ?*	*esteem'd ;*
lies,	*eyes*	*tomb*	*use*	*seen*
cruel.	*praise.*	*posterity?*	*live ?*	*deem'd.*
ornament	*use,*	*thee*	*alone,*	*betray,*
spring,	*mine,*	*prime ;*	*deceive.*	*translate !*
content,	*excuse*	*see,*	*gone,*	*away,*
niggarding.	*thine !*	*time.*	*leave ?*	*state !*
be,	*old*	*be,*	*thee,*	*sort,*
thee.	*cold.*	*thee.*	*be.*	*report.*

Le sonnet se répand également dans la poésie de langue allemande. Andreas Gryphius (1616-1664), Hoffmann von Hoffmannswaldau (1618-1679), Johann Wolfgang Goethe (1749-1832) ont écrit des sonnets sur le même schéma métrique que Ronsard ou Du Bellay (a-b-b-a, a-b-b-a, c-c-d, e-e-d). August Graft Platen (1796-1835) suit le modèle : a-b-b-a, a-b-b-a, c-d-c, d-c-d et Friedrich Hebel (1813-1863) le modèle : a-b-b-a, a-b-b-a, c-d-d, c-d-d. Si l'on excepte des poètes comme Gerhart Hauptmann (1862-1946) et Rainer Maria Rilke (1875-1926), avec qui le sonnet affecte des formes beaucoup plus irrégulières, la plupart des poètes allemands jusqu'au XIXe siècle construisent les deux quatrains sur deux rimes embrassées, comme le faisait déjà Pétrarque au XIVe siècle.

Les règles du sonnet classique français. Dans le domaine français, les règles du sonnet n'ont pas tardé à être fixées, et au XVIIe siècle, Boileau y insiste beaucoup : si l'on trouve ces règles trop contraignantes, qu'on s'en prenne, dit-il, au «dieu bizarre» qui les inventa :

Surtout, de ce poème il bannit la licence ;
Lui-même en mesura le nombre et la cadence ;
Défendit qu'un vers faible y pût jamais entrer,
Ni qu'un mot déjà mis osât s'y rencontrer.

Il arrivait pourtant qu'on écrivît des sonnets que l'on appelait *licencieux*, non à cause de leur contenu, mais à cause de leur irrégularité. Boileau condamne ces fantaisies.

Un sonnet régulier commence par deux quatrains construits sur les deux mêmes rimes embrassées (a - b - b - a), et se termine par deux tercets, dont les rimes peuvent être disposées de deux façon :

ou bien : c - c - d e - e - d ; ou bien : c - c - d e - d - e

Cela revient à faire suivre le distique à rime plate d'un dernier quatrain dont les rimes seraient ou embrassées, comme dans le premier quatrain, ou croisées.

Les premiers sonnets, ceux de Clément Marot, et beaucoup de sonnets de Du Bellay et de Ronsard, se terminent par un système de rimes embrassées. Voici les rimes d'un poème de Du Bellay :

... *cendre*	a
... *couverts*	b
... *vers*	b
... *descendre,*	a
... *étendre*	a
... *enfers,*	b
... *ouverts*	b
... *entendre.*	a
... *cieux*	c
... *dévotieux,*	c
... *appelle :*	d
... *fureur*	e
... *horreur*	e
... *belle.*	d

Mais c'est le sonnet se terminant par un système de rimes croisées qui a finalement prévalu. Son avantage est de rassembler dans le même poème les trois dispositions possibles des rimes. Voici par exemple, les rimes du sonnet de Malherbe *Beaux et grands bâtiments* :

... *structure,* a
... *divers,* b
... *l'univers* b
... *la nature.* a

... *clôture,* a
... *verts,* b
... *hivers* b
... *peinture.* a

... *désirs,* c
... *plaisirs* c
... *triste :* d

... *appas,* e
... *Caliste :* d
... *pas.* e

Les avatars du sonnet. Lorsque le sonnet réapparaît, au XIXe siècle, il est, chez certains poètes (Baudelaire, Verlaine, Mallarmé, etc.), l'objet d'inlassables expériences esthétiques. Mallarmé (1842-1898) par exemple, à côté de sonnets très classiques (*Le pître châtié, Tristesse d'été*, les deux sonnets *Dame sans trop d'ardeur...* et *O si chère de loin...*, etc.), en écrit plusieurs sur le modèle des sonnets de Shakespeare : sur 7 rimes (au lieu de 5, comme dans le sonnet régulier). En voici quelques exemples, dont nous ne retenons que les fins de vers :

Renouveau :		***Angoisse***	
... *tristement*	a	... *bête*	a
... *lucide,*	b	... *creuser*	b
... *préside*	b	... *tempête*	a
... *bâillement.*	a	... *baiser.*	b
... *crâne*	c	... *songes*	c
... *tombeau*	d	... *remords,*	d
... *beau,*	d	... *mensonges,*	c
... *pavane*	c	... *morts.*	d
... *las,*	e	... *noblesse*	e
... *rêve,*	f	... *stérilité*	f
... *lilas,*	e	... *habité*	f
... *s'élève*	f	... *ne blesse,*	e
... *l'éveil*	g	... *mon linceul,*	g
... *soleil*	g	... *seul.*	g

La disposition particulière des rimes, on le voit, isole les deux derniers vers du poème, ce qui a pu amener Mallarmé, dans un poème comme *Chevelure*, à adopter un autre découpage en strophes (trois quatrains suivis d'un distique à rimes plates) :

... *à l'extrême*	a
... *déployer*	b
... *diadème)*	a
... *foyer*	b
... *nue*	c
... *intérieur*	d
... *continue*	c
... *ou rieur*	d
... *diffame*	e
... *au doigt*	f
... *la femme*	e
... *l'exploit*	f
... *écorche*	g
... *torche.*	g

C'est précisément le schéma suivi par Shakespeare.

A force de varier les règles du sonnet, on risque, dira-t-on, de ne le plus reconnaître. Mais ces irrégularités sont bien davantage des variations sur l'idée de sonnet que sa négation. Parmi les poèmes composant le livre, publié en 1967, qu'il intitule ε (qui n'est pas la lettre grecque *epsilon* mais le signe mathématique qui marque l'appartenance), Jacques Roubaud (né en 1939) en présente quelques-uns comme «sonnets, sonnets courts, sonnets interrompus, sonnets en prose, sonnets courts en prose...». Et il ajoute, dans le *mode d'emploi* qui ouvre son livre : «les sonnets présentent diverses dispositions de rimes (attestées ou non dans la littérature) ; ils peuvent être monométriques (de 5 à 18 syllabes) ou hétérométriques, etc.»

Quelle que soit la liberté, voire la désinvolture, avec lesquelles Jacques Roubaud envisage la notion de sonnet, la référence à cette forme fixe est emblématique de son projet poétique : elle sert à signaler et souligner l'existence de la contrainte comme chance et possibilité d'écrire. Jacques Roubaud est un poète de l'Oulipo.

On voit certains poètes, pourtant peu enclins de nature à limiter le flot de leur écriture dans des bornes étroites et décidées à l'avance, s'entêter (avec humour) à écrire des sonnets. C'est ce que fait Charles Péguy (1873-1914) dans sa *Tapisserie de Sainte Geneviève et de Jeanne d'Arc*, et le résultat est surprenant. Les deux premiers sonnets sont à peu près réguliers (à ceci près que les rimes des tercets sont disposées selon un schéma qui n'est pas le schéma classique). Dès le troisième sonnet, les choses se gâtent : un quinzième vers, isolé, s'ajoute au dernier tercet, comme si la matière contenue dans le poème débordait d'un vase trop étroit ; le quatrième sonnet, après deux quatrains parfaitement corrects, au lieu des deux tercets réglementaires, en comporte trois. Au huitième sonnet, toutes digues sont rompues puisque les deux quatrains sont suivis de 309 tercets, à quoi s'ajoute encore un dernier vers isolé !

Ce qui est remarquable dans l'affaire, n'est pas tant la longueur du poème que la référence qui continue d'être faite ici à la notion de sonnet. Elle revient à mettre en scène, sur la page, l'antinomie qui existe entre les deux conceptions possibles de la poésie et à les faire en quelque sorte buter l'une contre l'autre : d'une part l'inscription lapidaire dans un cadre étroit, contraignant ; d'autre part le flot que rien n'arrête, le chant ininterrompu auquel ne peut mettre fin que la disparition même du poète. Péguy meurt en 1914, frappé d'une balle en plein front.

Le pantoum ou pantoun

Victor Hugo fait suivre ses *Orientales* (1829) d'une vingtaine de pages de *notes* explicatives. Dans une d'entre elles, il cite «quelques extraits absolument inédits de poèmes orientaux» qui lui paraissent «à un haut degré remarquables et curieux.» Et il ajoute :

> *La lecture de ces citations accoutumera peut-être le lecteur à ce qu'il peut y avoir d'étrange dans quelques-unes des pièces qui composent ce volume. Nous devons la communication de ces fragments, publiés ici pour la première fois, à un jeune écrivain de savoir et d'imagination, M. Ernest Fouinet, qui peut mettre une érudition d'orientaliste au service de son talent de poète. Nous conservons scrupuleusement sa traduction ; elle est littérale, et par conséquent, selon nous, excellente.*

Parmi ces extraits, il cite un *pantoum malais* :

> *Les papillons jouent à l'entour sur leurs ailes ;*
> *Ils volent vers la mer, près de la chaîne des rochers.*
> *Mon cœur s'est senti malade dans ma poitrine,*
> *Depuis mes premiers jours jusqu'à l'heure présente.*
>
> *Ils volent vers la mer, près de la chaîne des rochers...*
> *Le vautour dirige son essor vers Bandam.*
> *Depuis mes premiers jours jusqu'à l'heure présente,*
> *J'ai admiré bien des jeunes gens :*

Le vautour dirige son essor vers Bandam...
Et laisse tomber de ses plumes à Patani.
J'ai admiré bien des jeunes gens ;
Mais nul n'est à comparer à l'objet de mon choix.

Il laisse tomber de ses plumes à Patani...
Voici deux jeunes pigeons !
Aucun jeune homme ne peut se comparer à celui de mon choix,
Habile comme il l'est à toucher le cœur.

C'est apparemment la première fois que ce mot *pantoum* (on écrit aussi parfois *pantoun*) est attesté en français. Il a désigné une nouvelle forme qui fut adoptée par les poésies romantique, parnassienne et symboliste (Théophile Gautier, Baudelaire, Théodore de Banville, Leconte de Lisle, Verlaine, etc.). Théodore de Banville en donne les règles dans son *Petit Traité de Poésie française* (1872) : le pantoun est composé de quatrains à rimes croisées, dans lequel «le second vers de chacune des strophes devient le premier vers de la strophe suivante, et le quatrième vers de chaque strophe devient le troisième vers de la strophe suivante. De plus le premier vers du poème, qui commence la première strophe, reparaît à la fin comme dernier vers du poème terminant la dernière strophe.» Banville veut également «que, du commencement à la fin du poème, deux sens soient poursuivis parallèlement, c'est-à-dire un sens dans les deux premiers vers de chaque strophe, et un autre sens dans les deux derniers vers de chaque strophe.»

Le pantoun le plus célèbre (et qui n'est assurément pas le moins beau) est sans doute celui qu'a écrit Baudelaire et qu'il intitule «Harmonie du soir» (recueilli dans *les Fleurs du mal*, en 1857) :

Voici venir les temps où vibrant sur sa tige
Chaque fleur s'évapore ainsi qu'un encensoir ;
Les sons et les parfums tournent dans l'air du soir ;
Valse mélancolique et langoureux vertige !

Chaque fleur s'évapore ainsi qu'un encensoir ;
Le violon frémit comme un cœur qu'on afflige ;
Valse mélancolique et langoureux vertige !
Le ciel est triste et beau comme un grand reposoir.

Le violon frémit comme un cœur qu'on afflige,
Un cœur tendre, qui hait le néant vaste et noir !
Le ciel est triste et beau comme un grand reposoir ;
Le soleil s'est noyé dans son sang qui se fige.

Un cœur tendre, qui hait le néant vaste et noir,
Du passé lumineux recueille tout vestige !
Le soleil s'est noyé dans son sang qui se fige...
Ton souvenir en moi luit comme un ostensoir !

Sans doute ce pantoun ne correspond-il pas tout à fait à la définition de Banville, puisque le dernier vers du poème n'est pas la répétition du premier. En revanche Baudelaire a accru encore le caractère itératif et obsédant propre à cette forme en construisant son poème sur deux rimes.

Fonction du refrain

Parmi les éléments métriques qui concourent à structurer un poème, il peut y avoir le retour plus ou moins régulier d'un ou de plusieurs vers, autrement dit le refrain. Nous avons vu la place importante du refrain dans la poésie lyrique du Moyen Age. Il est remarquable que la plupart des changements apportés au XVIe siècle à la forme du poème ont tendu à le faire disparaître, marquant peut-être par là son désir d'éloigner la poésie de la chansonnette. Ni l'ode ni le sonnet ne comportent de refrain.

Il réapparaît pourtant avec insistance à partir du XIXe siècle, non seulement dans des pièces qui se présentent effectivement comme des chansons, mais dans des poésies tout autres et avec une tout autre fonction.

Il y a dans *les Fleurs du mal* de Baudelaire plusieurs poèmes dont les strophes sont constituées d'un quatrain à rimes croisées ou embrassées suivi d'un cinquième vers qui est la répétition pure et simple du premier. Ainsi *le Balcon* :

> *Mère des souvenirs, maîtresse des maîtresses,*
> *O toi, tous mes plaisirs ! ô toi, tous mes devoirs !*
> *Tu te rappelleras la beauté des caresses,*
> *La douceur du foyer et le charme des soirs,*
> *Mère des souvenirs, maîtresse des maîtresses !*

On retrouve ce type de strophe dans *Mœsta et errabunda*, dans *L'irréparable*, dans *Réversibilité* :

> *Ange plein de gaieté, connaissez-vous l'angoisse,*
> *La honte, les remords, les sanglots, les ennuis,*
> *Et les vagues terreurs de ces affreuses nuits*
> *Qui compriment le cœur comme un papier qu'on froisse ?*
> *Ange plein de gaieté, connaissez-vous l'angoisse ?*

L'effet lancinant et obsédant du refrain est encore augmenté ici par la répétition (ou *anaphore)* qui structure l'ensemble du poème, les cinq strophes du poème commençant respectivement par :

> *Ange plein de gaieté...*
> *Ange plein de bonté...*
> *Ange plein de santé...*
> *Ange plein de beauté...*
> *Ange plein de bonheur...*

Le refrain peut aussi être constitué par une strophe entière. Le poème intitulé *le beau Navire* est divisé en dix strophes selon le schéma suivant :

1re strophe :	*Je veux te raconter...*	
2e strophe :	*Quand tu vas balayant...*	
3e strophe :	*Sur ton cou large...*	
4e strophe :	*Je veux te raconter...*	(reproduction de la 1re strophe)
5e strophe :	*Ta gorge qui s'avance...*	
6e strophe :	*Boucliers provoquants...*	
7e strophe :	*Quand tu vas balayant...*	(reproduction de la 2e strophe)
8e strophe :	*Tes nobles jambes...*	
9e strophe :	*Tes bras...*	
10e strophe :	*Sur ton cou large...*	(reproduction de la 3e strophe)

Avec chacun de ces retours cycliques du même élément, tout se passe comme si constamment le poème était ramené à son point de départ, en une sorte de sur-place martelé et obsédant, et de quasi immobilité.

Une extrême brièveté

L'immobilité du poème peut aussi être obtenue, le cas échéant, par son extrême brièveté. Le haïku japonais se compose en tout et pour tout de 17 syllabes, réparties en trois vers qui sont respectivement de 5, 7 et 5 syllabes. Cela prouve qu'un poème peut aussi bien être bref et ne comporter qu'une seule strophe, – pour autant qu'on puisse encore parler de strophe (ou de stance) quand elle est isolée. Le grammairien Pierre Restaut écrit en 1732 :

Une stance n'est proprement appelée stance, *que quand elle est jointe à d'autres : mais si elle est seule, elle emprunte ordinairement son nom du nombre de vers dont elle est composée, en sorte qu'on l'appelle* quatrain, *si elle est de quatre vers,* sixain, *si elle est de six, et quelquefois, en la considérant par le sujet, on l'appelle* épigramme *ou* madrigal.

L'ÉPIGRAMME

Dans le langage courant, une épigramme est, pour reprendre la définition de Littré, un «mot très piquant ou railleur, lancé dans la conversation». C'est en somme un mot d'esprit, volontiers méchant. Mais ce n'est là qu'un sens dérivé. *Épigramme* (τὸ ἐπίγραμμα) en grec signifie *inscription*. Et en effet le mot a d'abord désigné une courte inscription gravée dans la pierre, au fronton d'un monument, sur le socle d'une statue, sur un autel ou un tombeau. Par extension le mot a désigné une pièce de vers très courte, constituée en général d'un distique (c'est-à-dire de deux vers). Si le sujet peut en être satirique, ce n'est pas toujours le cas, et la plupart des épigrammes de l'*Anthologie* grecque sont d'inspiration érotique ou élégiaque.

L'épigramme a été introduite en France au début du XVIe siècle par Clément Marot et Mellin de Saint-Gelais. Thomas Sébillet, dans son *Art poétique français* de 1548, y consacre un chapitre entier. Il ne fait aucune allusion à un contenu de sens qui serait propre à cette forme. Pour lui, l'épigramme se définit essentiellement par sa brièveté, et son intérêt consiste justement dans l'art de condenser une pensée poétique en un espace restreint. L'épigramme est donc, dans tous les sens du terme, un poème *lapidaire* : elle est brève comme l'est une inscription, elle ne comporte que ce qui mérite d'être gravé dans la pierre pour y être à jamais conservé.

L'épigramme, telle que la décrit Sébillet, comporte donc au maximum une douzaine de vers, au minimum deux. Un seul serait insuffisant, parce qu'alors il ne permettrait pas la rime. Au-delà de douze vers, ce serait trop : «les épigrammes qui ont plus de vers sont ceux aussi qui ont moins de grâce». Du reste sa forme est libre, aussi bien en ce qui concerne le vers employé que la disposition des rimes. Sébillet appelle épigrammes les 449 dizains dont se compose le livre de Maurice Scève (1501-1560) intitulé *Délie, objet de plus haute vertu* (publié en 1544). Ils sont tous écrits selon le même schéma métrique : dix décasyllabes, dont les rimes suivent le modèle a-b-a-b-b-c-c-d-c-d.

C'est un système qui offre une subtile et harmonieuse variété : le poème commence et finit par un quatrain de rimes croisées (a-b-a-b... c-d-c-d) ; la dernière rime du premier quatrain (b) et la première du second quatrain (c) sont redoublées, de manière à former, au milieu du poème, un quatrain de rimes plates (b-b-c-c). Cette forme subtile et resserrée produit une poésie elle-même subtile et mystérieuse jusqu'à l'hermétisme. C'est un très bel exemple de ce style que les historiens de l'art appelleront plus tard le maniérisme et qui est une des plus belles productions du XVIe siècle :

> **S***ous doux penser je me vois congeler*
> *En ton ardeur, qui tous les jours m'empire :*
> *Et ne se peut désormais plus celer*
> *L'autre Dodone inconnue à Épyre,*
> *Où la fontaine en froideur beaucoup pire,*
> *Qu'aux Alpes n'est toute hivernale glace,*
> *Couvre, et nourrit si grand' flamme en ta face,*
> *Qu'il n'est si froid, bien que tu sois plus froide,*
> *Qu'en un instant ardoir elle ne fasse,*
> *Et en ton feu mourir glacé tout roide.»*
>
> (CCI)

DU TRAIT FINAL DE L'ÉPIGRAMME

Pourtant, à peine la forme de l'épigramme a-t-elle été adoptée en France que son esprit a tendu à se transformer et que le mot a commencé à prendre le sens qu'il a aujourd'hui. Déjà Sébillet terminait son chapitre sur l'épigramme par ce conseil : «Surtout, sois en l'épigramme le plus fluide que tu pourras, et étudie à ce que les deux vers derniers soient aigus en conclusion.» Ce qui revient à dire qu'il est bon que l'épigramme se termine par un trait d'esprit, par ce qu'on appella, au XVIIe siècle, une pointe, que les vers qui précèdent ont pour principale fonction d'amener et de rendre possible. C'est contre cette conception étroite de l'épigramme que s'élève Du Bellay un an plus tard dans sa *Défense et Illustration de la Langue française* : «Jette-toi à ces plaisants épigrammes, non point comme font aujourd'hui un tas de faiseurs de contes nouveaux, qui en un dizain sont contents n'avoir rien dit qui vaille aux neuf premiers vers, pourvu qu'au dixième il y ait le petit mot pour rire...» Pour Boileau (1674), l'épigramme «N'est souvent qu'un bon mot de deux rimes ornées.» Et Pierre Restaut (1732) la définit ainsi : «L'épigramme est une petite pièce de vers qui doit être terminée par une pensée vive, ingénieuse et brillante, ou par un bon mot : ce que l'on appelle la chute ou la pensée de l'épigramme.»

Cette importance accordée à la pointe finale a fini par donner à l'épigramme un caractère à peu près exclusivement satirique : elle est devenue l'art de dire avec esprit une méchanceté. Maints poètes des XVIIe et XVIIIe siècles s'y sont essayés, à commencer par Boileau lui-même :

ÉPIGRAMME
pour mettre au bas d'une méchante gravure
qu'on a faite de moi

Du poète Boileau tu vois ici l'image.
Quoi ! c'est là, diras-tu, ce critique achevé ?
D'où vient le noir chagrin qu'on lit sur son visage ?
C'est de se voir si mal gravé.

Le madrigal

C'est peut-être cette spécialisation de l'épigramme dans le domaine de la méchanceté qui a rendu nécessaire le mot *madrigal* pour désigner un poème court dont la fonction ne fût pas d'égratigner son prochain. Il semble en tout cas que le mot (d'origine italienne, mais dont l'étymologie est incertaine) n'apparaisse qu'au début du XVIIe siècle pour désigner une forme de poésie. Auparavant, il désignait une forme musicale. Pierre Restaut le définit ainsi : «Le madrigal est une autre petite pièce de vers dont la chute moins vive et moins frappante que celle de l'épigramme, doit toujours avoir quelque chose de fin et de délicat. Il n'a pas ordinairement moins de six vers, et il peut en avoir jusqu'à dix-sept, que l'on peut même quelquefois partager en stances, sans aucune règle particulière.»

Le poème court dans les poésies modernes et contemporaines

Si les termes d'épigramme ou de madrigal ne sont plus guère revendiqués par les poètes modernes, il reste que la forme du poème court est encore très vivante.

C'est sans doute une des formes privilégiées de la poésie québécoise d'aujourd'hui. La plupart des recueils d'André Roy (né en 1944) se composent de pièces brèves, dépassant rarement une douzaine de vers, et se limitant parfois à un quatrain. La brièveté de ses poèmes est indissociable de la manière et de l'esprit dans lequel ils ont été écrits, de leur raison d'être en somme, et finalement de leur sens. Chacun se présente comme un petit bloc dur de langage inouï (c'est bien du français, mais libéré des enchaînements, des fixations, des significations habituels) ; tout y est à lire ou à observer également ; chaque syllabe y est donnée comme quelque chose de précieux, d'indispensable, avec une sorte d'émerveillement devant la réalité langagière prise pour elle-même et regardée comme pour la première fois. C'est à ce prix que le texte peut commencer à parler à celui qui le lit, non certes lui communiquer en clair une signification précise, mais lui faire entendre comme le commencement d'une langue en train de naître :

> *lisible puis pigmenté s'accompagne*
> *au bruit quand de ce corps j'arrime*
> *énoncé de*
> *(soutient les articulations dans la bouche)*
> *suspendre sa faim puisque la musique*
> *qui fait manipulations, surprend dans*
> *et dans battements prolifère*
> (*D'un Corps à l'autre*, 1976)

Dans les derniers recueils, la langue est devenue apparemment plus simple et moins heurtée, le sens plus explicite, mais André Roy est resté fidèle à la brièveté du poème, qui parle à mots comptés, comme ce texte de quatre vers extrait de *l'Accélérateur d'intensité* (1987), qui semble avoir à cœur de ne dire, de façon parfaite et apparemment très simple, que ce qui mérite de l'être :

> *Nous avons tous rêvé de vivre,*
> *d'être visibles comme les ruines de la terre.*
> *Le cœur, accélérateur d'intensité, gît ailleurs*
> *malgré ce que nous montrent les photographies.*

A la limite, un poème peut être constitué d'un **monostique**, c'est-à-dire ne comporter qu'un seul vers. Guillaume Apollinaire (1880-1918), intitule *Chantre* (dans *Alcools*) ce poème constitué d'un unique alexandrin :

> *Et l'unique cordeau des trompettes marines.*

Donner comme poème un vers unique, c'est proclamer que le vers se suffit à lui-même, à la fois comme réalité sonore et rythmique, et comme sens ; c'est rassembler, dans le temps relativement bref de ses douze syllabes, une grande richesse de sonorités (on entend ici 9 timbres vocaliques différents), d'images et de significations. Un trompette marine est un instrument de musique qui ne comporte qu'une seule corde. Parler de l'unique *corde* des trompettes marines serait un pléonasme. Mais un *cordeau* est une cordelette que l'on tend entre deux points pour obtenir une ligne droite, et qu'utilise par exemple un maçon pour aligner un mur, ou un jardinier pour faire sa plate-bande. Le mot ajoute donc l'idée d'une direction à suivre, rectiligne. La ligne qu'il dessine s'épaissit au cours du vers, puis s'évase jusqu'à figurer le pavillon d'une trompette (impossible en effet de ne pas lire ce mot sans qu'il suggère en nous, outre l'image de l'instrument à corde, celle de l'instrument à vent, plus connu) et à s'élargir encore jusqu'aux dimensions presque infinies d'un horizon marin. Du reste, si le vers est isolé sur la page, et autonome, il est aussi, à la faveur de la conjonction *et* par quoi il débute, *coordonné* au reste du recueil, comme si le poète disait : il y a tout ce que j'écris dans ce livre, mais il y a *aussi* cette ligne, cette direction qui conduit mon chant (le poème est intitulé *Chantre*, à la fois poète et chanteur dans une église) vers un au-delà sans limites.

Le poème le plus court du monde comporte un seul mot, voire une seule syllabe : c'est le poème de François Dufrêne publié en décembre 1968 dans la revue bruxelloise *Phantomas* ; il est intitulé *Pouce*, et se compose du seul mot *pouce*. Loin d'être une plaisanterie gratuite, cette brièveté est pleine de sens, et le pléonasme n'y est qu'apparent. Si le mot *pouce,* dans le titre, évoque le doigt ainsi nommé, il ne peut acquérir qu'une tout autre signification dans le texte : employé seul, il devient la formule qu'emploient les enfants pour indiquer qu'ils se mettent momentanément en dehors du jeu ; il ne peut donc être prononcé que comme une interjection, voire le cri, à la fois pathétique et drôle, de celui qui voudrait échapper, ne serait-ce qu'un instant, à une réalité douloureuse à laquelle il n'est plus possible de faire face.

8

EMPHASE ET NATUREL

LE TON AU-DESSUS

LA POÉSIE POUR S'ÉLOIGNER DU PROSAÏSME

S'exprimer en vers n'est pas *naturel*, et toutes les versifications ne semblent avoir pour but que d'éloigner la langue poétique de la langue commune, comme s'il importait d'abord que la poésie sonnât à l'oreille d'une autre façon que la prose. Les mots *prosaïque* et *prosaïsme*, à partir du XVIe siècle, ont fini par ne plus avoir qu'un sens péjoratif. Voyez les dictionnaires : *prosaïque* signifie commun, vulgaire, dépourvu d'élégance, de distinction, ou de noblesse. Le prosaïsme est un *défaut*, celui qui consiste à «écrire en vers comme on écrit en prose» ; il «est d'autant moins supportable en vers que le sujet que l'on traite est plus élevé». Le prosaïsme est devenu le synonyme de la vulgarité ou de la platitude, et la poésie est ce qui précisément a pour fonction de s'en éloigner. Racan, dans une *Lettre à Chapelain*, dit à propos de son contemporain Malherbe (1555-1628) : «Ce bonhomme comparait la prose au marcher ordinaire, et la poésie à la danse.»

Or pour éviter ce défaut majeur qu'est le prosaïsme, on répète souvent, depuis l'antiquité, que la versification n'est pas suffisante. Ronsard, dans son *Art Poétique* de 1565, affirme qu'écrire un poème ne se réduit pas à faire des vers, c'est-à-dire à «rimer de la prose en vers» :

> *Les vers sont seulement le but de l'ignorant versificateur, lequel pense avoir fait un chef-d'œuvre quand il a composé beaucoup de carmes* [de vers] *rimés, qui sentent tellement la prose que je suis émerveillé* [étonné] *comme nos Français daignent imprimer telles drogueries...*

Les mots du poème doivent être choisis et disposés de telle sorte qu'ils «empêchent le style de la prose», en se tenant éloignés de la «commune manière de parler».

LE «STYLE NOBLE» : L'ÉLÉGANCE ET LA CORRECTION

S'il doit y avoir écart par rapport à la langue commune, cet écart est, pour les poésies classiques, un écart vers le haut, c'est-à-dire vers plus d'élégance, plus de correction, plus de politesse que le langage vulgaire. C'est du moins ce que réclame Boileau dans son *Art Poétique* de 1674 : «Évitez la bassesse». Aussi s'en prend-il au «burlesque effronté», auquel il reproche ses «pointes triviales», son «langage des Halles», autrement dit l'utilisation de la langue populaire. Car s'il faut être «naïf», c'est-à-dire user d'un langage *naturel*, il ne faut pas pour autant tomber dans le *plat* et le *bouffon*. Donc pas de termes bas et populaires : il faut fuir, en poésie, le «langage des servantes», des «crocheteurs», des «porteurs d'eau», et bien davantage encore les patois paysans, bref se garder de toute vulgarité et de toute grossièreté. Boileau condamne le poète qui, sous prétexte de poésie bucolique,

> *Fait parler ses bergers comme on parle au village...*

La poésie est donc un haut langage, un langage sublime, et qui pour l'être doit rester éloigné des mots communs ou qui évoquent des réalités trop communes.

A la limite, la fonction de la poésie peut se réduire à une fonction purement décorative, et le style poétique à une manière particulièrement élégante de s'exprimer. D'où cette étrange confidence de Jean-Jacques Rousseau (1712-1778) :

> *J'ai fait de temps en temps de médiocres vers ; c'est un exercice assez bon pour se rompre aux inversions élégantes, et apprendre à mieux écrire en prose.*

Le respect de la langue

Cette élégance passe évidemment par la correction de la langue, et le respect de ce qu'on appelle au XVIIe siècle le *bon usage*. Boileau insiste :

> *Surtout qu'en vos écrits la langue révérée*
> *Dans vos plus grands excès vous soit toujours sacrée.*
> *En vain, vous me frappez d'un son mélodieux,*
> *Si le terme est impropre ou le tour vicieux,*
> *Mon esprit n'admet point un pompeux barbarisme,*
> *Ni d'un vers ampoulé l'orgueilleux solécisme.*
> *Sans la langue, en un mot, l'auteur le plus divin,*
> *Est toujours, quoi qu'il fasse, un méchant écrivain.*

En cela Malherbe reste un modèle, lui qui «réduisit la Muse aux règles du devoir», et dont le souci premier fut en effet que le poète écrivît dans une langue parfaitement pure et parfaitement claire, débarrassée des provincialismes, des archaïsmes, des termes trop techniques, des jargons, des composés, des dérivés, et des mots bas.

Le vocabulaire poétique

Le père Bouhours (1628-1702) déclare, dans le deuxième chapitre des *Entretiens d'Ariste et d'Eugène* : «Nous avons fort peu de mots poétiques, et le langage des poëtes français n'est pas, comme celui des autres poëtes, fort différent du commun langage.» Cela n'empêche pas Voltaire (1694-1778) de considérer comme d'un «goût détestable» ces vers de Voiture (1597-1648) :

Nous trouvâmes, près Sercote
(Cas étrange et vrai pourtant)
Des bœufs qu'on voyait broutant
Dessus le haut d'une motte,
Et plus bas quelques cochons
Et bon nombre de moutons...

Le jugement de Voltaire repose sur la croyance qu'il y aurait des mots qui, par eux-mêmes, seraient *poétiques*, et d'autres qui ne le seraient pas. On trouve couramment jusqu'au début du XIXe siècle des traités ou des manuels qui enseignent la bonne manière de distinguer le langage de la poésie de celui de la prose. Ainsi le *Dictionnaire de l'élocution française, contenant les Principes de Grammaire, Logique, Rhétorique, Versification, Syntaxe...* de Demandre (nouvelle édition, revue et considérablement augmentée par L'A. Fontenai, Paris, 1802) s'étend sur la notion de *licence poétique* :

> *On appelle communément* licences poétiques *certains mots ou certaines manières de les construire et de les écrire, qui ne seroient pas reçus dans la prose, et qu'il est permis aux poëtes d'employer. Plusieurs même de ces expressions ont beaucoup plus de grâce et de noblesse, surtout dans la poésie sublime, que ceux dont on se sert dans l'usage ordinaire. Nous allons indiquer la plupart des mots qu'on appelle communément* poétiques ; *après quoi nous parlerons de quelques autres* licences *relatives à l'orthographe ou à la construction, et dont on n'use encore qu'en poésie.*

Suit une manière de lexique, que l'on pourrait résumer par ces deux listes parallèles :

mots ordinaires :	mots poétiques :
les hommes	*les mortels, les humains*
crimes	*forfaits*
cheval	*coursier*
épée	*glaive*
pensée	*penser*
eaux	*ondes*

sein	*flanc*
ancien	*antique*
Dieu	*l'Eternel*
mariage	*hymen, hyménée*
espérance	*espoir*
autrefois	*jadis*
aussitôt	*soudain*
lorsque	*alors que*
pendant que	*cependant que*
il n'y a pas longtemps	*n'aguère ou n'aguères*
heureux	*prospère*
comment	*comme*
avant que	*devant que*

Et l'on considère comme une faute aussi bien l'emploi de certaines expressions poétiques dans la prose que celui de mots trop communs dans la poésie.

Contre l'emphase

Un ton familier

A cette notion de «mots poétiques» s'opposent violemment les déclarations de Victor Hugo (1802-1885) dans *Contemplations* (1856) :

Je nommai le cochon par son nom ; pourquoi pas ?

Les mots sont devenus «égaux, libres, majeurs», tous ont droit de cité dans les poésies. Les neuf Muses chantent maintenant la carmagnole, elles renversent l'emphase aristocratique du classicisme. Ce qui revient à dire que les poésies peuvent «prendre à la prose un peu de son air familier».

Victor Hugo n'est pourtant pas le premier poète à avoir introduit dans la poésie le style simple de la conversation. Déjà le poète latin Horace intitulait *Sermones*, c'est-à-dire entretiens ou causeries, certains de ses poèmes, à cause de leur ton proche de celui de la parole familière. Et Voltaire (1694-1778), malgré son goût classique, ne condamne pas absolument ce style :

Il faut, dans une tragédie, certains vers qui semblent prosaïques, pour relever les autres, et pour conserver la nature du dialogue.

Les poèmes-conversations

Pourtant le renoncement à toute emphase en poésie reste exceptionnel, et il faudra peut-être attendre les *poèmes-conversations* de Guillaume Apollinaire (1880-1918) pour voir attribuer au prosaïsme une valeur proprement poétique. Jacques Dyssord, un ami du poète, raconte comment fut écrit le poème intitulé «Lundi Rue Christine» (recueilli dans *Calligrammes* en 1918) :

> *Je devais partir pour Tunis, le lendemain, et faisais mes adieux à mes amis. Nous étions les seuls clients de ce petit café, ce soir-là. Une servante aux cheveux de flamme, la figure semée de taches de son, nous servit des alcools, dans une salle noyée dans une lumière d'aquarium. Les propos que nous échangeâmes, vous les retrouverez dans un des plus beaux poèmes d'Apolliniare, écrit là, au courant du crayon, sur le bord d'une table.*

Le poème est en effet constitué de brèves notations, de bribes de conversation, mises bout à bout, sans apprêt. Le seul fait de fixer par écrit des paroles qui sont normalement destinées à être oubliées dès qu'elles ont été prononcées, suffit à leur donner un poids étrange : «Ça a l'air de rimer», écrit Apollinaire. Autrement dit, ces simples phrases suffisent à faire un poème :

[...]
Des piles de soucoupes des fleurs un calendrier
Pim pam pim
Je dois fiche près de 300 francs à ma probloque
Je préférerais me couper le parfaitement que de les lui donner

Je partirai à 20 h. 27
Six glaces s'y dévisagent toujours
Je crois que nous allons embrouiller encore davantage
Cher monsieur
Vous êtes un mec à la mie de pain
Cette dame a le nez comme un ver solitaire
Louise a oublié sa fourrure
Moi je n'ai pas de fourrure et je n'ai pas froid
Le Danois fume sa cigarette en consultant l'horaire
Le chat noir traverse la brasserie

Ces crêpes étaient exquises
La fontaine coule
Robe noire comme ses ongles
C'est complètement impossible
Voici monsieur
La bague en malachite
Le sol est semé de sciure

Alors c'est vrai
La serveuse rousse a été enlevée par un libraire

Un journaliste que je connais d'ailleurs très vaguement

Écoute Jacques c'est très sérieux ce que je vais te dire...

Un prosaïsme emphatique

Le propre du style familier est de passer inaperçu. Tout différent est le prosaïsme dans une poésie comme celle de Raymond Queneau (1903-1976), ou bien des frères Piqueray, ou encore d'André Blavier (né en 1927). C'est que le prosaïsme ici s'exhibe comme tel, et la poésie se construit à partir d'une dérision du langage poétique traditionnel. Selon la formule de son commentateur Olivier de Magny, Raymond Queneau «s'empare du langage le plus réglé, le langage poétique – et il [...] le *dérègle...*»

Cet anti-emphase de Queneau est affichée jusque dans l'orthographe dont la fonction n'est pas seulement de rendre compte de manière réaliste de la prononciation quotidienne, mais de faire apparaître un pittoresque, une drôlerie, et de marquer un recul par rapport à la langue même, un humour. Car l'humour consiste aussi à sourire de ce qu'on aime. Aussi Queneau se plaît-il à accumuler les «fautes» :

ça a toujours kékchose d'extrême
un poème.
[...]
la plume a couru zen petits traits noirs.
[...]
Ousqu'est mon registre à poèmes...
(*L'Instant fatal*, 1948)

Il affecte de prendre à la lettre et pousse jusqu'à l'absurde les règles et les procédures de langue ou de versification sur lesquelles repose traditionnellement l'écriture poétique. Par exemple ce texte, où faire des vers consiste, selon le mot de Gide, à aller à la ligne avant la fin de la phrase... Queneau, lui, va à la ligne après chaque mot... :

et l'enfant
vaincu
entre
à
l'école

plus tard
il
en
sort

il
écrit
des
poèmes
alors
parfois

sur un sujet
qui
en
vaut
bien
un autre...

Autre pastiche de la langue poétique : l'*anastrophe*, ou *inversion*, qui est souvent considérée comme une élégance au XVIIe et XVIIIe siècles. Ainsi, dans *Chêne et Chien* (1952) :

***D**e mon père un ami Lambijou s'appelait*
De cet ami les fils Lambijou se nommaient...

Ailleurs il pousse à l'extrême le pléonasme et la répétition, en combinant de toutes les façons possibles un petit nombre de mots, toujours les mêmes :

***L**'encrier noir au clair de lune*
l'encrier noir au clair de lune
au clair de lune un encrier noir
au clair de lune un encrier noir...

Ou bien encore :

***M**isère de ma vie et vie ô ma misère*
misère ô ma vie et misère de vie...

Et dans *les Ziaux* :

***O**n enterre les chiens on enterre les chats*
on enterre les chevaux on enterre les hommes
on enterre l'espoir on enterre la vie
on enterre l'amour – les amours

on enterre les amours – l'amour
on enterre en silence le silence...

ou bien :

A*verse averse averse averse averse averse*
pluie ô pluie ô pluie ô ! ô pluie ô pluie ô pluie !
gouttes d'eau gouttes d'eau gouttes d'eau gouttes d'eau
parapluie ô parapluie ô paraverse ô !...

Ce dernier poème est initulé, évidemment : *Il pleut*... La seule raison qui préside au texte semble être ici l'entrée de force des mots dans la mesure du vers : douze syllabes exactement comptées.

L'humour, chez un tel poète, est non seulement un coup de frein à la sottise sentimentale dans laquelle se complaisent trop de poésies, mais aussi une méthode de réflexion sur la langue et plus particulièrement sur la langue poétique. Mais si Raymond Queneau prend l'emphase et *lui tord le cou*, ce n'est certainement pas qu'il a la prétention d'être ainsi *naturel*. Son anti-emphase est encore une emphase.

Les langues basses

Nous avons vu, dans le chapitre consacré à la prosodie, quelle pouvait être la fonction de l'élision de l'*e* muet, par exemple dans certains poèmes de Paul Verlaine (1844-1896) :

E*ll' met sa rob' de la Rein' Blanch'*
Moi, j'emport' ma pip' la plus blanch' ;
J'ai pas d'chemis', mais j'mets des manch's,
Car il faut bien qu'éléganc' règne
A la campègne.

Nous arrivons, vrai, c'est très batt' !
Des écaill's d'huîtr's comme chez Barett'
Et des cocott's qui vont à patt's,
Car on est tout comme chez soi
A la camp – quoi !

Mais j'vois qu'ma machin' vous em...terre,
Fait's-moi signe et j'vous obtempère,
D'autant qu'j'demand' pas mieux qu'de m'taire...
Faut pas se gêner plus qu'au bagne,
A la campagne.

(*l'Ami de la nature*, 1868)

Prosodie et vocabulaire signalent ici un parler qui s'écarte de la parole *polie* pour adopter le ton gouailleur des mauvais garçons ; ils donnent droit de cité dans la poésie aux parlers populaires, et aux *langues basses*. Il en est de même chez Charles Cros (1842-1888) :

Proclamons les princip's de l'art !
Que personn' ne bouge !
La terr' glais', c'est comm' le hommard ;
Quand c'est cuit c'est rouge...

Il faut se garder de ne voir là qu'un goût quelconque pour le pittoresque langagier. Le poète fait sien ce langage qui, selon la tradition classique, était interdit de séjour en poésie. C'est ainsi qu'il faut interpréter le parti que prend souvent un poète comme Éric Clémens (né en 1945) de remplacer les voyelles par des apostrophes. Ainsi ce passage d'un livre qui justement est intitulé non *De retour*, mais *De r'tour* (1987) :

J'm'entête
j'insiste j'sinue
j'pézouille j'gazouille
j'lallate j'babille
j'susurre j'murmure
j'm'craq'vrille
j'm'décroche
m'mets d'bout
je crache je mords
j'braille j'tonitrue
[...]
J'croule
bouche bée j'balbue j'bégaye
j'vois plus qu'des ombres
j'tends qu'des échos
l'corps sourd...

En contractant les mots, en faisant se heurter douloureusement les consonnes, Éric Clémens fait l'expérience d'une langue qui serait encore à l'état de grognements, dans laquelle les mots, paquets de consonnes tassées, violemment expulsés de la gorge, sont encore plutôt des cris que des mots. La poésie s'attache alors à faire remonter à la surface, dans une emphase carnavalesque, tous les aspects de la langue qui sont normalement refoulés pour que se constitue la langue policée et bien-pensante.

Ce sont également des *langues basses*, faites de «gros mots», de mots *sales*, pornographiques, scatologiques, que font émerger maints textes d'Antonin

Artaud, ou de Christian Prigent (par exemple *Œuf-Glotte*, édition Bourgois, 1979; *Commencement*, édition P.O.L., 1989) ; ou de Jean-Pierre Verheggen (par exemple *Vie et Mort pornographique de Madame Mao*, édition Hachette, 1981 ; ou *Pubères, Putains*, édition Cheval d'Attaque, 1985).

Il y a, dans cette remontée des langues basses, quelque chose qui renoue avec le parler d'une enfance non encore domestiquée, non encore policée par les convenances sociales.

C'est pourquoi sans doute, au XVIe siècle, Marc de Papillon de Lasphrise (1555-1599), poète et soudard, écrit des poèmes érotiques qui non seulement n'hésitent pas à nommer crûment les choses par leurs noms, mais encore le fait dans le langage bêtifiant des enfants. Comme l'écrit son commentateur Albert-Marie Schmidt (*Poètes du XVIe siècle*, Bibliothèque de la Pléiade, 1953) : «il se plaît à zozoter, à bêtifier, à employer le parler des marmots...» Ce qui donne par exemple :

Hé mé mé bine moy, bine moy ma pouponne,
Cependant que Papa s'en est allé aux champs,
Il ne le soza pas, il a mené ses gens,
Bine mé donc Maman puis qu'il n'y a passonne.

Ayant frayé l'œillet de ta leve bessonne,
Je me veux regardé en tes beaux yeux luysans :
Car ce sont les misoirs des Amouseux enfans,
Après je modesay ta gorge, ma menonne.

Soudain je laicheray ton joliet tetin,
Puis je chatouillesay ton beau petit tounin,
Maintenant de ma p..e, ores de ma menotte.

Si tu n'accode à moy, le folâtre Gaçon,
Guesissant mon bobo, agadé tu es sotte :
Car l'amour se fait mieux en langage enfançon.

Si *l'amour se fait mieux en langage enfançon*, c'est peut-être que ce langage de l'enfance est celui qui précède toute domestication à des fins morales, à des fins de bienséance sociale et de rationalité. Cette intention est tout à fait explicite chez un poète comme Jean-Pierre Verheggen, pour qui la poésie est un effort pour se débarrasser de toutes les barrières sociales qui refoulent au fond de nous les *intempérances langagières*. Ainsi, dans *Stabat Mater* (édition Cadex, 1986) :

et toi,
porchère qui zozote
devant ton augée
de gargouillis d'enfant !
Et moi,

palefrenier des écuries d'Augias
de ta gargote
d'exccrémaman !
…
Oui !
Comptine-moi, Mater,
en hurlant
des gros mots de loquetière…

SIMPLICITÉ OU SOPHISTICATION

LE «NATUREL», LE «BON SENS», LE GOÛT

Pour écarter tous les excès, vers le bas comme vers le haut, les poésies classiques, curieusement, se réclament du *naturel*. Il faut, dit Boileau, s'exprimer *naturellement*, «parler sans feinte», et «sans fard». Car la nature est la *vérité*, et la vérité, comme la nature, parle d'elle-même et sans artifices.

Dans *le Misanthrope* de Molière (1666), Alceste n'aime pas le sonnet que lui récite Oronte : « vos expressions ne sont point naturelles», déclare-t-il. La suite de sa critique montre bien ce qui, selon lui, est *affectation* et s'oppose au *naturel* : c'est l'abus des *figures* (qui sont autant de *faux brillants*, de *colifichets*, c'est-à-dire de faux ornements, sans valeur), c'est le travail sur la langue (les *jeux de mots*) :

C*e style figuré, dont on fait vanité,*
Sort du bon caractère et de la vérité ;
Ce n'est que jeu de mots, qu'affectation pure,
Et ce n'est point ainsi que parle la nature.

Et Alceste oppose au sonnet selon lui trop sophistiqué une vieille chanson dont il dit :

V*oilà ce que peut dire un cœur vraiment épris.*

En quoi il rejoint la doctrine de Boileau. Pour écrire, par exemple, une élégie,

C'*est peu d'être poète, il faut être amoureux.*
[…]
Il faut que le cœur seul parle dans l'élégie.

Il y aurait donc une langue du cœur, et curieusement, nous l'avons vu dans le chapître consacré à l'inspiration, Madame de Staël, au XIXe siècle, ne dit pas autre chose : il faut, pour être poète, *laisser parler son cœur.*

Mais il convient de le faire avec goût. Entendons qu'il faut «aimer la raison», c'est-à-dire le *bon sens* ; fuir l'*excès*, en quoi consistent le *monstrueux* et le *fou*. Savoir écrire, c'est savoir se borner. «Bien prendre le ton», trouver le ton juste, la juste mesure, c'est précisément se méfier de tout excès :

... soyez simple avec art,
Sublime sans orgueil, agréable sans fard.
[...]
La plupart, emportés d'une fougue insensée,
Toujours loin du droit sens vont chercher leur pensée :
Ils croiraient s'abaisser, dans leurs vers monstrueux,
S'ils pensaient ce qu'un autre a pu penser comme eux.
Évitons ces excès. Laissons à l'Italie
De tous ces faux brillants l'éclatante folie.
Tout doit tendre au bon sens...

(Boileau, *Art Poétique*)

Boileau n'aurait pas applaudi aux fictions de Prigent ou de Verheggen... Mais il n'était pas moins sévère à l'égard des poésies *précieuses*, ou *baroques*, ou *maniéristes* de son temps.

Hyperbole et litote

Vers le milieu du XVIIe siècle les salons précieux se passionnent, et se divisent, à propos de deux sonnets. L'un est de Voiture (1597-1648) : *Il faut finir mes jours en l'amour d'Uranie...* ; l'autre de Benserade (1612-1691) : *Job, de mille tourments atteint...* Le sujet en est à peu près le même : l'un et l'autre poètes se meurent d'amour... La question est de savoir quel est de ces deux poèmes le plus spirituel, le mieux réussi.

Jeu de salon, sans doute, et badinage galant. Mais on aurait peut-être tort de s'en tenir là, et de ne pas lire véritablement cette littérature. On découvrirait alors, derrière le jeu, quelque chose de grave et d'étrange, et qui mérite qu'on s'y attarde. Voici le début du sonnet de Voiture :

***Il** faut finir mes jours en l'amour d'Uranie !*
L'absence ni le temps ne m'en sauraient guérir,
Et je ne vois plus rien qui pût me secourir,
Ni qui sût rappeler ma liberté bannie.

Dès longtemps je connais sa rigueur infinie !
Mais, pensant aux beautés pour qui je dois périr,
Je bénis mon martyre et, content de mourir,
Je n'ose murmurer contre sa tyrannie...

Benserade, lui, envoie à sa dame un exemplaire du livre biblique qui narre les malheurs de *Job*, et il conclut son poème par ces mots :

***B**ien qu'il eût d'extrêmes souffrances*
On voit aller des patiences
Plus loin que la sienne n'alla.

S'il souffrit des maux incroyables,
Il s'en plaignit, il en parla ;
J'en connais de plus misérables.

Les deux poèmes usent de deux procédés apparamment contradictoires qui sont respectivement la *litote* et *l'hyperbole*. L'hyperbole consiste à exagérer l'expression (les souffrances sont *extrêmes*, les maux *incroyables* ; l'amour est à la fois une *tyrannie*, qui ôte toute liberté, une maladie qui fait *mourir*, et que rien ne saurait *guérir...*) ; la litote au contraire atténue l'expression pour faire entendre davantage : au lieu de dire, elle suggère et sous-entend (*j'en connais de plus misérables...*). Pourtant ces deux modes d'expression aboutissent au même résultat : tous deux sont un excès par rapport à ce qui serait l'expression juste et mesurée de la réalité. C'est pourquoi Littré, dans son dictionnaire de 1874, définit l'hyperbole comme une figure qui consiste aussi bien «à augmenter ou à diminuer excessivement la vérité des choses pour qu'elle produise plus d'impression.»

L'hyperbole est une des caractéristiques importantes du style précieux, et de l'exubérance formelle de l'art baroque. Au-delà du style et de la décoration, sa fonction est double. D'une part, elle contribue à éloigner l'écriture poétique de la parole qui passe pour naturelle, soulignant ainsi son souci constant de s'éloigner de la vulgarité. D'autre part, elle contribue à souligner une distance entre les mots et la réalité.

Un au-delà par rapport à la réalité, une distance par rapport aux choses, un éloignement qui n'est pas autre chose que celui qu'opère le langage lui-même. C'est en cet éloignement que Mallarmé (1842-1898) fera consister toute sa poésie :

***J**e dis : une fleur ! et [...] musicalement se lève, idée même et suave, l'absente de tous bouquets.*

Prononcer le mot *fleur*, c'est remplacer l'objet par son idée. Or Mallarmé précisément appelle *hyperbole* cette distance, cet éloignement par rapport aux choses qu'effectue le travail poétique :

> ***H**yperbole ! de ma mémoire*
> *Triomphalement ne sais-tu*
> *Te lever, aujourd'hui grimoire*
> *Dans un livre de fer vêtu ;*
>
> *Car j'installe, par la science,*
> *L'hymne des cœurs spirituels*
> *En l'œuvre de la patience,*
> *Atlas, herbiers et rituels.*
>
> *(Prose pour des Esseintes)*

Henry Nicolas, commentateur de Mallarmé, explique ainsi le mot *hyperbole* : «... sa façon de regarder la réalité en la dépassant (hyperbole) pour atteindre l'idée antérieure, par le nom, qui est le pont entre la sensation et l'idée.» Et : «Ici, non figure de style, mais effort pour transcender la réalité telle que la voient les hommes, pour la revoir avec des yeux neufs.»

L'amour de loin

Voiture donne le nom d'Uranie à la dame à qui il s'adresse. La fonction d'abord phonétique de ce nom est essentielle, puisque la voyelle *i* qu'il fait entendre se répète en écho dans l'ensemble du poème. On la retrouve non seulement dans la première rime des deux quatrains (*bannie*, *infinie*, *tyrannie*), mais dans la seconde rime en *ir* avec laquelle elle assonne (*guérir*, *secourir*, *périr*, *mourir*), et parfois même à l'intérieur du vers (*je bénis mon martyre*). Tout se passe donc comme si le mot, en résonnant, donnait naissance à l'ensemble du sonnet. Or *Uranie* d'abord est le nom d'une des neuf Muses (c'est elle qui inspire le poème). Mais cette Muse préside aux phénomènes célestes, à l'astronomie, à ce qui est hors de portée et qu'on ne peut toucher. Le mot servait aussi, dans la mythologie grecque, d'épithète à Aphrodite, déesse de l'Amour, trop éloignée de la terre pour pouvoir être l'objet de désirs charnels. S'adresser à Uranie, c'est, pour reprendre l'expression dont Jacqueline Risset s'est servie en 1988 comme titre d'un de ses recueils : *l'amour de loin*. Uranie situe l'objet du désir amoureux trop haut dans le ciel pour pouvoir être atteint.

Plus qu'un simple thème, cette conception caractérise toute une attitude à l'égard de la langue et de la réalité. Elle ne caractérise pas seulement la poésie baroque du XVIIe siècle. Elle est née avec l'*amour courtois* du Moyen Âge, elle traverse les poésies du poète italien Pétrarque (Francesco Petrarca, né à Arezzo en 1304 et mort à Padoue en 1374), et le *maniérisme* du XVIe siècle, celui, par exemple, de Maurice Scève (1510-1564).

Le maniérisme

Maurice Scève publie à Lyon, en 1544, les 449 dizains de sa *Délie, objet de plus haute vertu*. Voici le 141e dizain :

Comme des rais du soleil gracieux
Se paissent fleurs durant la primevère,
Je me recrée aux rayons de ses yeux,
Et loin et près autour d'eux persévère ;
Si que le cœur, qui en moi la révère,
La me fait voir en celle même essence
Que ferait l'œil par sa belle présence,
Que tant j'honore et que tant je poursuis :
Par quoi de rien ne me nuit son absence,
Vu qu'en tous lieux, malgré moi, je la suis.

Le caractère apparemment mystérieux de ce poème tient à son extrême subtilité, et à sa grande sophistication. D'abord, l'expression n'y est jamais directe. Elle passe par le détour d'une métonymie (la dame est représentée par ses seuls yeux), d'une métaphore (l'œil est une source de lumière et de chaleur d'où émanent des rayons), et d'une comparaison (de la même façon que les rayons du soleil donnent vie aux fleurs durant le printemps, les yeux de la dame aimée font vivre le cœur du poète). Le réseau des images porte un raisonnement : *si que* et *par quoi* introduisent les conséquences de ce rayonnement : non seulement l'absence effective de l'aimée n'empêche pas sa présence dans le cœur (et dans le texte), mais encore cette absence la rend plus présente encore, comme si le texte établissait par rapport à l'objet le recul nécessaire à celui qui veut le regarder.

D'où, aussi bien dans ce poème que dans d'autres du même auteur ou de la même époque, toute une série d'équations paradoxales sur lesquelles la poésie se construit : absence = présence ; vie = mort ; froid = chaud etc. Ces différents paradoxes reproduisent en somme le paradoxe de l'écriture elle-même, dont la fonction est précisément de remplacer la chose réelle et présente par l'idée et le mot.

LE STYLE EXCLAMATIF

Toute différente de cette emphase extrêmement subtile, on voit apparaître dans certaines poésies du XIXe siècle une autre emphase qui consiste à souligner non plus tant l'idée que l'émotion qui la porte. Ce style, qu'on pourrait appeler le style exclamatif, a été parfaitement bien défini par Louis-Ferdinand Céline, qui l'a adopté dans son écriture romanesque. Dans *Entretiens avec le Professeur Y* (1955), il met en scène un dialogue imaginaire entre lui-même et un certain professeur. Céline explique :

> *«Je ne suis qu'un petit inventeur, Monsieur !... un inventeur, et je m'en flatte ! [...] Petit inventeur, parfaitement !... et que d'un petit truc !... juste d'un petit truc !... j'envoie pas de messages au monde !... moi ! non, Monsieur ! j'encombre pas l'Ether de mes pensées ! [...]»*
> *– Vous avez inventé quelque chose ?... qu'est-ce que c'est ?»*
> *Il demande.*
> *«L'émotion dans le langage écrit !... le langage était à sec, c'est moi qu'ai redonné l'émotion au langage écrit !... comme je vous dis !... [...] L'émotion du langage parlé à travers l'écrit ! [...] Le «rendu émotif» est lyrique. [...] c'est une fatigue à pas croire le roman «rendu émotif»... l'émotion ne peut être captée et transcrite qu'à travers le langage parlé... le souvenir du langage parlé ! et qu'au prix de patiences infinies ! de toutes petites retranscriptions !...»*

Mais si le «rendu émotif» est nouveau dans l'écriture romanesque, il avait déjà fait son apparition dans les poésies au XIXe siècle.

Ainsi de Tristan Corbière (1845-1875) qui écrit, dans un poème des *Amours jaunes*, cette strophe, point très éloignée des propos de Céline :

> *Ma pensée est un souffle aride :*
> *C'est l'air. L'air est à moi partout.*
> *Et ma parole est l'écho vide*
> *Qui ne dit rien – et c'est tout.*

La Fin est une réplique au célèbre poème de Victor Hugo *Oceano nox* (recueilli dans *les Rayons et les Ombres* en 1840). Là où Victor Hugo fait entendre une mélodie grave qui se coule dans le moule de l'alexandrin (*«L'Océan, de leur vie a pris toutes les pages, / Et, d'un souffle, il a tout dispersé sur les flots, / Nul ne saura leur fin dans l'abîme plongée...»*), Tristan Corbière bouscule violemment le rythme du vers, le brise, à coups de brèves exclamations :

> *Allons ! c'est leur métier ; ils sont morts dans leurs bottes !*
> *Leur boujaron* au cœur, tout vifs dans leurs capotes...* [*ration d'eau de vie]

– Morts... Merci : la Camarde a pas le pied marin ;* [*tête de mort]
Qu'elle couche avec vous : c'est votre bonne femme...
– Eux, allons donc : Entiers ! enlevés par la lame !
Ou perdus dans un grain...

Mais aussi Rimbaud :

O*h ! mes amis ! – mon cœur, c'est sûr, ils sont frères :*
Noirs inconnus, si nous allions ! allons ! allons !
O malheur ! je me sens frémir, la vieille terre,
Sur moi de plus en plus à vous ! la terre fond,

Ce n'est rien ! j'y suis ! j'y suis toujours.

Toute poésie est une emphase

L'emphase a parfois mauvaise presse. Elle a contre elle le goût de la mesure, le refus de l'exagération, de l'excès (la peur de s'y perdre), la prétention à représenter le réel tel qu'il est, la croyance en un langage naturel dont précisément elle s'écarterait. Qu'on en juge par cet article du dictionnaire Larousse du début du siècle :

> **L**'emphase *est la pompe affectée dans la pensée, unie à l'enflure dans le style. Ce défaut littéraire est un de ceux dont l'appréciation varie le plus avec les races et les siècles. Il semble que, depuis les Grecs, si épris d'élégance simple et sobre, ce soient les Français qui se montrent le plus choqués par ce défaut. Corneille, Chateaubriand, Victor Hugo, ont été accusés d'emphase, et les Français font volontiers le même reproche à un grand nombre d'écrivains étrangers. On est à peu près d'accord pour reconnaître de l'emphase chez les poètes orientaux, dans le poète latin Lucain et l'Espagnol Gongora. V. Gongorisme.– Anton. Simplicité, naturel.*

Or on peut dire que toute poésie finalement traite la langue d'une manière qui lui est particulière, autrement dit que toute poésie, d'une certaine manière, est emphatique. Et c'est peut-être ce que laisse entendre Samuel Beckett (né en 1906) lorsqu'il écrit dans *Molloy* : «Il me semblait que tout langage est un écart de langage.» Ou bien encore Christian Prigent quand il affirme que toute langue «est une langue étrangère». Les poésies naissent de ce besoin de trouver sa propre langue.

Qu'on relise également le poème de Francis Ponge (1899-1988) intitulé *les Écuries d'Augias* (dans *Proêmes*) :

> *... nous n'avons à notre disposition d'autres mots ni d'autres grands mots (ou phrases, c'est-à-dire d'autres idées) que ceux qu'un usage journalier dans ce monde grossier depuis l'éternité prostitue. Tout se passe pour nous*

> *comme pour des peintres qui n'auraient à leur disposition pour y tremper leurs pinceaux qu'un même immense pot où depuis la nuit des temps tous auraient eu à délayer leurs couleurs.*

De la même façon que les choses sont réduites à l'état de marchandises, les mots sont une monnaie qui sert à échanger des idées toutes faites. Nous ne parlons pas, nous laissons parler les autres en nous, prononçons leurs paroles, reproduisons leurs idées. Et dans *Rhétorique* :

> ***C****'est alors qu'enseigner l'art de* résister aux paroles *devient utile, l'art de ne dire que ce que l'on veut dire, l'art de les violenter et de les soumettre. Somme toute fonder une rhétorique, ou plutôt apprendre à chacun l'art de fonder sa propre rhétorique, est une œuvre de salut public.*
> *Cela sauve les seules, les rares personnes qu'il importe de sauver : celles qui ont la conscience et le souci et le dégoût des autres en eux-mêmes.*
> *Celles qui peuvent faire avancer l'esprit, et à proprement parler changer la face du monde.*

Pour Francis Ponge, être poète, c'est *résister aux paroles des autres*. Il n'est pas question de parler une langue qui serait une langue *naturelle* et vraie. Une telle langue n'existe pas, il faut l'inventer.

Appellons donc *emphase* cet effort pour *faire apparaître* une langue, en rendant au mot *emphase* le sens qu'il avait en grec (ἔμφασις) : action de faire apparaître. Le poète est celui qui fait apparaître une parole qui échappe aux stéréotypes de la langue et de la pensée.

Bref toute poésie est emphatique, et c'est même le propre de la poésie d'être emphatique, c'est-à-dire d'exhiber le ton sur lequel elle parle et la langue qu'elle met en œuvre. Le vrai prosaïsme, c'est celui de la parole quotidienne et utilitaire, dans laquelle le signifiant (la forme matérielle du mot) s'efface derrière le signifié (le sens). Le prosaïsme, c'est de parler sans prendre conscience que l'on parle. C'est faire de la prose sans le savoir, comme Monsieur Jourdain.

D'une certaine manière, l'emphase est un masque. *Masque* se disait en latin *persona*, littéralement *ce par quoi passe le son* : les masques du théâtre antique ne servaient pas seulement à cacher le visage naturel sous un visage de fiction, ils servaient aussi de porte-voix. C'est pourquoi sans doute tout poète porte un masque. «Tout air que nous lançons,» écrit Valère Novarina en 1987, «nous ne l'entendons que quand il résonne hors de nous-mêmes.»

Il y faut un porte-voix.

9

LANGUE DES POÉSIES

MUSIQUE ET PAROLE

LE SENS OU LE SON

Le 29 novembre 1975, Paul-Armand Gette a une curieuse manière de rendre hommage au naturaliste Carl von Linné (1707-1778). Elle consiste à lire en public, sept heures durant (de 10 heures à 17 heures environ, sans autre interruption que celle qui fut nécessaire à l'absorption rapide d'un sandwich), la liste complète des 5945 noms de plantes de son *Species Plantarum*. L'ambition affichée du naturaliste était de nommer et de classer le réel en lui appliquant un code intelligible (la *nomenclature binaire*). Il pensait sans doute, avec le philosophe Condillac, qu'une science est une langue bien faite. L'ambition de Gette n'est pas de classer les choses, ni de mettre de l'ordre dans l'univers, ni même d'imposer un point de vue quelconque ou une quelconque manière de voir. Il s'en explique quelque huit ans plus tard : «… parfaitement à l'aise dans le maniement de son système, Linné l'utilise en poète, et par la disposition typographique du texte, il nous facilite cette lecture. Poème du silence intérieur où aucun sentiment n'agitera notre âme, nous n'avons rien à interpréter, rien à comprendre, mais à lire, éventuellement à écouter. Le *Species* peut être lu comme un recueil de poèmes dont les titres seraient *Salvia, Gentiana, Salsola,* ou *Veronica.*»

On peut écrire un poème qui ne *représente* rien d'autre que lui-même. C'est un peu ce que dit cette chanson du plus ancien troubadour que nous connaissions, Guillaume IX, duc d'Aquitaine et comte de Poitiers (1072-1126) :

Farai un vers de dreyt nien :	[Je ferai un poème sur rien :
Non er de mi ni d'autra gen,	ne sera ni sur moi ni sur d'autres,
Non er d'amor ni de joven,	ne sera ni sur amour ni sur jeunesse,
Ni de ren au,	ni sur rien d'autre ;
Qu'enans fo trobatz en durmen	je l'ai composé en dormant
Sobre chevau.	sur mon cheval.]

L'acte poétique semble alors se réduire à écouter le bruit que fait la langue en parlant. Christian Prigent, dans *Commencement* (1989), raconte comment chaque jour naît en nous cette parole :

Autre matin, sorti du pieu, faut zyeuter les cieux. Devant : courants, ouragans lents. Noirs waterman et bleus schisteux, dans des affaissements, des exhaussements. Je vois ça en festons, en rebonds, faut en faire des sons.

Il n'y a d'abord que des formes vagues, des mouvements, des couleurs, pas encore d'objets vraiment nommables, sinon par le mot *ça*. Mais déjà, une musique des mots se fait entendre : *je* entre lentement, difficilement dans la vie en entrant dans sa langue. Trouver sa langue, c'est d'abord entrer dans les sons.

La tradition classique n'aime pas que les sons de la langue se fassent trop entendre : elle craint qu'ils ne recouvrent le sens des mots. Elle est réticente devant l'équivoque du sens et le calembour, et répugne, d'une manière générale, à accorder trop d'importance au signifiant, c'est-à-dire à la forme matérielle de l'énoncé. Dans son *Discours sur le Style* (1753), Buffon oppose «le vain son des mots» à ce qui seul compte à ses yeux : «des choses, des pensées, des raisons». Le style, selon lui, n'est pas l'enchaînement des mots mais des idées. Rien de pire qu'un discours où les idées ne se joignent, ne s'enchaînent «qu'à la faveur des mots». Le classicisme repose sur un dualisme, qui distingue fortement la pensée et les mots, l'âme et le corps, et qui établit entre les deux une hiérarchie.

Une grande part des poésies repose pourtant sur une rencontre du son et du sens. Si, dans la parole quotidienne et utilitaire, la forme du mot s'efface devant le sens, dans les poésies au contraire, tous deux sont pris en compte. Paul Valéry définit le poème comme une «hésitation prolongée entre le son et le sens» (*Tel Quel* II, «Rhumbs»).

Le son a-t-il un sens ?

Est-ce à dire que les sons de la langue ont par eux-même un sens ? Paul Claudel écrit en 1926 (dans *Idéogrammes occidentaux*) :

> *Je sais trop ce que les philologues pourraient m'objecter. [...] Et cependant nulle démonstration ne convaincra un poète qu'il n'y a pas de rapport entre le son et le sens d'un mot, sinon il n'aurait plus qu'à renoncer à son métier.*

Le linguiste Fonagy pense qu'il existe des *bases pulsionnelles de la phonation*. Si pour lui les sons de la langue ne sauraient imiter les choses qu'ils désignent, ils sont au moins la manifestation des pulsions psychologiques de celui qui parle. Il y a, par exemple, des sons qui, par eux-mêmes, sont agressifs, d'autres qui sont tendres, etc.

Fondées ou non, de telles hypothèses répondent à ce rêve que caresse maint utilisateur de la langue : que la forme des mots cesse d'être arbitraire, qu'elle puisse représenter directement la chose qu'elle désigne.

ONOMATOPÉE ET HARMONIE IMITATIVE

L'idée de *maison* aurait pu aussi bien être désignée par le mot *oikia*, ou *haus*, ou *domus*, ou *casa*. Rien, dans la sonorité du mot *maison* ne rappelle quoi que ce soit de la chose qu'il désigne. En revanche *dring* peut passer pour reproduire le bruit d'une sonnerie, *plouf* celui d'un objet tombant dans un liquide, et *miaou* rend assez bien la conversation du chat. On appelle *onomatopées* (en grec : création de mots) ces mots fabriqués de telle façon qu'ils imitent les bruits qu'ils désignent.

Les auteurs de bandes dessinées (*Vlan !... Bing !... Vraoum !... Flatch !...*) ne sont pas les seuls à avoir usé de l'onomatopée. Les poètes ne s'en sont pas privés, et cela dès l'antiquité. Aristophane (Ve siècle avant J.-C.) imite le chant des grenouilles :

Βρεκεκεκὲξ κοὰξ κοάξ	[Brékékékex koax koax !]

ou celui des oiseaux :

Ἐποποποποποποποποποποῖ...	[Épopopopopopopopopopoï !
Τοροτοροτοροτοροτίξ.	Torotorotorotorotix !
Κικκιβαῦ κικκιβαῦ.	Kikkibaou ! Kikkibaou !
Τοροτοροτοροτορολιλυλίξ.	Torotorotorotorolililix !]

Francis Ponge, dont l'écriture s'attache à utiliser sans exclusive toutes les possiblilités de la langue, n'hésite pas à l'occasion à recourir à l'onomatopée. Dans *la Pomme de Terre* (recueilli dans *Pièces* en 1962), il écrit, parlant de l'eau qui bout :

Elle se déperd furieusement en vapeurs, bave, grille aussitôt, pfutte, tsitte...

Une pure onomatopée n'est pas un véritable mot : elle n'est ni un nom, ni un adjectif, ni un verbe, elle n'est reliée au reste de la phrase par aucune fonction grammaticale. Mais elle peut donner naissance à de véritables mots. Francis Ponge, à partir des onomatopées *pfutt* et *tsitt*, qui imitent le bruit de la vapeur qui fuse, invente et conjugue les verbes *pfutter* et *tsitter*.

On peut, suivant le chemin inverse, partir du mot pour arriver à l'onomatopée. André Martel (1893-1976), dans *Hippotine*, raconte une course de chevaux. Il invente le mot *hippopas*, composé de la racine grecque *hippo-*, qui signifie *cheval*, et du substantif *pas* : le cheval est au pas. Pourtant *hippopas* n'est pas un véritable mot (impossible de décider à quelle catégorie verbale – nom, verbe, pronom, etc. – il appartient). Mais surtout, il est immédiatement suivi de *popapi* et *papipo*, qui n'ont strictement aucun *sens*, et qui font du premier vers de ce poème un pur jeu de sonorités : la répétition de la consonne *p* accompagnée des voyelles *i*, *o*, *a* trois fois répétées dans un ordre différent, imite, de manière onomatopéique, le bruit des sabots qui frappent le sol. Ensuite le composé *hippogalop* (le cheval est au galop) se transforme en *hipoglop*, puis en *higlop* : l'abrègement progressif du vocable fait entendre l'accélération de l'allure du cheval. Plus loin encore, *patte à terre* (les pieds du cheval touchent de nouveau le sol après avoir sauté l'obstacle) est écrit *patater*, qui ressemble beaucoup à l'onomatopée courante *patatras* :

> ***H**ippopas ! Popapi ! Papipo !*
> *Blrr ! Hili ! Blrr ! Hiliglihégli !*
> *Silen !.................... Paf !*
> *Dring ! Dring ! Driiiing !*
> *Hippotrot ! Hippotrot ! Hippotrot !*
> *Hippogalop ! Hippogalop ! Hippogalop !*
> *Hippoglop ! Hippoglop ! Hippoglop !*
> *Higlop ! Higlop ! Higlop !*
> *Hig ! Hig ! Hig ! Hibond*
> *Surhaie ! Bonsurhaie ! Bond*
> *Patater...*

André Martel fait plus que *décrire* la course, il la *fait entendre*.

De l'onomatopée à l'harmonie imitative

Jacques Demarcq (né en 1946), après Aristophane et le poète russe Khlebtnikov, traduit les chants d'oiseaux en mots, ou presque-mots (*La Chair musicale*, 1986). Voici par exemple, d'après lui, les propos (volontiers polissons) de la fauvette :

> ***B**illyBillyBillyBillybli*
>
> *finis d'lire toute la bibli*
> *l'cycle inouï d'Chéri-Bibi*
> *c'est débile comme alibi*
>
> *bigle ici l'idyllique lit*
>
> *t'y pourrais jouer ton big band*
> *dis*
> *ta baby en bigoudis*
> *pépie-lui lady-be-good*
> *oui*
> *dégourdis ton gazouillis*

ouille ouille ouille
grise-moi d'mil criminels cris
d'grizzly gillespie

guiliguiliguiliguiligli

Mais s'agit-il encore d'onomatopées ? La drôlerie et l'efficacité du poème viennent de la mise en œuvre d'un double sens, et d'un double langage. D'une part un discours dont il n'est pas difficile de saisir le sens : on reproche à quelqu'un d'être plongé dans la lecture des aventures de *Chéri-Bibi* ; il est temps d'aller au lit, où certainement il y a mieux à faire... Mais les mots qui racontent cette histoire sont en même temps utilisés pour le bruit qu'ils font, et qui imite (ou prétend imiter) le chant de la fauvette. Autrement dit les mots sont utilisés à la fois comme mots et comme imitations de bruits. Même l'onomatopée *guiliguiliguiligli* a ici une double fonction : elle représente à la fois le chatouillis coquin de l'impatiente et le chant de l'oiseau. C'est l'enchaînement de tous les mots du texte, plutôt que chacun des mots pris isolément, qui prend valeur d'onomatopée.

Bref, Jacques Demarcq nous a fait passer de l'onomatopée à l'*harmonie imitative*, que Littré définit comme un «arrangement de mots par le son desquels on cherche à imiter un bruit naturel.» Mais au lieu de reproduire le bruit de l'objet déjà désigné par les mots, ce qui serait faire un pléonasme, Jacques Demarcq en reproduit un autre : c'est l'art de dire deux choses à la fois.

Mais les sons ne suffisent pas à signifier

Paul Valéry (1871-1845), chez qui le sens de l'humour est moins développé que chez Jacques Demarcq, ne souhaite pas que la poésie se complaise dans ce genre d'effet qu'il juge grossier :

> *La puissance des vers tient à une harmonie* indéfinissable *entre ce qu'ils* disent *et ce qu'ils* sont. Indéfinissable *entre dans la définition. Cette harmonie ne doit pas être définissable. Quand elle l'est c'est l'harmonie* imitative, *et ce n'est pas bien.*

Encore peut-on souhaiter qu'une trop grande contradiction n'apparaisse pas entre le sens et le son. C'est le souci de Mallarmé (1842-1898) lorsqu'il écrit :

> *... quelle déception, devant la perversité conférant à* jour *comme à* nuit, *contradictoirement, des timbres obscurs ici, là clairs.*

La fonction du vers (de son organisation sonore) est de pallier ce défaut : il «remunère le défaut des langues».

Enfin il n'est pas sûr que les onomatopées elles-mêmes soient une imitation fiable des bruits naturels. Michèle Métail a démontré le contraire, de façon à la fois drôle et indiscutable, dans un *poème oral* créé au Centre Georges-Pompidou de Paris le 19 octobre 1983 (*Ethnopoème n° 1 : le chant du coq ou la route des crêtes*), et qui est une variation sur le chant du coq. On pourrait croire que tous les coqs de la terre parlent la même langue. Il s'en faut de beaucoup ! Voici, d'après Michèle Métail, comment se dit *cocorico* dans un certain nombre de langues autres que le français :

Allemand :	*Kikireki*
Anglais :	*Cockadoodledoodoo*
Arabe :	*Kohorae*
Chinois :	*K'i K'i*
Indien :	*Krukreku*
Iranien :	*Gougouligou*
Japonais :	*Kokekotsuko*
Polonais :	*Kukwiku*
Serbe :	*Petao*
Vietnamien :	*O'o...*

Les onomatopées ne sont pas moins conventionnelles que les autres mots, et le sens n'y est pas attribué aux sons de façon moins arbitraire.

Mais ce qui est sûr, c'est que les sons, en s'enchaînant et en se combinant dans la phrase ou dans le vers, produisent une musique qui peut être perçue si le sens des mots ne la recouvre pas jusqu'à la faire oublier.

Harmonie et cacophonie

On n'ose plus aujourd'hui donner de la musique la définition qu'en donnait encore le *Dictionnaire Larousse* au début de ce siècle : «art de combiner les sons d'une manière agréable à l'oreille». C'est pourtant celle que sous-entend un Malherbe (1555-1628) ou un Boileau (1636-1711), quand ils réclament, pour la poésie, *un heureux choix de mots harmonieux*, et quand ils veulent que *l'oreille* ne soit pas *blessée*. Les sons doivent pour cela se combiner *harmonieusement*, et le dictionnaire de Littré (1874) définit cette *harmonie* comme «l'ensemble des qualités qui rendent le discours agréable à l'oreille.»

Il est sans doute difficile de préciser les raisons pour lesquelles un vers est senti comme plus harmonieux qu'un autre. Il est peut-être plus facile de comprendre ce qu'on entend généralement par son contraire, la *cacophonie*.

On considère en fait comme *désagréable à l'oreille* tout énoncé dont la prononciation demande un effort particulier, ou bien à cause de la recontre de plusieurs consonnes, ou bien à cause de la répétition successive d'un même son : Littré donne comme cacophonique la séquence *en l'en entendant parler.*

Or toutes les musiques ne sont pas des berceuses. Dans un poème des *Antiquités de Rome*, Du Bellay (1522-1560), pour évoquer les enfers, fait se heurter rudement les consonnes les unes contre les autres, produisant ainsi une sonorité sans douceur et qui n'a rien d'*harmonieux* ni d'*agréable à l'oreille* :

... ainsi les ténébreuses
Rives du Styx non passable au retour,
Vous enlaçant d'un trois fois triple tour...

Cette musique rude, dissonnante, pleine de *bruits*, est bien ce que fait aujourd'hui entendre la poésie d'un poète comme Éric Clémens :

> *j' m'arrache du d' dans j' troubl' les dehors j' détourne j' refais je feins d' souffler de grimacer et j' crie j' casse les images et j' crache les sons j' m' creuse la poitrine l' cerveau vers l'ex vers l'anx à découverte de r'tour deux temps fini pas f'ni j' m'acharne j' raconte...*

(*De r' tour*, édition TXT, 1987)

Tout dans la prosodie de ce texte marque un *acharnement douloureux*, un effort violent pour expulser les sons, et produire une sonorité plus proche encore du *cri* que du mot.

La paronomase

Les sons se perçoivent d'autant mieux qu'ils sont répétés. On appelle traditionnellement *paronomase* la figure de style qui consiste à faire se suivre des mots dont la prononciation se ressemble : *lingères légères*, écrit Paul Éluard.

Pierre Le Pillouër (né en 1955) y a recours systématiquement dans ce poème à allure de comptine, construit à partir du nom des sept notes de la gamme. Les mots ne s'enchaînent plus selon les nécessités d'un sens préétabli, mais à la faveur de leur forme sonore et des échos qu'ils font entendre :

et le do qu'est-ce que c'est
le do ?
c'est le dos, c'est le dos
c'est le dos clodo
[...]
et le ré qu'est-ce que c'est

le ré ?
c'est le rot, c'est le rot
c'est le rot morose
[…]
et le mi qu'est-ce que c'est
le mi ?
c'est le mot, c'est le mot
c'est le mot mi-mot…

D'une manière générale, relèvent de la paronomase tous les phénomènes sonores qui mettent en œuvre un écho, une répétition du même son, et que l'on désigne habituellement sous le terme d'allitérations. Le phénomène est d'autant plus sensible et signifiant qu'il frappe les temps forts, comme dans ce vers de Racine (*Phèdre*, Acte I, scène 3) :

Tout m'afflige et me nuit, et conspire à me nuire.

La durée du vers est partagée en quatre segments égaux, dont chacun se termine par la voyelle *i*, et cette rime intérieure, en reliant phonétiquement les quatre verbes, prolonge sur l'ensemble du vers l'idée d'accablement.

Ou bien c'est une consonne qui est répétée, comme dans cet autre vers de Racine :

Que ces vains *ornements, que ces* voiles *me pèsent !*

On entend d'autant plus l'allitération en *v*, que les deux mots *vains* et *voiles* occupent la même place dans chacun des deux hémistiches. Il s'établit une relation à la fois phonique et sémantique entre les deux mots.

Ou bien encore consonnes et voyelles sont conjointement répétées, comme dans ce vers du *Cid* de Pierre Corneille (1606-1684) :

Les Mores et la mer montent jusques au port.

D'une manière plus générale encore, on peut dire que les règles de la versification se ramènent à la paronomase, puisqu'elles consistent en la répétition d'une même structure rythmique, à quoi s'ajoute précisément la rime.

Valeur et fonction de la rime

C'est pourquoi la rime est autre chose qu'un ornement qui serait ajouté au poème. Elle fait partie de l'écriture elle-même, et au même titre que les autres éléments qui la constituent, elle est porteuse de signification. On peut imaginer une manière peu orthodoxe, mais plus fidèle à Ronsard qu'on pourrait croire, de lire le célèbre sonnet des *Amours de Marie*, c'est de le réduire à ses rimes, et de faire apparaître dans le texte, un autre texte qui en serait le commentaire :

> *Comme on voit sur la branche, au mois de mai, la rose,*
> *En sa belle jeunesse, en sa première fleur,*
> *Rendre le ciel jaloux de sa vive couleur,*
> *Quand l'aube, de ses pleurs, au point du jour l'arrose ;*
>
> *La Grâce dans sa feuille, et l'Amour se repose,*
> *Embaumant les jardins et les arbres d'odeur ;*
> *Mais, battue ou de pluie ou d'excessive ardeur,*
> *Languissante, elle meurt, feuille à feuille déclose ;*
>
> *Ainsi, en ta première et jeune nouveauté,*
> *Quand la terre et le ciel honoraient ta beauté,*
> *La Parque t'a tuée, et cendre tu reposes.*
>
> *Pour obsèques reçois mes larmes et mes pleures,*
> *Ce vase plein de lait, ce panier plein de fleurs,*
> *Afin que, vif et mort, ton corps ne soit que roses.*

Le sonnet qui chante la mort – l'intolérable – est un sonnet en *ose* et en *eur*, c'est-à-dire en *rose* et en *fleur*. Roses et fleurs recouvrent le corps de Marie, ou encore : Ronsard écrit pour tuer la mort, et la rime, au lieu d'être une décoration superficielle du texte, le constitue et le produit.

On trouve de cela un exemple amusant dans la fable de La Fontaine (1621-1695) *La Laitière et le pot au lait* : la laitière laisse tomber son lait...

> *La dame de ces biens, quittant d'un œil* marri
> *Sa fortune ainsi répandue,*
> *Va s'excuser à son* mari,
> *En grand danger d'être battue...*

Perrette prononce le mot «marri», qui lui est dicté par la situation dans laquelle elle se trouve, mais, le prononçant, elle entend le mot «mari» : qui dit «marri» dit «mari»... La détresse dans laquelle elle se trouve fait naître immédiatement l'idée de l'homme qui va - pour le prix d'une fessée, il est vrai – assumer à sa place la perte du lait, et la sauver ainsi du désespoir.

L'ÉCRITURE PARONOMASTIQUE

Le tissu signifiant peut être produit, ou porté, par une série d'échos successifs que se renvoient les mots à l'intérieur du vers, de la strophe ou du poème.

L'*Ode* que Ronsard (1524-1585) consacre *à la Fontaine Bellerie* est avant tout musique :

> **O** *Fontaine Bellerie,*
> *Belle fontaine chérie*
> *De nos Nymphes, quand ton eau*
> *Les cache au creux de ta source...*

Le choix du mètre y est pour beaucoup : l'heptasyllabe est un vers impair, rapide, bref, qui fait que la rime s'entend d'autant mieux qu'elle revient après un temps plus court. Mais ce n'est pas tout. Les sons du deuxième vers reproduisent, en écho, dans un autre ordre, ceux du premier vers, comme s'ils rebondissaient en quelque sorte sur la syllabe répétée (*Bellerie / belle...*). A la faveur d'un chiasme, *Fontaine belle...* devient *Belle fontaine*, et le nom même de la source, *Bellerie*, est entendu une deuxième fois, mais en deux segments séparés (c'est une *tmèse*) : *belle (fontaine ché) rie*. Les deux parties du mot, placées l'une au début et l'autre à la fin, embrassent et entourent l'ensemble du vers.

Une strophe ou un poème entier peut ainsi être constitué par un réseau complexe d'échos subtils qui s'entrecroisent, et qui risquent de ne pas être perçus pour peu que la lecture s'occupe du seul sens des mots et de la seule logique de la phrase. Ainsi cette strophe d'un poème de Baudelaire (1821-1867) :

> **L***a rue assourdissante autour de moi hurlait ;*
> *Longue, mince, en grand deuil, douleur majestueuse,*
> *Une femme passa, d'une main fastueuse*
> *Soulevant, balançant le feston et l'ourlet...*
>
> *(A une passante)*

Les mêmes sonorités se retrouvent au début et à la fin de certains vers, dans un ordre à peine modifié : *la rue - hurlait* ; *femme - fastueuse* (répétition de la syllabe *fa*) ; *soulevant - ourlet* (répétition des sons *ou* et *l*). Les échos purement sonores effectuent des rapprochements dans l'ordre des significations : la rue est définie par le hurlement qui s'y entend ; la femme, par son caractère fastueux ; le détail de la robe (l'ourlet) est indissociable du mouvement dans lequel elle est emportée. S'ajoute à cela toute une série d'échos plus subtils encore, qui contribuent à relier les mots en même temps qu'ils affirment la structure purement sonore de l'ensemble : la voyelle *u* se retrouve non seulement dans *rue* et *hurlait*, mais dans *majestueuse* et *fastueuse* ; la consonne *l* se répète dans *longue, douleur, soulevant, balançant* ; ces deux derniers mots comportent le même nombre de syllabes et se terminent par le même son *ant* ; etc.

Au lieu que les sonorités soient utilisées pour traduire une idée qui existerait d'abord, elles peuvent elles-mêmes donner naissance aux idées et produire leur enchaînement. Dans le sonnet des *Voyelles* de Rimbaud (1854-1891), ce sont les enchaînements paronomastiques qui font surgir les images, qui elles-mêmes s'enchaînent de façon apparamment arbitraire et imprévisible. Par exemple *ombres* entraîne *ombelles* qui entraîne *belles ; candeurs*, par sa syllabe finale, appelle *vapeurs*, et par sa syllabe *an*, entraîne d'autre part *tentes*, *lances* et *blancs*, dont le sens était déjà contenu dans *candeur* :

> ***A** noir, E blanc, I rouge, U vert, O bleu : voyelles,*
> *Je dirai quelque jour vos naissances latentes :*
> *A, noir corset...*
>
> *Golfes d'ombres ; E, candeur des vapeurs et des tentes,*
> *Lances des glaciers fiers, rois blancs, frissons d'ombelles...*

La saturation sonore

La paronomase peut être à ce point envahissante qu'elle produit une sorte de saturation sonore de l'écriture : les sonorités, au lieu de servir le sens et de le porter, tendent à le recouvrir entièrement, un peu comme dans ces airs d'opéra où la musique empêche de saisir le sens des paroles. Ainsi ce vers de Jean Meschinot (1420-1491) :

> ***P**lus pleure et plains, et plus pleurer désire.*

Le cas est si fréquent dans certaines poésies, que, bien loin d'être imputable à une négligence, il est dû incontestablement à une volonté délibérée du poète. Le texte peut naître d'un parti pris formel et systématique, qui fonctionne comme une contrainte créatrice. C'est ce qui apparaît dans les exercices d'écriture de l'*Oulipo*, comme cet extrait des *Compléments de noms* (vers 1852 à 1862) de Michèle Métail :

> ***l**e corse du cirse du cirre du cidre du cêdre de la plaine*
> *le torse du corse du cirse du cirre du cidre du cêdre*
> *la tarse du torse du corse du cirse du cirre du cidre*
> *la tarte de la tarse du torse du corse du cirse du cirre*
> *la marte de la tarte de la tarse du torse du corse du cirse*
> *la morte de la marte de la tarte de la tarse du torse du corse*
> *l'aorte de la morte de la marte de la tarte de la tarse du torse*
> *la sorte de l'aorte de la morte de la marte de la tarte de la tarse*
> *la porte de la sorte de l'aorte de la morte de la marte de la tarte*
> *la perte de la porte de la sorte de l'aorte de la morte de la marte*
> *la peste de la perte de la porte de la sorte de l'aorte de la morte...*

Et plus loin (vers 3448 à 3455), en accumulant les mots formés de deux syllabes identiques :

le froufrou du tutu de la dondon du pépé du boui-boui du cracra
le trou-trou du froufrou du tutu de la dondon du pépé du boui-boui
le fla-fla du trou-trou du froufrou du tutu de la dondon du pépé
le passe-passe du fla-fla du trou-trou du froufrou du tutu de la dondon
le chichi du passe-passe du fla-fla du trou-trou du froufrou du tutu
le chow-chow du chichi du passe-passe du fla-fla du trou-trou du froufrou
le touttou du chow-chow du chichi du passe-passe du fla-fla du trou-trou
le caca du touttou du chow-chow du chichi du passe-passe du fla-fla...

Cacophonie, auraient dit les classiques. Mais cacophonie volontaire, pour entendre bégayer la langue. Charles Dreyfus, dans un poème de 1982, recopie la phrase d'Érik Satie :

Jeanne D'Arc fut fusillée par les Anglais.

Mais ce n'est pas l'apparent anachronisme qui le fait rire, c'est la répétition de la syllabe *fu*, et lui-même écrit à côté, et signe, cette nouvelle phrase :

Jeanne D'Arc fut sciée sciée par les Anglais.

Ces poésies ne font en somme que renouer avec la pratique des *Grands Rhétoriqueurs* du XVe siècle. Ainsi de Jean Molinet (1435-1472), cette *Oraison à Marie*, qui est une sorte d'acrostiche généralisé : chacune des cinq strophes qui la composent est constituée de mots dont la première lettre est une des lettres qui composent le mot *Marie*. Tous les mots commencent donc par *m* dans la première strophe, par *a* dans la deuxième, par *r* dans la troisième, par *i* dans la quatrième (ou par *j*, puisque jusqu'au XVIe siècle les deux lettres se confondent dans l'écriture), et par *e* dans la dernière :

Marie, mère merveilleuse,
Marguerite, mundifiie,
Mère miséricordieuse,
Mansion moult magnifiie,
Ma maîtresse mirifiie,
Mon mesfait maculeux me matte,
M'âme mordant mortifiie ;
Mercy m'envoye m'advocate !

Ardant amour, arche aornée...

Rubis raiant, rose ramée...

Jardin joly, joie internelle...

Estoille errant, encontre eureuse...

Qu'elle soit un jeu ou plus qu'un jeu, il y a sans doute quelque chose d'inquiétant dans cette pratique bégayante de la parole. Le poète latin Ovide raconte, dans le troisième livre des *Métamorphoses*, l'histoire de la nymphe Écho. Écho, la bavarde, est réduite à sa seule voix mais cette voix ne dit rien. Elle ne peut que répéter les derniers mots qu'elle entend. D'où sa solitude : il lui est devenu impossible de communiquer avec autrui. (Rimbaud dit de son *bateau ivre* : «Plus sourd que les cerveaux d'enfants».)

La paronomase, quand elle se généralise, peut aboutir à un véritable déréglement de la langue, la rime par exemple emportant le texte jusqu'à modifier la forme des mots : «J'y mêlas mes propres hourrahs...» écrit Prigent dans *Commencement* (1989). Raymond Queneau, dans *L'Instant fatal*, transforme «un jeu simple que j'invente dans la nuit» en :

> *un jeu simple*
> *que j'invimple*
> *dans la nuimple.*

Cet usage détourné de la langue la rend au *babil* enfantin ; joue les troubles du langage caractéristiques de certaines maladies mentales, comme le constate déjà André Breton, dans son *Manifeste du Surréalisme* de 1924 :

> *Cela est si vrai que dans certains états mentaux pathologiques où les troubles sensoriels disposent de toute l'attention du malade, celui-ci, qui continue à répondre aux questions, se borne à s'emparer du dernier mot prononcé devant lui ou du dernier membre de phrase surréaliste dont il trouve trace dans son esprit :*
> *«Quel âge avez-vous ? – Vous.» (Écholalie)*
> *«Comment vous appelez-vous ? – Quarante cinq maisons.» (Symptôme de Ganser ou des réponses à côté.)*

La langue bégaie, trébuche, échoue à exprimer un sens, est délibérément réduite à l'état d'une pure glossolalie, d'un babil insignifiant, où ne s'exprime plus qu'une énergie corporelle, sauvage, animale, violente. A la limite, il n'y a plus de mots, les sons de la langue ne produisant plus que des cris, des grognements, comme dans ce texte d'Antonin Artaud (1896-1948) :

> *ge re ghi*
> *regheghi*
> *geghena*
> *e reghena*
> *a gegha*
> *riri*
> *[...]*

C'est par la barbaque
la sale barbaque
que l'on exprime

Le

Qu'on ne sait pas
[...]

Tout vrai langage
Est incompréhensible...
(Ci gît)

Le même Antonin Artaud écrivait en 1925 (n° 3 de *La Révolution surréaliste*) :

> **O***ui voici maintenant le seul usage auquel puisse servir désormais le langage, un moyen de folie, d'élimination de la pensée, de rupture, le dédale des déraisons, et non pas un DICTIONNAIRE où tels cuistres des environs de la Seine canalisent leurs rétrécissements spirituels.*

La paronomase généralisée a pour effet de faire taire la langue. Christian Prigent le sait bien quand, dans *Œuf-Glotte* (1978) il traite la parole insupportable (une lettre de sa mère) de telle sorte que le sens en soit expulsé et exorcisé : «On peut vidanger ça, écraser les affreuses phrases, ouïes, crasées...». Dans *La Voix de l'Écrit*, Prigent dit de l'expérience vocale qu'«elle a une fonction d'oubli». La saturation sonore, le malaxage cruel de la langue acquiert cette fonction thérapeutique de vider la mémoire ; ils n'exhument les hallucinations que pour les neutraliser.

Le sens des mots

La liberté de langage

«J'ai un dictionnaire tout à part moi», écrit Montaigne (1533-1592) dans ses *Essais*. C'est-à-dire : je n'accepte pas les mots ni leur sens tels que me les livre la langue. J'en fais un usage qui m'est propre. C'est bien ce que font les poésies, qui sont d'abord l'affirmation d'une liberté. Qu'on se rappelle le dialogue que Lewis Carroll (1832-1898) met en scène dans *Through the looking-Glass* («A travers le miroir») :

> *– Quand j'emploie un mot, moi, dit Humpty Dumpty sur un ton assez méprisant, il signifie exactement ce que je veux, ni plus ni moins.*
> *– La question, dit Alice, est de savoir si vous pouvez obliger les mots à signifier tant de choses différentes.*
> *– La question, dit Humpty Dumpty, est de savoir qui est le maître, c'est tout.*
> [When I use a word, Humpty Dumpty said, in rather a scornful tone, it means just what I choose it to mean – neither more nor less.
> The question is, said Alice, whether you can make words mean so many differents things.
> The question is, said Humpty Dumpty, which is to be master – that's all.]

Dans l'usage quotidien et utilitaire de la langue, les mots ont un sens convenu, ils constituent une monnaie dont la valeur est la même pour tous. C'est ce qui rend possible la communication sociale. On accepte donc les mots sans trop se poser de questions. Les mots que nous échangeons sont des boîtes qui restent fermées et dont nous négligeons d'interroger le contenu. Ou bien encore, ils sont un *matelas* sur lequel l'esprit s'endort. Ce matelas tranquille, dit Jean-Pierre Bobillot (né en 1955), il faut le *crever :*

Crevez le matelas de mots.
Rêvez le matelas de mots.
Eve et le matelas de mots.
Videz le matelas de mots –
Et les mots du matelas, qu'en ferons nous ?
Zigzag les mots du matelas !

Les mots du matelas (ah !)
Et le matelas de mots :
Sont-ce les mots du matelas ?
Mots du matelas, matelas de mots :
Os du matelas, matelas-dos...
Tordez le matelas-dos.
Sortez les os du matelas (ah !)
Du matelas de mots :
Un matelas... un mot... un matelas... un mot...

Mouillez le matelas de mots –
Atlas de morts –
Tas de morts –
Et de mots...
Léchez, lâchez le matelas de mots.
Asséchez (!) assez de mots !
Soyez matelas, mots :

Crevèz le matelas de mots !

Le travail poétique apparaît comme un grand déstabilisateur. Il consiste le plus souvent à ouvrir ces formules closes et figées que constituent les mots. Il les interroge, et les somme de parler un langage tout individuel. Il est un travail critique, il peut être un travail de dérision et de subversion du langage convenu, et de la pensée qu'il véhicule sans qu'on s'en rende compte. Car ôter au signifiant son caractère arbitraire (faire en sorte que le mot soit davantage signifiant) peut amener aussi, malicieusement, à prendre la langue en défaut, à la faire se contredire.

CATACHRÈSE ET HOMOPHONIE

Il n'y a pas assez de mots dans une langue pour désigner toutes les choses. Aussi est-on bien obligé de donner à chacun, à côté de son sens propre, des sens figurés. On appelle *catachrèse* cet emploi élargi du mot pour désigner une autre réalité. La catachrèse en elle-même n'est pas poétique. Elle est une création de la langue, non une invention du poète. On dit un *pied de table* : c'est une métaphore stéréotypée ; on parle d'un *café* pour désigner l'établissement où on le boit : c'est une métonymie stéréotypée. L'expression est devenue si courante et si banale qu'on en a oublié l'origine et qu'elle est devenue pratiquement aussi arbitraire, et aussi peu parlante, qu'un autre mot.

Toutefois il y a un emploi et un traitement poétique de la catachrèse, qui mène au calembour, et qui consiste à profiter d'une ambiguïté du sens, à jouer sur elle ou avec elle. Le calembour est porteur de sens, – voire de non-sens. Quand André Breton écrit, dans son *Manifeste du Surréalisme* de 1924 : «chacun s'en ira répétant que j'habite rue Fontaine, et qu'il ne boira pas de cette eau», il restitue son véritable sens au mot *fontaine,* qui ne désignait plus qu'une rue. Le résultat du calembour est de faire dire au même mot deux choses à la fois.

A peine différente de la catachrèse, l'homophonie (deux mots de sens tout différents se prononcent de la même manière) donne aussi matière à poésie. Pierre Albert-Birot (1876-1967) écrit (*Aux Trente-deux Vents*, 1956, cité par Pierre Seghers dans *le Livre d'Or de la Poésie française* :

P*ar un doux trois heures d'août...*

L'homophonie (*doux*, *d'août*) nuit à la clarté de l'énoncé. C'est qu'à la clarté univoque (qui veut qu'à chaque mot corresponde un sens et un seul), le poète préfère la polyphonie : que le même son ait *à la fois* plusieurs sens. La poésie ne renonce à aucun sens, les rassemble tous dans le même instant et sous le même vocable.

Apollinaire, dans *Le Bestiaire*, écoute et *prend au mot* le nom de l'oiseau appelé *ibis*: *ibis* signifie en latin *tu iras*. Alors il peut lui répondre :

IBIS
Oui, j'irai dans l'ombre terreuse
O mort certaine, ainsi soit-il !
Latin mortel, parole affreuse,
Ibis, oiseau des bords du Nil.

La poésie de Charles Dreyfus (*Au 4e Top*..., Cahiers Loques, 1982) se contente parfois de collectionner les homophonies et les catachrèses, et d'en rire. Il constate par exemple que la phrase *je vous tutoie* fait entendre successivement quatre pronoms personnels ; que la phrase *c'est écrit en toutes lettres* se contredit elle-même si on l'écrit *7 écrit en toutes lettres* ; que le sens du mot *louche* est tout à fait ambigu (*Au sortir de la maison louche, on aurait pu le ramasser à la petite cuillère*) ; il prétend que le féminin de *un son poli* est *la police sonne* ; il conjugue de nouveaux verbes (*Ça vos noms ! Ça* vos nez ! *Vos nœuds.*).

Le calembour fonctionne comme un *lapsus*, mot qui signifie proprement *glissade*. La phrase ou le mot dérapent. Ou bien, il y a erreur, on n'a pas bien entendu, – ou l'on fait semblant de pas avoir bien entendu. «Ecrivez les glissades !», dit Christian Prigent dans ses *Conseils pour un carnaval*. Dans *Peep-show*, la locution toute faite *il ne sait plus à quel saint se vouer* devient *il ne sait plus quel sein savourer*.

Il suffit parfois d'une modification minime apportée au signifiant, c'est-à-dire à la forme de l'énoncé, pour entraîner de graves conséquences sur son sens, et le faire basculer dans un autre monde. Chez Rabelais, *le service divin* devient, dans la bouche de Frère Jean : *le service du vin*. Il a suffi pour cela de remplacer une voyelle par une autre.

Ou bien on inverse certaines lettres ou syllabes de l'énoncé, selon la figure appelée *contrepèterie*, qui donne lieu non seulement à des plaisanteries mais à des poésies. «Il y a des tombes qui bombent», dit Al Pavl (né en 1945) et cette phrase est le résultat, tant du point de vue acoustique que sémantique, de : «il y a des bombes qui tombent». Rabelais pratiquait déjà cette figure lorsqu'il constatait qu'il n'y a «qu'un antistrophe entre *femme folle à la messe* et *femme molle à la fesse*». Le procédé revient presque toujours à entendre dans la phrase la plus anodine un sens caché, beaucoup moins anodin.

Défense de jouer sur les mots

Dans le *Peep-show* de Christian Prigent (1984), une dame reproche au poète ses mauvais jeux de mots :

elle lui dit
[...]
qu'il ignore complètement la dignité
l'authenticité
de l'art
qu'il s'égare
qu'il use de procédés grossiers
de cochoncetés
de refrains idiots
de gros mots
du niveau zéro
d'la malle à Vermot...

La pratique du calembour est pour certains parfaitement insupportable, parce qu'elle mine le sérieux et fait courir le risque d'un disfonctionnement de la langue. Elle met le sens à la merci du son, l'idée à la merci du mot.

Dans *le Misanthrope* de Molière (1666), Alceste n'aime pas la *pointe* (c'est-à-dire le trait d'esprit) par quoi se termine le sonnet d'Oronte :

Belle Philis, on désespère
Alors qu'on espère toujours.

La pointe repose sur une équivoque : espérer, c'est attendre ; désespérer, c'est être malheureux. Ce qui rend l'amoureux malheureux, ce qui le désespère, c'est que Philis le fait attendre, l'oblige à espérer. Jouer sur les mots, c'est, selon l'expresssion de Boileau, donner à un mot «deux visages divers», c'est-à-dire deux sens, et cela n'est pas *sérieux*, et la raison est «outragée» par cette manière d'utiliser la langue. La *pointe*, pour être acceptable doit rouler «sur la pensée, et non pas sur les mots». Les esprits *sérieux* n'aiment pas que la pensée soit à la merci des mots, que le signifié soit à la merci du signifiant. Que l'âme soit à la merci du corps...

Jouer sur le sens des mots, c'est faire ce qu'au XVIIe siècle on appelle une *turlupinade*, plaisanterie à la manière de Turlupin, qui, apprend-on dans le dictionnaire de Furetière (1701), était un «comédien fameux de Paris, dont le talent était de faire rire par de méchantes pointes et équivoques». Boileau ne manque pas de s'en prendre à tous les *turlupins* de son temps :

> *Toutefois, à la Cour, les turlupins restèrent,*
> *Insipides plaisants, bouffons infortunés,*
> *D'un jeu de mot grossier partisans surannés.*

Une turlupinade n'est rien d'autre qu'un calembour, que le dictionnaire de Robert définit ainsi : «Jeu de mots fondé sur une similitude de sons recouvrant une différence de sens.» Le calembour a eu souvent mauvaise presse parce qu'il disqualifie le langage, et empêche qu'on le prenne au sérieux. «Le calembour», écrit Gustave Lanson dans *l'Art de la prose*, «est la forme la plus basse du sentiment des sonorités verbales.» André Gide, dans *Si le grain ne meurt*, parle de quelqu'un qui «remplaçait communément, n'étant pas très spirituel, le trait par le calembour.»

Éloge du calembour

En revanche Victor Hugo ne condamne pas le calembour lorsqu'il écrit (*les Misérables*, I, III, 7) :

> *Le calembour est la fiente de l'esprit qui vole...*

Cette manifestation par le bas (la fiente) n'empêche pas l'esprit de voler vers le haut. Et Hugo poursuit :

> *l'esprit, après la ponte d'une bêtise, s'enfonce dans l'azur. Une tache blanchâtre qui s'aplatit sur le rocher n'empêche pas le condor de planer. Loin de moi l'insulte au calembour ! [...] Tout ce qu'il y a de plus auguste, de plus sublime et de plus charmant dans l'humanité, et peut-être hors de l'humanité, a fait des jeux de mots. Jésus-Christ a fait un calembour sur saint Pierre, Moïse sur Isaac, Eschyle sur Polynice, Cléopâtre sur Octave...*

Charles Dreyfus ou Jean-Pierre Verheggen (né en 1942) collectionnent les calembours. La poésie de Jean-Luc Lavrille se présente le plus souvent comme un enchaînement ininterrompu de lapsus.

Jacques Demarcq aussi (né en 1946) est passé maître dans l'art de faire dire aux mots plus qu'ils ne promettaient d'abord. Dans ses *Derniers Sonnets* (publiés en 1983), il médite sur l'histoire de sa ville natale, Compiègne. Les Gaulois *Bellovaques* fuient devant le gros de l'armée de César, mais attaquent quelques légionnaires isolés : «Devant quoi les *bell*iqueux se cassent, préférant attaquer, en *vache !* quelques légionnaires...» Puis ils sont vaincus, dans le lieu même où se trouve aujourd'hui Compiègne (ils y subissent «une peignée, soignée»), et «... comprennent vite / *qu'honte / baigne où-*

t'es-né» (que la honte baigne le lieu où tu es né) ; «*Compiègne / où-t'es-né*», c'est donc aussi : «*con / piège où-t'es-né*». Jouant sur le nom de sa ville, c'est aussi sur son propre nom, donc sur lui-même que joue *Demarcq*, puisque, dit-il en s'adressant à lui-même : «... ton bled / *te marque*...». Ces calembours ne sont pas des plaisanteries gratuites.

Selon une méthode analogue, Pierre Le Pilloüer, dans *Pancrailles* (publié en 1988) semble ausculter la langue pour mieux l'entendre ; il y va même de son scalpel pour lui faire dévoiler ce qu'elle cache :

> **E***st-ce qu'on est sur la voie*
> *quand dans collaboration on entend labo quand dans*
> *l'amputation on entend pute aussi bien qu'au travers*
> *de réputation que dans dissection on entend sec et que*
> *dans réduction on entend red ?*
> *évidemment*
> *puisqu'il n'y a que dans rien*
> *qu'on entend rien...*
> *ainsi dans pancréas*
> *il y a de l'encre hélas*
> *il y a Pan*
> *c'est-à-dire tout...*

LES MOTS PARLENT

Le calembour (qu'il repose sur la catachrèse, l'homophonie, l'étymologie vraie ou fausse, ou sur la paronomase) n'est donc pas seulement un procédé comique, ou de dérision, il est un moyen d'ouvrir les mots et de les faire parler, de leur faire dire autre chose que ce qu'ils avaient officiellement mission de dire.

Francis Ponge (1899-1988), dans un poème intitulé *L'anthracite*, entend dans le nom de *Lancashire* (comté anglais célèbre par son bassin houiller) le mot français *encachée* et le mot anglais *here* (qui signifie *ici*) :

> **L***ancashire, tes pelouses grasses retournées – puis longuement encachées here – formèrent l'anthracite anglais.*

Une autre pièce, intitulée *Le Cageot* (dans *Le Parti pris des choses*) commence par affirmer :

> **A** *mi-chemin de la cage au cachot la langue française a cageot...*

Déjà Ronsard, nous l'avons vu plus haut (*Odes*, II, 9, *A la Fontaine Bellerie)* entendait dans le nom *Bellerie* : «*Belle* fontaine ch*érie*».

Cette manière d'ouvrir les mots, on le voit, dédaigne de s'appuyer sur aucune garantie scientifique. Elle opère de faux découpages, se réclame de fausses étymologies, elle écoute la forme du mot, affirme qu'elle peut nous apprendre quelque chose sur la chose qu'il désigne, que par exemple l'anthracite peut briller, puisque brille sa dernière voyelle accentuée : *i* (Ponge, *op. cit.*). Elle est le produit d'une libre volonté, d'un arbitraire, d'une violence faite à l'usage commun, d'une invention proprement poétique. Elle compose ainsi un nouveau dictionnaire.

Quand Michel Leiris (1901-1991) écoute le mot *glossaire*, il entend *glose* et *serre* (du verbe *serrer*, qui veut dire ranger). Le mot *glossaire* devient un mot parlant : *Glossaire : j'y serre mes gloses.* Cette étrange définition, qui ne doit rien à l'étymologie ni aux dictionnaires officiels, est le titre d'un texte en forme de lexique, publié dans la revue «La Révolution surréaliste», en 1925. Michel Leiris y rassemble un certain nombre de définitions, qui s'efforcent de traduire ce que lui disent, à lui, les mots, ce qu'il y entend, ou veut y entendre :

> ***A**MERTUME – la mer s'abreuve d'écume. Je hume la mer.*
> *[…]*
> *CLOISON – le cloître ou la prison, une loi.*
> *[…]*
> *ECLIPSE – hélice, pas de vis de clartés, sous clef.*
> *[…]*
> *ENTRAILLES – l'antre du corps, ses broussailles.*
> *[…]*
> *NOMBRE – l'ombre niée.*
> *[…]*
> *REVOLUTION – solution de tout rêve ?*

Ou bien encore, dans le numéro suivant de la même revue (juillet 1925) :

> ***A**PPARENCE – forme happée par la présence.*
> *[…]*
> *AVENTURE – les mâtures aveugles sont avides de vent.*
> *[…]*
> *CRIME – une mine de cris.*

D'autres gloses sont inspirées par la forme visible du mot écrit, qui est alors traité comme un idéogramme :

> ***G**ORGE – (les 2 G se recourbent et figurent deux seins ; l'or du centre est leur gage).*
> *[…]*
> *SIMILITUDE – (identiques, les 3 i se mêlent et préparent la pierre unie de l'U)…*

Entendre (ou voir) les mots de cette manière, c'est bien ruser avec la langue («RUSE – elle rase les murs, elle est ma muse», dit Michel Leiris), mettre en liberté l'imagination, sans même avoir besoin de briser le mur langagier qui l'enferme : en se contentant de le *raser*, et de jouer avec lui. Les gloses du poète sont plus vraies que les étymologies ou que les définitions des dictionnaires, parce qu'elles rendent compte de ce que les mots représentent pour lui, pour son imagination, sa pensée. Elles montrent aussi que les mots ont en poésie une fonction tout autre que celle qu'ils ont dans la vie sociale ; qu'ils ne sont pas là seulement pour faciliter les relations sociales entre les hommes, mais pour nous apprendre quelque chose de nous-mêmes. C'est précisément ce qu'affirme Leiris :

> *Une monstrueuse aberration fait croire aux hommes que le langage est né pour faciliter leurs relations mutuelles. C'est dans un but d'utilité qu'ils rédigent des dictionnaires, où les mots sont catalogués, doués d'un sens bien défini (croient-ils), basé sur la coutume et l'étymologie. Or l'étymologie est une science parfaitement vaine qui ne renseigne en rien sur le sens véritable d'un mot, c'est-à-dire sur la signification particulière, personnelle, que chacun se doit de lui assigner, selon le bon plaisir de son esprit. [...] Le sens usuel et le sens étymologique ne peuvent rien nous apprendre sur nous-mêmes, puisqu'ils représentent la fraction collective du langage, celle qui a été faite pour tous et non pour chacun de nous. En disséquant les mots que nous aimons, sans nous soucier de suivre ni l'étymologie, ni la signification admise, nous découvrons leurs vertus les plus cachées et les ramifications secrètes qui se propagent à travers tout le langage, canalisées par les associations de sons, de formes et d'idées. Alors le langage se transforme en oracle et nous avons là (si ténu qu'il soit) un fil pour nous guider, dans la Babel de notre esprit.*

LE NÉOLOGISME

L'INVENTION DE NOUVEAUX MOTS

Cette phrase de Francis Ponge (1899-1988) met en scène l'effort de l'écrivain pour trouver le mot juste, l'expression qui serait capable de bien rendre l'objet qu'il observe :

Aux deux tiers de la hauteur du volet gauche de la fenêtre, un nid de chants d'oiseaux, une pelote de cris d'oiseaux, une pelote de pépiements, une glande gargouillante cridoisogène...
«Symphonie pastorale» (recueilli en 1962 dans *Pièces*)

Après plusieurs métaphores successives, le poète invente enfin (non sans un sourire) ce mot de fantaisie : *cridoisogène*, dont l'intérêt est de ressembler par sa forme même à certains termes techniques employés par les biologistes. Or précisément, un peu plus loin, les *bruits* du paysage sont comparés à ceux d'un corps :

Et [...] le borborygme des crapauds fait le bruit des entrailles,
Le coucou bat régulièrement comme le bruit du cœur dans le lointain.

Les poésies se donnent parfois cette suprême liberté, ce plaisir extrême, d'inventer des mots. La Fontaine (1621-1695), dans *L'Aigle, la Laie et la Chatte*, fabrique des adjectifs à partir des noms *marcassins* et *aiglons* :

La faim détruisit tout ; il ne resta personne
De la gent marcassine et de la gent aiglonne...
(*Fables*, III, 6)

Dans une autre fable, *L'Ane chargé d'éponges, et l'Ane chargé de sel*, le premier âne est appelé *camarade épongier*.

L'invention n'est plus dans le seul récit, dans le seul agencement des mots, mais dans le mot lui-même. Alors tous les mots sont possibles, même les plus fous. Le poète grec Aristophane (Ve siècle avant J.-C.) avait déjà été assez loin dans ce domaine en inventant, pour sa comédie *l'Assemblée des Femmes*, un mot de 171 lettres, formé à partir de 28 mots différents, et qui désigne un mets servi lors d'un gigantesque banquet :

Et voici que vous sera servi un
lépado-témacho-sélaco-chien-de-mer-cranio-reste-amer-sauce-aux-herbes-silphio-tome-au-miel-saupoudré-grive-au-merle-pigeon-ramier-colombe-poulet-rôti-p'tit'tête-de-merle-d'eau-pigeonneau-lièvre-au-vin-bien-trempé-dévoré-jusqu'à-l'aile !...

Création verbale et néologisme

On peut donc inventer ses mots ? Certes l'abus du *néologisme* inspire la méfiance chez les esprits sérieux. L'existence et l'efficacité de la langue reposent sur un accord : il faut bien que tous ses usagers emploient le même code s'ils veulent être compris. Inventer un mot, c'est une désobéissance aux règles, une faute contre le *respect* de la langue existante, et il y a peu du néologisme au *barbarisme*, qui consiste en l'emploi d'une forme *qui n'existe pas dans la langue.*

Pourtant Du Bellay déclare, dans sa *Défense et Illustration de la Langue française* de 1549, que les hommes sont maîtres de leurs langues :

> *Elles viennent toutes d'une même source et origine, c'est la fantaisie des hommes.*

Les poètes de la Pléiade jugent que le vocabulaire du français est pauvre, comparé à celui du grec et du latin. La langue n'a pas assez de mots, il faut en inventer de nouveaux. Ronsard écrit en 1587, en préface à sa *Franciade* :

> *Il est fort difficile d'écrire bien en notre langue, si elle n'est enrichie autrement qu'elle n'est pour le présent de mots et de diverses manières de parler. Ceux qui écrivent journellement en elle, savent bien à quoi leur en tenir ; car c'est une extrême gêne de se servir toujours d'un mot.*

Et Du Bellay :

> *Je veux bien avertir celui qui entreprendra un grand œuvre, qu'il ne craigne point d'inventer, adopter et composer à l'imitation des Grecs quelques mots français, comme Cicéron se vante d'avoir fait en sa langue.*

Il y a toutefois une différence importante entre la création verbale, telle qu'elle se manifeste dans les poésies de Ponge ou de La Fontaine citées plus haut, et le programme de la Pléiade. Ce que veut la Pléiade, c'est enrichir la langue, par tous les moyens : en inventant des mots nouveaux, mais aussi en faisant des emprunts aux autres langues, en adoptant des formes dialectales ou des termes de métiers. Encore faut-il que ces mots puissent non seulement être compris facilement, mais s'intégrer au système de la langue. D'où la formule de Ronsard en 1587 :

> *Davantage je te veux bien encourager de prendre la sage hardiesse d'inventer des vocables nouveaux, pourvu qu'ils soient moulés et façonnés sur un patron déjà reçu du peuple.*

Car les mots nouveaux, pour peu qu'ils soient réussis, sont destinés à être versés au fonds commun de la langue, donc à devenir des mots comme les autres.

Bien au contraire, dans les textes de Ponge ou de La Fontaine cités plus haut, le néologisme vaut d'être exceptionnel et unique en son genre. Il doit, pour garder toute sa valeur poétique, être ce que les philologues appellent un *hapax*, un mot qui n'est attesté qu'une seule fois. S'il cesse d'en être un, s'il est imité, adopé, *récupéré* par l'usage vulgaire, il perd sa vertu proprement poétique. (A moins bien sûr d'être seulement répété comme une citation et de contribuer ainsi à ce que Roland Barthes appelle l'intertexte).

Vers l'invention d'une nouvelle langue

La création verbale a une fonction encore plus insistante et finalement tout autre, quand elle se multiplie dans un même texte. L'accumulation des mots inventés exhibe la volonté d'invention elle-même, et le désir de transformer la langue, ou d'en parler une autre.

C'est bien ce qui apparaît dans ce quatrain de Jules Laforgue (1860-1887) :

> *Le long d'un ciel* crépusculâtre,
> *Une cloche* angéluse *en paix*
> *L'air* exilescent *et marâtre*
> *Qui ne pardonnera jamais.*

Ronsard lui-même, malgré les conseils de modération qu'il donne en 1587 (*une sage hardiesse*) s'est aventuré parfois très loin dans ce domaine. On peut lire dans ses *Folâtreries* de 1553 un texte étrange intitulé *Dithyrambes à la pompe du Bouc de E. Jodelle, poète tragique*, dans lequel se succèdent de la manière la plus folle des mots inventés, qui sont ou bien tirés directement du grec ou du latin (*protogone*, *archète*, *grandime* etc.), ou bien formés à partir de deux mots français déjà existants (*doublecorne*, *œiltoreau*, *portelierre*, etc.) : on peut, à condition d'avoir à sa disposition un dictionnaire latin et un dictionnaire grec, traduire sans trop de mal tous ces mots. Mais l'important n'est pas là. L'accumulation de ces néologismes aboutit à une langue monstrueuse, qui sonne tout à fait autrement que la langue officielle :

> *Évoé, Père, Satyre,*
> *Protogone, Évastire,*
> *Doublecorne, Agnien,*
> *Œiltoreau, Martial, Évien*
> *Portelierre, Omadien, Triète,*
> *Ta fureur me jette*

Hors de moi,
Je te vois, je te vois,
Voi-te-ci
Rompsoucis ;
[...]
Je forcène, je démoniacle.
[...]
O Cuissené, Archète, Hyménien,
Basare, Roi, Rustique, Euboulien,
Nyctélien, Trigone, Solitaire,
[...]
Beaucoupforme, Premier, Dernier,
Lynéan, Portesceptre, Grandime,
Lyssien, Baleur, Bonime,
Nourrivigne, Aimepampre, Enfant...

Les «grandes irrégularités de langage», pour reprendre l'expression de Georges Bataille (1897-1962), ont un sens qui dépasse celui de la simple bizarrerie, elles sont en tout cas plus qu'un simple amusement, répondent à une nécessité beaucoup plus profonde, celle pour le poète de parler *sa* langue. Christian Prigent écrit, dans *la Langue et ses Monstres* (éditions Cadex, 1989) :

> *... la nécessité d'écrire est toujours celle de parler une langue qu'aucune autre bouche n'a parlée ; elle part du constat que toutes les langues dont on pourrait disposer sont «étrangères», et la langue dite maternelle la première ; elle prend acte du fait que les formes stylistiques et les solutions esthétiques vers lesquelles pourrait porter le goût pour la «beauté» sont usées, ne font plus résonner la vivacité d'un accord sensible avec le désir, l'angoisse, l'impartageable sensation d'un «monde» vivant.*

Parler sa propre langue, c'est user d'une manière particulière de la langue qui existe. Mais ce peut être aussi changer la forme même des mots. Le résultat est, du point de vue linguistique, un monstre, et à moins d'être ensuite récupéré par l'usage commun, ce qui marquerait son échec, il est destiné à rester un monstre.

Le paralloïdre

Après avoir écrit une dizaine de recueils de facture tout à fait traditionnelle, André Martel (1893-1976), sans crier gare, compose en 1949 (il a donc 56 ans) un poème dans une langue entièrement inventée. En voici le début :

LE POÉTEUPOTE

Par le paralloïdre des çorfes,
Bralançant les rétricences des tamériaux,
Les cimentectes ont babellisé les lapincages,
Les génieurs ont travelardé les honts, septlieubotté les valles, herculaugiacé les vafles [...]
Moi, j'ai fabré un dynoème,
Avec une blange
Et un yoncrai...

Apparemment, une telle écriture répond au projet irrespectueux de déformer la langue, de la fausser à plaisir, dans une sorte d'acharnement destructeur : par exemple les syllabes des mots sont arbitrairement inversées : *crayon* devient *yoncrai*, *matériaux* devient *tamériaux*, *forces* se transforme en *çorfes* ; des syllabes sont supprimées : *génieurs* remplace *ingénieurs*, des lettres parasites sont ajoutées : *bralançant* au lieu de *balançant*.

Mais une lecture plus attentive montre bien vite que si les mots sont déformés, c'est pour leur donner plus de sens : *cimentecte* joint l'idée d'*architecte* à celle de *ciment* ; *rétricence* est à la fois *résistance* et *rétrécissement*, ou *restriction* ; *dynoème* est un *poème* doué d'une force (*dyn-* est le radical de *dynamique*) capable de contrebalancer celle des ingénieurs ; les *génieurs* sont des *ingénieurs*, mais aussi des *gêneurs*. Quant à l'étrange locution *paralloïdre des çorfes*, elle a une importance particulière, parce que *paralloïdre* est le terme que Martel a finalement retenu pour désigner son nouveau langage. Les physiciens et les *génieurs* appellent *parallélogramme des forces* le shéma qui représente l'ensemble des forces s'appliquant en un point. Pour André Martel, le mot symbolise l'ensemble des forces monstrueuses qui pèsent sur l'individu. L'expression, une fois déformée par le poète et transformée en *paralloïdre des çorfes*, fait apparaître un grand nombre d'éléments signifiants groupés sous le même vocable :

parall- est le radical du mot *parallèle* : le paralloïdre est un langage parallèle ;

-ide est un suffixe qui signifie *en forme de* (*sphéroïde*, en forme de sphère) ;

-ide est transformé en *-idre*, dont la sonorité est plus rude, et qui d'autre part évoque l'être terrifiant appelé *hydre ;* le paralloïdre est un monstre qui terrifie les esprits bien pensants, et qui a été inventé pour lutter contre tout ce qui terrifie André Martel lui-même...

Çorfes, qui remplace *force*, évoque encore une grosse bête, puisqu'il rappelle le radical *saur* des *sauriens* (dont font partie par exemple les crocodiles).

A partir de 1951, tout ce qu'écrit André Martel est écrit en *paralloïdre*. Si cette langue est l'expression de la libre volonté de celui qui l'utilise, elle obéit pourtant à une règle, celle de ne comporter si possible aucun mot de la langue officielle.

Or cette écriture, constituée de mots jamais vus auparavant (et qu'on se saurait trouver dans aucun dictionnaire), est pourtant parfaitement lisible et compréhensible. C'est que les mots d'André Martel sont tous constitués d'éléments signifiants et reconnaissables, qui figuraient déjà dans la langue courante, mais groupés et distribués autrement. Voici encore quelques exemples :

Le *maîtracogne* désigne celui qui est le maître et qui en profite pour cogner, action dans laquelle il est du reste passé maître...

Un *poing* est un bloc de doigts, un *dactibloc*.

Des yeux qui brillent comme des phares sont des *pharazieux*, surtout quand ce sont les yeux d'un inquiétant monstre marin qui *enfascine les maragrouilles* (qui fascine et hypnotise les animacules qui grouillent dans les fonds marins)...

Un poème entier est formé d'une énumération de *bloconymes* (mots composés de plusieurs éléments signifiants) dont un des éléments est constitué par le mot *mar* (c'est-à-dire *mer*) : «maradanse, marachance, maréloigne, marempoigne, lunamar, solémar, stellamar...» La mer, les étoiles dans le ciel, leur image reflétée dans l'eau, tout cela est perçu et dit ensemble, en une seule image, un seul mot où se condense tout un paysage.

La modification d'une seule syllabe, voire d'une seule lettre peut faire entrer dans un mot un ou plusieurs autres mots. La conjonction *car* devient plus signifiante si on y ajoute la lettre *l* : le nouveau mot *clar* est la contamination de *car* et de *clair*, ou du radical de *clarté* ; *je preux* est la contamination de *je peux* et de *preux*, qui veut dire vaillant ; *je m'affouble* est à la fois *je m'affole* et *je me trouble* ; *univerciel* fait la synthèse d'*univers* et de *ciel*.

Le résultat est que le lexique du paralloïdre est un lexique ouvert et illimité. André Martel ne se contente pas de puiser dans une réserve de mots déjà existants, ou qu'il aurait inventés une fois pour toutes, il ne cesse d'en inventer de nouveaux ; écrire, pour lui, n'est pas seulement inventer chaque phrase, c'est inventer chaque mot.

Les ancêtres d'André Martel

André Martel a des ancêtres, en particulier dans la littérature anglo-saxonne. Dans le roman de Lewis Carroll, *Through the looking-glass* (*De l'autre côté du miroir*, publié en 1871), Alice demande à Humpty Dumpty de lui expliquer le poème «Jabberwocky» :

> *... **A**lice récita la première strophe :*
>
> *Il était grilheure ; les slictueux toves*
> *Gyraient sur l'alloinde et vriblaient ;*
> *Tout flivoreux allaient les borogoves ;*
> *Les verchons fourgus bourniflaient.*
>
> *– Ça suffit pour commencer, déclara le Gros Coco. Il y a tout plein de mots difficiles là-dedans. «Grilheure», c'est six heures du soir, l'heure où l'on commence à faire griller de la viande pour le dîner.*
> *– Ça me semble parfait. Et «slictueux» ?*
> *– Eh bien, «slictueux» signifie : «souple, actif, onctueux». Vois-tu, c'est comme une valise : il y a trois sens empaquetés en un seul mot.*
> *– Je comprends très bien maintenant, répondit Alice d'un ton pensif. Et qu'est-ce que les «toves» ?*
> *– Eh bien, les «toves» ressemblent en partie à des blaireaux, en partie à des lézards et en partie à des tire-bouchons. [...]*
> *– Et que signifient «gyrer» et «vribler» ?*
> *– «Gyrer», c'est tourner en rond comme un gyroscope. «Vribler», c'est faire des trous comme une vrille».*
> *– Et «l'alloinde» je suppose que c'est l'allée qui part du cadran solaire ? dit Alice, toute surprise de sa propre ingéniosité.*
> *– Naturellement. Vois-tu, on l'appelle «l'alloinde», parce que c'est une allée qui s'étend loin devant et loin derrière le cadran solaire... Quant à «flivoreux», cela signifie : «frivole et malheureux» (encore une valise). Le «borogove» est un oiseau tout maigre, d'aspect minable, avec des plumes hérissées dans tous les sens [...]*
> *– Et les «verchons fourgus» ? Pourrriez-vous m'expliquer cela ? du moins, si ce n'est pas trop demander...*
> *– Ma foi, un «verchon» est une espèce de cochon vert ; mais, pour ce qui est de «fourgus», je ne suis pas très sûr. Je crois que ça doit vouloir dire : «fourvoyés, égarés, perdus».*
> *– Et que signifie «bournifler» ?*
> *– Eh bien, «bournifler», c'est quelque chose entre «beugler» et «siffler», avec, au milieu, une espèce d'éternuement...»*
>
> (traduction Jacques Papy, collection Folio junior, 1961,
> – la traduction du poème est celle de Henri Parisot)

C'est à Lewis Carroll qu' André Martel doit l'invention du *mot-valise*, et il a reconnu sa dette en mettant en exergue au *Paralloïdre des Çorfes*, son premier livre écrit en langage inventé (1951), quelques lignes tirées de *L'autre côté du Miroir*. Toutefois le poème «Jabberwocky» reste une exception dans l'œuvre de l'écrivain anglais, tandis que Martel, lui, en adoptant le paralloïdre, a renoncé définitivement à la langue officielle.

La langue de Joyce

Le cas de l'écrivain irlandais James Joyce (1882-1940) excède de beaucoup celui de Lewis Carroll ou d'André Martel, et son influence sur la modernité a été considérable. *Finnegan's Wake* qu'il publie à la fin de sa vie (en 1939), est un livre proprement inouï, déconcertant, superbement monstrueux et, le plus souvent, à la limite de l'intelligibilité. En voici un exemple, adapté (nous n'oserions dire traduit) en français par le poète André Du Bouchet, et publié en 1962 :

> ***T****ôt le monde en basse ! Tôt le monde à aube ost. Ourrez ! Surrection. Oeireveille allo galobe d'épôle en pôle. O ralliez, O ralliez, O ralliez ! Gomphanix, O ralliez ! A tout figne quasivif de l'oiseau. Mertez rubis en quête. Nue mer este pour l'Ossianie. Irci ! Irci ! Briquet, Briffaut, Brillard, Bégueur, Rador et Bavard. La brumée s'élave. Et déjà l'écheveillard de l'écheveillard s'est radieusé en oltratemps, enlitannant les bonnamours...*

Attribuer, comme le font les langues existantes, des mots immuables pour désigner les choses, c'est faire comme si les choses ne changeaient pas, comme si elles apparaissaient toujours les mêmes quelles que soient les circonstances dans lesquelles elles sont vues, quel que soit l'œil qui les regarde, quel que soit l'effet qu'elles produisent. C'est pourquoi Joyce invente cette langue protéiforme, dans laquelle les mots sont l'objet d'une incessante métamorphose, et sont emportés par le mouvement de la phrase, son rythme, les sonorités qui s'y heurtent ou s'y font écho. Comme dix ans plus tard dans le *paralloïdre*, les mots existants sont éclatés, et leurs éléments distribués et groupés d'une façon inouïe. Les mots-valises abondent. Mais à la différence de l'écriture d'André Martel qui puise dans une seule langue, le français, les éléments signifiants dont elle a besoin, l'écriture de Joyce a recours à toutes les langues de la planète, qui se rencontrent bruyamment, comme dans cette monstrueuse onomatopée qui commente le mot *chute* et qui, dit son commentateur Jean Paris, «clame *tonnerre* du malgache au germain» :

> ***b****adabadalgharaghtakamminaronnkonnbronntonnerrenntuonnthunntrovarrhounawnskawntouhouhourdenenthurnuk !*

La descendance de Joyce

On peut dire qu'après Joyce la technique du mot-valise a enrichi l'*invention* poétique d'une nouvelle figure. Il n'est pas un ornement, une simple coquetterie de style, mais un procédé dans lequel se joue l'essentiel d'une recherche poétique, qui est de faire apparaître au grand jour ce que le mot recelait inconsciemment.

On trouve de nombreux exemples chez Jean-Luc Lavrille (né en 1955) : «trempsperrances» (transparence + temps + errance + espérance) ; «déestinée» (déesse + destinée) ; «humœur» (humour + cœur) ; «la mort pantelanguissante» (qui laisse pantois + langue + languissante) ; ou bien chez Christian Prigent : «il s'effarouge» (= il s'effarouche = il devient rouge) ; «Il est dans son fautœil avec les écouteurs» (fauteuil + œil) ; «crabine» (= cabine crasseuse), etc. Dans *Commencement* (1989), Prigent réinvente ainsi les noms des jours :

> **M***ais j'eus aussitôt la lèvre rictussée d'un reste d'amertume, encore un glaire de nuit, et ça traduisit : salut, vilaindi ! merdi ! merdredi ! buerkday ! fientredi ! saledi ! dimmonde !...*

Parfois l'écriture, au lieu de donner à lire le mot-valise, montre sa naissance en déroulant l'enchaînement paronomastique qui devrait y aboutir. Ainsi J.-L. Lavrille :

> *... ce courage de tous les instants*
> *forme de résistance au Temps*
> *la perversité envers l'advertance*
> *envers l'adversité la perversens...*

Comme chez Joyce, les mots deviennent caméléons, sujets à de constantes métamorphoses. Dans *Commencement*, le nom du personnage de Nausicaa devient successivement :

> **N***ausi, Nausica, Oisicaa, Oisigala, Oisicracra, Tuyausicaa, Nauséecaa, Anneausicaa, Choisicaa, Nausicon, Nausicoton, Nausipalà, Nausipsycha, Psychosicaa, Nausifreuda, L'Autreicaa, Rosicaa, Nausicasa, Rognicaa, Rusicaa, Nausiquia, Musicaa, Glosicaa, Tévésicaa, Niésicaa, Rogasicaa, Jalousicaa, Nausicatin, Reposicaa, Nos'hic-ha-ha, Photosicaa, Nausicrac, Nausipsychrade, Nausique, Nausystera, Osinade, Nausicavuça, Nausicrispa, Nausitoi, Nausiface, Nausiglaça, Nausicaléfoies, Nausicaca, Nausici, Scudericaa, Nausicanin, Nausikawa, Nausiquoi, Nausicrachat, Innosicaa, Nausifana, Hargnicaa, Iconicaa...*

La langue des rêves

Jean Paris (*Joyce par lui-même*, éd. du Seuil, 1957) compare la langue de *Finnegan's Wake* à la langue des rêves : «Livre du songe, *Finnegan's Wake* emprunte sa technique au phénomène freudien de la condensation. Comme un rêveur résume souvent en un seul être ses familiers, les noms, les verbes, les adjectifs rayonnent ici de multiples significations.»

Sigmund Freud (1856-1939), dans *Le mot d'esprit et ses rapports avec l'inconscient*, a minutieusement analysé le mécanisme qui est en jeu dans le *mot-valise*, et auquel il s'est intéressé parce qu'il y voit un des modes de fonctionnement de la pensée inconsciente. Il cite par exemple ce *mot d'esprit* d'un homme qui se vantait d'avoir été traité par le riche baron de Rothschild «tout à fait d'égal à égal» et, ajoutait-il, «de façon toute *famillionnaire*». Au départ, deux idées : celle de l'attitude familière du banquier d'une part, celle d'autre part d'une restriction. Car le banquier n'a pas réussi à faire oublier tout à fait à son hôte le poids de ses millions. Une contraction s'opère entre les deux mots, et nous avons *famillionnaire*, qui est constitué par le début du premier mot et la fin du second. Freud montre que le même mécanisme apparaît souvent dans les lapsus et dans les rêves, et qu'il est un révélateur de la pensée inconsciente.

Les langues insensées

Le résultat de toutes ces écritures est un afflux considérable et une concentration de sens. D'autres poésies se sont proposé un but tout différent.

Il arrive au poète Henri Michaux (1899-1984) de se détourner de l'écriture au profit du dessin et de la peinture. Il s'en explique en 1972 dans *Émergences-Résurgences* : «Né, élevé, instruit dans un milieu et une culture uniquement du *verbal*...» (il ajoute en note : «et avant l'époque de l'invasion des images»), «... je peins *pour me déconditionner*.»

Or Michaux lui-même a montré que le même résultat peut être obtenu dans et par une écriture qui, au lieu de se laisser saturer par le sens, l'expulse au contraire, et fait le vide. C'est ce qui est obtenu dans ce fragment de *Paix dans les Brisements* (1959), où la répétition du même mot, comme lorsqu'un disque est rayé, transforme peu à peu le discours en bruit et le bruit en silence :

il naît des commencements
trop
trop
trop vite
qui se répètent
et incessamment répètent
que je répète que «ça se répète»
et que je répète que je répète
que je répète que «ça se répète»
écho de l'écho de l'écho jamais éteint

trop
trop secoué pour dire
ne puis
[…]

C'est pourquoi sans doute le poème de Louis Aragon intitulé *Persiennes* (publié pour la première fois en 1920) n'est pas une simple plaisanterie :

Persienne Persienne Persienne

Persienne persienne persienne
persienne persienne persienne persienne
persienne persienne persienne persienne
persienne persienne
Persienne Persienne Persienne

Persienne ?

Ou bien l'on invente des mots qui, à l'inverse des mots-valises de Joyce, sont des mots purement arbitraires et vides de sens, comme le fait Henri Michaux en 1927 dans *Qui je fus* :

et glo
et glu
et déglutit sa bru
gli et glo
et déglutit son pied
glu et gli
et s'englugliglolera...

et surtout dans le poème intitulé *Le Grand Combat* :

***I**l l'emparouille et l'endosque contre terre ;*
Il le rague et le roupète jusqu'à son drâle ;
Il le pratèle et le libucque et lui barufle les ouillais ;
Il le tocarde et le marmine,
Le manage rape à ri et ripe à ra.
Enfin il l'écorcobalisse...

Mais si les inventions verbales de Michaux sont dénuées de toute signification, elles sont employées comme de vrais mots, sont intégrées à une grammaire parfaitement correcte, et sont porteuses d'une énergie qui leur tient lieu de sens. Cela n'aurait pas contenté Camille Bryen quand il s'écrie en 1952 :

> **N***ous sommes saturés de communiqués, de lectures, d'humanisme.*
> *vive le courant d'air de l'illisible, de l'inintelligible, de l'ouvert !*

Son poème intitulé *Hépérile* (publié en 1950) est écrit, dit-il, «en mots inconnus, [...] sans référence au vocabulaire – cette police des mots...», il ne *veut* strictement rien dire :

> **H***épérile nidi nenoine*
> *Pinfontalinan younitou*
> *Elébé oninui crinane*
> *Banin ovre ilair ali...*

La poésie alors devient purement phonique : elle n'enchaîne plus des sens, mais uniquement des sons. Le mouvement *dada*, au début du siècle, avait inauguré ce nouveau domaine de la poésie, et ses recherches, nous le verrons, seront poursuivies par le *lettrisme* d'Isidore Isou (né en 1925) et par certains *poètes sonores*. Or voilà bien où réside principalement le scandale voulu par dada : le vide de signification. «DADA NE SIGNIFIE RIEN», proclame Tristan Tzara dans son *Manifeste Dada* de 1918. Entendons que sa volonté est de ne rien signifier, de faire trou dans le langage, la culture, l'humanisme.

LA POÉSIE ET LA PHRASE

«OBSERVONS, SI VOUS VOULEZ, LA SYNTAXE»

Lorsqu'André Breton, dans son *Manifeste du Surréalisme* de 1924, décrit la technique du collage, il relègue la question de la syntaxe dans une parenthèse un peu désinvolte : «Il est permis d'intituler POÈME ce qu'on obtient par l'assemblage aussi gratuit que possible (*observons, si vous voulez, la syntaxe)* de titres et de fragments de titres découpés dans les journaux.» Pour André Breton, la poésie est d'abord faite de mots, voire d'*images* ; elle n'est pas faite de *phrases*. C'est ce qui fera dire au poète québécois Roger Des Roches en 1975 :

> *le surréalisme, dans sa quête de coups de poings verbaux, empêche tout bêtement de voir la phrase.*

La métrique au service de la syntaxe

L'organisation des éléments du discours dans un poème n'est pas simple. S'y développent en effet dans le même moment deux lignes, dont chacune obéit à une logique qui lui est propre : une ligne prosodique et musicale d'une part ; un enchaînement syntaxique et sémantique d'autre part. Le discours poétique est porté par ces deux *rythmes* différents, celui du vers et celui de la phrase. Ils peuvent coïncider ou bien se contrarier, il peut y avoir entre eux accord ou dissonnance.

Boileau (1636-1711), dans son *Art poétique*, revient plusieurs fois sur la nécessité de les faire coïncider. C'est sur une coïncidence entre la musique et les paroles, entre *la rime* et *la raison*, que repose ce qu'il appelle *la juste cadence*. Quand il loue Malherbe (1555-1628) d'avoir réduit *la Muse aux règles du devoir*, il ne dit rien d'autre. Pour que la poésie soit *éloquente*, pour que le sens apparaisse en toute *clarté*, le rythme poétique doit se mettre au service de la syntaxe. La métrique a pour fonction de porter la phrase. Aussi Boileau condamne-t-il l'enjambement d'un vers ou d'un hémistiche sur l'autre, et encore davantage d'une strophe sur la suivante : les ponctuations de la phrases doivent correspondre aux pauses de la métrique.

Curieusement, et dans un style pourtant bien différent, le vers libre et le verset moderne renouent souvent avec cette pratique qui fait se confondre métrique et syntaxe. Ainsi cette poésie de Jacques Darras (né en 1939), qui scande une promenade sur l'eau dans les *hortillons* (on appelle ainsi en Picardie les marais, divisés par des canaux, qui sont utilisés pour la culture des légumes) : une succession de petites phrases qui égrainent leurs métonymies, et qui se présentent à la fois comme des unités sonores de respiration et de sens :

> *[...]*
> *nous serons les hurons de l'eau maraîchère*
> *le paradis est végétal*
> *il pleut des saules*
> *les laitues se suivent et se ressemblent*

nous avançons dans un cimetière
la mort jardine
la mort est une touffe de joncs d'où dépasse une canne
je divise l'eau à parité
je suis la balance du mouvement
j'avance une rive sous chaque bras
nous retardons
l'heure de la tourbe approche
la cathédrale est une grande barque noire à cornets
la cathédrale est une barque par reflet de l'eau dans le ciel
il faut douze apôtres pour faire une cathédrale
celui qui parle n'est pas le guide des rieux
celui parle n'est pas l'hortillon
celui qui parle est le maître de la parole...

L'alinéa (c'est-à-dire le passage à la ligne) tient lieu de ponctuation. Lorsque Guillaume Apollinaire relit les premières épreuves de son recueil *Alcools* (publié en 1913), il décide brusquement de supprimer tout signe de ponctuation : «Pour ce qui concerne la ponctuation», écrit-il à Henri Martineau, «je ne l'ai supprimée que parce qu'elle m'a paru inutile et elle l'est en effet, le rythme même et la coupe des vers voilà la véritable ponctuation et il n'en est point besoin d'une autre.» Et on peut dire qu'après *Alcools*, les poésies écrites en vers libres ont souvent en cela suivi Apollinaire. Déjà en 1873, on pouvait lire dans *les Amours jaunes* de Tristan Corbière un poème non ponctué : *Cris d'aveugle*. Chaque ligne étant à la fois un vers et une phrase, une unité de durée et de sens, les signes de ponctuation n'auraient en effet été d'aucune utilité :

L'œil tué n'est pas mort
Un coin le fend encor
Encloué je suis sans cercueil
On m'a planté le clou dans l'œil
L'œil loué n'est pas mort
Et le coin entre encore

Les poésies syntaxiques

Un poème peut avoir une structure syntaxique très marquée, et cette structure syntaxique non seulement conforte la structure métrique, mais encore c'est sur elle que repose la plus grande part de l'invention du poème. C'est ce qui apparaît par exemple, dès le XVIe siècle, dans de nombreux sonnets tout entiers construits sur le modèle *Comme... / ainsi...* :

Comme le champ semé en verdure foisonne...	(1er quatrain)
Ainsi de peu à peu crût l'empire romain...	(1er tercet)
(Du Bellay, *Antiquités*)	

Comme un chevreuil...	(1er quatrain)
Ainsi j'allais...	(2e tercet)
(Ronsard, *Amours de Cassandre*)	

Comme on voit sur la branche, au mois de mai, la rose...	(1er quatrain)
Ainsi, en ta première et jeune nouveauté...	(1er tercet)
(Ronsard, *Amours de Marie*)	

Le sonnet de Du Bellay *Déjà la nuit...* déroule toute une fantasmagorie d'images ; l'œil hésite à identifier clairement le spectacle mouvant qui s'offre à lui : est-ce un troupeau dans une prairie ? un ciel semé d'étoiles ? une chevelure ? un lever de soleil ? un trésor de perles et de pierres précieuses ? Mais la structure syntaxique est fortement soulignée et donne au poème une claire et solide armature, qui contraste fortement avec le *fondu enchaîné* des métaphores successives. Les deux premiers quatrains sont écrits à l'imparfait : ils décrivent le tableau, la toile de fond sur laquelle va apparaître l'événement. L'événement est raconté au passé simple dans le premier tercet : *je vis une nymphe*. La dernière strophe, écrite au présent de narration, met devant nos yeux la conséquence de l'événement : le jour est honteux (il rougit) de voir devant lui une femme qui le surpasse en beauté. Cette structure narrative, fondée sur les temps des verbes, est fortement soulignée par des adverbes ou des conjonctions placés en tête de chaque strophe – *déjà...*, *déjà...*, *quand...*, *alors...* – et qui ponctuent vigoureusement les quatre moments du drame :

D*éjà la nuit en son parc amassait*
Un grand troupeau d'étoiles vagabondes,
Et pour entrer aux cavernes profondes,
Fuyant le jour, ses noirs chevaux chassait ;

Déjà le ciel aux Indes rougissait,
Et l'aube encor de ses tresses tant blondes,
Faisant grêler mille perlettes rondes,
De ses trésors les prés enrichissait ;

Quand d'occident, comme une étoile vive,
Je vis sortir dessus ta verde rive,
O fleuve mien ! une Nymphe en riant.

Alors voyant cette nouvelle Aurore,
Le jour honteux d'un double teint colore
Et l'Angevin et l'indique orient.

Souvent une *anaphore*, c'est-à-dire la répétition d'un même mot à la même place dans la phrase ou dans le poème, peut souligner encore sa structure tant syntaxique que métrique. Ainsi ce poème de Baudelaire (1821-1867) intitulé *Spleen* : la première phrase s'étend sur quatre strophes (le poème en comporte cinq). Chacune des trois premières strophes est attaquée par la conjonction *quand* :

> ***Q**uand le ciel bas et lourd pèse comme un couvercle...*
> *[...]*
> *Quand la terre est changée en un cachot humide...*
> *[...]*
> *Quand la pluie...*

Au cours de cette interminable proposition temporelle, se met en place un univers oppressant, inhabitable et chaotique, où se mêlent tous les éléments – le ciel, la terre, l'eau. L'anaphore de *quand* scande la montée de l'angoisse, et emporte le texte dans un mouvement irrésistible jusqu'à la proposition principale, qui occupe la quatrième strophe, et qui fait éclater son sabbat infernal :

> ***D**es cloches tout à coup sautent avec furie...*

La répétition du même, le refrain

L'anaphore est une forme de répétition. Il en est d'autres, et la répétition d'un même élément, mot, phrase ou membre de phrase, fonde de nombreuses poésies. Quand cette répétition est régulière et occupe une place identique dans la strophe ou dans le poème, elle constitue un *refrain*. On en a parlé dans le chapitre consacré à la forme du poème.

La répétition d'un même élément peut aussi bien être tout à fait irrégulière. Dans *l'Horloge* de Baudelaire, la phrase *«souviens-toi !»* est répétée cinq fois au cours du poème (sans compter sa traduction en anglais : *remember* ; et en latin : *esto memor*). Elle intervient toujours de manière imprévisible, tantôt en début, tantôt en fin, tantôt en milieu de vers :

> *Horloge, dieu sinistre, effrayant, impassible,* (1re strophe)
> *Dont le doigt nous menace et nous dit :* «Souviens-toi !»
> *[...]*
> *Trois mille six cents fois par heure, la Seconde* (3e strophe)
> *Chuchote :* Souviens-toi ! ...
> *[...]*
> Remember ! Souviens-toi, *prodigue !* Esto memor ! (4e strophe)
> *[...]*

Souviens-toi que le Temps est un joueur avide (5e strophe)
Qui gagne sans tricher, à tout coup ! c'est la loi.
Le jour décroît ; la nuit augmente ; souviens-toi !
Le gouffre a toujours soif ; la clepsydre se vide...

La répétition est sans aucun doute un des procédés les plus anciens de la poésie. Les chansons de gestes du XIe et du XIIe siècle comportent un grand nombre de vers formules qui se répètent de façon identique ou presque au cours de la narration, comme des sortes d'échos lancinants. Il en était déjà de même dans les poèmes d'Homère.

L'ordre des mots, parallélismes et antithèses

La valeur particulière d'un mot, qu'il soit ou non répété, est liée à la place qu'il occupe dans la constellation des autres mots du poème et le réseau des relations qui s'établissent entre eux.

Le simple ordre des mots n'est jamais indifférent. Qu'on en juge par la place qu'occupe le mot *peste* dans ce début de fable de La Fontaine (1621-1695) :

Un mal qui répand la terreur,
Mal que le Ciel en sa fureur
Inventa pour punir les crimes de la terre,
La Peste (puisqu'il faut l'appeler par son nom)
Capable d'enrichir en un jour l'Achéron,
Faisait aux Animaux la guerre.

Si le mot *peste* s'était trouvé au début de la phrase, il n'aurait pas eu le poids considérable qu'il a ici, isolé entre deux pauses, et riche déjà de tout le développement qui le précède.

Bref, la charge affective d'un mot, sa valeur poétique proviennent en grande partie de la place qu'il occupe dans un ensemble organisé. C'est ce qui apparaît par exemple dans le premier vers de «Tristesse d'Olympio» de Victor Hugo (*les Rayons et les Ombres*, 1840) :

Les champs n'étaient point noirs, les cieux n'étaient pas mornes.

Il existe un parfait parallélisme de construction entre les deux hémistiches, qui comportent chacun, dans le même ordre, d'abord un sujet (*les champs*, *les cieux*), puis le même verbe (*étaient*) accompagné d'une négation (*ne... point*, *ne... pas*), et enfin un attribut (*noirs, mornes*). Même parallélisme de la construction dans le troisième vers :

> *L'air était plein d'encens et les prés de verdures...*

Au mot *air* du premier hémistiche répond le mot *prés* du second ; à l'*encens* répondent les *verdures*.

Les parallélismes de l'écriture mettent en valeur toute la série des *antithèses* sur lesquelles repose le poème, et qui partagent l'univers en deux mondes, celui du haut et celui du bas : d'un côté les *champs*, les *prés*, la *terre* et l'*homme* ; de l'autre l'*air*, le *jour*, les *cieux, Dieu ;* et entre ces deux mondes, la *lumière* qui tombe sur la terre, l'*encens* qui monte vers Dieu comme une prière, et les *oiseaux* qui,

> *Disant peut-être à Dieu quelque chose de l'homme,*
> *Chantaient leur chant sacré.*

Le parti pris d'écriture, loin d'être gratuit, est l'image même de toute une conception du monde.

Poésies combinatoires

André Chénier (1762-1794), dans ces deux vers de *la jeune Tarentine*, répète deux fois, mais dans un ordre qui est inversé, chacun des mots *pleurez*, *doux alcyons*, et *oiseaux* ; les seuls mots qui n'aparaissent qu'une fois sont *ô* (qui, placé au milieu du premier vers, souligne le caractère invocatoire de la phrase) et les qualificatifs *sacrés* et *chers à Thétis* (dont les significations sont presque équivalentes) :

> *Pleurez, doux alcyons, ô vous, oiseaux sacrés,*
> *Oiseaux chers à Thétis, doux alcyons, pleurez.*

Grâce à cette disposition en *chiasme* (c'est-à-dire croisée), la phrase s'ouvre et se referme sur le même mot «pleurez», qui l'entoure et l'enferme tout entière dans l'idée de douleur.

L'écriture poétique peut ainsi consister en la combinaison variée d'un nombre extrêmement réduit de mots différents. Le XVIe siècle a souvent pratiqué cette poésie qu'on serait tenté d'appeler *poésie combinatoire*. Voici par exemple un sonnet de Jean de Sponde (1557-1595), construit tout entier sur le retour quasi vertigineux des deux mots *mort* et *vie*, constamment répétés, échangés, renvoyés l'un à l'autre :

Mortels, qui des mortels avez pris votre vie,
Vie qui meurt encor dans le tombeau du corps :
Vous qui rammoncelez vos trésors, des trésors
De ceux dont par la mort la vie fut ravie :

Vous qui voyant de morts leur mort entresuivie
N'avez point de maisons que les maisons des morts,
Et ne sentez pourtant de la mort un remords,
D'où vient qu'au souvenir son souvenir s'oublie ;

Est-ce que votre vie adorant ses douceurs
Déteste des pensers de la mort les horreurs,
Et ne puisse envier une contraire vie ?

Mortels, chacun accuse, et j'excuse le tort
Qu'on forge en votre oubli. Un oubli d'une mort
Vous montre un souvenir d'une éternelle vie.

La difficulté de lecture qu'offre un tel poème vient de ceci que le sens n'est pas réparti sur un grand nombre de mots différents, mais repose presque uniquement sur la variété extrême de leurs combinaisons. Le discours poétique rebondit sur le mot qui à chaque fois est répété avec une fonction grammaticale nouvelle (*vos trésors des trésors*, *point de maisons que les maisons*, *au souvenir son souvenir*), de telle sorte qu'il donne l'impression à la fois de toujours avancer et de toujours être immobile, dans une sorte de ressassement, aggravé encore par les échos paronomastiques que se renvoient les mots (*mort*, *encor*, *corps*, *trésors*, *remors* ; *vie*, *ravie* ; *accuse*, *excuse*...).

On hésite alors entre deux lectures : une lecture qui s'attacherait à suivre dans tous ses méandres et dans toute sa subtilité le *raisonnement* qui est ici développé ; ou bien une lecture plus instinctive qui, se laissant porter et emporter par les échos, par les rebonds, percevrait peut-être aussi bien le sens du poème.

La poésie de Jean-Luc Parant (né en 1944) ne procède pas autrement, sinon que sa combinatoire, au lieu d'organiser un système fermé, limité dans l'espace d'un poème court, génère un texte infini, destiné en quelque sorte à se poursuivre éternellement et à recouvrir peu à peu l'espace entier de l'univers :

> *... c'est pourquoi les yeux sont visibles et le sexe touchable et que voyant nous jouissons toujours et que jouissant nous y voyons encore et dans les yeux il y a la marque du sexe comme dans le sexe il y a la marque des yeux et le soleil en la vue éblouit le sexe comme la terre en le plaisir aveugle les yeux et si nous ne voyons pas le sexe dans les yeux c'est parce que le sexe*

est caché au fond des yeux invisible dans la nuit et ne peut apparaître dans la nuit à travers une matière palpable et dans nos yeux visibles il y a notre sexe invisible comme dans notre sexe touchable il y a nos yeux intouchables et sans le soleil les yeux seraient un sexe et sans la terre le sexe serait des yeux mais sans la terre et sans le soleil les yeux et les sexes ne seraient qu'une paire d'ailes pour voir sans yeux et jouir sans sexe et nous voyons les yeux mais nous ne voyons pas le sexe et nous touchons le sexe mais nous ne touchons pas les yeux...

(*La Joie des Yeux*, éditions Christian Bourgois, 1977)

L'ÉCRITURE ÉNUMÉRATIVE

L'écriture la plus opposée à l'écriture précédente consiste à énumérer un grand nombre de mots différents qui sont portés par une même structure syntaxique. On peut observer la naissance de ce type d'écriture quand l'*anaphore* tend à se généraliser. Le modèle syntaxique est fortement marqué, mais se répète interminablement, toujours semblable à lui-même.

Le poème de Bernard Heidsieck (né en 1928) intitulé *Vaduz* est construit de cette manière. Il se contente d'énumérer tous les peuples de la terre en décrivant des cercles concentriques de plus en plus vastes autour de la ville de Vaduz, qui est la capitale de la petite principauté du Lichtenstein :

autour de Vaduz il y a des Suisses
autour de Vaduz il y a des Autrichiens
autour de Vaduz il y a des Allemands
il y a autour de Vaduz des Tyroliens
il y a des Saxons
il y a autour de Vaduz des Bavarois
il y a autour de Vaduz des Silésiens
il y a autour de Vaduz des Slovaques
il y a autour de Vaduz des Magyars
il y a des Slovènes
il y a des Ligures
des Vénitiens
des Italiens
il y a des Provençaux
il y a des Savoyards
il y a autour de Vaduz des Lorrains
des Alsaciens
il y a, autour de Vaduz
il y a des Polonais
il y a des Grands-Russes
il y a des Ruthéniens

il y a autour de Vaduz des Tziganes
tout autour de Vaduz des Ukrainiens
tout autour de Vaduz des Monténégrins
tout autour de Vaduz des Roumains
tout autour de Vaduz des Serbes...

Le style énumératif était déjà fréquent dans les poésies du XVe et du XVIe siècle. Jean Meschinot (1420-1491) écrit une ballade entière dont chaque vers commence par le mot *plus* :

***P**lus ne vois rien qui réconfort me donne ;*
Plus dure un jour que ne soulaient cent ; [*soulaient* = avaient l'habitude]
Plus n'est saison...
Plus vois plaisir...
Plus qu'oncques mais...
Plus me souviens...

Seul le refrain, à la fin de chaque strophe et de l'envoi, échappe à la règle (on remarquera toutefois la ressemblance phonique entre *puis* et *plus*) :

***P**uis que de vous approucher je ne puis.*

Jean Molinet (1435-1507), procède d'une manière analogue dans sa *Ressource du petit peuple* (1481). La strophe repose à la fois sur le principe de l'énumération, de la répétition du même modèle syntaxique, et de l'opposition : elle met en œuvre une machinerie que rien ne semble devoir arrêter à partir du moment où elle est enclenchée, et qui est à l'image de la réalité dont il est ici question : la guerre et son cortège d'horreurs :

***P**ar vos gens sont laboureurs lapidés,*
Cassis cassés, confrères confondus,
Gallants gallés, gardineurs gratinés,
Rentiers obés, receveurs raçonnés,
Pays passés, paysans pourfendus,
Abbés abbus, appentis abattus,
Bourgeois battus, baguettes butinées,
Vieillards vannés et vierges violées...

Le lien syntaxique qui unissait les mots tend à ne plus être perçu, il est oublié, il s'efface. L'enchaînement devient surtout paronomastique, et le discours poétique se réduit à une sorte de matière verbale et sonore où le sens précis des mots s'efface derrière l'énergie que leur afflux met en œuvre :

***C**hartreux, chartriers, charretons, charpentiers,*
Moutons, moustiers, manouvriers, marissaux,
Villes, villains, villages, vivendiers,

Hameaux, hotiers, hospitaux, hosteliers,
Bouveaux, bouviers, bocquillons, bonhommeaux,
Poussins, pourceaux, pélerins, pastoureaux,
Fourniers, fourneaux, fèves, foins, fleurs et fruits
Par vos gens sont indigents ou détruits.

La liste

Si l'on pousse à l'extrême le parti pris d'énumération, la phrase s'efface purement et simplement au profit de la *liste*. C'est ce qui apparaît dans certaines expériences limites comme celle de Michèle Métail (née en 1950) avec ses *Compléments de noms*.

A l'origine de ce poème proprement monstrueux, il y a une réflexion sur une langue autre que le français. On peut en allemand forger librement des mots composés, en obéissant seulement au principe selon lequel le déterminant précède le déterminé. Théoriquement, il n'y a pas de limite. Ainsi, pour désigner le capitaine d'un de ces bateaux à vapeur qui circulent sur le Danube, rien n'empêche de dire : *der Donaudampfschiffahrtsgesellschaftskapitan*, c'est-à-dire *Danube + vapeur + bateau + voyage + compagnie + capitaine*. La traduction française de ce mot monstrueux illustre la possibilité qu'a notre langue d'enchaîner à l'infini des compléments de noms au moyen d'une préposition : *le capitaine de la compagnie des voyages en bateau à vapeur du Danube*. Rien n'empêche évidemment de faire de *capitaine* le complément d'un autre mot qui le précèderait, et de dire par exemple : *la femme du capitaine de la compagnie...* ; ni de faire de *femme* le complément du nom *fille* (*la fille de la femme du capitaine...*). La série des compléments de noms peut ainsi, à reculons, s'allonger indéfiniment.

Michèle Métail décide alors (en 1973) d'écrire un poème qui obéira aux *contraintes* suivantes : 1e le premier *vers* sera constitué par l'enchaînement des six substantifs traduits de l'allemand ; 2e le deuxième vers reproduira le premier, mais amputé, à droite, du dernier mot, et augmenté, à gauche, d'un mot nouveau, et ainsi de suite *à l'infini* ; 3e chaque mot nouveau ne sera introduit qu'une seule fois dans le système et devra disparaître définitivement une fois occupées les six places qu'il peut occuper successivement dans le vers :

le capitaine de la compagnie des voyages en bateau à vapeur du Danube vers 1
la femme du capitaine de la compagnie des voyages en bateau à vapeur vers 2
la fille de la femme du capitaine de la compagnie des voyages en bateau vers 3
le chien de la fille de la femme du capitaine de la compagnie des voyages vers 4

la niche du chien de la fille de la femme du capitaine de la compagnie vers 5
le tapis de la niche du chien de la fille de la femme du capitaine vers 6
la couleur du tapis de la niche du chien de la fille de la femme... vers 7

La règle du jeu est simple, mais lourde de conséquences. D'abord on assiste à une dérive extrêmement rapide du sens. Dès le 7e vers, le Danube et son bateau sont oubliés. Le texte ne cesse d'avancer, de manière à la fois implacable et imprévisible. Du reste l'écriture n'a plus pour fonction de raconter, de décrire ou d'expliquer quoi que ce soit. Elle est d'une part une exploration de tous les mots de la langue, et en même temps elle est le texte d'une récitation orale, dont nous aurons à parler dans le chapitre suivant. Enfin l'écriture du poème devient pour son auteur un mode de vie. Car le poème, s'il en était arrivé en décembre 1989, à son 15000e vers, n'est pas près de prendre fin. Non seulement le nombre des mots français est immense, surtout si l'on ajoute à ceux d'aujourd'hui les mots des époques antérieures, mais Michèle Métail n'hésite pas à intégrer à la ronde vertigineuse de ses *Compléments de noms* des mots dialectaux ainsi que des mots empruntés à d'autres langues que le français, voire des mots inventés...

Ce désir de collectionner avec amour tous les mots de la langue, pour les faire défiler à grande vitesse et les entraîner vertigineusement dans un mouvement irrésistible, se retrouve dans un certain nombre d'écritures poétiques qui, pour n'être pas poussées de façon aussi systématique que dans le poème de Michèle Métail, n'en sont pas moins monstrueuses. A la fin du *Drame de la vie* (1984) de Valère Novarina, on peut lire ce dialogue :

> LE CHANTRE. – *Adam, entrez ! Dites le nom de ceux qui vous ont précédés !*
> ADAM. – *Algon, Longis, Septime, Nordicus, Bouche, Jondet, Le Charmantier, Luiggi Bogère, Larue, Sapor Béant, Les Génitrés, Éphise Tagan, Pistonnier, L'Ancien Palabrais Rythmal...*

Suit une liste de plus de 4000 noms qui s'allonge sur les vingt-trois dernières pages du livre. *Le Discours aux Animaux* (1987) se termine aussi par une liste monstrueuse :

> ***U****n jour j'ai joué de la trompe ainsi tout seul dans un bois splendide et les oiseaux, 1111, vinrent se pacifier à mes pieds quand je les nommai un à un par leurs noms deux à deux : la limnote, la fuge, l'hypille...*

Il y a effectivement 1111 noms, pas un de plus, mais la fantaisie qui préside à leur invention est évidemment sans limite :

> *... la déchouasse, la germiate, le sucret, la pantioche, la drincle, le fulmaire, la colbieuse, le mélinandre, la bredette, le luret, le frontier, le scarix, l'éternulle...*

Les discordances entre syntaxe et prosodie

Dans les poésies que nous venons de citer, le vocabulaire chasse en quelque sorte la syntaxe et tend à n'être plus porté que par le rythme prosodique. Dans d'autres poésies, les deux enchaînements subsistent, mais sont décalés l'un par rapport à l'autre.

Dans *Glamour* (1979), Claude Minière (né en 1938) remplace les signes de ponctuation (points, virgules etc.) par l'apostrophe, à qui il donne la fonction d'introduire, dans le flux de l'écriture, de fortes *respirations* – qu'effectivement, quand il fait une lecture publique, il s'attache à faire entendre de façon bruyante et soulignée, donnant à cette lecture un caractère essoufflé, souvent pathétique. La plupart de ces respirations tombent à contre temps par rapport à la syntaxe de la phrase, sont décalées par rapport au sens :

> *je voudrais dire' pour en finir' avec cette séduction cette vie' idiote de clivages' morcellements où la chair de mon cerveau s'émiette' que l'écriture devrait' avoir quelque chose à dire' du drame' de l'empêchement d'avoir ma langue' seulement ce discours en lambeaux' et à quoi' écrire...*

Il n'est pas difficile de retrouver, derrière cette scansion très particulière, une syntaxe plus habituelle : *je voudrais dire, pour en finir avec cette séduction, (et) cette vie idiote de clivages et de morcellements où la chair de mon cerveau s'émiette, que l'écriture devrait avoir quelque chose à dire du drame...* Mais justement ces *clivages*, ces *morcellements* dont parle Minière, sont ceux qu'opèrent la logique de la langue et sa syntaxe ; et l'action (*le drame*) de la poésie consiste pour lui à d'abord briser l'enchaînement factice de l'écrit, à le *mettre en lambeaux*, pour trouver enfin une langue à laquelle il puisse adhérer et dont il puisse dire : c'est *ma langue*. Et ce que fait d'abord entendre un tel décalage entre syntaxe et prosodie n'est rien d'autre que la voix même, et sa respiration.

C'est dans un esprit sans doute peu différent de celui-là que Louis-Ferdinand Céline (1894-1961), en refusant de se laisser entraîner par le rythme tout fait de la syntaxe classique, en superposant à ce rythme le rythme décalé de sa propre respiration, introduisait l'*oralité* dans la phrase écrite, comme dans ce passage de *Rigodon*, où le narrateur erre dans la ville de Hambourg qui vient d'être bombardée :

> *... là, maintenant d'ici, je suis sûr que ça sent le cadavre... rats morts ou gens ?... on verra... peut-être ?... c'est une aventure, je veux dire, dans un genre... en somme à bien regarder cette butte fait cloche... butte si on veut...*

comment ça avait pu se produire ? on peut toujours imaginer... un coup d'arme secrète ?... ils en avaient parlé !... que c'était l'écrasement de l'Angleterre, et patati !... mais tout serait revenu sur eux, alors ? ou bien l'explosion d'une soute à munitions juste là, réserve à torpilles ?... c'était arrivé ailleurs... d'où, cette énorme levée de terre, cette houle de glaise sur Hambourg ?... cette énorme butte ?... y avait personnne pour nous dire... je vous ai fait voir comme hauteur, de la Trinité à la Place Blanche... toujours maintenant nous avancions prudemment, pas à pas...

L'ENJAMBEMENT

Plus classiquement, ce qu'on appelle, en matière de versification, *enjambement* relève également d'un décalage entre la mélodie et la phrase. On le trouve déjà dans les poésies les plus anciennes (déjà chez Homère). Au lieu qu'une unité de sens soit contenue dans le vers, elle *déborde* en quelque sorte sur le vers suivant, comme dans cette ode déjà citée de Ronsard, où il semble impossible à la voix de s'arrêter à la fin de chaque vers :

***B**elle fontaine chérie*
De nos Nymphes, quand ton eau
Les cache au creux de ta source
Fuyantes le satyreau...

ou bien encore dans son ode intitulée *L'Élection de son Sépulcre :*

***M**ais en cette île verte*
Où la course entrouverte
Du Loir autour coulant
    Est accolant...

Claude Minière, dans *Difficulté passagère* (1988), a constamment recours à l'enjambement pour faire en quelque sorte rebondir sa phrase, chaque rupture la faisant *trébucher* pour lui faire prendre ensuite un autre départ et un autre équilibre, aussi instable que le précédent : mouvement perpétuel, danse, d'un pied sur l'autre. Presque toujours l'enjambement souligne un enchaînement paronomastique (*mouvement / émouvant*), voire un calembour (*par delà : part de là*). Rien ne ressemble plus à l'art de la danse qu'une telle poésie :

***A**u réveil, elle esquisse – un mouvement*
émouvant, un mouvement tournant :

goût d'airelles, et de connivences
    figures de danse,
les pieds rapides du dessein,

où glisse
une cuisse sous le manteau, elle
dit le bien et le mal et par delà
part de là.

Quand le rythme du vers l'emporte ainsi sur le rythme de la phrase, il peut aller jusqu'à la *tmèse* : le mot lui-même est coupé, commence à la fin d'un vers, et se termine au début du vers suivant. Nous en avons examiné plusieurs exemples dans le chapitre consacré à la versification, auquel nous renvoyons le lecteur.

Enfin le sens peut déborder d'un hémistiche sur l'autre : il y a alors enjambement de la coupe, comme dans ce vers de Charles Cros (1842-1888) :

Et j'écoute les chants tristes que dit le vent.

A moins de lire le vers d'une seule traite, sans marquer aucun arrêt, aucune coupe, cet énoncé obéit à deux rythmes contradictoires. Si l'on ne tient compte que du rythme syntaxique, on n'entend plus l'alexandrin :

Et j'écoute les chants tristes / que dit le vent.

Si l'on respecte le rythme de l'alexandrin, on ne comprend plus la phrase :

Et j'écoute les chants / tristes que dit le vent.

Il faut donc faire entendre les deux rythmes à la fois, en laissant deviner la coupe métrique obligatoire après la sixième syllabe, mais en rendant sensible une seconde coupe, plus marquée, après le mot *triste* :

Et j'écoute les chants / tristes *// que dit le vent.*

La mélodie du vers fait porter tout son poids sur le mot *triste,* dont la syllabe fortement accentuée après la coupe régulière du vers à l'hémistique et devant le prolongement sonore de l'*e* muet, prend un sens considérable, invitant la diction à s'attarder de façon emphatique sur l'adjectif.

Les syntaxes tordues

La vignette de couverture qui illustre *L'art poetic'* d'Olivier Cadiot (éd. P.O.L., 1988) représente une colonne vertébrale tordue. Olivier Cadiot n'est pas le premier poète à avoir eu recours à cette métaphore pour définir sa poésie. Avant lui Jacques Demarcq illustrait sa *Chanson d'Été* d'un dessin analogue et donnait à la typographie de son poème la forme approximative d'une colonne vertébrale tordue. Lui-même s'en explique :

> **S***uite à des douleurs ressenties à*
> *maintes reprises depuis 3 mois, 3 !*
> *j' fais prendre hier (13 XII 75)*
> *plusieurs radios d' ma colonne ver*
> *Tébrale. Le développement s'avère*
> *sitôt une révélation : dès, voilà que*
> *CHANSONS D' ÉTÉ (dettée) avait,*
> *par avance, emprunté le chemin dé*
> *Tourné de cette colonne comme con*
> *Torsionnée en une danse du ventre*
> *incroyable...*

On comprend quelle est la *révélation* qu'apporte à Jacques Demarcq la vue de son dos atteint de scoliose : ce n'est pas seulement sa colonne vertébrale qui est tordue, mais sa colonne de vers, et c'est de cette torsion de la langue et de sa syntaxe que naît sa poésie. La langue devient poésie à partir du moment où elle est tordue.

Le relâchement du lien syntaxique

Il arrive qu'un mot apparaisse sans qu'il se rattache syntaxiquement à aucun autre, sans qu'il soit intégré à aucune phrase logiquement construite, comme cet infinitif par quoi commence un poème de Marcelin Pleynet (*Comme*, 1965) :

> **P***arler – soudain nous parlons*
> *puis nous parlons…*

Un peu plus loin, dans le même poème, des commencements de phrases interrompues se succèdent, comme si le discours tâtonnait, avait du mal à se constituer :

> **P***eut-être – certainement que tout ce qui vit...*
> *Assis dans vos fauteuils écoutant*
> *Et nous entendons [...]*

Ou bien la ligne se poursuit de façon somnambulique, s'allonge, se distend ; la fonction grammaticale des mots est floue, se perd, et il devient d'autant plus difficile, voire impossible, de percevoir une organisation logique rigoureuse qu'aucun signe de ponctuation ne vient s'opposer à la continuité du discours :

> **E**lle traverse les blés et se penche sur l'eau que de fleurs que de fruits accompagnent sa chute quand elle les saisit brusquement / ses cheveux dans l'ombre sa tête emportée le mouvement plat le disque jaune qui revient et se précipite le froid de la mer dès ce moment dans ce corps qui tourne se soulève et déjà touche on ne sait quoi et crie sans crier et la retient et sans voix crie comme tout alors est vrai sous ce drap de ciel qui tombe et qu'il n'y a plus rien ici que ce qui fut du jaune au moment où le blé traverse au même moment
>
> (Comme)

La ligne peut alors se mettre à proliférer, se compliquer, tresser dans le même moment plusieurs discours, vouloir *tout dire à la fois.*

Ou bien au contraire la ligne est trouée, la phrase constamment retardée, arrêtée par la ponctuation, comme pour empêcher que les fragments se relient aux autres et que le récit se constitue. Ainsi ce texte de Claude Royet-Journoud (né en 1941) :

> **L**a chaleur retarde la marche par tous les angles. Rien à voir. Un prolongement absurde à travers le temps. Freiner le regard. Je les vois avancer. Se défaire sous mes yeux. Une conversation a tout autant de mérite. Le passage des voix. D'un corps à l'autre. D'une table à l'autre. Ce qui emplit la pièce, résonne, revient, rebondit. Prend de l'ampleur ou s'estompe dans la chaleur des verres.

A la limite il n'y a plus de phrase, plus de ligne, mais seulement quelques mots isolés sur la page vide : ils sont là, seulement, pour eux mêmes, comme dans ce texte de Jean-Paul Séguin (publié en 1980), où la poésie se situe à la limite du silence :

insoluble

(petit môme)

tubulure

(top)

(lampes)

(givres)

(cornes),

(étoiles)

(tuiles)

L'écriture ici ne répond plus à la nécessité d'une condensation extrême du discours poétique, mais à celle de sa volatisation dans l'espace. On peut lire le texte en y entendant ou bien comme les premiers balbutiements d'une parole en train de naître ; ou bien la volonté d'effacer le plus de mots possibles, de mettre la langue entre parenthèses, jusqu'à faire apparaître sur la page le plus de blanc possible. L'écriture devient en quelque sorte la douloureuse expérience de l'aphasie, du silence, du vide.

Le mot éclaté

Le poète américain E. E. Cummings (1894-1962) a poussé jusqu'à l'extrême l'éclatement des éléments du discours, et leur redistribution selon une syntaxe inouïe. Voici par exemple le premier des *95 Poèmes* (1958), dans la belle traduction qu'en a donnée en 1983 le poète Jacques Demarcq :

l(une

vo
l'fe
ui

ll

e)
aS
Ol

itude

Le travail syntaxique est ici considérable. Non seulement les syllabes mais encore les lettres qui composent le mot *la solitude* sont détachées ou groupées librement, et disposées verticalement : *l-aS - Ol - itude*. La phrase *une feuille vole* (soit, dans un autre ordre des mots, *une vol' feuille*), qui est l'image métonymique de la solitude, est mise entre parenthèses à l'intérieur même du mot *la solitude*. Les lettres ou groupes de lettres isolées produisent une musique subtile, presque imprononçable, presque silencieuse, qui ne s'adresse qu'à l'œil, en faisant apparaître ici et là encore le signe de l'unicité (c'est-à-dire toujours de la solitude) : *une*, *l* (qui est la lettre *L* mais qui est aussi le chiffre 1), *as*.

Ces «contorsions syntaxiques», dit Jacques Demarcq,

... n'ont pas d'autre effet que d'accorder plus d'autonomie à chaque mot, ou chaque vers. Plus généralement, la même attention est prêtée aux marques grammaticales et aux copules qu'aux racines lexicales qui monopolisent d'odinaire le sens. En sémantisant au passage ces liaisons, Cummings les... détache, les délie de tout engagement. Ainsi peuvent se mettre à exister par eux-mêmes d'hypothétiques «si» [...], le questionnant «pourquoi» [...], de même que «rien» et «tout», «qui» et «quoi», «nulle part» et bien sûr «suis» et «à présent» [...]. La marque énorme de son style est, simplement ! qu'il regarde les lettres, les mots, les vers ou les poèmes comme des individualités, employant tout son art à les laisser libres de leur mouvement, à ce que le tissu linguistique ne les bâillonne pas.

10

TERRITOIRES EXTRÊMES DE LA POÉSIE

CRITIQUE DE LA POÉSIE

POÉSIE ET LIBERTÉ

Victor Hugo déclarait en 1829, dans sa première préface des *Orientales* :

> *L'auteur de ce recueil n'est pas de ceux qui reconnaissent à la critique le droit de questionner le poète sur sa fantaisie, et de lui demander pourquoi il a choisi tel sujet, broyé telle couleur, cueilli à tel arbre, puisé à telle source. [...] La critique n'a pas de raison à demander, le poète pas de compte à rendre. L'art n'a que faire des lisières, des menottes, des bâillons [...] ; dans ce grand jardin de poésie, [...] il n'y a pas de fruit défendu.*

Mais le mot *liberté* – fût-il répété mille fois et plus comme fait Paul Éluard dans un poème célèbre – suffit-il à rendre libre ? Ce n'est pas ce que pense Jacques Demarcq, le traducteur des *95 Poèmes* de Cummings :

> *Toute écriture vraie, tout geste artistique est une affirmation de liberté. Mais l'époque moderne, très pragmatique, n'a généralement prêté attention qu'à ces actes de libération dont elle fait un préalable, concevant du même coup la liberté comme une soustraction, un moins de contrainte, sociale par exemple, ou rationnelle. D'abord se* faire *libre, se rendre !... avant d'*être *libre. Pas pour Cummings évidemment.*

Cummings n'écrit pas pour se libérer, il écrit librement, et pour vivre sa liberté, en usant de la langue avec une liberté extrême.

L'INADMISSIBLE POÉSIE

Mais comment être libre dans les *conventions* dans lesquelles le poète est obligatoirement engagé, et qui sont les conventions du langage, et les conventions de la poésie ?

Pour Denis Roche (né en 1937), seule un attitude délibérément *critique* peut garantir la liberté de l'individu face à cette double convention. Non une critique subie de l'extérieur, mais une critique que le poème lui-même exerce sur lui-même. Critique et poésie cessent de s'opposer pour devenir complémentaires et indissociables. Mais ayant poussé la critique jusqu'à son terme, sans complaisance aucune, Denis Roche déclare enfin dans *Le Mécrit* (1972), et il répète la formule plusieurs fois, comme pour s'en mieux persuader lui-même :

> *La poésie est inadmissible. D'ailleurs elle n'*
> *existe pas...*

Et l'éditeur d'annoncer que ce sera là «le dernier livre de poèmes de Denis Roche». Il ajoute :

> Le Mécrit *est l'aboutissement d'une recherche [...] qui se veut, par l'utilisation* dénaturée, matérialisée *de tout l'éventail des procédés poétiques traditionnels ou non, une annulation progressive de l'idéologie rétrograde, occultante, pour tout dire niaise dont s'entourent ceux qui «écrivent de la poésie», et des pratiques auxquelles ils se livrent habituellement : essentiellement sous la forme [...] d'une démission trop souvent avouée de leur intelligence.*
> *Avec* Le Mécrit *donc, il se pourrait bien que la démonstration fût close, voire entendue et obéie.*

«Toute l'écriture est de la cochonnerie», s'écriait déjà Artaud dans *Le Pèse-Nerfs* (1925) ; et Georges Bataille (1897-1962) publiait en 1947 un livre intitulé *La Haine de la Poésie* (réédité en 1962 sous le titre : *L'Impossible*). Pour lui déjà la poésie est «engagée dans sa propre négation», c'est-à-dire que son objet est de se *vider* des illusions qui la nourrissaient : «L'objet de mon désir était en premier lieu l'illusion et ne peut être qu'en second lieu le *vide de la désillusion.*» Si la poésie ne fait pas cela, elle restera ce que Georges Bataille appelle «la belle poésie», pour laquelle précisément il n'éprouve que de la haine. Car le souci esthétique, le souci de *faire beau*, qui est celui de la «belle poésie» et de son lyrisme fade, est bien dérisoire face à ce qui constitue pour lui l'essentiel : le partage douloureux de l'homme entre le tumulte de ses désirs et l'exigence de sa raison, entre la vie sociale et la part d'animalité qui le constitue ; l'angoisse devant la mort et devant le désir. Face à cet essentiel, qui est à la fois la seule chose qu'il importe de dire et ce qu'il est *impossible* de dire, toute littérature est fade et illusoire, c'est-à-dire mensongère. Elle donne le change. Elle nous en éloigne encore au lieu de nous en approcher.

La critique et le chant

La haine n'est pas l'indifférence : si l'on n'éprouve qu'indifférence à l'égard de la poésie, pourquoi en parler, pourquoi ne pas l'ignorer purement et simplement ? La haine de la poésie au contraire génère une poésie qui se prend elle-même pour objet, une poésie qui est sa propre critique, qui s'efforce de se voir elle-même, de prendre conscience de ce qu'elle est réellement et des conventions sur lesquelles elle repose : le contraire même d'une pratique paradisiaque et innocente. Elle refuse toute complaisance, renonce aux illusions qui la berçaient et qui faisaient son plaisir, devient son enfer.

Que les poètes aient eux-même réfléchi sur leur pratique, il n'y a là rien de nouveau. Bien des auteurs, depuis le poète latin Horace, ont écrit des poèmes qui sont des *arts poétiques*. Toutefois il s'agissait pour eux en somme de donner aux poètes des recettes de bonne poésie, ou d'affirmer et d'imposer une conception de la poésie. C'étaient des méthodes ou des manifestes d'école.

Chez certains poètes au contraire, la réflexion sur la poésie, la critique de la poésie est non seulement l'objet, mais le contenu même du texte poétique. Le texte poétique devient un lieu d'expérimentation du fonctionnement des poésies.

C'est notamment le cas des écrivains qui, vers les années 1970, étaient groupés autour d'une revue comme Tel Quel. «Nos paroles ne seront pas aveugles», écrit Marcelin Pleynet (né en 1933) en exergue à *Comme* (1965). Écrire n'est plus représenter une réalité extérieure au texte, c'est chercher à savoir, et montrer ce que c'est qu'écrire :

> *Comme j'écris (ici) sur cette page aux lignes inégales*
> *justifiant la prose (la poésie)*
> *les mots désignent des mots et se renvoient les uns aux autres ce que vous entendez*
> *[...]*
> *Ici nous ne nous tiendrons pas à l'écart de ce qui est dit*
> *même si je ne pense pas ce que j'écris*
> *vous lisez ce que je pense*
> *[...]*
> *Ici*
> *chacun de nous entend parler*

La poésie est un chant mais un chant qui, parce qu'il traverse la langue, et la culture que cette langue véhicule, est aussi une critique, un effort pour connaître. Chez Marcelin Pleynet, écrit Jacqueline Risset «critique et littérature s'appellent intimement l'une l'autre. [...] La critique se situe au point moteur de la littérature, comme sa mise en marche» ; la question qui émerge d'une telle poésie est : «quel est le sens d'écrire, aujourd'hui, de la poésie ?» Le texte n'aboutit pas à une réponse clairement énoncée mais il est lui-même une exploration de la langue qui s'offre enfin dévoilée au regard de l'écrivain comme à celui de son lecteur, une prise de conscience de ce qui se passe inconsciemment dans le phénomène de l'écriture. Écrire de la poésie est une tentative pour *voir* la langue, en refusant de se laisser en quelque sorte hypnotiser par ses effets. Si Marcelin Pleynet s'est intéressé à l'œuvre de Lautréamont (pseudonyme d'Isidore Ducasse, 1846-1870), c'est que l'œuvre de Lautréamont, écrit-il en 1970, est «une œuvre où le moindre signe prétend à la conscience de son tracé.» Ou encore: «ce que Lautréamont nous donne à lire ce n'est pas le sens des mots» mais l'écriture elle-même.

Ceci est un texte

Dans *Les Chants de Maldoror* de Lautréamont les développements les plus apparemment lyriques, les descriptions les plus impressionnantes, les récits les plus extraordinaires, au moment même où l'imagination du lecteur pouvait s'y laisser entraîner, sont interrompus par des adresses narquoises, des commentaires ironiques sur «les ficelles» du récit et de sa poétique:

> ***S****i le lecteur trouve cette phrase trop longue, qu'il accepte mes excuses; mais qu'il ne s'attende pas de ma part à des bassesses.*

Ou bien (chant 6, strophe 6):

> ***M****ais, nous ne sommes point encore arrivés à cette partie de notre récit, et je me vois dans l'obligation de fermer ma bouche, parce que je ne puis pas tout dire à la fois: chaque truc à effet paraîtra dans son lieu, lorsque la trame de cette fiction n'y verra point d'inconvénient.*

Lautréamont ne cesse de rappeller à son lecteur que ce qu'il a devant les yeux est une fiction: des mots, des phrases, des figures, des «ficelles», des «trucs à effet», ou «des beautés de littérature» (Chant 4), non une scène réelle mais une écriture. Il lui dévoile le fonctionnement même des figures, des formes, c'est-à-dire de la littérature, de la poésie. L'hymne à l'océan du premier Chant, en exténuant le procédé de l'anaphore et du refrain («Vieil océan...») traite ironiquement l'art du développement (que les latins appelaient *copia*, l'«abondance»). C'est un plagiat, et le plagiat permet de *prendre conscience* des formes et des procédures de la poésie.

A la fin du Cinquième chant, Lautréamont fait intervenir une «araignée de la grande espèce». Au moment même où le lecteur risque d'être fasciné par la terrifiante apparition, au moment donc où son imaginaire va prendre la fiction pour la réalité, il écrit ceci qui nous avertit que ce que nous avons devant les yeux n'est pas une araignée mais une phrase décrivant une araignée :

> *Elle écoute attentivement si quelque bruissement remue ses mandibules dans l'atmosphère. Vu sa conformation d'insecte, elle ne peut pas faire moins, si elle prétend augmenter de brillantes significations les trésors de la littérature, que d'attribuer des mandibules au bruissement.*

«Les mandibules d'un bruissement» est un hypallage : les mandibules, qui appartiennent à l'araignée, sont attribuées aux bruissements qui peuvent s'entendre autour d'elle. Qui est le responsable de cette figure (qui, nous dit-on, a pour but d'embellir la littérature) ? Ce ne peut être que l'auteur, mais ce dernier feint de croire que c'est l'araignée. Alors que la fiction traditionnelle tend plutôt à faire oublier le travail de l'écrivain afin de donner au texte un effet de réalité, et de favoriser l'illusion sur laquelle repose le plaisir du lecteur, il est au contraire ici demandé au lecteur de prendre conscience de l'écriture.

Dans le cinquième Chant, Lautréamont évoque un cortège funèbre, et enjoint son lecteur de s'incliner à son passage. Mais c'est pour ajouter aussitôt :

> *Si vous considérez mes paroles plutôt comme une simple forme impérative, que comme un ordre formel qui n'est pas à sa place, vous montrerez de l'esprit et du meilleur.*

L'«ordre formel» ne pourrait être donné que s'il s'agissait là d'une réalité. Or c'est une fiction, et l'ordre que l'auteur formulait il y a un instant («Inclinez la binarité de vos rotules vers la terre...») n'est qu'une «forme impérative», c'est-à-dire une forme de langage ou d'écriture.

L'ARBITRAIRE DE LA FICTION

Comme le fait remarquer Marcelin Pleynet, Lautréamont insiste constamment «sur le caractère fondamentalement arbitraire de toute fiction.» Et cela non en le disant, mais en produisant lui-même une fiction qui est arbitraire et dont il ne dissimule pas le caractère arbitraire. Dans le quatrième Chant, il cite un philosophe

> *qui éclata de rire, en voyant un âne manger une figue !*

Puis il ajoute :

> *Eh bien, j'ai été témoin de quelque chose de plus fort : j'ai vu une figue manger un âne ! Et, cependant, je n'ai pas ri ; franchement, aucune partie buccale n'a remué. Le besoin de pleurer s'empara de moi si fortement, que mes yeux laissèrent tomber une larme.*

Il n'est nullement besoin que l'auteur ait vu une figue manger un âne, pour qu'il puisse l'écrire ; il n'est même pas besoin qu'il l'ait rêvé, pensé ou imaginé. Il lui suffit d'opérer une double permutation : «l'âne mange une figue» devient «la figue mange l'âne» (le sujet devient le complément d'objet) ; et le rire est remplacé par les pleurs.

Une des figures les plus volontiers arbitraires de la poésie est la comparaison, ou la métaphore. Ainsi la deuxième strophe du quatrième Chant :

> *Deux piliers, qu'il n'était pas difficile et encore moins possible de prendre pour des baobabs, s'apercevaient dans la vallée, plus grands que deux épingles. En effet, c'étaient deux tours énormes. Et quoique deux baobabs, au premier coup d'œil, ne ressemblent pas à deux épingles, ni même à deux tours, cependant, en employant habilement les ficelles de la prudence, on peut affirmer [...] qu'un baobab ne diffère pas tellement d'un pilier...*

La découverte dont prétend se réjouir ici Lautréamont ne concerne ni les baobabs, ni les tours ni les épingles, mais l'écriture elle-même et l'utilisation de la langue :

> *Je viens de trouver, je n'ai pas la prétention de dire le contraire, les épithètes propres aux substantifs pilier et baobab.*

Cette figure en quoi consiste la comparaison occupe une place importante dans l'écriture-critique de Lautréamont, parce qu'elle est emblématique de toute fiction, de toute écriture qui a l'ambition de vouloir représenter fidèlement une réalité (fût-elle intérieure), voire de se faire prendre pour elle. Le texte n'est pourtant jamais la réalité dont il prétend rendre compte. Tout au plus est-il *comme* cette réalité. Mais on sait, après avoir lu *Les Chants de Maldoror*, que cet adverbe peut joindre arbitrairement n'importe quels éléments. En exhibant comme il le fait cet adverbe *comme,* Lautréamont met en évidence la convention sur laquelle repose toute fiction. Ce qui peut, sinon justifier, du moins faire comprendre qu'un auteur ait recours à cette forme arbitraire et que le lecteur l'accepte, est affaire de culture :

> *que l'on ne perde pas de vue cet axiome principal, les habitudes contractées par les ans, les livres, le contact de ses semblables, et le caractère inhérent à chacun, qui se développe dans une efflorescence rapide, imposeraient, à l'esprit humain, l'irréparable stigmate de la récidive, dans l'emploi criminel (criminel, en se plaçant momentanément et spontanément au point de vue de la puissance supérieure) d'une figure de rhétorique que plusieurs méprisent, mais que beaucoup encensent.*

CRUAUTÉ DE LAUTRÉAMONT

Antonin Artaud déclare dans ses *Lettres sur la cruauté* (1933) :

> **O***n peut très bien imaginer une cruauté pure, sans déchirement charnel. Et philosophiquement parlant d'ailleurs qu'est-ce que la cruauté ? Du point de vue de l'esprit cruauté signifie rigueur, application et décision implacable, détermination irréversible, absolue. [...] La cruauté est avant tout lucide, la soumission à la nécessité. Pas de cruauté sans conscience, sans une sorte de conscience appliquée.*

C'est bien de cette cruauté-là qu'il est question dans l'œuvre de Lautréamont. Il nous en prévient dès la première phrase des *Chants de Maldoror* :

> **P***lût au ciel que le lecteur, enhardi et devenu momentanément féroce comme ce qu'il lit, trouve, sans se désorienter, son chemin abrupt et sauvage, à travers les marécages désolés de ces pages sombres et pleines de poison ; car à moins qu'il n'apporte dans sa lecture une logique rigoureuse et une tension d'esprit égale au moins à sa défiance, les émanations mortelles de ce livre imbiberont son âme comme l'eau le sucre.*

La cruauté de Lautréamont n'est pas celle qu'on croit (les scènes de violence et de cruauté dont son récit est émaillé), elle réside dans la ruine des illusions sur lesquelles reposent les littératures et de la confiance béate qu'on pouvait avoir à leur endroit. Tenir le lecteur en éveil, l'empêcher de s'endormir dans une lecture hallucinatoire ou fantasmatique. Le danger auquel fait allusion Lautréamont et qui guetterait selon lui le lecteur non averti, serait de ne pas le comprendre, de croire en l'occurrence qu'une figue, véritablement, a mangé un âne. *Les Chants de Maldoror* demandent à être lus avec la plus grande *intelligence* possible, sinon le texte devient un poison, c'est-à-dire que le lecteur en est la dupe. Une fois dépouillées toutes les illusions (celle de la projection psychologique, celle de la vérité, de l'adéquation de la langue et du réel, de la réalité et de la fiction), on peut, oui, entrer dans l'écriture. C'est ce que Lautréamont-Ducasse appelle poésie. Elle repose sur une «déconstruction» préalable (Mallarmé : «La destruction fut ma Béatrice»). Elle est une science de l'écriture et de la lecture.

Le poète et sa langue

Il est *interdit* de toucher à sa langue maternelle. D'où le conseil que Lautréamont donne au lecteur timide, au début des *Chants de Maldoror* :

> *Il n'est pas bon que tout le monde lise les pages qui vont suivre [...]. Par conséquent, âme timide, avant de pénétrer plus loin dans de pareilles landes inexplorées, [...] dirige tes talons en arrière et non en avant, comme les yeux d'un fils qui se détourne respectueusement de la contemplation auguste de la face maternelle.*

Toucher à la langue maternelle, c'est à la fois commettre un sacrilège (un inceste, dit Marcelin Pleynet) ; et contribuer à rendre impossible le lien social. D'où les reproches qu'encourent les écrivains qui transgressent cet interdit : leurs textes sont *illisibles*, ce qui veut dire : leurs mots ne sont plus aptes à transmettre un sens clair, parce que le consensus sur lequel repose toute société n'existe plus. C'est peut-être ainsi qu'il faut entendre l'étrange poème qui ouvre *Les Fleurs du mal* (1861) de Baudelaire :

> *Lorsque, par un décret des puissances suprêmes,*
> *Le Poëte apparaît en ce monde ennuyé,*
> *Sa mère épouvantée et pleine de blasphèmes*
> *Crispe ses poings vers Dieu, qui la prend en pitié.*
>
> *– «Ah ! que n'ai-je mis bas tout un nœud de vipères,*
> *Plutôt que de nourrir cette dérision !*
> *Maudite soit la nuit aux plaisirs éphémères*
> *Où mon ventre a conçu mon expiation ! [...]»*

C'est peut-être aussi le sens de ce billet que le poète allemand Hölderlin (1770-1843) adressait à sa mère dans les dernières années de sa vie :

> *Pardonnez-moi, très chère mère, si je ne réussis pas à me rendre tout à fait compréhensible pour vous.*

Est poète celui qui aime sa langue *maternelle*, et qui en même temps peut-être la hait, du moins se heurte violemment à elle, parce que, pour reprendre la formule de Christian Prigent, «toute langue est étrangère», toute langue nous a été imposée, comme un moule obligatoire où couler notre pensée.

Bernard Heidsieck (né en 1928) a mis en scène cette confrontation du poète avec sa langue dans la grande suite intitulée *Derviche/Le Robert* (1988) dont il présente ainsi l'argument :

> *Deux souhaits en réalité distincts à l'origine [...] ont fusionné dans cette série. Ils en expliquent le titre composé.*
> *Le premier consistait à tenter de réaliser une suite de poèmes sonores qui, enregistrés, eussent dû donner l'impression de tourner sur eux-mêmes, dans l'espace. D'osciller entre un nombrilisme circulaire et une lévitation extatique : de là cette référence aux derviches tourneurs...*
> *Le deuxième – je ne m'en explique plus le pourquoi – s'était polarisé sur l'idée de réaliser un abécédaire à partir des dix premiers mots de chacune des lettres de l'alphabet du Grand Dictionnaire Le Robert, et dont le sens m'était totalement inconnu. [...] Il ne pouvait en résulter qu'un abécédaire en creux, en quelque sorte en négatif...*

Que faire de ces mots durs, opaques, et qui résistent, sinon tourner autour, dans une danse affolée ? «Je danse parce que j'ai peur», écrivait Denis Roche dans *Louve Basse*.

Pourtant nous verrons que la poésie de Bernard Heidsieck ne ressemble en rien à ce que nous appelions une poésie-critique ; elle n'est pas introvertie, refermée sur elle-même, mais bien au contraire n'a rien de plus pressé que de propulser devant elle, en dehors d'elle, son *chant* ou sa *lettre*, dans un effort d'objectivation. Le poème devient une chose, bien concrète.

L'ÉCRIT

L'ODE ET LA STÈLE

Les poésies hésitent entre l'œil et l'oreille. Dans *l'Amour de loin* (1988), Jacqueline Risset dit, à propos des «mots du poème» :

> *ils chantent*
> *ils figent.*

Ils sont un chant, mais un chant fixé par l'écrit ; ils sont portés par la voix, mais aussi par la page ; ils ne sont qu'une vibration sonore, ils s'envolent dans l'air, puis disparaissent ; mais ils sont écrits, gravés dans la pierre, et dans la mémoire. Victor Segalen (1878-1919) entend distinguer ces deux supports de la poésie – la voix et l'écrit, lorsqu'en 1912, durant un de ses voyages en Chine, il publie deux recueils de poèmes qu'il intitule respectivement *Odes* et *Stèles*.

Ode est le mot grec qui signifie *chant*. Et Segalen insiste sur le caractère éphémère de ce chant, qui n'existe en somme que dans le temps de son audition. Les *Odes*, explique-t-il en introduction, «sont des chants. Non point affichés sur des pierres ; – et la peinture même est trop lourde pour les illustrer. Ce sont des élans temporaires et périssables.» Sitôt née, l'ode «est disparue, laissant un vide, une chute, une dérobée».

Les *Stèles*, au contraire, «sont des monuments restreints à une table de pierre, haut dressée, portant une inscription. [...] On les heurte à l'improviste : aux abord des routes, dans les cours des temples, devant les tombeaux. Marquant un fait, une volonté, une présence, elles forcent à l'arrêt debout, face à leurs faces. Dans le vacillement délabré de l'Empire, elles seules impliquent la stabilité.» Les caractères qui y sont gravés, dit Segalen, «dédaignent d'être lus. Ils ne réclament point la voix ou la musique. Ils méprisent les tons changeants et les syllabes qui les affublent au hasard des provinces. Ils n'expriment pas ; ils signifient ; ils sont.»

L'INSCRIPTION

Pour certains, la poésie serait donc cela : ce qui mérite d'être gravé dans la pierre et à jamais gardé. Alors que les paroles prononcées quotidiennement sont destinées à disparaître, à se perdre dans l'air, il y a des paroles qui méritent d'être écrites, pour qu'elles demeurent éternellement. Au XVIIe siècle, on louait Malherbe en disant de lui : «Il parle peu, mais il ne dit rien qui ne mérite d'être écrit.»

Une telle conception de la poésie amène à s'intéresser à ce qui se voit sur la page, à l'insciption elle-même, voire à la typographie, à la mise en page, au dessin qu'elle produit pour l'œil. Même quand elle ne va pas jusqu'à donner naissance à une poésie purement visuelle, elle est déjà présente, de façon plus ou moins discrète, dans de nombreuses poésies. Jean-Marie Gleize (*Francis Ponge*, Seuil) voit chez Francis Ponge «un goût pour la pierre, la formule fixée, pérennisée.» D'où cette idée, si fréquente depuis l'antiquité, que la poésie confère l'immortalité à son auteur comme à celui qu'il loue. D'où également le style concis, elliptique de certaines poésies, comme celui de Mallarmé, le poète écrivant comme si la place lui était comptée, au contraire d'autres poésies dont l'*abondance* (la *copia*) est portée davantage par la voix, et qui se déroulent dans une durée pour ainsi dire illimitée.

La leçon du chinois

Les stèles dont parle Segalen et qui ont inspiré ses poèmes sont celles qu'il a pu voir lui-même au cours de ses voyages en Chine. Il n'est pas le seul poète à s'être intéressé à l'écriture chinoise et à ses quelque 45000 caractères (ainsi Paul Claudel, Ezra Pound, E.E. Cummings, Philippe Sollers, Michèle Métail, Christian Arthaud etc.), et on comprend pourquoi.

Les idéogrammes chinois sont, à l'origine, la représentation stylisée des objets qu'ils signifient : un homme qui marche, une tête de cheval, ou d'éléphant, une bouche ouverte, un toit, une maison, la pluie, un arbre, une montagne... Un même caractère peut être formé de l'agrégat de plusieurs idéogrammes. Le caractère qui signifie «clair» est formé du caractère qui désigne la lune et de celui qui désigne le soleil. Le caractère «peur» est formé de « cœur » et de « blanc ». Chaque caractère est une petite somme poétique : un homme sous un arbre signifie «se reposer» ; une femme sous un toit : « tranquillité » ; trois femmes ensemble : «méchanceté» ; cœur et automne : « mélancolie ».

La langue chinoise se prononce de façon très différente d'un bout à l'autre de son territoire. Un habitant de Canton ne comprend pas un habitant de Pékin. Comme toutes les langues, elle s'est également modifiée au cours des âges. Mais l'écriture, elle, demeure pratiquement inchangée, puisque ce n'est pas le son qu'elle note, mais le sens. François Cheng écrit (dans *L'écriture poétique chinoise*, Le Seuil, 1977) : «Indépendant du son et invariable, formant une unité en soi, chaque signe garde la chance de demeurer souverain, et par là, celle de durer.» L'écriture chinoise est «une écriture qui se refuse à être un simple support de la langue parlée.»

Le français comme du chinois

Etre poète, dans un certain sens, c'est écrire en chinois. Paul Claudel (1868-1955), qui comme diplomate séjourna en Chine pendant une dizaine d'années (de 1895 à 1905), ne pouvait comme poète qu'être sensible à cette écriture si différente de la nôtre. Il se plonge dans la lecture des ouvrages de Léon Wieger sur la langue et l'écriture chinoise, qui est pour lui «une source inépuisable d'intérêt et d'amusement». Dans un texte intitulé *Idéogrammes occidentaux,* (novembre-décembre 1926), il écrit: «J'ai été amené à me demander si dans notre écriture occidentale il n'y aurait pas moyen de retrouver également une certaine représentation des objets qu'elle signifie».

Il s'efforce donc de voir dans le mot *toit* la représentation d'une maison. «Le point de l'i est la fumée du foyer», les voyelles O et I représentent la femme et l'homme qui habitent cette maison. L'œ du mot œil est la représentation de l'œil vu de profil... L'*oie* aussi porte bien son nom: «o la mare ou le corps du volatile; i sa langue d'où sort le cri, e à la fois l'œil, la tête et le bec ouvert.» Quant au mot <u>*locomotive*</u> (Claudel a pris soin de souligner le mot):

> *Un véritable dessin pour les enfants. La longueur du mot d'abord est l'image de celle de l'animal. L est la fumée, o les roues et la chaudière, m les pistons, t le témoin de la vitesse, comme dans* auto *à la manière d'un poteau télégraphique, ou encore la bielle, v est le levier, i le sifflet, e la boucle d'accrochage, et le souligné est le rail !*

Certes Claudel n'est pas dupe de ses inventions:

> *Je ne prétends pas d'ailleurs que le lecteur vise autre chose dans tout ce qui précède que l'amusement d'un jour de pluie. Je sais trop ce que les philologues pourraient m'objecter.*

Ce n'est qu'un jeu, mais un jeu passionnant, un jeu grave, important, en ceci qu'il fait parler la langue poétiquement:

> *Les mots ont une âme. Je ne parle pas seulement du mot parlé [...]. Mais le mot écrit lui-même, j'y trouve autre chose qu'une espèce d'algèbre conventionnelle. Entre le signe graphique et la chose signifiée il y a un rapport. [...] Tout aussi bien que le chinois, l'écriture occidentale a par elle-même un sens.*
>
> («Les mots ont une âme», texte publié dans la revue *Le Labyrinthe* en 1946.)

La lettre parle

Chaque voyelle, continue Claudel, est «le portrait de la bouche qui la prononce». «C'est évident pour le o, également pour le u qui n'est que deux lèvres avancées...» Dans *Le Bourgeois Gentilhomme* de Molière, Monsieur Jourdain faisait déjà la même découverte...

> LE MAITRE DE PHILOSOPHIE. – *La voix O se forme en rouvrant les mâchoires et rapprochant les lèvres par les deux coins, le haut et le bas: O.*

M. J*OURDAIN. – O, O. Il n'y a rien de plus juste. A, E, I, O, I, O. Cela est admirable ! I, O, I, O.*
L*E MAITRE DE PHILOSOPHIE. – L'ouverture de la bouche fait justement comme un petit rond qui représente un O.*
M. J*OURDAIN. – O, O, O. Vous avez raison, O. Ah ! la belle chose que de savoir quelque chose.*

On peut rire, mais on aurait tort de se moquer ! M. Jourdain a raison d'admirer.

On comprend que la forme même de la lettre ait pu émouvoir certains poètes jusqu'à leur inspirer le désir d'écrire, en la prenant pour point de départ de leur recherche. Le poète américain Brion Gysin (1916-1986) explique de cette manière l'origine de son célèbre poème *I am that I am* («Je suis ce que je suis»), au cours d'un entretien avec Gérard-Georges Lemaire en 1974 :

... je lisais les œuvres d'Aldous Huxley. La fameuse tautologie qu'il cite dans un de ses essais, I AM THAT I AM m'a tout de suite frappé du point de vue visuel. Cette phrase m'est apparue comme le fronton d'un temple grec, le THAT se trouvant au sommet du triangle. Au début, cela ne me semblait qu'un singulier jeu visuel. Mais les mots se sont mis à chanter littéralement en moi...

Décrivant une *cruche* (dans *Pièces*, 1962), ce n'est pas seulement la chose que regarde Francis Ponge, c'est le mot et, dans ce mot, la lettre U :

P*as d'autre mot qui sonne comme cruche. Grâce à cet U qui s'ouvre en son milieu, cruche est plus creux que creux et l'est à sa façon. C'est un creux entouré d'une terre fragile : rugueuse et fêlable à merci.*

Déjà Rimbaud, dans son sonnet des *Voyelles* (écrit, pense-t-on, en 1872), avait considéré les lettres dans leur existence propre, comme de petits tableaux colorés pouvant donner naissance à une infinité d'images, bref comme point de départ de son poème :

A *noir, E blanc, I rouge, U vert, O bleu : voyelles,*
Je dirai quelque jour vos naissances latentes...

Non seulement la sonorité, mais encore la forme même des voyelles engendrent l'enchaînement des images. La forme de la lettre U amorce le dessin des rides sur le front ou des ondulations de la mer :

U*, cycles, vibrements divins des mers virides,*
Paix des pâtis semés d'animaux, paix des rides
Que l'alchimie imprime aux grands fronts studieux...

La lettre O a la forme d'un œil, ou bien figure le pavillon d'un clairon :

> ***O**, suprême clairon plein de strideurs étranges,*
> *Silences traversés des Mondes et des Anges :*
> *– O l'Oméga, rayon violet de Ses yeux !*

Dans son roman *Quatrevingt-treize* (1874), Victor Hugo décrit une guillotine :

> ***De** loin sur l'horizon c'était une silhouette faite de lignes droites et dures ayant l'aspect d'une lettre hébraïque ou d'un de ces hiéroglyphes d'Egypte qui faisaient partie de l'alphabet de l'antique énigme.*

Une lettre incompréhensible donc, imprononçable, et pour cela terrifiante. Ajoutons, comme l'ont remarqué Henri Meschonnic (dans *Écrire Hugo*, tome II, page 204) et Jean-Pierre Reynaud (*Carnaval de Dieu, la démonstration selon Hugo*, *Revue des Sciences humaines*, Lille, 1984), que la lettre à laquelle ressemble le plus une guillotine est la lettre H, qui est l'initiale du nom du poète : le premier mot que nous devons épeler et interroger est notre propre nom.

La main écrit

On comprend dès lors pourquoi le geste de la main qui écrit, qui fixe la forme de la lettre sur le papier, est pour certains poètes inséparable de l'invention même du poème. Dans un entretien réalisé en 1979 et publié dans le *Magazine Littéraire* en 1988, Marcel Spada interroge Francis Ponge sur l'inspiration. Au départ, répond le poète, il y a une émotion très violente. Le texte existe, de façon idéale, il faut l'écrire :

> ***La** minute où, à bout de bras, par cet organe supplémentaire qu'est le porte-plume (puisque j'écris très rarement directement à la machine à écrire), j'inscris, très souvent dans la force même de l'objet en question – par exemple, je me souviens de la première écriture du* Galet *: c'étaient de grandes lettres rondes ou ovales, – c'est instinctif, c'est une espèce de... la forme même de mon écriture... quand je parle d'une rhétorique par objet, c'est vraiment la trace humaine à bout de bras... Si vous voulez, j'ouvre... enfin je... mon émotion fait que je me jette sur le papier et que j'écris, j'inscris l'objet...*

Même importance de l'écrit dans la poésie de Jean-Luc Parant (né en 1944). Quand on regarde une de ses pages manuscrites, on comprend la fonction qu'a pour lui le geste physique de l'écriture, et la relation étroite qui existe entre ce geste et le style du texte qu'il produit : c'est une écriture menue et ininterrompue ; les lignes dessinent sur le papier de larges ondulations, qui font penser à la manière dont lui-même lit ses textes en public, en se balançant d'avant en arrière, d'un pied sur l'autre, selon le rythme de sa phrase ; enfin la page est entièrement recouverte, noircie, sans marge, sans blanc, comme si le poète voulait que son écriture envahît la surface entière de la terre.

L'écriture occidentale n'a pourtant pas donné lieu à un développement important de la calligraphie, comme c'est le cas de l'écriture chinoise (mais aussi de l'écriture persane et arabe). C'est que longtemps notre écriture a été considérée comme un simple support de la langue parlée, la lettre étant à la parole ce que la note est à la musique. Au Moyen âge l'art du copiste et l'art de l'enlumineur sont indépendants de celui du poète. Il a fallu pratiquement attendre le XXe siècle pour qu'on s'intéresse à l'écriture manuscrite de la poésie et qu'on commence à reproduire en fac-similé et à publier des poèmes autographes. André Martel s'applique à recopier à la main ses poèmes et le peintre Jean Dubuffet les calligraphie.

Poésies et typographie

Jusqu'à la fin du XIXe siècle, on peut dire que la mise en page n'est pas l'affaire du poète mais celle de l'imprimeur, ce dernier ne faisant du reste qu'obéir à un certain nombre de règles traditionnelles : on va à la ligne après chaque vers ; chaque vers commence par une majuscule ; lorsque des vers de mesures différentes se succèdent, les vers courts sont imprimés en retrait par rapport aux vers plus longs ; chaque strophe est séparée de la strophe suivante par un blanc, etc. La plupart de ces règles étaient déjà observées avant l'invention de l'imprimerie.

A la fin du XIXe siècle, avec la poésie *symboliste*, les poètes commencent à s'intéresser à la disposition typographique du poème sur la page et à en assumer la responsabilité. Les frères Goncourt notent dans leur *Journal*, à la date du 27 février 1890 :

> ***A****ujourd'hui Rodenbach parle ingénieusement de la page imprimée du livre qui, vu les combinaisons des interlignes, des à la ligne, des capitales, des*

italiques, etc., etc., est arrivé à l'arrangement artistique et, comme il le dit, à l'orchestration de l'affiche.

(Cité par Marcel Adéma et Michel Décaudin dans une note de l'édition de la Pléiade d'Apollinaire, 1965).

Si l'intérêt porté à la typographie coïncide avec la naissance du vers libre, c'est que la disposition du mot dans l'espace de la page tend à remplacer l'ancienne versification. Aussi ne s'agit-il plus de mettre en page un texte déjà existant : la mise en page et les détails typographiques font partie de l'invention du texte lui-même, au même titre que les éléments purement linguistiques.

La blancheur de la page

Un coup de dé jamais n'abolira le hasard, que publie Stéphane Mallarmé (1842-1898) peu de temps avant sa mort, est sans doute le premier poème dont la disposition typographique importe autant que les mots eux-mêmes. Les différentes sortes de caractères (romains ou italiques, capitales ou bas de casse), leurs grandeurs respectives, la place qu'ils occupent dans l'espace de la page ont été minutieusement choisies par Mallarmé lui-même. Le texte est fragmenté, et descend en escalier depuis le haut de la page de gauche jusqu'au bas de la page de droite ; ou bien la page ne comporte que quelques mots, en très gros caractères ; les blancs occupent la plus grande place, et ce silence, qui entoure les mots et qui les groupe par fragments isolés, est absolument nécessaire à la fiction et à la musique qui la porte. Avant de lire chaque mot, chaque fragment de texte, l'œil embrasse la double page dans sa totalité, il saisit silencieusement la hiérarchie qui s'établit entre les différents motifs qui s'entrelacent, il perçoit la respiration du texte, sa scansion, son mouvement, qui tantôt s'accélère, et tantôt ralentit. Commentant lui-même son poème, Mallarmé insiste sur la place qu'occupent les «blancs» : ce sont eux, dit-il, qui «assument l'importance» de ce texte, dont la nouveauté réside d'abord dans «un espacement de la lecture».

Cette importance du blanc sera poussée à l'extrême quelque cent ans plus tard, par des poètes comme Jean Daive, Claude Royet-Journoud (nés tous deux en 1941), Anne-Marie Albiach, Alain Veinstein (né en 1942), Jean-Paul Séguin (né en 1939), dont les textes se réduisent parfois à quelques mots (*nul, ne plus, non, ô presque, ô presque, ô jamais, blanche...*), voire à quelque signes de ponctuation, jetés parcimonieusement sur la surface blanche de la page. La poésie alors semble mettre en scène, plutôt qu'une parole, sa douloureuse impossibilité.

Le poème dans l'espace

La disposition du poème sur la page n'a pas ici une fonction *décorative*. Il ne s'agit pas de trouver une mise en page agréable à l'œil. La place respective qu'occupent les différents éléments du poème fait partie du poème lui-même. Ainsi la syntaxe inouïe du poète américain E.E. Cummings (1894-1962) est indissociable de la disposition typographique qu'il a lui-même choisie. Cette disposition est signifiante au même titre que les mots eux-mêmes et les relations grammaticales ou prosodiques qui les unissent, comme on peut s'en rendre compte en lisant la traduction française que Jacques Demarcq a donnée d'un des *95 Poèmes* (1958) :

min
u
sc
ul

e ce square e
st vide(t
outlemond
e ailleurs e

xcepté moi 6 p
iafs)l'
automne et la p
lui

e
l
a
pluielapluie

Derrière les contorsions de la syntaxe, il n'est pas difficile de lire quelques phrases très simples : *minuscule, ce square est vide (tout le monde est ailleurs, excepté moi et 6 piafs), l'automne et la pluie.* Mais ce qui fait exister le poème est moins ce contenu de sens que sa structure à la fois syntaxique et typographique, que Jacques Demarcq commente ainsi : ce poème «ne décrit pas un minuscule parc : son deuxième quatrain *est* ce square avec un «e» à chaque coin, de même que la dernière strophe *est* la pluie qui tombe et engendre une flaque.» L'ensemble du poème ne se lit pas autrement qu'un idéogramme chinois.

Au dos des affiches

Dans *Zone*, le poème liminaire d'*Alcools* (1913), Guillaume Apollinaire jette un regard émerveillé sur la modernité du paysage qui l'entoure :

> *Tu lis les prospectus les catalogues les affiches qui chantent tout haut*
> *Voilà pour la poésie ce matin et pour la prose il y a les journaux...*

Les affiches commerciales ont commencé à se multiplier dès le XVIIIe siècle, mais c'est surtout à partir du XIXe siècle qu'elles constituent un des éléments importants du paysage urbain. Leur typographie particulière, leur mise en page, leurs couleurs vives influencent directement les œuvres des poètes et celles des peintres.

Dans une affiche (mais aussi dans un prospectus ou dans les gros titres des journaux) le mot n'est plus perdu dans l'enchaînement de la phrase et du texte, il peut se détacher en gros caractères dans l'espace de la page, cesse d'être prisonnier de la ligne, devient autonome. Le texte n'empêche plus de *voir* le mot, ou même la lettre, la lettre d'imprimerie, retenue pour elle-même et pour sa valeur plastique.

Or les *mots en liberté*, voilà précisément un des slogans du *Futurisme* italien, dont Filippo Tommaso Marinetti (1876-1944) publie un manifeste dans le *Figaro* du 20 février 1909. Comme Apollinaire, Marinetti «en a assez de vivre dans l'antiquité grecque et romaine», comme lui, il est «las de ce monde ancien» et tourne son regard vers les merveilles de la civilisation industrielle. Apollinaire lui-même, en juin 1913, rédige et signe un manifeste futuriste, qui se présente sous la forme d'un prospectus publicitaire, avec tous ses artifices typographiques et de mise en page.

Enfin le mouvement Dada (dont l'acte de naissance officiel aussi bien que légendaire date du 8 février 1916 à Zurich) s'empare à son tour de l'affiche et de sa présentation typographique, pendant que les peintres cubistes, de leur côté, en particulier Georges Braque, incorporent dans leurs œuvres des fragments d'affiches ou de journaux.

Cette appropriation de l'affiche par les poésies ne va pas sans un détournement de sa fonction. L'affiche est un objet essentiellement utilitaire, elle est un agent de propagande commerciale ou politique. Son but est d'attirer l'attention, et de transmettre rapidement, efficacement et sans discussion le message dont elle est porteuse. Quand les poésies s'en emparent, c'est pour en exhiber la seule valeur esthétique. Si Dada utilise volontiers cette forme pour rédiger ses manifestes, ce n'est pas pour être plus convaincant, c'est pour investir un nouvel espace et se doter d'un nouveau moyen d'expression. C'est ce qui apparaît clairement dans l'œuvre d'artistes comme Jacques Mahé de la Villeglé ou Raymond Hains (nés tous les deux en 1926) et leurs compositions d'*affiches lacérées*; ou bien François Dufrêne (1930-1982) et ses *dessous d'affiches*. Ces œuvres-là n'ont évidemment rien à vendre qu'elles- mêmes...

Poésie et peinture sont alors amenées à collaborer. Il ne suffit pas au poète Camille Bryen, en 1950, d'écrire son poème *Hépérile* en mots dont toute signification a été expulsée ; il livre encore son texte à Raymond Hains et Jacques Mahé de la Villeglé qui procèdent en 1952 à son *éclatement* en en dispersant toutes les lettres sur la surface de la page :

> *aujourd'hui, grâce à raymond hains et à jacques de la villéglé, les deux christophe colomb des «ultra-lettres», voici le premier livre heureusement illisible...*

Les calligrammes

Dès 1914, Guillaume Apollinaire a le projet d'un recueil (qui, à cause de la guerre ne paraîtra finalement pas) d'*idéogrammes lyriques coloriés*, avec cet exergue : «Et moi aussi je suis peintre». *Calligrammes* paraît en 1918. Le livre doit son titre à la présence d'un certain nombre d'«idéogrammes lyriques», dans lesquels la disposition des mots sur la page constitue un dessin figurant l'objet qu'ils nomment : une pipe, une cravate, une montre, un jet d'eau, une colombe, la pluie qui tombe.

Apollinaire écrit à cette occasion à André Billy :

> *Je ne me suis jamais présenté comme destructeur, mais comme bâtisseur. [...] Quant aux* Calligrammes, *ils sont une idéalisation de la poésie vers-libriste et une précision typographique à l'époque où la typographie termine brillamment sa carrière, à l'aurore des moyens nouveaux de reproduction que sont le cinéma et le phonographe. [...] J'ai voulu seulement ajouter de nouveaux domaines aux arts et aux lettres en général...*

Un calligramme demande une lecture toute différente de la lecture traditionnelle : l'œil n'est plus rivé à *la ligne* qu'il devait suivre de gauche à droite et de haut en bas. Il regarde la page comme il regarderait un tableau, dans son ensemble aussi bien que dans son détail, sans aucun ordre obligatoire prévu à l'avance. C'est là la principale nouveauté de cette écriture, l'autre étant que les mots cessent d'être la notation des seuls sons. Ils valent pour l'œil plus que pour l'oreille. La lecture d'un calligramme ne peut être que silencieuse.

Dans ce domaine, la postérité de Guillaume Apollinaire est immense, non seulement en France mais dans de nombreux autres pays : le *spatialisme* de Pierre Garnier (né en 1928), les *lyrographies* d'André Martel, les *dactylopoèmes* d'Henri Chopin, et bien d'autres encore.

Les yeux lisent

Tout différent est le système d'écriture dont s'est doté Maurice Roche (né en 1925) pour écrire des livres comme *Compact* (1966), *Codex* (1974), *Opéra Bouffe* (1975), *Mémoire* (1976), etc. Il ne s'agit pas chez lui de mettre en œuvre une poésie visuelle, mais de se doter d'un système de notation plus riche que le système traditionnel, plus apte à rendre la complexité d'un style proprement polyphonique. Ni ornement, ni fin en soi, la typographie est un moyen supplémentaire que se donne l'auteur. Comment entrelacer clairement plusieurs discours, comment dire plusieurs choses à la fois, comment parfois laisser au lecteur le choix de sa lecture, voilà les problèmes qu'il lui faut résoudre. Pour cela il utilise conjointement toutes les ressources possibles de la typographie, de la mise en page et même du dessin.

Il a en effet recours non seulement à des caractères d'imprimerie variés, mais encore à des signes non alphabétiques qui s'ajoutent aux signes alphabétiques et s'articulent avec eux comme des lettres ou comme des mots. Il utilise des pictogrammes (ceux, par exemple, qui ont cours dans le Guide Michelin), les panneaux de la signalisation routière, des représentations stylisées d'instruments de musique telles qu'on en trouve dans les partitions d'orchestre, d'autres signes musicaux, des symboles mathématiques, des hiéroglyphes égyptiens, des fragments d'écriture arabe. Il remplace certains mots par de petits dessins (qui représentent un chat, ou bien un crâne, etc.), imagine de nouveaux pictogrammes. Ainsi les deux *m* qui se trouvent à la fin du mot *électro-encéphalogramme* sont remplacés par une ligne brisée qui imite la courbe inscrite par l'appareil enregistreur. Toutes les ressources de la ponctuation sont mises à contribution, jusqu'à ces immenses parenthèses qui englobent plusieurs lignes à la fois comme des accolades. Certains mots sont disposés verticalement, d'autres sont imprimés à l'envers de manière à ne pouvoir être déchiffrés que si la page est lue dans un miroir...

De nombreux artifices permettent de libérer l'écriture de la contrainte linéaire à laquelle elle était normalement soumise et qui l'obligeait à ne dire qu'une chose à la fois. Une parenthèse suffit par exemple à rendre la lecture d'un mot facultative : «N'avoir pas (de) raison de...» laisse au lecteur le choix entre les deux versions : «n'avoir pas raison de...», et «n'avoir pas de raison de...».

Ou bien une accolade sous-entendue intervient au milieu du mot de manière à en faire entendre deux à la fois :

due
per
çue

C'est-à-dire en même temps *perdue* et *perçue*. La disposition des lettres peut même donner lieu à de véritables compositions idéogrammatiques. Ainsi le mot *crâne* écrit de cette façon :

(C *r* *â* *n* E)

Ou bien les mots sont disposés comme dans une grille de mots croisés :

p f
chance de mort
r e r u
t s n
e

Le texte peut être imprimé en deux colonnes, ou bien il est partagé par des filets verticaux ou horizontaux, ou bien certaines zones en sont encadrées dans des cartouches.

Parfois le texte est corrigé au moyen des signes conventionnels que les protes utilisent pour corriger les épreuves d'imprimerie : *s'écrier* ; erreur ; lire : *s'écrire*, ce qui permet en réalité une double lecture, ou bien un double texte.

Enfin, des majuscules intérieures permettent d'inclure dans un mot un autre mot : «reToUchE (= retouche + TUE)» est une sorte de mot-valise pour l'œil.

Une telle écriture fait siennes les recherches typographiques du début du siècle, mais pour aboutir à un résultat très différent. Car le texte ici, au lieu de se limiter aux dimensions d'un court poème, se développe sur un grand nombre de pages : et c'est sans doute une des raisons pour lesquelles Maurice Roche appelle ses livres des *romans*.

Si cette écriture ne saurait être entièrement rendue par la lecture à voix haute, elle note pourtant une musique (Maurice Roche est non seulement écrivain mais musicien et compositeur) – mais une musique en quelque sorte intérieure et que l'œil est seul à percevoir.

Cette manière d'écrire (ou d'imprimer) se retrouve dans bien des œuvres qui ont vu le jour entre 1968 et 1978. Les livres de Christian Prigent comme *L'main* (1975), *Power-Powder* (1977), *Œuf-Glotte* (1978) sont écrits dans le même alphabet que celui de Maurice Roche. Michel Butor publie en 1978 un gros livre intitulé *Boomerang* qui est formé de l'entrelacs de plusieurs discours dont chacun est imprimé dans une couleur d'encre différente (ce que Maurice Roche aurait voulu mais ne put obtenir de son éditeur pour des raisons de prix de revient...). L'écriture enfin d'Hubert Lucot, dans *Phanées les Nuées* (1981), a encore largement recours à toutes les ressources de la typographie.

La plupart de ces auteurs ont ensuite renoncé à leurs artifices typographiques, et leurs textes les plus récents adoptent souvent une présentation beaucoup plus traditionnelle. Mais il est sûr que les recherches formelles auxquelles ils se sont livrés pendant plusieurs années ont nourri et considérablement enrichi la fiction elle-même.

Le poète imprimeur

Quand la mise en page et l'*impression* du poème deviennent aussi importantes que le poème lui-même, on comprend que les poètes cessent d'avoir une confiance aveugle dans l'imprimeur, même s'ils reconnaissent sa compétence technique. Certains iront jusqu'à se faire eux-mêmes imprimeurs, considérant que l'élaboration typographique d'un texte fait partie du travail de l'écrivain.

C'est le cas des deux poètes hongrois Paul Nagy (né en 1934) et Tibor Papp (né en 1936), installés à Paris depuis 1962, et fondateurs de la revue *D'atelier*. Dans un entretien accordé à la revue *Banana Split* en juin 1980, Tibor Papp raconte ses débuts dans le métier :

> ***L****'aventure commence en 1962, à Paris, lorsque Paul Nagy et moi avons fondé une revue en langue hongroise. C'est à partir de cette expérience que nous nous sommes rendu compte que nous n'avions pas en main toutes les données que l'écriture actuelle exige, d'où la nécessité pour nous d'être plus près de l'imprimerie pour pouvoir travailler pleinement. Nous nous sommes donc inscrits dans une école de linotypiste [...]. Ensuite nous avons décidé de monter une petite imprimerie. D'abord nous avons loué*

une machine dans l'imprimerie où la revue hongroise était tirée et chaque nuit nous avons commencé à travailler [...]. Au début, pour faire un livre de 64 pages sur cette machine, il nous fallait un mois, en travaillant toutes les nuits.

Dix ans plus tard, ils fondent la revue et les éditions *d'atelier*, qui sont régies par la règle suivante : tout auteur qui y publie un livre vient à l'imprimerie et participe activement à la fabrication de son livre. Or les textes qui y sont imprimés sont en général d'une extrême complexité typographique : c'est par exemple, en 1973, *(Indices)* de Philippe Dôme ; en 1977, *Vita Nova* de Claude Minière, mais aussi des œuvres de Gérard de Cortanze, de Bruno Montels, de Jacques Roubaud, de Michel Deguy etc. En 1980, *d'atelier*, sous l'impulsion de Mitsou Ronat, mène à bien l'immense travail qui consiste à donner enfin une édition exacte du *Coup de dé* de Mallarmé.

La récente vulgarisation de l'ordinateur devait élargir encore l'éventail des moyens d'expression poétique. Tibor Papp ne tarde pas à s'emparer de ce nouveau support et, dès 1985, à Paris, au cours d'une séance de lecture publique organisée par le plasticien et poète Servin, il montre pour la première fois sans doute dans l'histoire des poésies, un poème visuel directement et entièrement composé sur ordinateur.

Poésie et peinture

Une autre conséquence importante du caractère visuel de ces poésies est de brouiller la frontière qui séparait autrefois la poésie des autres arts, en particulier de la peinture (voire de la sculpture). Les poèmes publiés par la revue *Doc(k)s* de Julien Blaine (né en 1942) ne sont pas écrits seulement avec des mots. Julien Blaine fait précéder ses *13427 Poèmes métaphysiques* (publiés en 1986), de cette déclaration qui constitue un manifeste de sa *poésie élémentaire* :

Simplement pour dire
qu'en ouvrant l'œil
Simplement pour dire
qu'en ouvrant l'œil
Vous verrez des Poèmes Métaphysiques
– au quotidien – partout :
dans les trains, dans les aéroports, dans les
hôpitaux, dans les forêts, sur les routes...
dans les notices, les modes d'emploi, les
posologies, les plans, les lexiques, les cartes,
les guides...
et ailleurs encore...

Voilà pour le contenu. Quant à la forme du poème, il l'annonce dans ce faux sonnet :

Le siècle et les siècles
Ont fait – par exemple –
Cet objet clair, pur
Et commun aux poètes :

Le sonnet.
Il s'agirait alors, en ce qui
Me concerne, de rechercher
Un nouvel objet :

Un objet contemporain,
Reproductible et acceptable aux autres,
Un objet qui transmette, contienne et développe

"Aussi bien" le poème ;
Un objet conforme aux procédés de
Reproduction, d'impression et de transmission en fonction.

Julien Blaine ne renonce pourtant pas aux mots ni aux caractères d'imprimerie, loin de là. Il ne renonce à rien : ni au texte ni à l'image. Ses poèmes utilisent le dessin, la photographie, la photocopie ; la couleur, le noir et blanc ; l'écriture manuscrite, ou dactylographique ou imprimée. Tout fait poésie parce que tout est langue. Les différents éléments graphiques ou picturaux qui composent chaque poème fonctionnent du reste les uns par rapport aux autres comme les mots entre eux, ou comme les images du rêve : ils forment des métonymies ou des métaphores, des antithèses, des parallélismes, des enchaînements ou des collages, ils font des calembours ou posent des énigmes. Bien qu'un seul regard puisse l'embrasser dans sa totalité, chacun d'eux réclame du lecteur la même scrupuleuse attention qu'un poème écrit.

Enfin si les poètes se sont emparés des moyens qui appartiennent en propre aux arts visuels, les peintres dans le même temps se sont emparés des moyens de la poésie. Les tableaux d'Arnaud Labelle-Rojoux (né en 1945) sont destinés à être regardés dans le même temps que sont lus les textes qui les accompagnent et qui sont autant de courts poèmes. Un plasticien comme Paul-Armand Gette (né en 1927) s'empare de tous les supports sans en privilégier aucun : peinture, photographie, dessin, exposition d'échantillons (plantes, insectes, minéraux) prélevés dans le paysage naturel, mais aussi écriture.

LA VOIX

LA VOIX HUMAINE

«Un jour vint», note Paul Valéry dans *Tel Quel* (1941), «où l'on sut lire des yeux sans épeler, sans entendre, et la littérature en fut tout altérée.» Longtemps le support de toute *littérature* ne fut pas l'écrit mais la voix. L'*Iliade* et l'*Odyssée* ont été composées avant même l'invention de l'écriture. Tout texte a d'abord été destiné à la voix, et à être porté par elle. Il semble que cela soit resté vrai pour les poésies, même lorsque la lecture en est devenue une lecture silencieuse, et même lorsqu'elles ne sont pas effectivement mises en musique, sous forme de chansons, de *lieder*, ou d'opéra, ou qu'elles ne donnent pas lieu à des lectures orales. A supposer même que la lecture en soit silencieuse, tous les phénomènes que nous avons étudiés dans les chapitres consacrés à la prosodie, à la versification et à la paronomase, montrent qu'un poème est toujours *l'image d'une voix* qui se fait entendre. C'est sans doute la raison pour laquelle, dans toutes les cultures, la première forme de littérature à faire son apparition a toujours été la poésie, la prose ne venant qu'ensuite.

DE LA MUSIQUE AVANT TOUTE CHOSE

Durant tout le Moyen Âge, les poésies sont chantées ou psalmodiées, et Ronsard encore, dans son *Abrégé de l'Art Poétique François* de 1565, insiste sur la destination vocale et musicale de la poésie, en particulier lorsqu'elle est écrite en vers brefs et de mètres différents entremêlés : «Tels vers sont merveilleusement propres pour la musique, la lyre, et autres instruments : quand tu les appelleras lyriques, tu ne leur feras point de tort...» S'il recommande l'alternance des rimes masculines et féminines, c'est pour que les vers soient «plus propres à la musique et accord des instruments, en faveur desquels il semble que la poésie soit née, car la poésie sans les instruments, ou sans la grâce d'une seule ou plusieurs voix, n'est nullement agréable, non plus que les instruments sans être animés de la mélodie d'une plaisante voix.» D'où le conseil que Ronsard donne aux poètes pour tester les qualités musicales de leurs poèmes : «Je te veux aussi bien avertir de hautement prononcer tes vers en ta chambre, quand tu les feras, ou plutôt les chanter, quelque voix que puisses avoir, car cela est bien une des principales parties que tu dois le plus curieusement observer.»

S'adressant au lecteur maintenant, dans un *Avis* placé en tête des quatre premiers livres de la *Franciade* en 1572, Ronsard insiste sur la *diction* que réclame son poème et qui doit être différente de la diction commune, de celle, par exemple qui est en usage lorsqu'on lit une «missive» (une lettre). Et quand il s'agit de poésie lyrique, Ronsard insiste sur la nécessité de ne pas dissocier poésie et musique. Voici par exemple l'Avertissement qui précède l'édition des *Odes saphiques* (1587) : «Les vers Saphiques ne sont, ni ne furent, ni ne seront jamais agréables, s'ils ne sont chantés de voix vive, ou pour le moins accordés aux instruments, qui sont la vie et l'âme de la poésie.»

L'idée que la poésie est destinée d'abord à être chantée est encore vivante au XVIIIe siècle. Les *Étrennes lyriques*, publication annuelle qui paraît à Paris à partir de 1780 et qui comprend, outre un calendrier pour l'année, toute une collection de «pièces nouvelles», porte en exergue ce distique du poète alors célèbre Antoine Houdar de la Motte (1662-1731) :

Les vers sont enfants de la lyre,
Il faut les chanter, non les lire.

Chaque pièce du recueil est en effet accompagnée de la mention de l'*air* sur lequel elle doit être chantée. La *Romance du petit Page* qui sera incluse dans *le Mariage de Figaro* de Beaumarchais («pièce reçue à la Comédie Française, & qui doit être jouée incessamment») est publiée pour la première fois dans la livraison de l'année 1783 de ces *Étrennes lyriques*, avec la mention : «Air : *Malbrough s'en va t'en guerre*»...

La méfiance classique

Si plus tard Mallarmé demandait qu'on «ne déposât pas de musique au pied de ses vers», c'est qu'il considérait qu'ils étaient par eux-mêmes une musique suffisante, sans qu'on eût à les chanter. Debussy s'est bien gardé de mettre en musique *L'Après-midi d'un Faune*, il s'est contenté d'en écrire le *prélude* instrumental. Car le poème n'a pas besoin d'être chanté pour être une manifestation de la *voix*.

Or qu'est-ce que la voix ? Il faudrait, pour répondre à cette question, décrire le processus physiologique de la phonation, et cela montrerait bien ce qui du corps y est engagé : la soufflerie des poumons, inspiration et expiration ; les frottements, les sifflements, les brusques fermetures, les ouvertures, les rétrécissements, les raclements, les roulades, les vibrations, tout un travail musculaire en relation de proche en proche avec l'ensemble du corps et de ses organes. Cette production sonore, qui porte toute parole, fût-elle la plus intellectuelle et la plus abstraite, n'est pas la représentation du corps mais le travail du corps lui-même, par quoi s'expriment instinctivement, consciemment ou inconsciemment, les pulsions profondes de l'affectivité. Mais la pensée qu'elle a pour fonction d'exprimer, de développer, de communiquer, n'a souvent rien de plus pressé que de le faire oublier.

Faire entendre sa voix, c'est en effet montrer son corps ; c'est reconnaître que l'esprit se commet avec la matière, et que l'action d'écrire ne consiste pas seulement à manipuler de pures idées, mais des mots, c'est-à-dire aussi des sons. D'où la méfiance qu'inspire aux classiques la mise en œuvre physique de la parole. Pour Buffon (*Discours sur le style*, 1753), la véritable éloquence

> *est bien différente de cette facilité naturelle de parler, qui n'est qu'un talent, une qualité accordée à tous ceux dont les passions sont fortes, les organes souples, et l'imagination prompte. Ces hommes sentent vivement, s'affectent de même, le marquent fortement au dehors ; et, par une impression purement mécanique, ils transmettent aux autres leur enthousiasme et leurs affections. C'est le corps qui parle au corps ; tous les mouvements, tous les signes, concourent et servent également. Que faut-il pour émouvoir la multitude et l'entraîner ? que faut-il pour ébranler la plupart même des autres hommes et les persuader ? Un ton véhément et pathétique, des gestes expressifs et fréquents, des paroles rapides et sonnantes. Mais pour le petit nombre de ceux dont la tête est ferme, le goût délicat et le sens exquis, et qui, comme vous, messieurs, comptent pour peu le ton, les gestes et le vain son des mots, il faut des choses, des pensées, des raisons ; il faut savoir les présenter, les nuancer, les ordonner : il ne suffit pas de frapper l'oreille et d'occuper les yeux ; il faut agir sur l'âme et toucher le cœur en parlant à l'esprit.*

Ceux qui critiquent aujourd'hui les poésies sonores et gestuelles ne parlent guère autrement.

La voix romantique

Dans *Le Lac* de Lamartine (*Méditations poétiques*, 1820), le poète est *aux pieds* de la femme aimée, dans une attitude de muette *adoration*. Un paysage silencieux les entoure. Puis la femme aimée parle :

> ***T**out à coup des accents inconnus à la terre*
> *Du rivage charmé frappèrent les échos ;*
> *Le flot fut attentif, et la voix qui m'est chère*
> *Laissa tomber ces mots…*

Sa voix n'appartient pas à notre monde («des accents inconnus à la terre»), c'est une voix céleste, presque divine. Curieusement, elle est ce qui s'éloigne le plus du corps, elle est : ce qui nous tombe du ciel («laissa tomber ces mots»), ce par quoi l'être humain devient un *ange*. Du reste il n'est pas vrai qu'on entende véritablement cette voix : la voix s'efface derrière le *sens* qu'elle véhicule, ce sont des *mots* plus qu'une voix. Dire que la poésie est un chant n'est plus qu'une métaphore : la lecture est devenue silencieuse.

D'autres poésies se sont donné pour tâche de retrouver la voix, c'est-à-dire de restituer à l'usage de la langue ce qui lui avait été enlevé.

L'expulsion du sens

Ce qui empêche *d'entendre* la langue, c'est le sens. Le moyen le plus sûr et le plus radical pour retrouver les sons de la langue, est donc d'en expulser le sens. On a vu, dans le précédent chapitre, que la paronomase peut être à ce point envahissante qu'elle en arrive à produire une sorte de saturation sonore de l'écriture : les sonorités, au lieu de servir le sens et de le porter, tendent à le recouvrir entièrement, comme dans ces airs d'opéra où la musique empêche de saisir le sens des paroles.

Nous avons vu comment François Dufrêne, dans son *Tombeau de Pierre Larousse* (1958), en articulant d'une certaine manière les mots de la langue, la transforme en musique :

> *BI zéBA - zannSÉ - zarBRÉ - zilRÉ - zinnSU - zannSÉ - siZO - biZO...*
> (Au lieu de : *Bizet, basane, César, Brésil, résine, Suzanne, seize, ciseaux, biseau...)*

A la limite, on inventera des mots insensés, et on ne fera entendre de la langue que les *phonèmes*, c'est-à-dire les sons qui la constituent. Cette limite est allègrement franchie au début du siècle par le mouvement international dadaïste. Le nom même de *dada* – volontairement absurde, arbitraire, insignifiant – qui a été choisi pour désigner le mouvement artistique de ce début de XXe siècle, montre bien le désir de faire le vide. Un des fondateurs de Dada, l'écrivain allemand Hugo Ball (1886-1927) récite, au cours de spectacles donnés à Zurich, des poèmes purement phoniques. Ainsi ce poème, qui ne veut strictement rien dire, ni en allemand ni dans aucune langue, mais qui se contente d'organiser musicalement de pures sonorités :

baubo sbugi ninga gloffa
siwi faffa
sbugi faffa
olofa fafamo
faufo halja finj
sirgi ninga banja sbugi
halja hanja golja biddim
mâ mâ
piaûpa
majâma
pawapa baungo sbugi
ninga
gloffalor

Ou bien encore cet autre de Kurt Schwitters (1887-1948), qui utilise parfois des consonnes non accompagnées de voyelles :

Lanke trr gll
p p p p p
oka oka oka oka
Lanke trr gll
pi pi pi pi pi...

Les poèmes phonétiques peuvent ne pas se réduire à quelques secondes de récitation, ils peuvent être assez longuement développés, comme la célèbre *Ursonate* que Kurt Schwitters composa entre les années 1922 et 1927.

Pierre Albert-Birot (1876-1967) publie, dans la revue *Sic* qu'il a fondée en 1916, ses *poèmes à crier et à danser* qu'il présente comme des « essais de poésie pure » :

an an an an an an an an
an an an
iiii i i
ouh pouh pouh pouh rrra
sl sl sl
drrrrrr oum oum
an an an an
aaa aaa aaa tzinn
iii iiiiii
ha ha ha ha ha ha ha
rrrrrrrrrrrrrr é

(cité par H. Chopin)

Ces *poèmes phoniques* sont destinés non seulement à être *dits* – ce serait trop peu dire – mais bien plutôt criés, voire hurlés, avec accompagnement de toutes sortes de bruits.

Le lettrisme

La tâche est poursuivie, une trentaine d'années plus tard, par le *lettrisme* d'Isidore Isou (né en 1925) :

> **A***m stram gramme*
> *couli fouli mouki glamme*
> *Am hlamme clamme*
> *Vouki nouki rouki cramme*
> *Spouki – kali couki ramme*
> *Am stramme gramme*
> *Ala bala gortogola...*
>
> (*Cache-cache*)

Isidore Isou publie en 1947 aux éditions Gallimard une *Introduction à une nouvelle poésie et à une nouvelle musique*, proclamant par le titre même de son ouvrage son intention de supprimer la frontière qui séparait la musique de la poésie.

La critique qu'il fait du *mot* serait sans doute avouée par bien des poètes. Pour lui la poésie ne saurait se suffir des mots, parce que les mots sont des formes *rigides* d'idées stéréotypées, et que par conséquent ils sont incapables de transmettre l'expérience intime, toujours singulière. On ne saurait nommer *l'inconnu* avec le *toujours*, dit-il. «Aucun mot ne peut contenir les impulsions qu'on veut envoyer avec lui.» Or ce qu'il importe justement d'*envoyer*, ce sont des impulsions, non des informations. Le mot «fracture notre rythme», il «assassine des sensibilités». Le mot nivelle, il oblige chacun à s'exprimer comme tout le monde. Les mots sont tout juste bons à servir les relations sociales et quotidiennes, ils n'excellent qu'à la *politesse*, à la *diplomatie* («On apprend les mots comme les belles manières.»). Isou n'en a que faire. «Toute victoire de la jeunesse a été une victoire contre les mots. Toute victoire sur les mots a été une victoire fraîche, jeune.»

Les efforts antérieurs déployés par les poésies pour détourner les mots à leur profit sont vains. Il faut *détruire les mots* et n'en plus garder que les *lettres* :

il ne s'agit pas de	*détruire des mots pour d'autres mots.* *Ni de forger des notions pour préciser leurs nuances.* *Ni de mélanger des termes pour leur faire tenir plus de signification.*
Mais il s'agit de	*PRENDRE TOUTES LES LETTRES EN COMMUN ;* *DÉPLIER DEVANT LES SPECTATEURS ÉBLOUIS DES MERVEILLES RÉALISÉES EN LETTRES* *(DÉBRIS DES DESTRUCTIONS) ;* *CRÉER UNE ARCHITECTURE DES RYTHMES LETTRIQUES ;* *ACCUMULER DANS UN CADRE PRÉCIS LES LETTRES FLUCTUANTES ;* *ÉLABORER SPLENDIDEMENT LE ROUCOULEMENT HABITUEL...*

Le *roucoulement* dont parle Isou, c'est la langue débarrassée de sa signification, rendue à sa nature sonore, à son seul bruissement. Le mot *lettrisme*, qu'il forge pour désigner la poésie nouvelle, est le seul mot qu'il accepte désormais de garder. Tous les autres éclateront pour libérer les sons qui les composent.

Ces idées, on le voit, ne sont pas toutes des idées entièrement neuves. Mais le mérite d'Isidore Isou est de les avoir proclamées avec beaucoup de solennité et un manque superbe de modestie.

Noter les sons

Reste la question de savoir si une telle poésie peut être notée par écrit, s'il est possible de lire comme sur une partition la musique des langues. Les lettres servent à noter les phonèmes, c'est-à-dire les sons, voyelles et consonnes, qui font partie du système de la langue. Mais il faudrait aussi pouvoir noter tous les facteurs prosodiques (durées, tons, intensités etc.), dont l'importance est peut-être plus grande encore. Isidore Isou a donc recours, concurremment aux lettres, à des indications de nuance : *ton sauvage - victoire - calme - majestueusement - tristement - rauque - pathétique... ;* ainsi qu'aux termes dont se servent les musiciens dans leurs partitions : *andante*, *allegro*, *lento*, *bis*, *refrain...*

S'ajoutent à cela un certain nombre de signes arbitraires, qui sont légendés en marge de la partition, et qui notent les sons ou les bruits qui ne sont pas des *phonèmes*, c'est-à-dire qui ne font pas partie du système de la langue : *une pause d'une seconde, un claquement de langue, un sifflement, un grognement, une aspiration, un zézaiement, un râle, un gémissement, une expiration, un crachat, un gargarisme, un ahannement, un soupir, un baiser, un ronflement, un gargarisme, un hoquet, un éternuement...*

On a pu reprocher à Isidore Isou le manque de précision et de rigueur de son système de notation. Après tout, les arguments que lui-même avance pour critiquer l'efficacité des mots se retournent ici contre lui. Les termes auxquels il a recours pour indiquer les nuances ou les bruits sont, comme le sont tous les mots, schématiques et simplificateurs. N'existe-t-il pas de nombreuses façons différentes d'être *sauvage*, ou de *grogner*, d'*éternuer*, de *siffler*, de *claquer la langue* ? Qu'est-ce qu'un ton *calme*, ou *majestueux*, ou *victorieux* ?

Voilà sans doute ce qui a poussé Jean-Paul Curtay (né en 1951) à imaginer un système de notation plus précis, et reposant sur des bases scientifiques (Jean-Paul Curtay a fait des études de médecine). Pour lui, toute émission sonore s'accompagne d'une conscience aiguë de son mode de production. Il a étudié son corps (scientifiquement) et s'en sert comme un musicien de son instrument. Cette connaissance extrêmement précise du mode de production des sons et des bruits lui a permis d'imaginer un système de notation complexe, qui est sans doute une des parties les plus originales et les plus intéressantes de son travail. Il s'agit d'idéogrammes à trois étages qui indiquent très précisément la manière dont chaque son est produit : la partie inférieure du signe indique l'origine de l'«excitation» qui donne naissance au son, la partie médiane l'«émetteur», la partie supérieure la «résonnance» et la «modulation». Système complexe et très rigoureux qui lui permet de reproduire les sons en lisant une partition, et qui ne trouve peut-être ses limites que dans les différences individuelles qui peuvent exister entre les corps (de la même façon, un compositeur de musique pour orgues peut avoir le souci de noter avec précision les registres qu'il entend utiliser, mais ces derniers, on le sait, varient selon les facteurs).

La poésie illettrée

Si la langue perd sa fonction proprement linguistique – si elle n'est plus constituée de mots, si elle n'est plus faite pour communiquer des informations mais pour s'exhiber comme un objet sonore, comme une production du corps, comme un souffle et une dépense d'énergie, pourquoi s'en tenir à la lettre ? Pourquoi se limiter aux seuls *phonèmes* ? Le corps est capable de produire bien d'autres sons que ceux qu'utilise une langue.

Guillaume Apollinaire, en 1917, avait déjà rêvé et rédigé le programme de ce qui devait plus tard devenir la *poésie sonore* :

> ***O** bouches l'homme est à la recherche d'un nouveau langage*
> *Auquel le grammairien d'aucune langue n'aura rien à dire*
>
> *Et ces vieilles langues sont tellement près de mourir*
> *Que c'est vraiment par habitude et manque d'audace*
> *Qu'on les fait encore servir à la poésie*
>
> *Mais elles sont des malades sans volonté*
> *Ma foi les gens s'habitueraient vite au mutisme*
> *La mimique suffit bien au cinéma*
>
> *Mais entêtons-nous à parler*
> *Remuons la langue*
> *Lançons des postillons*
> *On veut de nouveaux sons, de nouveaux sons, de nouveaux sons*
> *On veut des consonnes sans voyelles*
> *Des consonnes qui pètent sourdement*
> *Imitez le son de la toupie*
> *Laissez pétiller un son nasal et continu*
> *Faites claquer votre langue*
> *Servez-vous du bruit sourd de celui qui mange sans civilité*
> *Le raclement aspiré du crachement ferait aussi une belle consonne*
>
> *Les divers pets labiaux rendraient aussi vos discours claironnants*
> *Habituez-vous à roter à volonté...*

(«La Victoire», poème recueilli dans *Calligrammes* en 1918)

Quelque quarante ans plus tard (1953), ce programme était pleinement réalisé par les *crirythmes* de François Dufrêne (1930-1982), les *audio-poèmes* de Henri Chopin (né en 1922), les *poèmes élémentaires* de Julien Blaine (né en 1942), et d'une manière générale, par ce qu'on appela la *poésie sonore*.

Dès lors le contenu du poème excède de beaucoup le matériel phonétique de la langue. François Dufrêne rompt avec le lettrisme d'Isidore Isou, pour mieux *crier* («Je m'emploie donc à pousser le cri dans ses derniers retranchements.»). Si le poème peut éventuellement trouver encore matière sonore dans les mots, il procède le plus souvent par sons purs, invente de nouvelles consonnes et de nouvelles voyelles : battements de langue, coups de glotte, roulements, bourdonnements ou chuintements, bruyantes inspirations, expirations, implosions et explosions inouïes, longues vocalises, frications prolongées, changements de registre, crescendos et decrescendos, jusqu'à produire une mélodie ininterrompue pendant plusieurs minutes: *Hypnagogie* (1970) de François Dufrêne dure exactement 17 minutes et 30 secondes, sans aucun temps mort.

Écoutant les *audio-poèmes* d'Henri Chopin, Serge Brindeau (*La Poésie contemporaine depuis 1945*) déclare y entendre: «travail d'une scierie, pépiements et chants d'oiseaux, arrivées de trains, ronflements de moteurs d'avions, sirènes et paquebots, vibrations métalliques diverses...» «C'est que la voix», répond Henri Chopin, « peut être un orchestre infini».

La poésie devient alors une exploration systématique de tous les sons et de tous les bruits que peut produire le corps. Et pas seulement la bouche ! Henri Chopin va jusqu'à avaler un microphone de petite taille pour enregistrer en direct les bruits de son estomac.

L'invention du magnétophone

Impossible de noter un *crirythme*. Quels alphabets faudrait-il pour cela inventer ? «Gutenberg, que tes plombs sautent !», s'écrie joyeusement François Dufrêne en 1964. Plus d'imprimerie, de papier, ni de plume. Le poème ne peut plus être inscrit que sur bande magnétique. C'est le nouveau support que le poète flamand Paul de Vree (1909-1989) puis François Dufrêne lui-même, et après lui la plupart des poètes sonores, inaugurent à partir de 1953.

Les techniques d'enregistrement n'offrent pas seulement des outils pour conserver le poème, mais pour le créer, et le poète suédois Sten Hanson (né en 1936) peut dire en 1979 :

> *La poésie sonore est une conséquence des outils nouveaux et des media nouveaux: le magnétophone, le studio de musique électronique, le microsillon, la radiophonie, offerts aux poètes et aux musiciens. [...] Seul, le magnétophone a donné aux poètes les possibilités d'étudier la nature de la voix, l'impact des micro-particules du langage, les structures de l'oralité, et de transformer tout cet ensemble en structures poétiques signifiantes.*

La part de l'improvisation reste prépondérante chez François Dufrêne. Ses *crirythmes* sont le produit d'un automatisme spontané, non d'un montage. Il lui suffit ensuite d'opérer des coupures (car tout n'est pas également intéressant dans une improvisation) et de faire en sorte que les fragments retenus s'enchaînent d'une manière continue. Pour Henri Chopin au contraire le matériau fourni par le corps, au lieu d'être laissé à l'état brut, est l'objet de savantes manipulations. Les sons sont amplifiés, superposés sur plusieurs pistes, soumis à des variateurs de vitesse ou d'intensité, à quoi peuvent s'ajouter des effets stéréophoniques, des échos, des brouillages etc. Bref tout un travail de *composition* polyphonique semblable à celui auquel pourrait se livrer un musicien.

Cela reste pourtant de la poésie, parce que l'*intention* qui est à l'origine de cet art est une intention poétique et non musicale. La différence par exemple est grande avec les travaux d'un musicien comme Pierre Schaeffer, qui consistent à couper la voix de ses origines pour en faire un pur objet acoustique. La poésie sonore, elle, n'oublie jamais et ne veut pas qu'on oublie que c'est le corps qui parle. Les sons ne valent pas seulement par eux-mêmes, mais en tant qu'ils sont produits par ce corps, et qu'ils sont une extension de la voix humaine, c'est-à-dire du support naturel des langues. Enfin, bien que les poèmes sonores aient été souvent publiés sous forme de disques ou de cassettes, ou diffusés par la radio, ils sont d'abord destinés à être entendus en direct, le poète lui-même étant présent sur scène, et dialoguant avec la bande magnétique.

Toutefois la poésie sonore a ceci de commun avec la musique, qu'elle est, grâce à sa nature même, devenue internationale parce qu'elle ne connaît pas la barrière des langues. La revue *OU* fondée et dirigée par Henri Chopin a publié des auteurs de toutes nationalités.

Poésie sonore et poésie-action

Même quand elle ne renonce pas aux mots, voire à la phrase et au texte, la poésie sonore nourrit une grande méfiance à l'égard de ce qui est écrit, imprimé, enfermé dans les pages d'un livre.

Certes Bernard Heidsieck (né en 1928) écrit son poème. Mais ce poème n'est pleinement achevé qu'au moment où il est lu devant un public. Le texte écrit est une simple partition qui demande à être *jouée*. La voix, le geste, la présence effective du poète sur la scène, en constituent les seuls vrais supports. C'est peu de dire que le poème est obligatoirement mis en scène par son auteur : il est littéralement projeté en avant, en dehors de lui (Bernard Heidsieck parle de son *lancement dans l'espace*, de sa *mise en orbite*), pour être reçu immédiatement, et concrètement en quelque sorte, par un public qui voit et qui entend.

Loin d'être improvisé, le poème est le produit d'un travail long et minutieux. *Derviche / le Robert* (1988), dont la lecture intégrale dure un peu plus de trois heures, représente quelque sept années de travail, dont trois de travail en studio d'enregistrement. Un texte est d'abord écrit (récits éclatés, collages de paroles, longues énumérations, exclamations, questions, dialogues...), puis enregistré sur bande magnétique, afin de constituer vingt-six «blocs de poésie sonore», construits chacun autour d'une des lettres de l'alphabet. «Il s'est alors simplement agi», raconte Bernard Heidsieck, «de faire basculer dans le son le texte de chaque Lettre, préalablement écrit, le détail de l'enregistrement, dès ce stade, ayant été minutieusement conçu.» Chacune des vingt-six parties du poème utilise de façon nouvelle les différents paramètres: «hauteur de son, timbre de voix, utilisation de l'espace, niveau des balances, renvois, dialogues, découpages, accélérations, superpositions, mixages, transformations diverses, bruitages et mises en situation, etc.: le tout sur huit pistes.»

La troisième et dernière étape est la lecture publique. Le poème sonore devient poème-action. Elle est une confrontation directe avec le public, et nécessite du poète qu'il s'implique entièrement dans sa lecture, non seulement avec sa voix, qui se superpose à l'enregistrement, mais avec tout son corps: «un engagement, corps et biens, total! Souffle et muscle en cause.»

Ainsi Antonin Artaud (1896-1948), dans *Le Théâtre de la Cruauté* (1932), voulait instaurer un langage «entier», «à mi-chemin entre le geste et la pensée», donc un langage qui, loin de se limiter à sa part intellectuelle, engageât le corps tout entier. «L'acteur est un athlète du cœur.» Les «forces de l'affectivité» ont leur double dans les forces mises en jeu dans et par le corps. «La question du souffle [...] est primordiale».

La part de l'*action*, dans la «lecture de poésie», devient alors prépondérante. Loin d'être un simple ornement, une simple mise en valeur de la lecture, elle est un des éléments constitutifs du poème. A la limite le poème peut se passer de mots. La poésie rejoint alors l'art de la *performance*, dont Arnauld Labelle-Rojoux a récemment retracé l'histoire dans son livre *L'Acte pour l'Art* (éditions Évidant, 1988), auquel nous renvoyons. C'est-à-dire qu'elle rejoint tous les autres arts qui désormais cessent d'être séparés par des frontières précises. Joël Hubaut (né en 1947) est-il un peintre, un sculpteur, un poète, un *performer*, un acteur? Il est tout cela à la fois, et sa pratique se définit précisément par le refus de s'en tenir à un seul support, à un seul moyen de communication. Mais quel que soit le support utilisé, ce qui demeure le plus important est sa présence physique, et l'énergie (physique, intellectuelle, affective) qu'il met en œuvre et qu'il propulse devant soi.

LA «VOIX DE L'ÉCRIT»

Lorsque Christian Prigent lit en public, on ne reconnaît pas *sa* voix. Il s'en est lui-même expliqué dans un ouvrage intitulé *La Voix-de-l'écrit*.

Pour lui, le style d'un écrit se reconnaît à un rythme particulier, inouï, différent de celui de la langue commune, – dont toute poésie, d'une manière ou d'une autre, s'écarte. (C'est le sens de la phrase de Lautréamont-Ducasse dans *Poésies* : «Faut-il que j'écrive en vers pour me séparer des autres hommes ?») La lecture de Christian Prigent s'attache précisément à faire *entendre* cette *voix* contenue dans l'écrit, cette «matière verbale musicalisée», qui recouvre et déborde le sens et la syntaxe, et qui est à l'écriture ce que la couleur est à la peinture. Le rôle de cette *voix de l'écrit* n'est pas tant de produire une musique, que d'empêcher l'image (reconnaissable par tous, selon le code convenu) de se former, de refuser l'illusion que la langue pourrait représenter le réel. Au moment où le texte pouvait donner l'illusion de donner quelque chose à voir, voilà qu'il redevient ce qu'il est en réalité, une scansion, un rythme, une musicalité, une énergie. Le sens du texte alors n'est pas dans ce qu'il dit, mais dans son emportement, son mouvement. Artaud disait :

Les sentiments ne sont rien
les idées non plus
tout est dans la motilité

MONSTRUEUSES LECTURES

L'objet obligatoire de la diction n'est donc plus la clarté, l'expressivité, le *rendu* réaliste du texte et de ses idées. Un poète comme Bruno Montels (né en 1955) illustre parfaitement cette conception de la poésie. Lorsque Bruno Montels fait une lecture publique, le contenu des paroles, la voix elle-même, s'effacent derrière l'effort pour parler. Il ne s'agit pas à proprement parler d'un spectacle : on n'assiste pas à l'image ou à la représentation d'une action, mais à l'action elle-même, vécue réellement dans le temps même de la lecture. Il lui arrive de tourner le dos au public. Ou bien le corps est littéralement tordu, dans une danse inconfortable, exténuante et douloureuse, qui scande jusqu'à l'épuisement une sorte d'accouchement difficile de la parole.

Le ton sur lequel le poème est dit peut tout aussi bien être en désaccord avec son contenu sémantique, et n'avoir rien de *naturel*. Le timbre même de la voix de Jean-Luc Lavrille (né en 1955) change au cours de la lecture, devient soudain quelque chose d'extrêmement rauque et grave, chaque syllabe articulée lentement et sur un même ton.

Ou bien le *tempo*, c'est-à-dire la vitesse du débit, s'affolle. Michèle Métail lit certains fragments de ses *Compléments de noms* avec une telle rapidité, que le sens des mots ne peut plus être perçu : on n'entend plus que le rythme haletant d'une machine. Il en est de même du *Pnigos* de Christian Prigent. Ce terme, qui signifie en grec *suffocation*, désignait dans les comédies d'Aristophane (Ve siècle avant J.-C.) une longue phrase que l'acteur devait débiter d'un seul trait, dût-il en perdre le souffle. Le *pnigos* de Prigent est un emballement de la voix, qui se poursuit dans les trente secondes de la capacité thoracique, et qui crache les mots avec une telle rapidité que le sens en devient quasi inaudible.

Nous sommes loin d'un jeu aimable et gratuit. La violence qui est faite à la prosodie *naturelle* fait apparaître dans la voix et dans la langue, douloureusement, quelque chose de proprement inhumain, de monstrueux, qui peut devenir insupportable. Antonin Artaud, bien avant les poètes que nous citons, avait poussé extrêmement loin cette dénaturation de la voix dans un poème radiophonique enregistré en novembre 1947 et intitulé *Pour en finir avec le jugement de dieu*. L'émission fut interdite. Il fallut attendre mars 1973 pour que la direction de la Radio osât faire entendre ce que certains considéraient comme les vociférations d'un dément.

Repères chronologiques

Le plan que nous avons suivi n'étant pas historique, il nous paraît souhaitable de donner ici quelques repères chronologiques. Il ne convient pas de les considérer comme une histoire des poésies, fût-elle sommaire. En ce qui concerne en particulier le XXe siècle, nous n'avons retenu, d'une façon tout à fait arbitraire dont nous sommes bien conscients, que quelques noms et un petit nombre de dates. A vrai dire, nous n'étions pas pressés d'enfermer la modernité dans les catégories illusoires d'une histoire littétraire.

Grèce antique

Poèmes homériques (IXe-VIIIe siècle avant J.-C.), *L'Iliade* et l'*Odyssée*.
Hésiode (VIIIe siècle avant J.-C.), *La Théogonie, Les Travaux et les Jours*.
Archiloque (712-664 ? avant J.-C.)
Sappho (625 ?-580 avant J.-C.)
Pindare (518-438 avant J.-C.).
Eschyle (525 ?-456 avant J.-C.), poète tragique.
Sophocle (495 ?-406 avant J.-C.), poète tragique.
Euripide (480-406 avant J.-C.), poète tragique.
Aristophane (445 ?-386 ? avant J.-C.), poète comique.
Platon (428-348 avant J.-C.), philosophe.
Aristote (384-322), philosophe.
Callimaque (310 ?-235 ? avant J.-C.)
Théocrite (315 ?-250 ? avant J.-C.),

Rome antique

Ennius (239-169 avant J.-C.)
Plaute (254 ?-184 avant J.-C.), poète comique.
Térence (190 ?-159 avant J.-C.), poète comique.
Lucrèce (99 ?-55 avant J.-C.), auteur du *De Natura Rerum* (De la Nature).
Catulle (84-54 avant J.-C.)
Virgile (70-19 avant J.-C.), *Les Bucoliques, Les Géorgiques, L'Énéide*.
Horace (65-8 avant J.-C.), *Odes, Épitres, Satires, Art poétique*.
Properce (47 ?-15 ? avant J.-C.), *Élégies*.
Ovide (43 avant J.-C.-17 après J.-C.), *Les Métamorphoses, Les Tristes, Les Amours*, etc.
Phèdre (1er siècle après J.-C.), *Fables*.
Sénèque (mort en 65), philosophe et auteur tragique.
Perse (34-62), *Satires*.
Lucain (39-65), *La Pharsale*.
Martial (40-104), *Épigrammes*.
Juvénal (65 ?-128 ?), *Satires*.
Ausone (310-395), *La Moselle*.

Chansons de geste du XIe siècle

Voir chapitre 6. Les différentes chansons de geste ont été réparties en trois cycles ou gestes, selon le personnage principal autour duquel chacune d'entre elles est construite :

1. La geste du Roi (Charlemagne) :
   La *Chanson de Roland* (vers 1065)
   Le *Pélerinage de Charlemagne*, etc.
2. La Geste de Garin de Monglane (Guillaume d'Orange) :
   Aymeri de Narbonne
   Le Couronnement de Louis
   Le Charroi de Nîmes
   Le Chevalier Vivien, etc.
3. La Geste de Doon de Mayence
   Raoul de Cambrai
   La Chevalerie Ogier
   Renaud de Montauban, etc.

Romans en vers des XIIe et XIIIe siècles

Chrétien de Troyes (XIIe siècle), *Le Chevalier à la Charette, Yvain, Le Conte du Graal*, etc.
Marie de France (deuxième moitié du XIIe siècle), *Lais*.
La Chastelaine de Vergi (XIIIe siècle), anonyme.
Le Roman de Renart
Béroul, *Tristan et Iseut* (1192)
Aucassin et Nicolette (vers 1200)
Guillaume de Lorris, *Le Roman de la Rose* (1234)
Jean de Meung, *Le Roman de la Rose* (1275)

POÉSIE DRAMATIQUE

Jean Bodel, *Jeu de saint Nicolas* (vers 1195)
Adam de la Halle, *Jeu de la Feuillée* (1262), etc.

POÉSIE LYRIQUE DES TROUBADOURS (XIe -XIIe SIÈCLE)

Guillaume de Poitiers (1071-1127)
Jaufre Rudel (XIIe siècle)
Marcabrun (XIIe siècle)
Bertran de Born (1114 ?-1215 ?)
Bernard de Ventadour (né entre 1120 et 1130)
Arnaud Daniel (fin XIIe siècle)
Guiraut de Borneil (fin XIIe siècle, début XIIIe siècle)

POÉSIE LYRIQUE EN LANGUE D'OIL (XIIIe-XIVe SIÈCLE)

Un grand nombre de chansons anonymes (chansons de toile, pastourelles, virelais, motets...)
Conon de Béthune (mort vers 1220)
Le Châtelain de Coucy (première moitié du XIIIe siècle)
Thibaut, comte de Champagne, roi de Navarre (1201-1257)
Colin Muset (XIIIe siècle)
Rutebeuf (mort vers 1285)
Guillaume Machaut (1300 ?-1377)
Eustache Deschamps (1346 ?-1406 ?)
Christine de Pisan (1364 ? -1431 ?)
Alain Chartier (1385 ?-1433 ?)
Charles d'Orléans (1394-1465)
François Villon (1431- après 1463)

ITALIE DU XIVe SIÈCLE

Dante Alighieri (1265-1321), *La Divine Comédie*
Pétrarque (Francesco Petrarca, 1304-1374)

LES «GRANDS RHÉTORIQUEURS» DU XVe SIÈCLE

L'expression est communément utilisée (depuis 1861) pour désigner les poètes qui furent employés par la Cour royale entre 1470 et 1520 environ. Leurs œuvres se caractérisent entre autres par une invention extrêmement riche dans les domaines de la forme, de la versification et des sonorités. Dans son Anthologie des Grands Rhétoriqueurs *(1978), Paul Zumthor cite notamment les poètes suivants :*

Jean Meschinot (1420-1491)
Henri Baude (1430 ? -1496 ?)
Jean Molinet (1435-1507)
Jean Robertet (mort au début du XVIe siècle)
Jean Lemaire des Belges (1473-1516 ?)
Guillaume Crétin (1465 ?-1525)
Pierre Gringoire (1475-1539 ?)
Jean Marot (mort en 1526), père de Clément Marot.
Jean Bouchet (1476-1557)
Jean Parmentier (1494-1530 ?)

XVIe SIÈCLE

François Rabelais (1483 ?-1553), *Pantuagruel* (1532), *Gargantua* (1534), *Tiers Livre* (1546)
Clément Marot (1496-1544)
Maurice Scève (1501-1560)
Pernette du Guillet (vers 1520-1545)
Thomas Sébillet (1512-1589), *Art poétique français* (1548)

La Pléiade :
C'est le nom pris par un groupe de sept poètes : Jean Dorat, Jean-Antoine de Baïf, Joachim du Bellay, Pierre de Ronsard, Rémy Belleau, Étienne Jodelle, Pontus de Tyard. Leur programme littéraire a été rédigé en 1549 dans la Défense et Illustration de la Langue française de du Bellay (voir dans l'index des noms : Ronsard et du Bellay).

Pontus de Tyard (1521-1605)
Joachim du Bellay (1522-1560)
Pierre de Ronsard (1524-1585)
Louise Labé (1524-1566)
Rémy Belleau (1528-1577)
Étienne de la Boétie (1530-1563)
Étienne Jodelle (1532-1573)
Jean-Antoine de Baïf (1532-1589)
Jacques Grévin (1538-1570)
Guillaume du Bartas (1544-1590)
Philippe Desportes (1546-1606)
Agrippa d'Aubigné (1552-1630)
Marc de Papillon (1555-1599)
Jean de Sponde (1557-1595)

XVIIe SIÈCLE

François de Malherbe (1555-1628)
Mathurin Régnier (1573-1613)
François de Maynard (1582-1646)
Racan (1589-1670)
Théophile de Viau (1590-1626)
Saint-Amant (1494-1661)

La préciosité : *voir chapitre 8.*

Vincent Voiture (1597-1648)
Tristan L'Hermite (1601 ? -1655)
Georges de Scudéry (1601-1667)
Abbé Cotin (1604-1682)
Pierre Corneille (1606-1684)
Madeleine de Scudéry (1607-1701)
Paul Scarron (1610-1660)
François de Saint-Aignan (1610-1687)
Isaac de Benserade (1613-1691)
Cyrano de Bergerac (1620-1655)

Le classicisme : *on trouvera un résumé des idées qui président au classicisme dans l'*Art poétique *de Boileau (1669-1674). Voir chapitre 2*

Jean de La Fontaine (1621-1695)
Molière (1622-1673)
Thomas Corneille (1625-1709)
Nicolas Boileau, dit Despréaux (1636-1711)
Madame Deshoulières (1638 ?-1694)
Jean Racine (1639-1699)

XVIIIe SIÈCLE

Jean-François Régnard (1655-1709), auteur de comédies.
Voltaire (1694-1778)
Jean-Baptiste Rousseau (1671-1741)
Jacques Delille (1738-1813)
Lebrun (1729-1807)
Gilbert (1751-1780)
André Chénier (1762-1794)

ANGLETERRE, XVIe-XIXe SIÈCLE

William Shakespeare (1564-1610)
Ben Jonson (1572-1637)
John Donne (1572-1631)
John Milton (1603-1668)
Alexander Pope (1688-1744)
William Blake (1757-1827)
William Wordsworth (1770-1850)
George Gordon, Lord Byron (1788-1824)
Percy Bysshe Shelley (1792-1822)
John Keats (1795-1821)
Gerard Manley Hopkins (1844-1889)
Lewis Caroll (Angleterre, 1837-1898)
William Butler Yeats (1865-1939)
James Joyce (Irlande, 1882-1941)

ALLEMAGNE, XVIIIe -XIXe SIÈCLE

Johann Wolfgang Goethe (1749-1822)
Friedrich Schiller (1759-1805)
Friedrich Hölderlin (1765-1825)

XIXe SIÈCLE

Le romantisme : *voir chapitre 2*

Marceline Desbordes-Valmore (1786-1859)
Alphonse de Lamartine (1790-1869)
Alfred de Vigny (1797-1863)
Victor Hugo (1802-1885)
Gérard de Nerval (1808-1855)
Alfred de Musset (1810-1857)
Théophile Gautier (1811-1872)
Théodore de Banville (1823-1891)
Charles Leconte de Lisle (1818-1894)
Charles Baudelaire (1821-1861)

L'école parnassienne : *L'école parnassienne groupa un certain nombre de poètes qui se réclamaient de Théophile Gautier, Leconte de Lisle, Baudelaire et Théodore de Banville et qui, réagissant contre le lyrisme romantique et sa poésie du cœur, voulaient promouvoir une poésie impersonnelle, à la forme impeccable et savante. Elle tira son nom d'un recueil collectif publié en 1866 par l'éditeur Lemerre, intitulé* Le Parnasse contemporain , *et qui comportait, outre les poètes déjà cités, des auteurs comme José-Maria de Heredia, Sully Prudhomme, François Coppée, etc .*

Sully Prudhomme (1839-1907)
Charles Cros (1842-1888)
José-Maria de Heredia (1842-1905)
François Coppée (1842-1908)
Stéphane Mallarmé (1842-1898)

Le symbolisme : *voir en particulier chapitre 4*

Paul Verlaine (1844-1896)
Tristan Corbière (1845-1875)
Isidore Ducasse-Lautréamont (1846-1857)

Arthur Rimbaud (1854-1891)
Georges Rodenbach (1855-1898)
Émile Verhaeren (1855-1916)
Jean Moréas (1856-1910)
Albert Samain (1858-1900)
Jules Laforgue (1860-1887)

États Unis, XIXe-XXe siècle

Edgar Poe (1809-1849)
William Carlos Williams (1885-1963)
Ezra Pound (1885-1972)
Thomas Stearns Eliot (1888-1965)
Edwards Esslin Cummings (1894-1962)
William Burroughs (né en 1914)
Brion Gysin (1916-1986)

XXe siècle

Sigmund Freud (Autriche, 1856-1939), fondateur de la psychanalyse
Alfred Jarry (1873-1907)
Paul Valéry (1871-1951)

Le futurisme : *voir chapitre 10*

Pierre Albert-Birot (1876-1967)
Guillaume Apollinaire (1880-1918)
Valéry Larbaud (1881-1957)
James Joyce (Irlande, 1882-1941)
Blaise Cendrars (1887-1961)
Marcel Duchamp (1887-1968)
Louis-Ferdinand Céline (1894-1961)

Dada : *voir chapitre 3*

Le surréalisme : *voir chapitre 3*

Antonin Artaud (1896-1948)
André Breton (1896-1966)
Georges Bataille (1897-1962)
Louis Aragon (1897-1982)
Francis Ponge (1899-1988)
René Char (1907-1989)

Les poésies visuelles et sonores : *voir chapitre 10*

Roland Barthes (1915-1980)
Henri Chopin (né en 1922)
Maurice Roche (né en 1925)
Bernard Heidsieck (né en 1928)
Michel Deguy (né en 1930)
François Dufrêne (né en 1930)
Marcelin Pleynet (né en 1933)
Denis Roche (né en 1937)
Christian Prigent (né en 1945)
etc.

Bibliographie

Versification

Pierre Restaut, *Principes généraux et raisonnés de la Grammaire française, avec [...] un Abrégé des Regles de la Versification française*, 7e édition, Paris, 1755.

Théodore de Banville, *Petit Traité de Poésie française*, 1872.

Maurice Grammont, *Petit Traité de Versification Française*, Paris, Armand Colin, 1930.

Maurice Grammont, *Le Vers français, ses Moyens d'expressions, son harmonie*, Paris, Delagrave, 1937.

W. Theodor Elwert, *Traité de Versification des origines à nos jours*, Paris, Klincksieck, 1965.

Louis Havet, *Métrique grecque et latine*, cours rédigé par Louis Duvau, Paris, Delagrave, 1930.

A. Dain, *Traité de Métrique grecque*, Paris, Klincksieck, 1965.

Louis Nougaret, *Traité de Métrique latine classique*, Paris, Klincksieck, 1963.

Oulipo, *Littérature Potentielle (Créations, Re-créations, Récréations)*, Paris, Gallimard, 1973.

Jacques Roubaud, *La Vieillesse d'Alexandre, essai sur quelques états récents du vers français*, Paris, François Maspero, 1978.

François Cheng, *L'Écriture poétique chinoise, suivi d'une anthologie des poèmes des T'ang*, Paris, Le Seuil, 1977.

Poésies sonores et visuelles

Antonin Artaud, *Le Théâtre et son Double*, Paris, Gallimard, 1938 ; repris dans les Œuvres complètes, tome 4, nouvelle édition, 1968.

Henri Chopin, *Poésie sonore internationale*, Paris, Jean-Michel Place, 1979.

Julien Blaine, 13427 *Poèmes métaphysiques*, Évidant, Paris 1986.

Jacques Donguy, *Le Geste a la Parole, entretiens avec Julien Blaine, Jean-Luc Parant, Bernard Heidsieck, Michèle Métail, Robert Filiou, Jean-François Bory*, Paris, Thierry Agullo, 1981.

Isidore Isou, *Introduction à une Nouvelle Poésie et à une Nouvelle Musique*, Paris, Gallimard, 1947.

Arnaud Labelle-Rojoux, *L'Acte pour l'Art*, Paris, Évidant,1988.

Françoise Janicot, *Poésie en action* (Photographies, accompagnées de textes de Jean-Jacques Lebel, Julien Blaine, Jean-François Bory, William Burroughs, John Giorno, Sten Hansen, Bernard Heidsieck, etc.), Paris, Loques/Nèpes, 1984.

Critique de la poésie, réflexions sur la poésie

Nietzsche, *La Naissance de la Tragédie (Die Geburt der Tragödie aus dem Geiste der Musik*, 1872), traduit par Cornélius Heim, Paris, Denoël, 1964.

Charles Baudelaire, *L'Art romantique*.

Stéphane Mallarmé, *Crise de Vers*, 1886-1896 ; *Variations sur un sujet*, 1895 ; *Quant au Livre*, 1895.

Paul Valéry, *Études littéraires, Théorie poétique et esthétique et Mémoires du Poète*, dans *Variété*, 1924-1938 ; *Tel Quel*, 1941-1943.

Paul Claudel, *Positions et Propositions*, Paris, Gallimard, 1928 et 1934.

Louis-Ferdinand Céline, *Entretien avec le Professeur Y*, Paris, Gallimard, 1955.

Georges Bataille, *Haine de la Poésie*, Paris, Éditions de Minuit, 1947 ; réédité sous le titre de *L'Impossible* en 1962 ; *Œuvres Complètes*, tome 3, Paris Gallimard, 1971.

« Il y a des poètes partout », *Revue d'Esthétique* n°3-4/1975, Paris, Union Générale d'Éditions, collection 10/18, 1975.

Jean-Marie Gleize, *Poésie et figuration*, Paris, Le Seuil, 1983.

Christian Prigent, *La Langue et ses Monstres*, Montpellier, Cadex, 1989. *Ceux qui merdRent*, Paris, P.O.L., 1991.

Ezra Pound, *Au cœur du Travail poétique*, Paris, L'Herne, 1980.

Marcelin Pleynet, *Art et Littérature*, Paris, Le Seuil, 1977.

Arts poétiques et manifestes

Thomas Sébillet, *Art Poétique Français*, Paris, 1548 ; publié avec une introduction et des notes par Félix Gaiffe, nouvelle édition mise à jour par Francis Goyet, Paris, Nizet, 1988.

Joachim du Bellay, *La Deffence et Illustration de la Langue françoyse*, Paris, 1549 ; édition critique publiée par Henri Chamard, Paris, Marcel Didier, 1961.

BOILEAU, *L'Art poétique*, Paris, 1674.

VICTOR HUGO, Préface de *Cromwell*

ANDRÉ BRETON, *Manifeste du Surréalisme*, 1924; *Second Manifeste du Surréalisme*, 1930; textes repris dans *Manifestes du Surréalisme*, Paris, Gallimard, Collection Idées, 1969.

TEL QUEL, *Théorie d'ensemble* (textes de Michel Foucault, Roland Barthes, Jacques Derrida, Marcelin Pleynet, Jean Ricardou, Jacqueline Risset, Denis Roche, Philippe Sollers, etc.), Le Seuil, Paris, 1968.

DENIS ROCHE, *Le Mécrit*, Paris, le Seuil, 1972.

LANGUE ET POÉSIES, PSYCHANALYSE

ÉMILE BENVENISTE, *Problèmes de Linguistique générale*, Paris, Gallimard, collection Tel, 1966.

ROMAN JAKOBSON, *Essais de Linguistique générale*, traduit de l'anglais et préfacé par Nicolas Ruwet, Paris, Éditions de Minuit, 1963.

ROMAN JAKOBSON, *Questions de Poétique*, Paris, Le Seuil, 1973.

SIGMUND FREUD, *Le Mot d'esprit et ses rapports avec l'inconscient, (Der Witz und seine Beziehung zum Unbewussten*,1905), traduit de l'allemand par Marie Bonaparte et le Dr M. Nathan, Paris, Gallimard, collection Idées, 1969.

ANTHOLOGIES ET HISTOIRES DES POÉSIES

POÈTES ET ROMANCIERS DU MOYEN AGE, texte établi et annoté par Albert Pauphilet, augmenté de textes nouveaux présentés par Régine Pernoud et A.-M. Schmidt, Paris, Gallimard, Bibliothèque de la Pléiade, 1952.

PAUL ZUMTHOR, *Anthologie des Grands Rhétoriqueurs*, Collection 10-18, Paris, Union Générale d'Éditions, 1978.

ANDRÉ BERRY, *Anthologie de la Poésie occitane*, Paris, Stock, 1961.

ALBERT-MARIE SCHMIDT, *Poètes du XVIe siècle*, Paris, Gallimard, Bibli. de la Pléiade, 1953.

MAURICE ALLEM, *Anthologie poétique française, XVIIe siècle*, 2 volumes, Paris, Garnier-Flammarion, 1965-1966.

MAURICE ALLEM, *Anthologie poétique française, XVIIIe siècle*, Paris, Garnier-Flammarion, 1966.

GEORGES HUGNET, *L'Aventure Dada* (1916-1922), *Essai, disctionnaire et textes choisis*, préface de Tristan Tzara, Paris, Seghers, 1971.

JEAN-LOUIS BÉDOUIN, *La Poésie surréaliste*, Paris, Seghers, 1964, 1970.

PIERRE SEGHERS, *Le Livre d'or de la Poésie française des origines à 1940*, Verviers, Marabout, s.d.

PIERRE SEGHERS, *Le Livre d'or de la Poésie française, seconde partie : de 1940 à 1960*, 2 volumes, Verviers, Marabout, 1969.

JEAN-PAUL SÉGUIN, *L'Année Poétique 1974*, et 1975 ; Paris, Seghers.

BERNARD DELVAILLE, *La Nouvelle Poésie française, anthologie*, édition mise à jour, en deux volumes, Paris, Seghers, 1977.

ANTHOLOGIE 80, *Bilan et Perspectives de la Poésie franco-belge-québécoise (auteurs nés après 1930)*, Talence/Bruxelles, Le Castor Astral/L'Atelier de l'Agneau, 1981.

CHRISTIAN DESCAMPS, *Poésie du Monde francophone*, Paris, Le Castor Astral/Le Monde, 1986.

L.S. SENGHOR, *Anthologie de la nouvelle poésie nègre et malgache de langue française*, Paris, P.U.F., 1948.

MARC ROMBAUT, *La Poésie africaine d'expression française*, Paris, Seghers, 1976.

L. MAILHOT ET P. NEPVEU, *La Poésie québécoise des origines à nos jours*, Québec, Presses Universitaires, 1981.

ROBERT SABATIER, *Histoire de la Poésie française*, 11 volumes, Paris, Albin Michel, 1961-1988.

QUELQUES ÉDITIONS ET COLLECTIONS

Éditions Seghers, en particulier sa collection «Poètes d'aujourd'hui».

Éditions Gallimard, collection «Poésie».

Éditions La Différence, Collection «Orphée»

Éditions Évidant

Éditions Rougerie

Éditions Fata Morgana

Éditions du Castor Astral

Les Herbes Rouges (Montréal).

QUELQUES REVUES

Action poétique

Po&sie

TXT

Doc(k)s.

Index des notions

Index des noms

Table des matières

Références des textes cités

N° d'édition : 1344-02 Dépôt légal : avril 1994
Imprimé en France par Pollina, 85400 Luçon - n° 65203